Formação de educadores

Formação de educadores

Dilemas contemporâneos

Sheila Zambello de Pinho
(Organizadora)

editora
unesp

Fundação Editora da UNESP (FEU)
Praça da Sé, 108
01001-900 – São Paulo – SP
Tel.: (0xx11) 3242-7171
Fax: (0xx11) 3242-7172
www.editoraunesp.com.br
www.livrariaunesp.com.br
feu@editora.unesp.br

CIP – Brasil. Catalogação na fonte
Sindicato Nacional dos Editores de Livros, RJ

F82

Formação de educadores: dilemas contemporâneos / Sheila Zambello de Pinho (organizadora). – São Paulo: Editora Unesp, 2011.
328 p.: il.

Textos apresentados no Congresso Estadual Paulista sobre Formação de Educadores de 2009

Inclui bibliografia
ISBN 978-85-393-0136-2

I. Educação – Brasil – Congressos. 2. Professores – Formação – Congressos. 3. Prática de ensino – Congressos. I. Pinho, Sheila Zambello.

11-3269. CDD: 370.981
CDU: 37(81)

Editora afiliada:

Asociación de Editoriales Universitarias de América Latina y el Caribe

Associação Brasileira de Editoras Universitárias

Sumário

Apresentação

As cores são a chave, os olhos o machado,
a alma é o piano com as cordas.

Kandinsky

O material de divulgação do X Congresso Estadual Paulista sobre Formação de Educadores, realizado pela Pró-Reitoria de Graduação da Unesp, no final de agosto e início de setembro de 2009, na cidade de Águas de Lindoia, no estado de São Paulo, inspirou-se na obra de Wassily Kandinsky, artista ímpar da arte abstrata – na qual o conceito de "composição" ocupa lugar central. Como em uma composição musical, sua criação artística se delineia por meio de proporções geométricas que se iniciam de um único ponto e surgem vibrando com suas cores intensas; movimentos pincelares que evocam significados, aparentemente desconexos, mas que compõem um desenho colorido, em que as cores intensas não se chocam, mas se aproximam e dialogam. A escolha derivou da intenção de explicitar o propósito do evento de gerar contribuição relevante, em resposta aos dilemas da atualidade, no âmbito da formação de professores, a partir de amplo agrupamento de temas.

Na pós-modernidade, vivemos um tempo de transformações rápidas e contínuas, caracterizadas pela reconfiguração acelerada da sociedade em seus aspectos culturais, tecnológicos e econômicos. Diversos autores da contemporaneidade apontam que estamos na época em que as incertezas e o incontrolável confrontam as verdades absolutas e o estável, causando espanto, de um lado, e anseio por liberdade, de outro.

O X Congresso teve como objetivo a abordagem de dilemas específicos da formação de professores e da prática docente, com seus contornos delineados pelos desafios que se apresentam à sociedade contemporânea. Alguns deles: conceber os processos educativos esperados para a realidade atual e futura, permeada mais por dúvidas que por certezas; identificar os saberes que não poderão escapar aos processos da educação do século XXI; compatibilizar o ato de ensinar, caracterizado pela transmissão do conhecimento tecnológico, histórico, social e cultural e pelo ato de educar, que visa a preparar o indivíduo para acessar os bens que a vida lhe oferece; conceber as ações que poderão (re)estabelecer a relação entre os conhecimentos que se encontram dispersos; minimizar o persistente fosso estabelecido entre a produção acadêmica e as proposições discursivas em relação à atividade prática do educador; explicitar o perfil que se espera dos responsáveis por formar os futuros educadores; compreender o papel a ser desempenhado pela virtualidade presente na educação.

Buscou-se, então, refletir e esboçar respostas para essas cruciais questões, além de outras, também relevantes, por meio das conferências, das mesas-redondas e dos seminários temáticos, além dos trabalhos apresentados, em forma de comunicação ou relato de experiência, nos dez eixos temáticos do X Congresso. Como ocorre com as cores e os traços da pintura de Kandinsky, espera-se que as ideias trabalhadas no evento, e explicitadas nos textos constituintes deste livro, componham contribuição coerente e consistente, a se somar a outras, para a superação desses dilemas.

Os textos desta obra foram preparados por especialistas convidados para as atividades do Congresso e foram selecionados de forma a nos conduzir a reflexões sobre a formação docente, origem e história, remetendo-nos à importância de uma formação contextualizada socialmente e que permite ao educador percorrer caminhos complexos e não lineares. Se, por um lado, a profissão docente se encontra em crise, por outro, ela se apresenta para que se faça a crítica e, em seus diálogos, vislumbre a criatividade como forma de superação dos mecanismos que diminuem a valoração e a autonomia do ato pedagógico. Alguns desses textos demonstram a necessidade de indicadores que avaliem a qualidade social do trabalho pedagógico. Outros focam a reflexão na profissão docente, sugerindo alternativas e propostas para a melhor preparação de professores para atuar em diferentes níveis. Não se restringindo à formação pedagógica dos professores, há, ainda, outros que tratam da inserção da ciência, isto é, da apropriação da ciência como meio de repensar o ensino e a aprendizagem.

Esperamos que as análises e proposições aqui reunidas ecoem e suscitem sentimentos e significados maiores nos educadores, contribuindo para se alcançar uma educação capaz de proporcionar aos indivíduos o desenvolvimento de suas potencialidades, dessa forma qualificando socialmente as práticas docentes.

Enfim, os temas abordados buscam ser chaves que abram portas das infinitudes que coexistem nas cores das vivências dos educadores, bem como oferecer os machados que expõem os dilemas para que, confrontados, possam oferecer novos olhares. Novos olhares que funcionam tal como as cordas percutidas de um piano, vibrando sobre nós, educadores, no grande desafio que é fortalecer a alma. Em nosso caso, a alma do ser professor.

Parte I

Conferências

1

Formação de professores e a prática docente: os dilemas contemporâneos

Antônio Joaquim Neves Severino

Introdução

Para mim, é extremamente gratificante estar aqui hoje, com tantos representantes dos educadores do Estado de São Paulo, atendendo a este tão honroso convite que me foi feito pela Comissão Organizadora, para a abertura desse prestigioso Congresso. Em sua décima edição, ocorrência que marca não só sua vitalidade e pujança, mas, sobretudo, a consolidação de uma insistente e dedicada luta apela melhoria da educação não apenas neste Estado, mas em todo o País, e por que não dizer de toda a humanidade, pois, embora situados em uma pequena molécula desse conjunto, estamos lidando com um processo universal tão abrangente que circula capilarmente por todo o cosmos humano. Profética era, então, a intuição de Comenius ao propalar sua utópica *pampedia*. Permitam-me, em função de minhas pretensões filosóficas, extrapolar um pouco e trazer à nossa presença essa emblemática figura do panteão dos grandes educadores do mundo ocidental. Não há como não reconhecer na utopia comeniana o prenúncio da busca – que hoje tanto nos motiva –, da necessidade, da relevância e do direito de todos à educação, de seus ideais emancipatórios e, também, de sua permanente necessidade e universalidade. Escoimada de suas peculiaridades contextuais, a máxima comeniana de se ensinar tudo, a todos, integralmente (omnes, omnia, omnimode), possui uma atualidade que nos impressiona por seu vigor e por sua pertinência, mantendo aceso em todos nós esse incomensurável desafio.

Sinto-me igualmente feliz por poder compartilhar com vocês, antigos e novos companheiros, a alegria de comemorarmos juntos este décimo aniversário, pois sou testemunha ocular dessa história, tendo participado de sua infância e crescimento. Com efeito, tive a oportunidade de participar, de maneira sempre intensa, da primeira e de quase todas as outras edições deste congresso, acompanhando todos os seus momentos, tanto aqueles em que predominava a euforia esperançosa pelos avanços e conquistas como aqueles em que éramos assomados por ondas de desesperanças e de desânimos.

À extensão ilimitada do processo educacional – que faz que, quando falamos de nós, em uma circunstância restrita de tempo e de espaço, estejamos falando, ao mesmo tempo e com a mesma intensidade, de todos os homens espalhados pelo planeta – corresponde igualmente uma continuidade temporal, que nos une a todos os nossos antepassados. É que estamos sempre situados em um momento particular da história em sua continuidade no tempo, também universal. História esta que se constrói diuturnamente com a insistente prática cotidiana, pessoal e coletiva.

Tanto essa inserção histórica quanto essa prática *historial*, nesse processo em permanente construção, sempre nos estimulam, em momentos especiais, a tornar emblemáticas certas ocasiões como pretexto e base para a realização de balanços e de esforços de ressignificação de todos os aspectos de nossa prática. É o momento de apelo e de anelo que leio na temática desta décima edição do congresso. A formação dos professores e sua atuação constituem o próprio âmago da iniciativa que surgiu de nossas inquietações nos anos 1990. E quando o colocamos sob a perspectiva da problematização de seus dilemas contemporâneos, estamos nos reindagando pela continuidade ou não de seu significado maior, tendo em vista que os tempos, as circunstâncias e os contextos estão continuamente em processo de mudanças, nem sempre tranquilas, com forte impacto sobre nossas concepções e sobre nossas ações. Daí a oportunidade e a necessidade de explorarmos este momento para refletir sobre os rumos que estamos tomando em nossa jornada histórica, já que somos responsáveis também pelo relevante, mas igualmente complexo e difícil, trabalho educativo.

Impressiona ver que a maioria das análises que estão sendo feitas da atual situação da educação brasileira tende a atribuir as causas de seus problemas cruciais a fatores internos à vida escolar e à inadequada formação dos professores. Não bastassem as versões defendidas pelos agentes do governo e pelos ideólogos orgânicos do nosso sistema societário, especialistas reconhecidos por suas posições críticas têm reforçado esse ponto de vista. Foi o que pudemos ver em uma entrevista concedida por Martin Carnoy à *Folha de S.Paulo*, em que ele faz a seguinte afirmação:

> Os professores no Brasil estudam muito linhas de pedagogia e menos como ensinar. Podem esquecer tudo aquilo de Paulo Freire, um amigo. Devem ler sua obra como exercício intelectual, mas queremos que professores saibam ensinar. (*Folha de S.Paulo*, 10 ago. 2009, p.A-16.)

Não que a conclusão da frase de Carnoy esteja errada, pois o professor, como qualquer outro profissional, precisa saber fazer seu trabalho. Mas o que impacta é que não se vinculem os problemas e suas soluções à condução da gestão política, econômica e administrativa do sistema societário. Carnoy valoriza a escola pública e até critica o bônus modelo paulista, mas não enfatiza, por exemplo, a relevância de uma adequada política salarial.

É sob tais perspectivas que desejo trazer aos colegas educadores aqui presentes algumas análises e considerações sobre os desafios que enfrentamos nesse panorama histórico. Para tanto, dividirei minha apresentação em quatro momentos. Em um primeiro momento, descreverei, muito sinteticamente, o cenário histórico-social em que nos encontramos, caracterizando o atual modelo societário no qual se desenvolve a história do Brasil de hoje. Em seguida, mostrarei o impacto das determinações desse cenário em todas as dimensões, objetivas e subjetivas, de nossa existência cotidiana e, de modo particular, na educação. Na terceira parte, proponho resgatar aquelas significações teóricas que, a meu ver, podem dar referências concretas para uma ação educativa humanizadora, que precisa ser mediada, como busco mostrar em uma quarta etapa, por um espaço público como lugar de um projeto educacional que sirva de roteiro para nossa real prática histórica, explicitando o vínculo estreito entre a educação pública e a cidadania.

Minha conclusão quer acenar para uma proposta de compromisso para a formação e a atuação dos professores como agentes imprescindíveis na realização desse projeto. E, assim, alimentar a esperança de superação dos obstáculos que têm impedido que a educação em nosso país desempenhe a função que lhe cabe com maior fecundidade, como sonhara Comenius, e a que, certamente, todos nós aqui aspiramos.

Um novo cenário...

A partir dos anos 1980, o Brasil, bem como todos os países em desenvolvimento, é instado a inserir-se no novo processo de desenvolvimento econômico e social do capitalismo em expansão. E, de preferência, isso deve ser feito sem o uso da violência física, comum aos regimes repressivos. Ao contrário, deve acontecer em um ambiente político-social em que prevaleçam a liberdade e as práticas democráticas. Nessa linha, os grandes agentes desse capitalismo internacional sem pátria especificam, além de cobrar, por meio de mecanismos propriamente econômicos, a adoção de suas práticas produtivas, monetárias e financeiras, comprometendo todos os países por intermédio de acordos mundiais, passando a exigir também adequações nos campos político e cultural. A meta continua sendo aquela da plena expansão do capitalismo, agora sem os conflitos ideológicos típicos da época da guerra fria e com uma perspectiva declarada de globalização. Fala-se então da agenda neoliberal, ou seja, da condução dos negócios humanos supostamente sob a égide dos princípios do liberalismo clássico, mas com a devida correção de seus desvios humanitários. O que está em pauta é a total liberação das forças do mercado, a quem cabe a efetiva condução da vida das nações e das pessoas. Daí a pregação do livre comércio, da estabilização macroeconômica e das reformas estruturais necessárias em todos os países, para que o sistema tenha alcance mundial e possa funcionar adequadamente. Opera-se, então, severa crítica ao Estado do bem-estar social, propondo-se um Estado mínimo em seu papel e funções. A gestão política deve dar prioridade à iniciativa econômica dos agentes privados. Graças às impressionantes inovações tecnológicas, sobretudo na esfera da informática, mudam-se igualmente as relações industriais, o sistema do trabalho e o gerenciamento da produção; os mercados financeiros são liberados e expandidos; os Estados nacionais tornam-se reféns das políticas internacionais do grande capital; e a política interna dos países, por sua vez, é forçada a esse ajuste econômico, impondo a queda dos salários reais, o crescimento do desemprego estrutural, a estatização da dívida externa e a elevação da taxa de juros. Isso implica também a ruptura do esquema de financiamento do setor público.

Assim como nas fases anteriores, desencadeia-se um processo ideológico para justificar o modelo imposto, apresentando-o como o único capaz de realizar os objetivos emancipatórios da sociedade e, nesse sentido, superar os anteriores. Mais uma vez, tem-se um conjunto articulado de valores proclamados, mas não realizados. Uma retórica que não deixa de encontrar apoios estratégicos em formulações teóricas do pensamento pós-moderno e torna-se insistentemente presente em todas as frentes do debate social, fazendo sua cerrada defesa. Ao mesmo tempo, por meio da legislação e das medidas programáticas, o governo passa a aplicar políticas públicas que vão efetivando as comandas neoliberais, adiando ou até mesmo inviabilizando uma educação que possa mediar a libertação, a emancipação e a construção da cidadania.

Essa forma atual de expressão histórica do capitalismo sob predomínio do capital financeiro, conduzido de acordo com as regras de um neoliberalismo desenfreado em um momento histórico marcado por um irreversível processo de globalização econômica e cultural, produz um cenário existencial em que as referências ético-políticas perdem sua força na orientação do comportamento das pessoas, trazendo descrédito e desqualificação para a educação. Ao mesmo tempo que, pelas regras da condução da vida econômica e social, instaura um quadro de grande injustiça social, sonegando, para a maioria das pessoas, as condições objetivas mínimas para uma subsistência em um patamar básico de qualidade de vida, interfere profundamente na constituição da subjetividade e no processo de subjetivação, manipulando e desestabilizando valores e critérios. Prevalece um espírito de niilismo axiológico, de esvaziamento de todos os valores, de fim das utopias e metanarrativas, bem como da esperança de um futuro melhor e da incapacidade de construir projetos. A eficiência e a produtividade são os únicos critérios válidos.

Configura-se, então, uma sociabilidade típica desse contexto neoliberal, que se constitui atrelada a profundas mudanças provocadas pelas injunções dessa etapa da economia capitalista na esfera do trabalho, da cidadania e da cultura. O modelo societário do atual capitalismo neoliberal, irreversível processo de globalização, é marcado fundamentalmente pela redução de todas as dimensões da existência individual e social às leis do mercado, processo que coloca a existência humana sob uma abrangente lógica de mercado, prevalecendo entre as relações inter-humanas a de troca econômica.

Desse modo, constata-se a ocorrência de situações de degradação (no mundo técnico e produtivo do trabalho), de opressão (na esfera da vida social) e de alienação (no universo cultural). Essas condições manifestam-se, em que pesem as alegações em contrário, de variados discursos, como profundamente adversas à formação humana, o que tem levado a um crescente descrédito quanto ao papel e à relevância da educação como processo intencional e sistemático.

Nesse contexto da história real, a educação é interpelada pela dura determinação da realidade no que diz respeito às condições objetivas da existência. Em uma profunda inserção histórico-social, a educação é serva da história. Pagamos tributo a nossa condição existencial de seres encarnados e, como tais, profundamente predeterminados. Esfera dos *a priori* existenciais. Uma lógica perversa compromete o esforço da humanização. São adversas as condições para se assegurar a qualidade necessária à educação. Em que pese a existência, nas esferas do Estado brasileiro, de um discurso muito elogioso e favorável à educação, a prática real da sociedade política e das forças econômicas deste atual estágio histórico não corresponde ao conteúdo de seu discurso, que se pauta em princípios e valores elevados, mas não sustentados nas condições objetivas para sua realização histórica no plano da realidade social.

Já no plano da subjetividade, utilizando-se de diferentes modalidades de intervenções ideológicas, particularmente por intermédio dos meios de comunicação, o sistema atua fortemente no processo da subjetivação humana. Em uma frente, opera a subversão do desejo, deturpando a significação do prazer, não se investindo adequadamente no aprimoramento da sensibilidade estética. Açulam-se os corpos no sentido de fazer deles fogueiras insaciáveis de prazer que jamais será satisfeito. Ocorre total regressão do estético. Embora prometa a felicidade, esse sistema não gera condições para sua efetiva realização por todas as pessoas. Subverte também a vontade, impedindo o exercício de sua liberdade e não permitindo que o homem pratique sua condição de igualdade. Em suma, não investe na formação do cidadão, aquele que pode agir livremente em uma sociedade de iguais. Propaga a ideia de uma democracia puramente formal e não visa ao cidadão, mas sim ao contribuinte – aquele que habita o *locus* social, mas a quem não se viabiliza o direito de não compartilhar efetivamente de sua constituição e que, por esse motivo, não compartilha das decisões que instauram o processo político-social. No fundo mantém-se a servidão... que, muitas vezes, até se torna voluntária... Toda essa pedagogia, em vez de levar os sujeitos a se entender no mundo, mistifica-o, manipulando-o para produzir a ilusão da felicidade. E essa prosperidade prometida, mas nunca realizada, leva ao individualismo egoísta e narcísico, simulacro do sujeito autônomo e livre.

O sistema subverte, ainda, a prática do conhecimento, eliminando seu processamento como construção dos objetos conhecidos. Torna-se mero produto, e não mais processo, experiência de criatividade, de criticidade e de competência. É literalmente tecnificado, objetivado, empacotado. A própria ciência é vista como conhecimento eminentemente técnico, o que vem a ser um conceito autocontraditório. Todas as demais formas de saber são desqualificadas. O ceticismo e o relativismo generalizados impõem-se sob alegação de seus compromissos com metanarrativas infundadas.

Nesse contexto, prospera uma ética hedonista baseada no individualismo de traço narcísico, que vê o homem como se fosse um átomo solto, vivendo em torno de si mesmo, em uma sensibilidade ligada apenas ao espetáculo. Puro culto ao prazer que se pretende alcançar pelo consumo compulsivo e desregrado dos bens de mercado. Essa lógica fundada na exacerbada valorização de uma suposta autonomia e suficiência do sujeito individual, no apelo ao consumo desenfreado, compromete o reconhecimento e a reafirmação dos valores universais da igualdade, da justiça e da equidade, referências necessárias para uma concepção mais consistente da humanidade, alicerçada no valor básico da dignidade humana.

A educação manipulada e os desafios de uma nova sociabilidade

Coagida pela pressão das determinações objetivas, de um lado, e pelas interferências subjetivas, de outro, a educação é presa fácil para o enviesamento ideológico, que manipula as intenções e obscurece os caminhos, confundindo objetivos com interesses. Tal situação aumenta e agrava o desafio que a educação enfrenta em sua dialética tarefa de, simultânea e contraditoriamente, inserir os sujeitos educandos nas malhas culturais de sua sociedade e de levá-los a criticar e superar essa inserção. Para isso, é necessário fazer um investimento na conformação das pessoas à sua cultura e, ao mesmo tempo, levá-las a se tornar agentes da transformação dela.

Como a educação tem um papel fundamental no processo de subjetivação, embora não seja o único vetor desse processo, já que essa subjetivação se dá também por outras vias, como no âmbito da vivência familiar, pelos meios de comunicação de massa e também por interações informais das pessoas no seio da sociedade civil, ela sofre o impacto dessas forças geradas no bojo da dinâmica da vida social e cultural do capitalismo contemporâneo.

No contraponto dessa situação de degradação, de opressão e de alienação, a educação é interpelada pela utopia, ou seja, por um *télos* que acena para uma responsabilidade histórica de construção de uma nova sociedade, também mediante a construção de uma nova sociabilidade. Isso decorre da condição dos homens como seres teleológicos, que dispõem da necessidade e da capacidade de estabelecer fins para sua ação. É isso que ocorre com a educação; ela tem de ter intencionalidades, buscar a realização de fins previamente estabelecidos.

Levando em conta seu papel no processo de subjetivação e tendo em vista que o conhecimento é a única ferramenta que cabe ao educador utilizar para enfrentar esses desafios, deve-se entender a educação como um processo que faz a mediação entre os seus resultados e as práticas reais pelas quais os brasileiros devem conduzir sua história. Nesse sentido, cabe à educação ter em seu horizonte três objetivos intrínsecos, os quais precisam tornar-se referências concretas da formação e da atuação de seus agentes (professores e gestores) nos conturbados dias que atravessamos. Esses objetivos são:

- Desenvolver o máximo do conhecimento científico e tecnológico em todos os campos e dimensões, o que significa superar o amadorismo e apropriar-se da ciência e da tecnologia disponíveis para alicerçar o trabalho de intervenção na realidade natural e social, entendendo a ciência e a técnica como instrumentos poderosos a serviço da humanização.
- Desenvolver ao máximo a sensibilidade ética e estética, buscando delinear o *télos* da educação com sensibilidade profunda à condição humana; sentir a razão de ser da existência e a pulsação da vida, referências fundamentais para o sentido da intervenção pedagógica.
- Desenvolver ao máximo sua racionalidade filosófica em dupla direção: em uma frente, esclarecer epistemicamente o sentido da existência, e em outra, afastar o ofuscamento ideológico dos vários discursos; construir uma contraideologia como ideologia universalizante que coloque os produtos do conhecimento para atender aos interesses da totalidade dos homens.

A educação, por sua própria natureza, tende a atuar como força de *conformação* social, mas precisa agir também como força de *transformação* social. A conformação nasce da necessidade de conservação da memória cultural da espécie, força centrípeta, apelo da imanência, ao passo que a transformação, força centrífuga, apelo da transcendência, busca um avanço, a criação do novo, gerando elementos que respondam pela criação de nova cultura.

A educação conforma os indivíduos, inserindo-os em sua sociedade, fazendo--os compartilhar dos costumes morais e de todos os demais padrões culturais, a fim de preservar a memória cultural; mas, ao transformar, impele à criação de nova cultura, reavaliando seus estágios anteriores de subjetivação. Cabe, assim, à educação questionar os estágios vigentes de uma perspectiva crítica, desconstruindo para reconstruir, pois o que não se transforma se petrifica.

É pela mediação de sua consciência subjetiva que o homem pode intencionalizar sua prática, pois essa consciência é capaz de elaborar sentidos e de se tornar sensível a valores. Dessa forma, ao agir, o homem está sempre fazendo referência a conceitos e valores de tal modo que todos os aspectos da realidade envolvidos com sua experiência, todas as situações que vive e todas as relações que estabelece são atravessados por um coeficiente de atribuição de significados, por um sentido, por uma intencionalidade feita de uma referência simultaneamente conceitual e valorativa. Desse modo, as coisas e situações relacionam-se com nossos interesses e com nossas necessidades por meio da experiência dessa subjetividade valorativa, atendendo, de uma maneira ou de outra, a nossa sensibilidade, tão arraigada quanto aquela que nos permite representar as coisas e conhecê-las mediante os conceitos.

Com efeito, a ética só pode ser estabelecida por meio de um processo permanente de *decifração* do sentido da existência humana, tal qual ela se desdobra no tecido social e no tempo histórico, não mais partindo de um quadro atemporal de valores, abstratamente concebidos e idealizados. E essa investigação é inteiramente compromissada com as mediações históricas da existência humana, não estando mais relacionadas apenas a ideais abstratos, mas sim a referências econômicas, políticas, sociais e culturais. Nenhuma ação que provoque a degradação do homem em suas relações com a natureza, que reforce sua opressão pelas relações sociais ou que consolide a alienação subjetiva pode ser considerada moralmente boa, válida e legítima.

É por isso que, na perspectiva do modo atual de se conceber a *ética*, ela está profundamente entrelaçada com a *política*, sendo concebida como a área de apreensão e aplicação dos valores que atravessam as relações sociais responsáveis por interligar os indivíduos entre si. E a política, por sua vez, está intimamente vinculada à ética pelo fato de não poder ater-se exclusivamente a critérios técnico-funcionais, o que a transformaria em uma nova forma de determinismo extrínseco ao homem, à sua humanidade.

Isso quer dizer que os valores pessoais não são apenas valores individuais, mas também sociais, pois a pessoa só é especificamente um ser humano quando sua existência se realiza nos dois registros valorativos. Assim, a avaliação ética de uma ação não se refere apenas a uma valoração individual do sujeito, pois é preciso referi-la igualmente ao índice do coletivo.

A necessidade de espaço público para um projeto educacional comprometido com a emancipação humana: a escola pública e a cidadania

O senso ético-político incorpora a sensibilidade aos valores da convivência social, da condição coletiva das pessoas. A relação, a inter-relação, a dependência recíproca entre as pessoas são também valores éticos. Tal eticidade apoia-se na dignidade humana e não se refere apenas à existência social, mas também à coexistência social.

É a partir da exigência deste existir coletivo que se pode compreender a importância da escola para a construção da cidadania. Com efeito, para que a prática educativa real seja uma práxis, é preciso que ela se dê no âmbito de um projeto, e a escola é o lugar institucional de um projeto educacional. Isso quer dizer que ela deve instaurar-se como espaço-tempo, como instância social que sirva de base mediadora e articuladora dos outros dois projetos relacionados ao agir humano: o projeto político da sociedade e os projetos pessoais dos sujeitos envolvidos na educação.

Todo projeto implica uma intencionalidade, bem como suas condições reais, objetivas, de concretização, já que a existência dos homens se dá sempre no duplo registro da objetividade/subjetividade, no sentido de que estão sempre lidando com uma objetividade subjetivada e com uma subjetividade objetivada.

Assim sendo, a escola é o lugar do entrecruzamento do projeto político coletivo da sociedade com os projetos pessoais e existenciais de educandos e educadores. É ela que viabiliza as ações pedagógicas dos educadores, permitindo que se tornem educacionais, uma vez que se impregna das finalidades políticas da cidadania que interessa aos educandos. Se, de um lado, a sociedade precisa da ação dos educadores para a concretização de seus fins, do outro, os educadores necessitam do dimensionamento político do projeto social para que sua ação tenha real significado como mediação da humanização dos educandos, que encontram na escola um espaço privilegiado para vivificação e efetivação de seu projeto.

A escola se faz necessária para abrigar e midiatizar o projeto educacional, imprescindível para uma sociedade autenticamente moderna. A especificidade do trabalho pedagógico exige uma institucionalização de meios que vinculem educadores e educandos, e, por esse motivo, a escola não pode ser substituída pelos meios de comunicação de massa, tendo em vista que qualquer relação pedagógica depende de um relacionamento humano direto. Uma situação de aprendizagem, para ser educacional, não basta ser tecnicamente operativa; ela precisa também ser pedagógica, ou seja, relacionar pessoas diretamente entre si. Aliás, a fecundidade didática dos meios técnicos já é dependente da incorporação de significados valorativos pessoais.

Para que se possa falar de um projeto impregnado por uma intencionalidade significativa, impõe-se que todas as partes envolvidas na prática educativa de uma escola estejam profundamente integradas na constituição e vivência dessa intencionalidade. Do mesmo modo que todas as partículas de um campo magnético estão imantadas, no âmbito de um projeto educacional todas as pessoas envolvidas precisam compartilhar dessa intencionalidade, adequando seus objetivos parciais e particulares ao objetivo abrangente da proposta pedagógica decorrente do projeto educacional. Mas, para tanto, impõe-se que toda a comunidade escolar seja efetivamente envolvida na construção e explicitação dessa mesma intencionalidade. É um sujeito coletivo que deve instaurá-la, e é nela que se lastreiam a significação e a legitimidade do trabalho em equipe e de toda interdisciplinaridade, tanto no campo teórico como no campo prático.

Ao investir na constituição da cidadania dos indivíduos, a educação escolar está articulando o projeto político da sociedade – que precisa ter seus membros como cidadãos – e os projetos pessoais desses indivíduos, que, por sua vez, precisam do espaço social para existir humanamente.

No entanto, em sociedades históricas que passam por momentos de determinação alienadora, de opressão e de exploração, em que são implementados projetos políticos voltados para interesses egoísticos de grupos particulares hegemônicos, como é o caso de nossa sociedade brasileira atual, a força da instituição escolar em seu trabalho de construção da cidadania fica ainda mais fragilizada, uma vez que o projeto educacional autêntico estaria necessariamente em conflito com o projeto político da sociedade, que, ao oprimir a maioria dos indivíduos que a integram, compromete até mesmo a possibilidade de o educador construir seu projeto pessoal. Esbarra-se aí nos limites impostos pela manipulação, pela expropriação e pela alienação dos seres humanos, fazendo que o fato de investir na construção de um projeto educacional seja apenas uma prática de resistência. Mas, mesmo nesse caso, a escola torna-se ainda mais necessária, pois impõe um investimento sistemático visando à sua sustentação e ao desenvolvimento de um projeto educacional eminentemente contraideológico, ou seja, desmascarando, denunciando, criticando tal projeto político, não se conformando com ele e não o aceitando passivamente. Com as armas fornecidas pelo conhecimento e com a missão de realizar seu trabalho educacional no contexto de uma sociedade opressiva, os educadores precisam pautar-se em um público de educação, concebido e articulado em instituições que gerem um espaço público aberto à totalidade social, sem qualquer tipo de restrição.

Após duas décadas sob a tutela de um Estado autoritário e autocrático, no qual a dimensão pública se reduzira à expressão meramente tecnoburocrática do estatal, e mergulhada na voracidade consumista do momento neoliberal, o sentido do público acaba deslizando para mera identificação do civil ao mercadológico, ou seja, a sociedade civil não é mais a comunidade dos cidadãos, mas sim a comunidade dos produtores e dos consumidores em uma relação de mercado. Toda a vida social passa a ser medida e marcada pelo compasso das transações comerciais, do qual não escapa nenhum setor da cultura, nem mesmo a educação. O dilema que vivemos hoje é expresso exatamente por essa ambiguidade por meio da qual a dimensão pública se esvazia, impondo a minimização do Estado na condução das políticas sociais, que ficam dependentes apenas das leis do mercado, tido como dinâmica própria da esfera do privado. Daí o ímpeto privatizante que varre a sociedade e a cultura do Brasil nas últimas três décadas, sob o sopro incessante e denso dos ventos ideológicos do neoliberalismo. A oferta de educação, assim como dos demais serviços públicos, é um entre muitos empreendimentos econômico-financeiros a serem conduzidos nos termos das implacáveis leis do mercado.

De todas essas considerações, conclui-se que, na atual situação histórico-social brasileira, somente um sistema universalizado de ensino estará em condições de enfrentar o desafio da construção da cidadania, sendo a universalização um fator absolutamente imprescindível para que isso aconteça. Se é verdade que podem existir, hipoteticamente, variadas modalidades de mediações da educação, historicamente também é verdadeiro que a escola se revela como sua mediação potencialmente mais eficaz para a universalização da educação. Isso implica, sem dúvida nenhuma, a constituição de um grande e qualificado sistema público de ensino.

Conclusão

Não se trata de ficar lamentando e anatematizando esse modelo societário. Não há como superá-lo de forma molar, pois sua realidade econômica se impõe como uma necessidade insuperável neste momento histórico, e ele só mudará muito lentamente, no longo prazo, o que significa um tempo muito além de nossas próximas gerações. O problema que se coloca concretamente para nós é como conviver nesse e com esse tipo de sociedade histórica.

Eis o grande desafio para os educadores brasileiros que aqui representamos no século XXI. Como enfrentar os problemas da educação brasileira nesse panorama histórico? As soluções para eles não são claras, pois parecem depender de grande complexidade de fatores, que envolvem condições objetivas e posicionamentos subjetivos certamente ainda não disponíveis em quantidade e qualidade necessárias.

Como conciliar, com algum sentido humano, a inevitabilidade da globalização com as exigências da vida comunitária? Como agir crítica e criativamente em um ambiente no qual prevalecem as determinações do sistema societário vigente? O que e como fazer nesse contexto adverso? O próprio modelo societário atualmente vigente no Brasil, que faz ressoar os determinismos do processo da globalização econômica e cultural, pautado na ideologia e na agenda do capitalismo neoliberal, já impõe, *per se*, severas regras de jogo, submetendo todas as dimensões da nossa vida à lógica do mercado. Como ter uma educação melhor sem transformar esse modelo societário?

Para todos nós, impõe-se o cuidado com as ideologias dogmatizantes dos programas partidários. Como atuar programaticamente se o agir político é imprescindível e inevitável e se não há como não se comprometer, consciente ou inconscientemente, com um comportamento político? Mas, na maioria das vezes, quando os partidos políticos se propõem a coordenar nossas ações, podem instrumentalizar-nos, transformando seus princípios políticos em garrotes ideológicos, dogmaticamente impostos e estruturados como se constituíssem uma escolástica. E, dessa perspectiva, perdem seu compromisso com a causa do bem comum, tornando-se apenas mediadores de interesses particulares de grupos. Eis aí riscos do cotidiano dos educadores, às vezes movidos pelas melhores intenções.

Como responder aos desafios impostos pela emergência das novas tecnologias, aptas a sustentar novos modelos de ação, mas também a mecanizar nossos atos? Como impedir que a ciência venha a se exaurir em uma forma puramente técnica, deixando de ser a expressão de uma modalidade de conhecimento construtor de sentido, para ser mera quantificação da experiência em busca da previsibilidade e da funcionalidade dos fenômenos mecânicos da natureza e da sociedade?

A identidade específica da prática educativa a ser implementada por todos aqueles que têm um projeto civilizatório, para o enfrentamento dos desafios históricos lançados na atualidade, encontra-se no tripé formado pelo domínio do saber teórico, pela apropriação da habilitação técnica e pela sensibilidade ao caráter político das relações sociais. Mas essas três dimensões só podem ser consolidadas se forem soldadas, articuladas pela dimensão ética. O envolvimento pessoal e a sensibilidade ética dos educadores estão radicalmente vinculados a um compromisso com o destino dos homens. É à humanidade que cada um tem de prestar contas. Por isso mesmo o maior compromisso ético é ter compromisso com as responsabilidades técnicas e com o engajamento político. Trata-se, pois, para todos os homens, de vincular sua responsabilidade ética à responsabilidade referencial de construção de uma sociedade mais justa e equitativa, ou, melhor dizendo, uma sociedade democrática, constituída por cidadãos participantes em condições que garantam a todos os bens naturais, sociais e simbólicos disponíveis para a sociedade concreta em que vivem, e a que todos têm direito, em decorrência da dignidade humana de cada um.

O respeito e a sensibilidade ao eminente valor representado pela dignidade da pessoa humana não tornam essa postura ética abstrata, idealizada e alienada. Ao contrário, exigem o aguçamento da sensibilidade às condições históricas e concretas de nossa existência, afinal, suas únicas mediações reais. E esse aguçamento exige, por sua vez, o pleno compromisso de aplicação do uso da única ferramenta para a orientação da existência humana: o conhecimento, que precisa tornar-se, então, competente, criativo e crítico. A mais radical exigência ética que se faz manifesta neste quadrante de nossa história, para todos os sujeitos envolvidos na e pela educação, é, sem dúvida nenhuma, o compromisso de aplicação do conhecimento na construção da cidadania.

2

Profissionalidade docente: o tempo e o modo de uma transformação

Maria do Céu Neves Roldão

O lugar sócio-histórico dos professores

Um dos obstáculos epistemológicos referidos por Gaston Bachelard (1986) em sua análise epistemológica do processo da construção do conhecimento está relacionado ao risco de naturalização dos fenômenos em estudo, particularmente frequente no campo das Ciências Sociais, pela própria natureza complexa do que alguns cientistas sociais chamam "fatos sociais totais"[1] e pela familiaridade e proximidade que eles assumem no cotidiano dos próprios cientistas que os analisam. Tal proximidade e tendência naturalizadora aumenta no domínio da educação que, além de se constituir como fato social complexo, envolve praticamente todos os atores como partes interessadas e com vivências a ela associadas, nomeadamente no plano da educação escolar que aqui nos ocupará.

Quem são os professores? Qual é o seu lugar na sociedade? Qual é a natureza da atividade que os identifica e os distingue no plano social? Como todos esses aspectos têm evoluído e como vão se reconfigurando no interior de um devir sócio-histórico? Quais são os tempos e os modos da sua evolução?

A forma mais imediata de olhar para essas questões seguiria justamente a via naturalizadora: todos tivemos professores, todos conhecemos professores, muitos

---

1 O conceito de "fato social total" foi estabelecido pelo sociólogo Marcel Mauss, no início do século XX, em referência à complexidade dos fatos sociais que por isso exigem o cruzamento de uma multiplicidade de abordagens científicas (Mauss, Fait social et formation du caractère. In: *Sociologie et sociétés,* v.36, n.2, 2004, p.135-40).

somos professores e/ou trabalhamos em (e investigamos) sua formação ou acompanhamos suas práticas. Partilhamos com o coletivo social uma imagem de senso comum a esse respeito: os professores ensinam, trabalham em escolas, são muito importantes na vida dos nossos jovens e ensinam matérias específicas em espaços temporais, homogêneos e localizados, a que chamamos aulas.

Façamos, pois, um esforço de distanciamento em busca de alguma clarificação fundamentada acerca da origem e da construção social desse grupo de atores, assente na análise mais fina da natureza dessa ação e na clarificação das interfaces com os outros domínios sociais no quadro dos quais sua identidade historicamente se vem construindo.

A escola na construção social do professor

A primeira clarificação a operar está relacionada à ligação direta entre o surgimento dos professores como grupo de atividade socialmente reconhecido e a criação da escola como instituição pública, processo que se situa entre os finais do século XVIII e o início do século XIX.

Em decorrência das transformações nos dispositivos de produção trazidos pelas sucessivas fases da Revolução Industrial e do caldo político-social criado pela ruptura com o Antigo Regime nos finais do século XVIII e trazidos pelas revoluções liberais na Europa, posteriormente transportadas e reconfiguradas nos antigos domínios coloniais, a necessidade de garantir instrução a um conjunto mais amplo de cidadãos levou à estruturação deste "local a que chamamos escola", na expressão consagrada de John Goodlad (1984).

Essa instituição pública – a escola – distingue-se de outras sedes de educação e instrução existentes nas sociedades anteriores a esse período em dois aspectos: sua vinculação a uma obrigação ou mandato coletivo da sociedade, que necessita agora de cidadãos minimamente instruídos e educados para o seu desenvolvimento econômico e político (e não apenas de educação de alguns grupos com funções muito diferenciadas), e a sistematização seletiva das aprendizagens, que decorre da necessidade de garantir esse objetivo – a afirmação social de um currículo escolar.

Escola, currículo e professores

Estamos assim confrontados com os dois planos que inexoravelmente configuram a natureza do ser professor na modernidade: a escola e o currículo. O currículo – entendido aqui como uma construção sócio-histórica que, em cada época e contexto, corporiza as aprendizagens socialmente tidas como necessárias e traduz e configura as tensões, os interesses e os poderes presentes nessa sociedade – é, sem sombra de dúvida, o fator legitimador da constituição da escola como instituição curricular, responsável pela sua organização e provisão (Roldão, 2007).

É na interface dessas duas realidades que os professores, até então sobretudo agentes individuais de ensino ou agrupados em núcleos restritos ou missões dependentes de organizações religiosas ou outras, sem coesão como coletivo distinguível no quadro socioprofissional, dão o seu primeiro grande passo para a formação de um grupo profissional identificável: passam a constituir um corpo de agentes associados à escola e aos saberes curriculares, a quem são reconhecidos os primeiros direitos como coletivo – níveis salariais, direitos de colocação etc. – e dos quais se começa a exigir formação específica (Nóvoa, 1989, 2005).

A configuração histórica do agir do professor, a representação social de sua função e de seu saber, a cultura que no interior do grupo foi se desenvolvendo até nossos dias – tudo isso é construído e reconfigurado no interior desse duplo enquadramento matricial, que é a relação entre o currículo e a estruturação da função docente de acordo com a organização do trabalho da escola. Podemos, assim, dizer que o professor é construído pelo currículo e pela escola, e aquele, por sua vez, interage com eles, sendo também seu coconstrutor.

Os tempos da escola

O tempo antes da escola

A pré-história da escola como instituição pública reporta-se, pois, a esse longo passado em que, nos mais diversos contextos e tempos, houve pessoas encarregadas de ensinar e organizações muito diversas para o fazer, dependendo dos objetivos – das escolas monarcais da Idade Média às Universidades dos séculos XIV e seguintes, dos colégios religiosos e das missões aos mestres de ler e contar do tempo do Marquês de Pombal, passando pelos perceptores contratados para instruir em casa os filhos da burguesia ou da nobreza, do padre às mestras nas pequenas comunidades rurais. Algumas dessas situações tinham já alguma organização e currículos vários, mas é só no século XVIII e, sobretudo, no XIX que a função geral de escolarizar aparece associada a uma necessidade comum de formalizar a aquisição de um corpo comum de aprendizagens – o currículo –, reconhecida econômica e politicamente, dando origem à estruturação da instituição pública da escola, isto é, da escola como um serviço ao público, quer gerida pelo Estado, quer pelas comunidades ou por grupos privados.

Essa mudança de escala e de finalidades sociais e públicas – a escola como garantia do conjunto de aprendizagens comuns consideradas necessárias para uma sociedade (o currículo escolar) – determina a criação de um dispositivo organizacional estável e simultaneamente econômico na gestão dos recursos humanos disponíveis. Atravessado por muitos debates entre defensores de diferentes modelos (Barroso, 1995; Nóvoa, 2005), o modo de organização da escola acabou por se configurar, no século XIX, de acordo com a lógica taylorista da época, assente no princípio da produção em série, sustentando toda a estrutura organizativa no princípio da máxima homogeneidade possível, viabilizadora de uma economia de meios – "ensinar a muitos como se fossem um só" (Barroso, 1995).

Esse paradigma da homogeneidade traduz-se em algumas características-chave, as quais permanecem, no formato atual da organização do trabalho escolar, encapsuladas em um processo poderoso de naturalização social que nos leva a representá-las como se fossem as únicas possíveis, a saber:

- A *unidade de agrupamento dos alunos* – a classe ou turma, fundada no princípio de semelhança de nível etário e de aprendizagem, de modo a possibilitar a aula expositiva e até o ensino mútuo, monitorizado, em formato "cascata", por alunos que o mestre designava para repetir a lição (Nóvoa, 2005).
- O *princípio da anualidade hierárquica* – a organização temporal da sequência da aprendizagem (instituição do ano letivo ou escolar e respectiva sequência anual da progressão dos alunos) como tempo igual para aquisições iguais para todos no mesmo grupo cuja não consecução implica recuar ao degrau anterior, em vez de prosseguir a partir da aprendizagem nele conseguida, porventura com um tempo seguinte mais longo ou um modo de aprender diferenciado.
- A *organização temporal do ensino* – a segmentação em quadrículas horárias de igual e homogênea duração (o tempo letivo ou hora), de modo a agilizar a organização do trabalho em formatos de fácil gestão.
- A *organização do conhecimento* – estabelecimento de células independentes de saber, cada uma das quais entregue a um professor da especialidade, para facilitar também a gestão da organização, ou seja, as disciplinas curriculares.
- A *organização do trabalho de ensinar* – em decorrência das características anteriormente descritas, o trabalho do docente orienta-se para um desempenho individual e para uma responsabilidade unipessoal que até hoje marcam a cultura que se instalou como dominante na escola e na visão dos professores; mesmo as posteriores mudanças no sentido de criação de conselhos de docentes e outros órgãos colegiais mantiveram intacto o princípio da segmentação curricular quer na separação dos saberes, quer, sobretudo, na separação e na não abertura do espaço de trabalho individual de cada docente, em cada célula horária correspondente a uma situação (fechada e não comunicante com as restantes) de ensino de um professor a um grupo.

O tempo da ruptura – o choque da massificação

A escola homogênea na organização continuou, todavia, durante mais de um século (até à década de 1950 ou mais tarde, como foi o caso em Portugal), a servir os públicos de forma diferenciada, segundo suas origens e tendo em vista seus destinos sociais expectáveis, em uma lógica reprodutiva. Assim, a escola generalizou sua oferta para os níveis básicos de alfabetização, mas tardou a fazê-lo para os níveis subsequentes, que permaneceram como formações destinadas a grupos selecionados e diferenciados em sua valoração de acordo com os papéis sociais esperados, em função da pertença social de partida: educação liceal de cunho acadêmico (no caso português, para as elites) e ensino técnico para a formação prática de profissionais. Esse desenho geral passou por diversas transformações, avanços e recuos, que não cabe aqui detalhar, e foi homólogo de processos de vias diferenciadas de escolarização em diversos países, como o Reino Unido.

A grande ruptura nas relações da escola com a sociedade ocorreu no pós-guerra – décadas de 1950 e 1960 –, como resultado do processo generalizado de massificação e extensão da educação escolar. Essa transformação decorreu de múltiplos fatores que podem agregar-se em torno de dois eixos centrais: (1) o desenvolvimento econômico que se seguiu à guerra e as subsequentes necessidades de aumentar a qualificação educativa das populações e (2) a intensificação da valorização ideológica da educação como um bem público, associada à reação coletiva diante do abalo que a guerra em causa e as ideologias de extermínio que a marcaram haviam constituído na crença no progresso que caracterizara a modernidade, particularmente o século XIX e início do XX.

Os tempos do desenvolvimento do professor

Em um texto de 1989, António Nóvoa salienta os fatores que, associados à estabilização institucional da escola desde o fim do século XVIII até o início do XX, contribuíram para a emergência e afirmação dos professores como grupo socialmente reconhecido por intermédio do que Reis Monteiro (2000) designa como "distinção profissional".[2] Desses fatores marcantes para essa fase do desenvolvimento profissional do coletivo docente, cujos primórdios se situam nas reformas do Marquês de Pombal no século XVII, em Portugal, Nóvoa destaca os seguintes:

2 A "distinção profissional", referida por Reis Monteiro, diz respeito ao reconhecimento da especificidade e relevância de uma função que permite distingui-la de outras, identificando os saberes próprios que a diferenciam.

- *Exercício a tempo inteiro*: a atividade de ensino afirma-se socialmente à medida que começa a ser exercida como um trabalho regular, em tempo integral, com formatos de contratualização relativamente estáveis. Esbate-se o caráter difuso do ensinar como atividade supletiva de outros trabalhos ou como prestação de serviço ocasional, acordado casuisticamente:

> Contrariamente ao que acontecia no período anterior às Reformas pombalinas, estes mestres (de ler e escrever) tendem a fazer do ensino sua ocupação única ou, pelo menos, sua ocupação principal. (Nóvoa, 1989, p.24.)

Inicia-se a afirmação do que hoje designaríamos como carreira docente, fato que indicia sua inscrição no espaço público como uma atividade de matriz profissional.

- *Suporte legal para a docência*: estabelecem-se, ainda no século XVIII em Portugal, as primeiras normas jurídicas reguladoras do exercício da docência, do acesso e da contratação.

> Contrariamente aos seus predecessores, esses mestres possuem uma autorização estatal para o exercício da atividade docente e são recrutados, remunerados e controlados diretamente pelo Estado. (Ibidem, p.24-5.)[3]

Também esse plasmar do exercício docente em um quadro legal, ainda que incipiente, estabelece nova visibilidade do grupo profissional nascente. Mais tarde, a oficialização normativa reforça-se na decorrência das necessidades de o sistema escolar público assegurar e fixar seu pessoal docente para garantir o funcionamento eficaz da escola.

- *Reconhecimento/exigência de formação*: é no início do século XX, muito particularmente com a legislação sobre educação produzida pelos primeiros governos da República em Portugal, que se criam as escolas normais superiores e se estabelece o requisito de uma formação específica para o desempenho da função de ensinar. Esse é, segundo Nóvoa, um dos elementos-chave do momento de desenvolvimento profissional dos docentes vivido nessa época. A obrigatoriedade de formação significa tornar visível o reconhecimento da existência de um dos elementos centrais da representação social da profissionalidade de um desempenho: a exigência de um saber próprio, necessário para poder exercer uma função profissional (nesse caso, ensinar).

---

3 Nóvoa sublinha que esse fato associou de forma marcante o exercício da docência ao estatuto de funcionário público, contribuindo para a dificuldade posterior da afirmação do grupo como profissão plena.

- *Criação de associações profissionais*: outro sinal da vitalidade que caracterizou a afirmação pública do grupo dos professores foi o surgimento, no interior dos próprios grupos de professores, de movimentos associativos de cariz profissional, como a realização de congressos, a criação de movimentos pedagógicos (por exemplo, os Congressos do Magistério Primário, as Conferências Pedagógicas, o Movimento da Educação Nova), que refletem a crescente autoconsciência dos professores como um corpo, unido pela função comum e pelo saber profissional.

Mas é o próprio António Nóvoa, na obra que utilizamos como referência, quem alerta para o fato de que um coletivo de agentes de uma atividade (no caso, os agentes da ação de ensinar) não se torna profissão – processo lento que designamos por "desenvolvimento profissional docente" – de forma garantida, progressiva e unilinear: "Não há, na história dos grupos profissionais, nenhum futuro predeterminado: o *amanhã* é sempre o produto das opções tomadas *hoje*" (Ibidem, p.65). Pelo contrário, tal afirmação social é construída, feita de tensões, de avanços e recuos, os quais dependem dos condicionalismos políticos e sociais, mas também (e muito) da postura e da ação que os agentes dessa atividade desenvolvem diante de sua função, do desenvolvimento e da comunicação do seu saber, do seu poder autônomo e da responsabilidade pública sobre o ato profissional, bem como de seu sentido de comunidade produtora de saber e geradora de identidade coletiva (Roldão, 2005).

Os modos de ser professor – identidade em construção

A história dos professores como grupo identificável na malha social construiu-se, portanto – e continua a construir-se –, em um processo com avanços e recuos, tributário, de configurações históricas e simbólicas passadas, que por vezes constituem obstáculo à adoção de um estatuto profissional mais assertivo. Assim, ainda é forte a visão do professor como uma vocação, chamado ao magistério por um sentido de missão, imagem compreensível diante do passado da atividade, então associada de fato à missionação, bem como à ideia algo impressionista dos naturalmente talentosos para comunicar, persuadir, influenciar, como seres com vocação particular para ensinar, herdeiros putativos dos grandes mestres da oratória. Ou, em outra linha, a ideia de missão enraizou-se também na ligação forte de que a educação, olhada como um bem escasso e iniquamente restritivo durante séculos, tem com a intervenção social o serviço visando à melhoria da sociedade, assim como à justiça e equidade.

Sem negar a importância dessas vertentes, particularmente a segunda, cada vez mais atual em um tempo no qual justamente os alegados problemas da escola se prendem à ruptura da sua seletividade social passada, e com a dificuldade de responder com qualidade aos novos públicos – todos os cidadãos –, importa, contudo, situar a questão no plano mais analítico que nos cabe investigar. A docência, para afirmar-se como estatuto de profissionalidade plena no tempo presente e no próximo futuro, carece de um avanço conceitual nítido, que supere conotações apenas militantes, vocacionais ou místicas, no sentido de uma atividade plenamente profissional e socialmente reconhecida como tal. Esse reforço do desenvolvimento social do grupo ganha maior premência em face das novas situações e contextos sociais, bem como do investimento acrescido de reconhecimento que é necessário atribuir aos agentes e instituições que ensinam em sociedades sustentadas em um economia do conhecimento.

As questões da profissionalidade

Tornar-se e assumir-se como profissional de ensino não decorre, pois, de atos ou políticas voluntaristas, mas constitui, antes de tudo, um processo social complexo e de desfecho imprevisível, ancorado em um passado multirreferencial e perspectivado para um futuro de contornos variáveis. Importa, contudo, compreender que, se é certo que não é determinável o sentido da evolução, é, no entanto, claro que ela só se orientará na direção de uma profissionalidade reforçada se, e quando, os caracterizadores sociológicos que se associam, na representação social, às atividades incluídas na categoria de profissão (Rodrigues, 1997) se plasmarem mais claramente na prática e na visão dos professores enquanto grupo. Entre esses caracterizadores destacam-se:

1. Reconhecimento da especificidade distintiva da função de ensinar, associada à ação que consiste em promover aprendizagens.
2. Afirmação e reforço do conhecimento específico necessário para ensinar, conhecimento múltiplo, complexo, teorizante e indagador da prática, compósito e integrador de saber conteudinal, curricular e didático do aluno e dos contextos (Shulman, 1987; Roldão, 2009).
3. Construção real de uma comunidade de profissionais que regula a sua *função,* consome, renova e produz o seu *saber específico* e estabelece internamente a sua *ética profissional.*

O tempo e o modo do futuro: cenários de desenvolvimento profissional dos professores

Uma investigação recente, desenvolvida em Portugal, sobre trabalho docente e formação de professores, indicia escassa visibilidade de uma tendência de reforço profissionalizante na profissão e nas escolas (Roldão, et al., 2006; Esteves e Rodrigues, 2003). Pelo contrário, evidencia-se a permanência de uma forte funcionarização do trabalho docente e da organização das escolas, reforçada internamente pela cultura funcionária dominante nos professores e escolas e externamente por medidas políticas de alto nível de prescrição, a par de um reforço discursivo recorrente da valorização da autonomia.

Defrontamo-nos, assim, com o questionamento acerca dos cenários possíveis de desenvolvimento futuro da atividade docente,[4] vista à luz dessa necessidade de reforço do desenvolvimento profissional que anteriormente procuramos argumentar.

Cenário A: proletarização/funcionarização

A manutenção de uma dependência normativa do exercício da docência perante a administração e, da parte desta, a persistência de uma atuação prescritiva indutora de conformidade, em lugar de reguladora e incentivadora da autonomia real dos decisores nas escolas, juntamente com a escassa relação dos docentes e das escolas com a produção do seu saber específico e com o compromisso profissional de enfrentar com estratégias e novos modos de organizar o trabalho na escola capazes de responder eficazmente aos alunos com que trabalham, provavelmente conduzirão a um cenário de desprofissionalização crescente do trabalho docente. Tal cenário, como nem sempre sublinham os que reclamam a eficácia sem querer transformar a estrutura do trabalho escolar, comporta em si a consequente ineficácia crescente do processo educativo na escola.

Cenário B: praticismo/militância social/esbatimento profissional

Outro cenário possível pode vir a construir-se no reforço de visões idealizadas do professor como um militante social, sem cuidar da natureza específica da sua função e saber. Como defendemos em outras publicações (Roldão, 2007; Roldão, et al., 2009), a visão do professor como um prático, em grande parte subsidiária da ideologia da supremacia da intervenção social sobre a especificidade da função didática e de seus saberes próprios, contribui para gerar uma representação cres-

---

4 Inspiramo-nos, adaptando o quadro conceitual do autor ao processo de desenvolvimento profissional do grupo docente, em artigo de Brian Caldwell, 2000, na adoção das lógicas de construção de cenários possíveis para o desenvolvimento futuro da educação como um “bem público”. Também Linda Darling-Hammond, 2000 equaciona cenários de desenvolvimento futuro para a atividade docente, a partir de investigação de tendências evidenciadas nos contextos presentes.

centemente difusa desse grupo de agentes sociais que são os professores, descaracterizando o modo particular, informado e intelectual como a prática que exercem deve constituir um eixo influente na sociedade. Exercer uma prática (docente, clínica, investigativa) não é sinônimo da assimilação dos seus agentes à categoria de *práticos*. Pelo contrário, o exercício de práticas como as que referimos, social e intelectualmente relevantes no progresso das sociedades, implicam que o desempenho dos seus agentes seja altamente profissional, teorizado e analítico.

Cenário C: reforço de profissionalidade

Este é o cenário que, na linha de análise em que nos situamos, se configura como o mais desejável, assente na especificidade da função de ensinar e em conhecimento próprio continuamente sustentado, analítico e teorizador da prática. Será mais adequado ao sucesso do ensino em um mundo social que requer cada vez mais populações educadas e qualificadas no seu todo, mas que, para isso, precisa de instituições e profissionais renovados na sua forma de trabalhar e de organizar a ação de ensinar e aprender. Implicará, provavelmente, o abandono do paradigma *da homogeneidade* que marca todos os nossos sistemas educativos, em favor do *da diversidade*, a estruturação de agrupamentos de alunos e saberes de acordo com geometrias variáveis que permitam a todos chegar de fato a apropriar as aprendizagens curriculares, legitimadas por serem socialmente necessárias e individualmente compensadoras. (Sousa, 2010). Assentará, certamente, em um reforço do exercício teorizador, analítico e colaborativo, atuando na prática docente cotidiana, como ressalta com pertinência Ivor Goodson (2008, p.45-8):

> Embora acredite que o melhor mecanismo para melhorar a prática seja os professores investigarem e refletirem de modo contínuo sobre essa mesma prática, não creio que uma focalização estreita da colaboração investigativa na referida prática – uma panaceia politicamente popular no momento atual – nos leve muito longe. [...] A *educação é muito mais que uma questão prática. A prática constitui muito mais que um conjunto de atos técnicos que os professores realizam na sala de aula.* [...]. Acredito que esta estratégia de desenvolver a *colaboração* e *reinscrever a missão teórica* já está em andamento. (Grifos nossos.)

O modo de ser professor no tempo em que vivemos não está predeterminado, como bem ressaltou António Nóvoa. Mas dependerá, sem dúvida, além dos processos sociais, políticos e históricos que o enquadram, daquilo que dele fizerem os atores sociais envolvidos, no centro dos quais se situam os professores, as escolas, as universidades e instituições de formação, os lugares e tempos em que se joga a complexa construção do ser professor.

Parte II

Mesas-redondas

3

Sistemas apostilados nas escolas municipais: formação ou treinamento de professores?

João Ernesto Nicoleti

Este texto é parte de uma pesquisa realizada no programa de pós-graduação em Educação Escolar da Universidade Estadual Paulista Júlio Mesquita Filho (Unesp), campus de Araraquara, no curso de mestrado em Educação Escolar.[1]

Duas questões centrais fizeram que a preocupação com as esferas educacional e política se tornassem de interesse pessoal para o desenvolvimento da citada pesquisa: a primeira foi minha atuação enquanto docente e diretor de escola, pois entendo ser direito e dever do professor participar da elaboração da proposta pedagógica da escola, por meio da análise das questões locais, dos conhecimentos adquiridos pelos alunos, do diagnóstico da comunidade, da elaboração conjunta do plano de trabalho a ser desenvolvido durante o ano letivo, entre outros; a segunda foi o conhecimento superficial sobre a educação que demonstram possuir prefeitos e vereadores, quando se analisam seus discursos veiculados na mídia. As preocupações dos entes políticos municipais estão, salvo raras exceções, voltadas para os recursos financeiros que a área educacional representa no orçamento municipal, o que foi determinante para que tais contratações ocorressem.

A constatação de que os municípios da região de São José do Rio Preto estavam entrando em contato com sistemas de ensino privados mobilizou-me a pesquisar as razões que conduzem as prefeituras municipais de cidades com até 50 mil habitantes a assiná-los, para que tais sistemas de ensino possam fornecer seus produtos e serviços à educação municipal.

---

1 Cf. Nicoleti (2009).

Por meio de informações obtidas com a leitura de jornais de circulação regional e nacional, observei que havia a indicação de um panorama se formando no estado de São Paulo: um número significativo de prefeituras municipais contratava sistemas privados para atuar com seus professores e fornecer apostilas para uso dos alunos em sala de aula. Com o objetivo de demonstrar como o tema deste texto tem frequentado jornais e revistas (tanto regionais como nacionais), trouxe algumas reportagens de jornais (impressos e digitais) e de revistas direcionadas ao segmento político dos municípios.

Essas reportagens apresentam a questão a partir da perspectiva dos prefeitos e secretários municipais de Educação, que apontam a utilização das apostilas como o caminho para se garantir a qualidade da educação. Esse tipo de reportagem é divulgado com grande frequência em jornais de circulação local e/ou regional, bem como em publicações institucionais, nos quais os prefeitos fazem propagandas de suas realizações políticas e administrativas. Não raro, os políticos municipais afirmam que, a partir da contratação dos sistemas apostilados, a escola municipal poderá equiparar-se à escola particular, considerada de qualidade superior à pública, como fica evidente em seus comentários. Destaco, nos parágrafos subsequentes, alguns exemplos dessa abordagem.

O *Jornal Educação e Ação*, do município de Tabapuã, em São Paulo (publicação institucional distribuída gratuitamente na cidade), apresentou, em abril de 2003, duas páginas de reportagens sob a manchete: "Educação implanta Sistema Positivo em toda rede". Em meio a fotos da cerimônia em que estão o prefeito, a secretária de Educação, pais de alunos e profissionais do Grupo Positivo, verificamos a seguinte notícia:

> [...] O material disponibilizado e a organização estrutural do sistema oferecem apostilas para os alunos, CDs-ROM para professores e alunos, materiais de apoio para dinamização dos trabalhos propostos, materiais de orientações metodológicas, além de suporte pedagógico e administrativo, equipe de coordenadores pedagógicos regionais, equipes de assistentes administrativos regionais e equipe de assessores nas áreas de conhecimento para todas as escolas. "O investimento financeiro é alto, mas investir em educação é colaborar para a formação de uma sociedade culturalmente mais preparada, mais consciente, mais capacitada para criar e vivenciar experiências positivas e conceder aos nossos alunos a possibilidade de sonhar, transcender, superar limites em direção à cidadania", concluiu a secretária. (*Jornal Educação e Ação*, 2003, p.4.)

No início de fevereiro de 2004, o jornal *Folha de Rio Preto* (periódico de circulação regional) publicou a manchete: "Educação implanta Sistema COC em Cedral". Nessa reportagem, encontramos informações sobre qual etapa da educação básica municipal terá apostilas para o trabalho em sala de aula, o custo por aluno/ano, além da perspectiva do coordenador de educação municipal a respeito do assunto:

> Para oferecer aos alunos de 5ª à 8ª séries uma sólida formação de cidadania, habilitando-os para atuarem na sociedade com iniciativa, criatividade, independência e responsabilidade, a prefeitura de Cedral implantou no ensino fundamental municipal o sistema de ensino do Curso Osvaldo Cruz (COC). Conforme o coordenador da educação, o curso fará que seus alunos conheçam e desenvolvam suas habilidades nos campos da ciência, da arte, do esporte e da tecnologia. "O sistema deve desenvolver no aluno habilidades básicas como trabalhar em grupo, pesquisar utilizando recursos digitais e, principalmente, a de aprender a aprender continuamente", afirma. O coordenador ressalta que a iniciativa da implantação do curso partiu de uma conversa com o prefeito para incentivar os alunos do município a frequentar as aulas e ter maior rendimento escolar. "Entramos em contato com a sede do curso em Ribeirão Preto para viabilizar a parceria. Hoje, temos no ensino municipal a mesma grade curricular de uma escola particular", salienta. [...] Cada aluno custará à prefeitura aproximadamente R$ 150,00 mensais [...]. (*Folha do Rio Preto*, 2004, p.B8.)

Em outros casos, como nas revistas direcionadas a prefeitos e vereadores, a reportagem limita-se a uma propaganda do produto "Sistema Apostilado", oferecido como qualquer outro produto que pode ser adquirido por uma prefeitura municipal. Esse procedimento ocorre com a *Revista Municípios de São Paulo*, da Associação Paulista de Municípios (enviada gratuitamente para as prefeituras municipais e câmaras de vereadores). Na edição de agosto de 2006, há a seguinte chamada de capa: "Educação: prefeituras adotam sistemas privados de ensino e diminuem evasão escolar". No interior da revista são reservadas quatro páginas para a publicação da matéria, que apresenta informações sobre municípios que já contrataram algum sistema, os valores pagos pelas prefeituras, entre outras. Há também espaço para que representantes de algumas editoras possam efetuar a propaganda de seus produtos.

> A fim de melhorar a qualidade da educação pública municipal, nivelar o ensino (colocar um fim nas "escolas boas e ruins"), aumentar o índice de aproveitamento das aulas pelos alunos e estimular a capacitação de professores, alguns prefeitos do estado têm se unido a sistemas privados de ensino, como Anglo, COC, Objetivo, Pueri Domus e Positivo. O motivo é bastante simples. Os custos dessa parceria são relativamente baixos: cerca de R$ 160,00 por aluno ao ano, variando para baixo ou para cima, de acordo com a empresa contratada e o número de alunos atendidos. Em troca, a prefeitura recebe treinamento completo para os professores, material didático e garantia de estar oferecendo para seus munícipios, uma educação de "marca" – o que lhe confere credibilidade. (*Revista Municípios de São Paulo,* 2006, p.10-1.)

Encontrei, também na *Revista Municípios de São Paulo*, uma reportagem de Juliana Tavares intitulada "Prefeituras fazem parcerias com sistemas privados de ensino para diminuir evasão escolar e melhorar a capacitação de professores", na qual a jornalista cita alguns municípios do estado que trabalham em conjunto com os sistemas particulares. A reportagem indica que essas empresas oferecem material didático (apostilas e CD-ROM), treinamento para professores e conteúdo na internet para o ensino público municipal. Além disso, há a informação de que alguns sistemas personalizam capas e inserem nas apostilas certas informações relativas à cidade contratada, ao passo que outros têm a precaução de não realizar parcerias com prefeituras de municípios onde se encontram escolas particulares conveniadas com a sua rede. A jornalista afirma, ainda, que "os custos da parceria são baixos: cerca de R$ 160,00 por aluno, variando de acordo com a empresa contratada" (Tavares, 2006, p.10).

Nesse sentido, após a leitura de uma matéria publicada por um jornal de circulação nacional acerca da contratação de sistemas privados para atuarem nas escolas públicas municipais, passei a investigar quais eram os municípios da região de São José do Rio Preto que já utilizavam tais sistemas. Surgiu, então, a necessidade de um mapeamento desses municípios, bem como da obtenção de algumas informações relativas à contratação dos sistemas particulares, o que nos conduziu a elaborar um questionário para a obtenção desses dados.

A partir da constatação do crescimento da lógica de contratação de sistemas apostilados de ensino para o fornecimento de material didático aos alunos e professores, bem como ao treinamento destes para atuarem nas escolas municipais de ensino fundamental, desenvolvi uma pesquisa que objetivou: (1) identificar quais eram os municípios que haviam contratado sistemas privados de ensino na região de São José do Rio Preto e quais sistemas foram contratados; e (2) analisar o processo de contratação do sistema de ensino apostilado COC em um desses municípios, sob os seguintes aspectos:

- Legal: a legislação que permite ao município tal contratação (o contrato, os aditamentos) e as fontes financeiras que originam a verba necessária para o pagamento do material/serviços contratados;
- Político: o processo de opção pelo ensino apostilado e pelo sistema escolhido (motivação, interesses etc.);
- Pedagógico: as expectativas quanto ao impacto na qualidade de ensino e à qualificação dos quadros profissionais.

Primeiro, delimitei a região de São José do Rio Preto, considerando para essa pesquisa os 41 municípios pertencentes ao Polo 4 da União Paulista dos Conselhos Municipais de Educação, e 39 municípios possuem até 50 mil habitantes – objeto do estudo.

A partir das respostas dos representantes desses municípios a um questionário padronizado, entregue em uma das reuniões do Polo 4, constatei que, dos 39 municípios pesquisados, 18 possuíam sistema de ensino privado atuando nas escolas municipais de ensino fundamental, e 12 desses contratos foram firmados nos últimos dois anos pesquisados (2005/2006). Além disso, verifiquei o predomínio do sistema apostilado da editora COC, presente em 12 dos 18 municípios conveniados, isto é, em 75% do total de contratos do Polo 4.

O recorte temporal dessa pesquisa está compreendido entre os anos de 1999 e 2006. A determinação desse recorte explica-se pela ocorrência, no ano de 1999, do primeiro contrato entre uma prefeitura e um sistema privado de ensino no Polo 4; a data final, 2006, por sua vez, constitui o início do levantamento de dados para o presente estudo. Assim, de posse das informações contidas no primeiro questionário e com a tabulação dos dados, os oito anos pesquisados (1999-2006) foram divididos em três blocos:

- 1999-2001: com três contratações apontadas;
- 2002-2004: também com três contratações;
- 2005-2006: com 12 contratações.

Com base nos dados coletados, pude perceber que o primeiro contrato realizado na região ocorreu em 1999. A parceria foi firmada com o sistema COC de ensino. A partir do ano seguinte, várias outras cidades seguiram essa tendência, de maneira que, em 2006, dos 39 municípios pesquisados, 18 responderam positivamente quanto à contratação de sistemas privados.

Ocorre outra particularidade no último biênio: a contratação do sistema COC por 9 dos 12 municípios que firmaram convênios com sistemas privados de ensino, o que representa 75% do total de contratos realizados. Tal fato pode ser explicado por haver, na região, empresas que prestam assessoria educacional para várias prefeituras municipais. Uma das principais funções dessas empresas consiste em oferecer facilidades para a administração municipal. Dessa forma, ao conhecer os caminhos para a contratação de determinado sistema apostilado por intermédio dessas empresas de assessoria, tal sistema (no caso, o COC) passa a ser contratado por várias prefeituras da mesma região.

No artigo "O ensino fundamental no Brasil: avanços, perplexidades e tendências", publicado na revista *Educação e Sociedade*, Lisete R. G. Arelaro (2005) assinala as mudanças de concepção do Estado advindas das Emendas Constitucionais de n.19 e 20, a partir das quais podemos, então, apontar uma primeira explicação para tais fatos:

> [...] a mudança de concepção da função do Estado expressa particularmente nas Emendas Constitucionais de n.19 e 20, ambas de 1998: a primeira modifica os princípios e as normas da Administração Pública e a segunda, o sistema previdenciário público. A emenda Constitucional n.19 é o primeiro ato legal no qual aparece, de forma explícita, a nova concepção de Estado e onde se reconceitua "interesse público", uma vez que ela propõe e autoriza que parte das funções tradicionais do Estado sejam repassadas

aos privados, sob a forma de parceria ou gerenciamento terceirizado. Por essa emenda, as atividades públicas na área da saúde e na educação, por exemplo, podem ser privatizadas, uma vez que o novo conceito de "interesse público" abdica do conceito de "atividade estatal". (Arelaro, 2005, p.1053-4.)

A maioria dos prefeitos que aderem a essa parceria argumenta que o intuito é a elevação da qualidade de ensino. Em geral, os prefeitos apresentam o novo método para a comunidade em eventos políticos, nos quais fazem parecer que as escolas públicas, a partir daquele determinado momento, passarão a ser como as particulares. Dessa forma, como no entendimento da população em geral a escola particular é melhor que a pública, a utilização desse material, em tese, colocaria os alunos da rede pública no mesmo nível de conhecimento dos estudantes da rede privada.

Para o estudo da legislação, trabalhei com um dos municípios do Polo 4, que, por contar com cerca de 7.500 habitantes, representa com propriedade os demais, uma vez que, dos 41 municípios pertencentes ao referido Polo, 29 possuem menos de 10 mil habitantes, o que representa 71% do total de municípios. No que concerne aos aspectos relativos à legislação acerca do processo licitatório, constatei que o contrato firmado entre a prefeitura municipal e o sistema de ensino apostilado se fundamenta na Lei n.8.666/93, que regulamenta o artigo 37, inciso XXI, da Constituição Federal de 1988 e determina as normas para licitações e contratos da administração pública, bem como os documentos solicitados.

No que diz respeito à fundamentação legal dos convênios, foi efetuada a análise documental relativa ao processo de contratação realizado pelo município selecionado, analisando-se a carta-convite que originou o contrato. Em seguida, examinei o contrato firmado para o início da atuação do sistema privado escolhido e os aditivos efetuados nos três anos posteriores à assinatura do contrato.

Com relação às entrevistas, realizadas com o responsável pela contabilidade e com o coordenador municipal de educação, julgo que propiciaram a obtenção de elementos necessários para o esclarecimento e a análise das expectativas que conduzem os gestores municipais a assinar convênios com os sistemas privados de ensino. Além das informações acerca dessas expectativas, por meio da entrevista conheci a análise empreendida pelo coordenador municipal de educação sobre o uso das apostilas, a organização das escolas, os pontos positivos e negativos desses convênios.

Dessa forma, entrevistei o contador da prefeitura e o coordenador municipal de Educação, por intermédio de um roteiro de entrevista semiestruturada com o objetivo de estabelecer de quem teria partido a ideia de contratar sistemas privados para atuar em parceria com a educação municipal, de quem seria a responsabilidade pela escolha do sistema, qual seria o grau de participação do prefeito municipal e dos professores nessa tomada de decisão, e, por fim, qual seria a análise do próprio entrevistado acerca dos aspectos positivos e negativos de tal modalidade de convênio.

Uma das primeiras informações fornecidas na entrevista com o funcionário do setor contábil da prefeitura municipal consiste no fato de o departamento municipal de educação não possuir autonomia financeira. Assim, toda medida que envolve a aplicação de recursos é tratada pelo setor administrativo da prefeitura. Além de não gozar de autonomia financeira, ele não detém autonomia administrativa, uma vez que todos os atos de contratação de pessoal, folha de pagamento, compra de material escolar e de limpeza, entre outros, são realizados pelo setor administrativo e financeiro. Notei que as decisões relativas à educação são tomadas pelo prefeito municipal. A figura do prefeito municipal em uma cidade pequena representa o efetivo poder decisório. Nesse sentido, não há como suprimir o fato de que toda a estrutura da prefeitura depende da secretaria de Finanças, que resolve as demandas de acordo com o parecer do prefeito.

A Constituição Federal de 1988 estabelece, em seu artigo 37, inciso XXI, as normas para licitações e contratos da administração pública e dá outras providências. Eis os procedimentos determinados na Constituição:

> Art. 37. A administração pública direta, indireta ou funcional, de qualquer dos Poderes da União, dos Estados, do Distrito Federal e dos Municípios obedecerá aos princípios da legalidade, impessoalidade, moralidade, publicidade e também ao seguinte:
> [...]
> XXI – ressalvados os casos especificados na legislação, as obras, serviços, compras e alienações serão contratadas mediante processos de licitação pública que assegure igualdade de condições a todos os concorrentes, com cláusulas que estabeleçam obrigações de pagamento, mantidas as condições efetivas da proposta, nos termos da lei, o qual somente permitirá as exigências de qualificação técnica e econômica indispensáveis à garantia do cumprimento das obrigações. (Brasil, 2006d, p.41, 43.)

Com o propósito de elucidar a legislação que rege a questão das licitações públicas, podemos citar Silveira (2008):

> A Lei Federal n.8666/93, assim como as atualizações posteriores, regulamentam este artigo da CF/88 instituindo normas para as licitações e contratos. A Lei n.10.520/2002 institui, no âmbito da União, Estados, Distrito Federal e Municípios, a modalidade de licitação denominada pregão, para a aquisição de bens e serviços e a Lei n.11.079/2004 institui normas para a licitação e contratação de parceria público-privada na administração pública. (Silveira, 2008, p.2.)

Para a pesquisa, analisei parte da Lei n.8.666/93, pois nela se fundamenta o contrato firmado entre a prefeitura municipal e o sistema de ensino apostilado.

A referida lei dispõe, em seu artigo 23, algumas faixas de divisão para utilização de determinado modelo licitatório, uma vez que há várias modalidades de licitação, a saber: concorrência, tomada de preços, convite, concurso, leilão e pregão (presencial ou eletrônico). Silveira elucida as diferenças entre as referidas modalidades de licitação:

> Na modalidade "concorrência" podem participar quaisquer interessados que comprovem possuir requisitos mínimos de qualificação exigidos no edital para a execução das propostas. Na "tomada de preços" a licitação ocorre entre interessados devidamente cadastrados ou que atenderem a todas as condições exigidas para cadastramento até o terceiro dia anterior à data de recebimento das propostas, observada a necessária qualificação. Já o "convite" é uma modalidade realizada entre interessados do ramo que trata o objeto da licitação, cadastrados ou não, escolhidos e convidados pela unidade administrativa em número mínimo de três. O "concurso" é utilizado para a escolha de trabalho técnico, científico ou artístico mediante a instituição de prêmios ou remuneração aos vencedores. O "leilão" é utilizado para a venda de bens móveis ou de produtos legalmente apreendidos ou apenhorados, ou para a alienação de bens móveis. O "pregão", instituído pela Lei n.10.520/2002 e regulamentado pelo Decreto n.3.555, de 2000, é destinado para a aquisição de bens e serviços comuns, cujos padrões de desempenho e qualidade podem ser objetivamente definidos pelo edital, por meio de especificações. (Silveira, 2008, p.3-4.)

Os municípios terão condições de trabalhar com os diferentes tipos de licitação, dependendo da quantidade de repasses de recursos dos governos federal e estadual, bem como do montante de recursos que o próprio município consegue produzir. Outro fator que influencia a modalidade de licitação empregada é a questão das verbas obtidas para uma finalidade específica, como as do Ministério da Saúde para aquisição de ambulância, ou as do Ministério das Cidades para construção ou reforma de praças.

Novamente, recorro à Lei n.8.666/93 e transcrevo seu artigo 25, para mostrar que há outra possibilidade de contrato para a adoção do sistema privado, sem que haja processo de licitação:

> Art. 25. É inexigível a licitação quando houver inviabilidade de competição, em especial:
>
> I – para aquisição de materiais, equipamentos, ou gêneros que só possam ser fornecidos por produtor, empresa ou representante comercial exclusivo, vedada a preferência de marca devendo a comprovação de exclusividade ser feita através de atestado fornecido pelo órgão de registro do comércio do local em que se realizaria a licitação ou a obra ou o serviço, pelo Sindicato, Federação ou Confederação Patronal, ou, ainda, pelas entidades equivalentes;

> II – para a contratação de serviços técnicos enumerados no art. 13 desta Lei, de natureza singular, com profissionais ou empresas de notória especialização, vedada a inexigibilidade para serviços de publicidade e divulgação;
>
> III – para contratação de profissional de qualquer setor artístico, diretamente ou através de empresário exclusivo, desde que consagrado pela crítica especializada ou pela opinião pública.
>
> § 1º Considera-se de notória especialização o profissional ou empresa cujo conceito no campo de sua especialidade, decorrente de desempenho anterior, estudos, experiências, publicações, organização, aparelhamento, equipe técnica, ou de outros requisitos relacionados com suas atividades, permita inferir que seu trabalho é essencial e indiscutivelmente o mais adequado à plena satisfação do objeto do contrato.
>
> § 2º Na hipótese deste artigo e em qualquer dos casos de dispensa, se comprovado superfaturamento, respondem solidariamente pelo dano causado à Fazenda Pública o fornecedor ou o prestador de serviços e o agente público responsável, sem prejuízo de outras sanções legais cabíveis. (Brasil, 1993, [s.p.].)

Quando não ocorre a dispensa da licitação, a modalidade utilizada é a carta-convite, a qual, segundo o contador entrevistado, permite ao município colocar as especificações necessárias para que a empresa vencedora do processo seja aquela que a prefeitura municipal selecionou previamente. Nesse sentido, o contador considera que é muito raro ocorrer um contrato com uma empresa que não seja a escolhida de forma antecipada. No entanto, ele faz uma ressalva em sua resposta, quando questionado sobre a escolha antecipada do sistema privado de ensino que será objeto do processo licitatório, afirmando que tal processo *não é viciado*. Para o contador, o procedimento das prefeituras consiste apenas em publicar as especificações que são próprias do sistema que pretendem contratar; logo, resta somente uma única empresa que preencha os requisitos exigidos na carta-convite.

Encontrei, em uma página de um site da internet que trata de assuntos relativos à licitação, uma reportagem de dezembro de 2006 cuja fonte é o *Jornal da Cidade de Bauru*. Nela, relata-se o fato de um promotor do Ministério Público do Estado de São Paulo conceder aval para que as prefeituras municipais contratem sistemas privados sem processo de licitação. A reportagem aborda uma denúncia arquivada pelo Ministério Público paulista contra o prefeito municipal de Bocaina, por ter contratado o Sistema Positivo para atuar nas escolas municipais. Teria apontado

> [...] que o sistema de ensino Aprende Brasil, fornecido exclusivamente pela empresa Gráfica e Editora Posigraf (Grupo Positivo), constitui objetivo de natureza peculiaríssima e, como tal, não pode ser comparado com outros métodos de aprendizado por meio de livros e apostilas em razão da impossibilidade de se avaliá-los por critérios objetivos e conclui que "não há como comparar, por meios igualitários, coisas desiguais". (MP arquiva denúncia contra sistema apostilado..., 2006, s.n.)

Entretanto, o Tribunal de Contas do Estado de São Paulo editou, no ano de 2007, uma deliberação que dispõe sobre a contratação de sistemas educacionais de ensino. Além de conter informações técnicas, essa deliberação determina a obrigatoriedade de abertura de processo licitatório e traz observações quanto à necessidade de avaliação do assunto por parte da comunidade educacional.

> 4 – A licitação deverá, preferencialmente, ser processada no tipo técnica e preço, estabelecendo-se critério de pontuação objetivo, que privilegie a qualidade pedagógica do sistema, podendo, ainda, a Administração servir-se de pré-qualificação como forma de impedir a participação de empresas que não atendam à metodologia educacional. (São Paulo, 2007, [s.p.].)

Nesse sentido, o fato de um órgão fiscalizador ter de indicar às prefeituras municipais não apenas os procedimentos adequados à legislação de licitação, mas também as questões pedagógicas pertinentes a esse tipo de contratação (como a observância da Lei n.9.394/96 – LDB), demonstra que tais aspectos podem ter sido, diversas vezes, negligenciados pelas prefeituras cuja preocupação se restringia às características técnicas desse processo.

A partir dos dados obtidos nas entrevistas, elaborei quatro categorias de análise: a decisão de contratar um sistema apostilado, o processo de escolha do sistema apostilado, os principais avanços e dificuldades e comentários adicionais. Tais categorias compreendem os aspectos encontrados com maior regularidade nas entrevistas, os quais se relacionam com os objetivos dessa pesquisa.

No estudo realizado, fica evidente a necessidade de organização curricular da escola como a razão pela qual o município optou pela contratação de um sistema privado de ensino. Entretanto, essa questão da organização curricular das escolas de ensino fundamental foi resolvida de maneira diversa por outros municípios, tais como São José do Rio Preto, em São Paulo, que elaborou o *Referencial do Ensino Fundamental*, e Campo Grande, no Mato Grosso do Sul, que criou o *Referencial Curricular da Rede Municipal de Ensino*.

Ademais, não se pode obliterar o fato de que os municípios de São José do Rio Preto e Campo Grande possuem equipes para a realização desse trabalho. Os municípios pequenos, por sua vez, cujos recursos são mais escassos, nem sempre encontram formas de realizar uma tarefa dessa magnitude. Paiva, em seu artigo "A Municipalização do Ensino de 1º Grau: Tese Controvertida", já apontava para a necessidade de se fortalecerem os municípios, inclusive por sua carência de quadros técnicos:

> Fortalecer o município é uma tarefa de longo prazo, que pode se realizar não pulverizando os recursos nem lançando a eles recursos que alguns ou muitos deles não saberão utilizar, por carência de quadros técnicos ou que utilizarão de maneira subordinada às forças locais dominantes. (Paiva, 1986, p.17.)

No que se refere às diferenças e desigualdades presentes entre municípios brasileiros, Guimarães aponta para um possível avanço da privatização:

> As enormes desigualdades regionais e as diferentes capacidades financeiras dos milhares de municípios brasileiros poderiam, pela via da municipalização conforme proposta originalmente, ir abrindo caminho para a privatização, uma vez que a atomização das decisões nas inúmeras escolas espalhadas pelo país deixariam as administrações municipais mais vulneráveis à pressão e aos interesses da iniciativa privada. (Guimarães, 1995, p.28.)

Quanto ao processo de seleção do sistema privado, a escolha do COC ocorreu pela preferência do próprio coordenador do departamento municipal de Educação, que afirma conhecer bastante a empresa, bem como acreditar que esse sistema possui o melhor material e a melhor equipe para atuar com os quadros do município. O coordenador municipal de Educação destacou que, nos municípios onde presta assessoria, ele também indicou o sistema COC aos responsáveis pela educação e aos prefeitos municipais.

Com relação ao poder decisório do prefeito, que autorizou a contratação do sistema privado apontado pelo coordenador municipal de Educação, considero pertinente salientar que:

> No contexto histórico e político brasileiro, o prefeito emerge, sempre, mesmo nos períodos autoritários, como figura central do poder local. O poder executivo sempre exerceu papel preponderante no sistema político nacional e, como tal, é alvo de pressões internas e externas ao município. (Guimarães, 1995, p.60.)

Todavia, é importante destacar que, embora a figura do prefeito municipal seja representativa do poder local e esteja em constante pressão por decisões, o prefeito pode tomá-las ou não, além de ter a possibilidade de consultar a opinião dos interessados. No caso em questão, segundo informações coletadas nas entrevistas com o coordenador municipal de educação, não houve uma discussão prévia com professores, coordenadores pedagógicos e diretores, sem mencionar que os pais dos alunos também deveriam ser consultados.

No que concerne aos maiores avanços apontados, o coordenador indica como avanço significativo a organização do trabalho do professor e a uniformidade das aulas em todas as turmas da mesma série. Quanto às maiores dificuldades encontradas, ele cita o processo de adaptação do professor e o fato de os alunos não possuírem equipamentos de informática em suas residências para trabalhar com o CD-ROM integrante do material apostilado; além disso, há a questão das tarefas, que alguns alunos não conseguem fazer.

Se, de um lado, a contratação do sistema privado de ensino e o uso das apostilas em sala de aula podem auxiliar a organização do trabalho do professor e proporcionar uniformidade no tratamento dos conteúdos, do outro, tolhe a autonomia do professor na elaboração de seu programa de trabalho e de sua organização curricular, além de direcionar o funcionamento da própria rede escolar.

O Instituto Nacional de Estudos e Pesquisas Educacionais "Anísio Teixeira" (Inep) do Ministério da Educação implantou em 2007 o Índice de Desenvolvimento da Educação Básica (Ideb), que mede a qualidade da educação básica do País. Esse índice combina informações de desempenho em exames padronizados (Prova Brasil ou Saeb), obtidos pelos estudantes ao final das etapas de ensino (4ª e 8ª séries do ensino fundamental e 3ª série do ensino médio), com informações sobre o rendimento escolar (índices de retenção e evasão).

> O Índice de Desenvolvimento da Educação Básica (Ideb) foi criado pelo Inep em 2007 e representa a iniciativa pioneira de reunir num só indicador dois conceitos igualmente importantes para a qualidade da educação: fluxo escolar e médias de desempenho nas avaliações. Ele agrega ao enfoque pedagógico dos resultados das avaliações em larga escala do Inep a possibilidade de resultados sintéticos, facilmente assimiláveis, e que permitem traçar metas de qualidade educacional para os sistemas. O indicador é calculado a partir dos dados sobre aprovação escolar, obtidos no Censo Escolar, e médias de desempenho nas avaliações do Inep, o Saeb – para as unidades da federação e para o país – e a Prova Brasil – para os municípios. (Instituto Nacional..., 2009, [s.p.].)

O Ideb indica uma meta que cada município deve atingir. Quando analiso os dados do Instituto, constato que, dos 39 municípios com até 50 mil habitantes pertencentes ao Polo 4, 26 atingiram as metas projetadas pelo Ideb para o ano de 2007, o que significa 67% do total. Desses 26 municípios, metade possui sistema privado contratado, e os outros efetuam a própria organização curricular e utilizam os livros didáticos enviados pelo MEC por meio do PNLD – Programa Nacional do Livro Didático. Assim, dos 18 de municípios do Polo 4 que utilizam sistema apostilado, 72% atingiram a meta do Ideb (ou seja, 13); já entre os 21 municípios que não possuem sistema apostilado, 62% alcançaram a meta do Ideb (ou seja, 13).

Vale ressaltar que, para compor o Ideb de 2007, os alunos das etapas finais do ensino fundamental fizeram, naquele ano, uma avaliação de Língua Portuguesa e Matemática. Portanto, esses estudantes ingressaram no ensino fundamental no ano de 2004. Dessa forma, é preciso considerar toda a trajetória escolar desses alunos, uma vez que alguns municípios do Polo 4 assinaram contrato com o sistema apostilado em 2006, quando os alunos já frequentavam o ensino fundamental.

Conforme os dados coletados, encontro sete municípios que não atingiram o Ideb projetado, o que significa 18% dos 39 municípios do Polo 4. Dessa forma, dos 18 municípios do Polo 4 que possuem sistema apostilado, 22% não atingiram a meta do Ideb (ou seja, quatro deles); já entre os 21 municípios que adotam livro didático e organização curricular própria, 14% não alcançaram a meta do Ideb (ou seja, três deles).

Por conseguinte, os dados do Ideb demonstram que – no caso dos municípios estudados – ter um sistema privado de ensino atuando na rede municipal escolar não é sinônimo de garantia de qualidade da educação, pois não há diferenças significativas entre o número de municípios que atingiram a meta do Ideb e possuem sistema apostilado e o número daqueles que utilizam livro didático e também alcançaram o Ideb projetado para 2007.

Com base nos estudos realizados durante o desenvolvimento dessa pesquisa, constatei que os municípios com até 50 mil habitantes, considerados pequenos, que aderiram ao processo de municipalização do ensino fundamental não possuíam quadros técnicos suficientes para uma organização funcional e curricular das escolas recém-municipalizadas. Desse modo, recorreram à contratação de sistemas privados para o fornecimento de apostilas e capacitação (ou treinamento) de professores para que pudessem utilizá-las, diminuindo, assim, a autonomia pedagógica da escola e do professor, uma vez que as atividades são prontas e padronizadas.

Outro fato que chama a atenção é a atuação do prefeito municipal, que, segundo constatado nas entrevistas, detém todo o poder decisório sobre a referida contratação. Mesmo seguindo as orientações do Tribunal de Contas do Estado de São Paulo (2007), consegue, por meio da formulação da carta-convite, a contratação do sistema apostilado previamente escolhido.

Por fim, não há clareza na fala dos secretários municipais de Educação, dos prefeitos municipais e das editoras quando se referem à qualidade de educação. Tomei, para a pesquisa, que qualidade de educação no município seria que a meta projetada para o Ideb fosse alcançada. Os dados mostram que ter um sistema privado de ensino atuando na rede municipal escolar não é sinônimo de garantia de qualidade da educação, pois não há diferenças significativas entre o número de municípios que atingiram a meta do Ideb e possuem sistema apostilado e o número daqueles que utilizam livro didático e também alcançaram o Ideb projetado para 2007.

4

A aquisição de *sistemas de ensino* por municípios paulistas: privatização da educação pública?[1]

Theresa Adrião

Apresentação

Há muito, as relações entre o setor privado e as esferas públicas, aqui entendidas como estatais, têm sido objeto de interesse e investigação no campo das políticas educacionais no Brasil. Para nos situarmos apenas no fim do século XX, vale frisar o esforço empreendido por Dourado e Bueno (2001) e as contribuições de Cury que remontam o início dos anos 1990. Mais recentemente, como exemplos da reflexão sobre o tema publicada em livros, temos os trabalhos[2] organizados por Adrião e Peroni (2005, 2008) e por Lombardi, 2005. Destacam-se, ainda, os artigos publicados em periódicos como *Educação e Sociedade/Cedes*, com relevo para o número 108, de 2009, e o número 32 do volume 19 da revista *Educação Teoria e Prática*, de 2009, publicada pelo Departamento de Educação da Universidade Estadual Paulista (Unesp) de Rio Claro, números especiais que se articulam em torno da temática.

Apesar de sua histórica presença em nossa pauta de pesquisa, o tema ainda surpreende pela forma com que os interesses privados se metamorfoseiam na busca pela ampliação de sua presença na educação brasileira. É como expressão

---

1 Este artigo resulta de pesquisa finalizada em outubro de 2009, coordenada por mim, integrada pelas pesquisadoras Teise Garcia, Raquel Borghi e Lisete Arelaro, financiada pela Fapesp e intitulada "Estratégias municipais para a oferta da educação básica: análise de parcerias público-privado no estado de São Paulo".

2 No caso do ensino superior, são referências os trabalhos de Luiz A. Cunha, Lucia Neves Valdemar Sguissardi, João dos Reis, João F de Oliveira e Romualdo P. de Oliveira, entre outros.

de um mesmo e constante movimento, sintetizado nas tentativas de respostas aos interesses de segmentos do capital atuantes no campo educativo que entendo a atual expansão do setor privado como aparente parceiro da gestão pública na oferta da educação básica.

Mesmo que tal presença não constitua novidade, como bem nos recorda Cury (2009), já que a própria existência do setor privado educacional resulta de concessão pública a tais interesses, uma vez que é, ao menos legalmente, sob o reconhecimento do Estado que os estabelecimentos privados de ensino podem funcionar, o que nos traz a este tema é a novidade de ser hoje a gestão da educação "pública" de municípios paulista objeto de disputa de grupos privados. Essa é a temática sobre a qual este capítulo pretende se debruçar.

Onde está o novo no já arcaico entrelaçamento do público e do privado na educação pública paulista?

Para iniciar, lembremo-nos da já posta e tradicional presença do setor privado na oferta da educação pública oferecida pelos municípios, mediante a venda de serviços como merenda, transporte escolar e, mais recentemente, de assessorias as mais diversas para educadores e profissionais do magistério. O cardápio dos produtos com que empresas privadas assolam as administrações públicas locais é enorme e variado e ainda mais reforçado com a transferência dos recursos vinculados pela Constituição Federal para gasto em Manutenção e Desenvolvimento do Ensino (MDE) para os municípios brasileiros. Trata-se de descentralização animada pela implantação do Fundef, a partir do qual 40% dos recursos que compunham o antigo fundo[3] deveriam ser gastos necessariamente com manutenção e desenvolvimento do ensino fundamental cujos anos iniciais, a partir de 1998, passaram a ser de responsabilidade dos municípios.

No entanto, no caso paulista, esse novo desenho da oferta educativa encontrou os municípios, em maioria, desaparelhados para as novas tarefas que lhes foram atribuídas. Complementarmente, como já indicamos em outras ocasiões (Adrião, 2007, 2009), as empresas privadas que atuam no campo educacional ou diversificavam sua presença no mercado ou não sobreviveriam à estagnação das matrículas no setor da educação básica que se mantém desde o começo dos anos 1990 (Oliveira, Camargo e Mansano, 1999).

A esse cenário, juntam-se as orientações de reconfiguração da gestão pública expressas em medidas legais com vistas à instituição de um novo padrão de gestão cuja origem remonta às tendências propostas pelos setores conservadores em países anglo-saxões e sistematizadas nos *modelos* aqui denominados *gerencia-*

3 Para informações mais detalhadas, ver Pinto (2000) e Oliveira (2007).

lismo e a decorrente *nova gestão pública*. Para tais tendências, o mercado é a inspiração, sendo esse último tomado pela OCDE como "um novo paradigma global para assegurar o controle e a organização dos serviços públicos dos Estados." (Lima, 2007, p.159).

Entre nós, desde a elaboração do muito comentado Plano Diretor de Reforma do Aparelho do Estado (PDRAE) como resultado de política defendida pelo então ministro da Reforma Administrativa Luiz Carlos Bresser Pereira, a gestão pública tem sido objeto de profundas alterações, expressas tanto na disseminação ideológica do privado mercantil como padrão de eficiência e de qualidade, especialmente por setores da imprensa, quanto na revisão do texto Constitucional de 1988. Para a esfera educacional, no primeiro caso, temos exemplos acintosos, como o ocorrido no primeiro semestre de 2009, quando a Rede Globo, a título de *merchandising*, apresentou em capítulo da novela de maior audiência à época o nome e o logo de um sistema privado de ensino como responsável pela melhoria da educação oferecida pela escola onde a atriz mirim estudava. Em 2007, uma matéria publicada na *Veja online*, de autoria de Camila Antunes, em um tom assustadoramente prescritivo para um conteúdo jornalístico, apresentava como receita para o sucesso do sistema público de municípios brasileiros os pacotes vendidos por outra empresa privada.

Já com relação às alterações no marco legal, para o período posterior ao PDRAE até 2005, temos, no âmbito federal, os seguintes documentos, cuja seleção se deveu ao objeto do texto aqui em destaque (a ampliação do setor privado na esfera pública – de forma direta ou indireta – o ordenamento legal decorrente da instituição dessas leis criou condições jurídicas para tal ampliação):

> Lei n.9.608, de 18 de fevereiro de 1998 – Dispõe sobre o serviço voluntário e dá outras providências;
>
> Emenda Constitucional n.19, de 4 de junho de 1998 – Modifica o regime e dispõe sobre princípios e normas da administração pública, servidores e agentes políticos, controle de despesas e finanças públicas, e custeio de atividades a cargo do Distrito Federal, e dá outras providências;
>
> Lei n.9.790, de 23 de março de 1999 – Dispõe sobre a qualificação de pessoas jurídicas de direito privado, sem fins lucrativos, como Organizações da Sociedade Civil de Interesse Público, institui e disciplina o Termo de Parceria, e dá outras providências;
>
> Decreto n.3.100, de 30 de junho de 1999 – Regulamenta a Lei n.9.790, de 23 de março de 1999, que dispõe sobre a qualificação de pessoas jurídicas de direito privado, sem fins lucrativos, como Organizações da Sociedade Civil de Interesse Público, institui e disciplina o Termo de Parceria, e dá outras providências;
>
> Lei n.9.962, de 22 de fevereiro de 2000 – Disciplina o regime de emprego público do pessoal da administração federal direta, autárquica e fundacional, e dá outras providências;

Lei Complementar n.101, de 4 de maio de 2000, intitulada Lei de Responsabilidade Fiscal – Estabelece normas de finanças públicas voltadas para a responsabilidade na gestão fiscal e dá outras providências;

Lei n.11.079, de 30 de dezembro de 2004 – Institui normas gerais para licitação e contratação de parceria público-privada no âmbito da administração pública.

No âmbito do Estado de São Paulo, temos:

Lei Complementar n.942, de 6 de junho de 2003 – Dispõe sobre o Estatuto dos Funcionários Públicos Civis do Estado de São Paulo, e dá providências correlatas;

Lei n.11.598, de 15 de dezembro de 2003 – Estabelece disposições relativas às Organizações da Sociedade Civil de Interesse Público;

Lei n.11.688, de 19 de maio de 2004 – Institui o Programa de Parcerias Público-Privadas (PPP), e dá outras providências;

Decreto n.48.742, de 21 de junho de 2004 – Dispõe sobre a vinculação da Companhia Paulista de Parcerias (CPP);

Decreto n.48.867, de 10 de agosto de 2004 – Regulamenta a Lei n.11.688, de 19 de maio de 2004 – Institui o Programa de Parcerias Público-Privadas (PPP) e dá outras providências;

Decreto n.48.881, de 20 de agosto de 2004 – Dispõe sobre abertura de crédito especial ao Orçamento Fiscal na Secretaria da Fazenda para repasse à Companhia Paulista de Parcerias (CPP), visando ao atendimento de Despesas de Capital;

Decreto n.49.014, de 6 de outubro de 2004 – Dispõe sobre abertura de crédito suplementar ao Orçamento Fiscal na Secretaria da Fazenda para repasse à Companhia Paulista de Parcerias (CPP), visando ao atendimento de Despesas de Capital.

É bom lembrar que o governo paulista de 1995 a 1998 antecipou as orientações apresentadas pelo PDRAE com relação à indução às parcerias com o setor privado. O programa do então candidato Mario Covas ao governo do estado de São Paulo, previa, para a educação, o

> oferecimento de um leque diversificado de formas de parceria, que vá desde a construção ou simples manutenção das escolas, até a elaboração de normas mais complexas como o gerenciamento de toda uma rede de ensino (municipalização). Formas cooperativas e de terceirização, com associações sem fins lucrativos (pais e professores, por exemplo), também serão consideradas. (Adrião, 2005, p.102.)

Por fim, cumpre destacar que a mudança no papel da própria Secretaria de Educação do governo do Estado, que, ao induzir a municipalização do ensino, o fez mediante a retirada de sua ascendência e responsabilidade de coordenação política da Educação no Estado, impeliu os gestores da Educação nos municípios historicamente apoiados e seguidores das diretrizes estaduais a buscar outros proponentes de políticas.

Pelo que se apresentou até aqui, tem-se, no início do século XXI, uma arena na qual os agentes proeminentes subscrevem opções de política pública educacional que tomam os procedimentos da esfera privada mercantil como os mais indicados e elegem a mesma esfera como "parceira" prioritária para a gestão da educação local. Acreditamos que este seja o elemento novo na arcaica relação: não se trata mais de governos adquirirem serviços ou produtos privados por meio da terceirização de certas tarefas, mas sim de repassarem para a esfera privada a própria gestão da educação pública.

Tal transferência pode dar-se tanto pela contratação de instituições privadas com ou sem fins lucrativos para a implantação de sistemáticas e assessorias para a gestão da educação local (Adrião, 2009c) quanto pela aquisição de sistemas privados de ensino. Nesse último caso, que nos interessa mais diretamente, assiste-se à transferência da função de elaboração e operacionalização da política educacional para a esfera privada comercial, representada por um mercado em ascensão, tendo em vista o espaço aberto pelas demandas dos governos locais. A Tabela 4.1, a seguir, ilustra a tendência assinalada.

Tabela 4.1 Municípios paulistas que declararam ter adquirido algum sistema apostilado de ensino no período de 1994 a 2007

Município/porte	Número total de municípios: estado de São Paulo	Total de municípios que declararam adotar algum *sistema de ensino*
Municípios com até 10.000 habitantes	295	79
Municípios de 10.001 a 50.000 habitantes	234	71
Municípios de 50.001 a 100.000 habitantes	54	5
Municípios de 100.001 a 500.000 habitantes	54	6
Municípios com mais de 500.000 habitantes	8	–
Total	**645**	**161**

Fonte: Adrião, et al., 2009, p.805.

Em 2007, 25% dos 645 municípios declararam ter adquirido algum tipo de sistema privado de ensino para suas redes, ao passo que, no primeiro semestre de 2009, esse número era de 280, ou seja, 43,5% dos municípios paulistas. Um crescimento de 57,5% em dois anos.

A maior parte desses municípios possui até 50 mil habitantes, ou seja, são pequenos e, em sua esmagadora maioria, carentes de recursos financeiros e de condições operacionais para, sem indução e apoio de esferas governamentais mais estruturadas, organizar-se institucionalmente. Esse cenário de precariedade fora anteriormente indicado por Barreto (1986).

Em que consistem os *sistemas apostilados* de ensino?

Os chamados "sistemas" privados de ensino, denominação divulgada pelas próprias empresas, referem-se a não mais que um conjunto de cesta de produtos. Nesse sentido, muito se distanciam do que Saviani entende por sistema de ensino (1997). Ainda assim, a referida cesta adquire uma capacidade de indução de posturas e políticas bastante grande e diretamente proporcional à inexistência de uma estrutura organizacional nos governos locais. Por essa razão, a ampliação de tal tipo de "serviço" é maior nos municípios de pequeno porte (Adrião, et al., 2009). Como dito anteriormente (Adrião, 2007), a "cesta de produtos" a que se referem os chamados sistemas de ensino consiste em um *kit* de apostilas para professores e alunos cujo grau de direcionamento da atividade pedagógica varia em função de quão predeterminadas estão as aulas e os conteúdos. De fato, a variação encontra-se, sobretudo, na diferenciação de sua produção gráfica e na quantidade e qualidade dos equívocos existentes, ainda que todas divulguem pautar-se pela qualidade técnica e pelo previsto nos Parâmetros Curriculares Nacionais.

Compõe também o chamado material estruturado um conjunto de ações geralmente designadas como *assessoria* ou *formação*, que buscam qualificar professores e gestores escolares para o uso do material apostilado. As horas destinadas a essas atividades variam de acordo com o contrato, podendo realizar-se no local, por meio do deslocamento de equipes das empresas, ou pelo deslocamento dos educadores até a sede das empresas. Além disso, há um serviço de *call center* via 0800 para dúvidas imediatas e/ou um portal de apoio na internet para os professores.

Em alguns contratos, prevê-se a existência de mecanismos e processos de avaliação interna e externa dos trabalhos escolares, nem sempre percebidos pelas escolas ou professores (Cain, 2009).

Razões para a preocupação

Além do preocupante esvaziamento da ação estatal de caráter mais universalizante, ainda que crivada por interesses contraditórios, a contratação desse tipo de serviço por parte dos municípios outorga a distintas empresas privadas a tarefa de elaborar e gerir a política educacional local, sem qualquer tipo de controle que não o formalmente instituído pelos processos de licitação, com as dificuldades e os vícios que sabemos nele existirem.

Acredito que tal processo difere qualitativamente do exercício da responsabilidade empresarial desenvolvido por algumas empresas, tendo em vista a evidente transformação de um direito público em seu conjunto em mercadoria. Enquanto a ação do setor empresarial, via filantropia disfarçada em responsabilidade social, atua pontualmente por meio de programas específicos e datados (Souza, 2001 ou por meio do auxílio e do trabalho voluntário (Souza; Vieira, 2009), a aquisição de sistemas privados de ensino pelos governos passa a incluir a educação pública na lógica competitiva das empresas, as quais, por obviamente visarem ao lucro, tenderão a criar, ainda que indiretamente, mecanismos para subjugar o trabalho docente exercido nas instituições públicas aos interesses de acumulação do capital privado.

A educação pública, que deveria significar uma política de Estado, encontra-se, assim, submetida a interesses de instituições privadas e aos interesses privados de governantes locais. Isso significa que toda uma rede de escolas, mesmo que diminuta, fica subordinada a uma única orientação pedagógica, contrariando, inclusive, a legislação vigente (LDB) – orientação esta que se organiza a partir de materiais estruturados que não passam por controle público, pois não temos os Conselhos Municipais de Educação opinando sobre os contratos. Além disso, os contratos, por força de lei, devem privilegiar o menor preço, o que significa, muitas vezes, materiais apostilados com equívocos gravíssimos. De outro modo, os "Sistemas Apostilados" têm sido usados como elemento para compor as disputas eleitorais, o que pode resultar em alterações nas empresas e no material curricular a cada mudança de governo, uma vez que a escola não é a fonte de escolha desse material.

Outro aspecto a ser ressaltado é que parte dos gestores entrevistados na pesquisa recém-concluída justificava a compra de tais produtos como uma vã tentativa de padronizar os processos pedagógicos. Parecem se esquecer de que a escola é viva e que professores e alunos criam e recriam cotidianamente o processo educativo, de sorte que a diversidade e a heterogeneidade dos sujeitos envolvidos nesses processos podem, até por curto período, ser submetidas ao ritmo do material instrucional... mas não por muito tempo.

5

Autoformação cooperada de professores no Movimento da Escola Moderna Portuguesa

Maria Assunção da Cunha Folque Mendonça

É com enorme prazer que venho partilhar a experiência do Movimento da Escola Moderna Portuguesa (MEM) na formação de professores, inserida nesta mesa-redonda que pretende refletir sobre "Políticas de Formação de Professores e Movimentos Sociais". De fato, atuamos no MEM como agentes de um movimento social amplo que procura intervir na sociedade por meio do nosso trabalho nas escolas.

Quero realçar que a autoria desta minha comunicação é partilhada. Venho aqui dar voz às vozes diversas do MEM português (Peças, 2006; Marcelino, 2009; Niza, 2009; Serralha, 2009) que têm escrito sobre autoformação cooperada de professores no contexto do MEM.

Estruturei esta comunicação em torno de cinco tópicos que, no seu todo, propõem contribuir para a compreensão de uma "obra" (Bruner, 1996) gerada no seio de um movimento de professores que ambicionam uma intervenção social intensa e fazem da sua autoformação o cadinho gerador dessa intervenção/transformação social. Começo por apresentar o "objeto" do MEM, falando das nossas atividades e das finalidades a que se orientam. Em segundo lugar, dou conta do enraizamento histórico dessas atividades e das ideias fundadoras que orientam o nosso trabalho para, em seguida, apresentar os fundamentos da ação cívica/pedagógica em que assenta nossa forma de trabalhar uns com os outros e com nossos alunos. Apresento, então, em um quarto tópico, a forma como os professores do MEM levam a cabo sua formação e, por último, os recursos, instrumentos e produtos que temos produzido e utilizado ao longo de quarenta anos de trabalho.

Objeto do MEM: quem somos e o que fazemos

> *O Movimento da Escola Moderna (MEM) é uma associação de profissionais de educação que se assume como movimento social de desenvolvimento humano e de mudança pedagógica.*
> (Niza, 2009, p.348.)

Desde logo, Niza, nosso fundador e figura de referência no MEM, assume a dimensão social do nosso trabalho como "construir a profissão construindo a cidadania; construir a escola construindo a democracia... " (Niza, 1999, p.3). O MEM conta atualmente com 1.600 sócios de todos os níveis de ensino: pré-escolar, 1º, 2º e 3º ciclos do ensino básico, ensino secundário e ensino superior. Organizamo-nos por todo o país em 14 Núcleos Regionais: Vila Real, Porto, Aveiro, Coimbra, Benedita/Leiria, Tomar, Lisboa, Seixal/Almada, Setúbal, Évora, Beja, Faro, Angra do Heroísmo e Funchal. Essa comunidade de aprendizagem e intervenção social caracteriza-se por uma heterogeneidade de níveis de ensino, de grupos disciplinares e de áreas de intervenção, e essa diversidade constitui um elemento fundamental para nós no sentido de garantir a multiplicidade de pontos de vista e, assim, uma interação mais rica sobre o modo de ser professor no mundo de hoje.

Essa comunidade de professores orienta o seu trabalho para as seguintes finalidades: (1) a iniciação às práticas democráticas; (2) a reinstituição dos valores e das significações sociais; e (3) a reconstrução cooperada da cultura (Niza, 1996). Essas finalidades remetem-nos para um campo de ação mais vasto do que a própria escola e as aprendizagens curriculares: situamos a nossa intervenção na construção de uma sociedade democrática e no desenvolvimento cultural dos alunos, de nós próprios e das comunidades com quem trabalhamos. "Estamos ali para descobrir, em comum e em cooperação, o mundo e a vida e, em comum e em cooperação reinstituir as suas significações!" (Peças, 2006).

Importa, então, realçar o fato de assumirmos que a intervenção cívica e a ação pedagógica são indissociáveis. O primeiro princípio que estrutura nossa ação assim o afirma: os meios pedagógicos veiculam os fins democráticos da educação. E por isso se destaca a constante chamada de atenção de Sérgio Niza para o que é essencial:

> Teremos de concentrarmo-nos na substância da Cultura e do Conhecimento (e não em formalismos didáticos) e na substância da Democracia para a organização social do nosso trabalho pedagógico. Por isso propusemos formarmo-nos pela construção ética e cooperada das nossas vidas na escola como na sociedade que assim vamos transformando. (Niza, 2003, p.4.)

A intervenção cívica, segundo Niza, dá-se não só pelo "modo democrático" como procuramos trabalhar entre nós e com os nossos alunos, mas também pela exigência de, como professores, sermos agentes culturais promotores do acesso de todos à cultura. A fruição cultural, o domínio dos seus instrumentos, são, então, condições de emancipação, e é a tal fator que devemos prestar maior atenção na nossa intervenção pedagógica.

Raízes históricas

A proposta cultural, cívica e pedagógica do MEM teve suas raízes nos anos 1960, a partir de três experiências das quais participaram alguns dos fundadores do Movimento. Logo no primeiro ano de exercício da profissão como professor do ensino primário em Évora (1963/1964), Sérgio Niza ensaiou com seus alunos a concepção de um município escolar – inspirada na proposta de Educação Cívica de António Sérgio (pedagogo português do início do século XX). A concepção da escola como município permitia a instituição do *self-goverment*, em oposição à organização escolar dominada pelo professor por meio de uma escola em estreita interação com a sociedade e seus problemas. Essa matriz implica uma visão de educação escolar como iniciação e exercício de intervenção democrática, aspecto fundador do Movimento.

Em 1965, Sérgio Niza e outros cinco professores constituíam o grupo de trabalho de promoção pedagógica no Sindicato Nacional dos Professores no âmbito dos cursos de aperfeiçoamento profissional orientado por Rui Grácio. O grupo reunia-se para analisar e refletir sobre as práticas de ensino a partir de produtos de aprendizagem dos alunos, partilhava e debatia textos para aprofundamento teórico dessa práxis e produzia instrumentos auxiliares do trabalho pedagógico. Segundo Peças (2006), o gérmen do que viria a ser a matriz do MEM emergia ali claramente.

No Centro Infantil Helen Keller, Isabel Pereira, Rosalina Gomes de Almeida e Sérgio Niza (três fundadores do MEM) implementaram a primeira experiência de integração de crianças deficientes visuais e iniciaram os contatos com a pedagogia de Freinet. Nasciam, então, outros dos eixos que, segundo Peças, definem o MEM: "a determinação ativa contra a exclusão e a defesa inabalável da escola inclusiva" (2006, p.148).

O MEM ancora-se nas raízes da Primeira República e da Escola Nova e, por meio de Rui Grácio, Maria Amália Borges de Medeiros e João dos Santos, descobre os pedagogos Adolfo Lima, Faria de Vasconcelos, Álvaro Viana de Lemos e António Sérgio; de António Sérgio retém a ideia de que a escola deve centrar-se na cooperação, no trabalho, em atividades socialmente genuínas.

> Se a escola lhe não fornece condições para genuínos atos sociais, semelhantes às que depois adulto, encontrará, a doutrina moral resulta oca, verbalista, cadavérica e,

> pelo tanto, ineficaz. É de necessidade absoluta que o aluno se habitue a cooperar pelo bem de uma comunidade, e que a escola reproduza o mais possível a estrutura da vida social adulta... Por outro lado, o hábito escolar de obedecer a uma governação de que o estudante não participa, amolda um futuro cidadão que aguentará apaticamente todas as bandalheiras, todos os abusos, todas as traficâncias dos políticos de profissão. (Sérgio, 1984, p.40-1.)

O pedagogo francês Freinet, que viria a ser nos primeiros tempos de vida do MEM sua matriz de trabalho, havia tido intensa correspondência com Álvaro Viana de Lemos, mas só três décadas depois é que Isabel Pereira descobriu Freinet e trouxe suas propostas de trabalho para a equipe do Hellen Keller. Compreendemos facilmente como as ideias de Freinet encontraram eco no grupo português: a pedagogia do trabalho – as crianças aprendem envolvendo-se em trabalho útil e produzindo serviços úteis; o trabalho cooperativo; a vivência da democracia – as crianças participavam nas estruturas de governo da escola.

O MEM reorientou, no entanto, desde os anos 1980, seu trabalho de formação cooperada e o respectivo modelo pedagógico de intervenção escolar para uma perspectiva comunicativa e sociocultural decorrente dos trabalhos de Vygotsky e da atual perspectiva cultural de Bruner, deslocando-se, assim, dos esforços empreendidos nos primeiros tempos, com o apoio das técnicas Freinet.

Tendo iniciado sua ação na clandestinidade, durante o período da ditadura, marca definitivamente o projeto cultural do movimento, o MEM expande-se, após a Revolução dos Cravos, naturalmente, ao tornar-se um movimento social de pleno direito (formalizando-se juridicamente como associação em 1976) e alargando sua ação ao ensino público (intervenção anteriormente proibida). No entanto, como bem sabemos, construir uma matriz democrática de desenvolvimento humano é um trabalho por cumprir em muitos países de constituição democrática. É com base nessa herança histórica que o MEM foi recentrando sua ação e procurando, ao longo dos quase cinquenta anos, o cerne da sua pedagogia de intervenção e de construção cultural.

Fundamentos da ação cívica/pedagógica

O trabalho que desenvolvemos no MEM sustenta-se em princípios e ideias-chave que nos orientam, dão sentido e regulam no dia a dia da nossa intervenção. Esses princípios são a cooperação, a comunicação, a participação democrática em direto e o isomorfismo pedagógico.

A "cooperação" marca a nossa estrutura de organização, condicionando necessariamente nossos modos de agir. Johnson e Johnson (1999) já chamaram a atenção para o impacto da estrutura organizativa na conduta dos membros de uma organização, em comparação com as características intrínsecas dos membros desta. Quando predomina uma aprendizagem cooperativa (horizontal e dialógica), os que aprendem se comportarão, portanto, em consequência a essa estrutura de organização, e "o resultado será uma verdadeira comunidade de aprendizagem" (Niza, 2009).

É Niza, ainda, quem nos clarifica o alcance dessa nossa opção:

> A cooperação numa comunidade de aprendizagem significa que cada um só pode alcançar os seus objetivos se, e somente se, os demais conseguirem alcançar os seus; por oposição às organizações suportadas na competição em que cada um só pode alcançar os seus objetivos se, e somente se, todos os demais não conseguirem alcançar os seus. (2009, p.348.)

Trata-se, então, de assumir o compromisso social e solidário da cooperação no sentido de realçar a dimensão ética que o projeto educativo humano requer quando em comum assumimos a educação democrática de nós próprios e de outros (Niza, 1992).

A cooperação é o que faz de nós uma comunidade de aprendizagem da profissão na qual procuramos, com a ajuda e o desafio uns dos outros, ir mais longe em nosso profissionalismo. A profissão docente é tão complexa como exaltante na sua capacidade de intervenção no mundo. Tal exigência só pode ser vivida com alegria (e inteligência) se for vivida em cooperação, quero dizer, em comunidade.

O segundo fundamento da nossa ação cívica e pedagógica é a "comunicação". Partindo da visão da aprendizagem como um processo social fundado na troca sistemática de ideias, de concepções sobre o mundo e sobre a profissão, na construção partilhada de saberes, a comunicação atravessa toda a nossa ação, emprestando-lhes uma significação social acrescida (Niza, 2009).

> Isto de construir a profissão dizendo-a requer que cada um do coletivo se mostre aos demais como profissional, emergindo daí um processo de negociação de significados compartilhados que tornam complexa esta autoformação cooperada, ao refletir um esforço intelectual conjunto que decorre do compromisso mútuo. (Serralha, 2009, p.6.)

A comunicação tem, então, duas funções: a primeira é cognitiva, que ocorre ao transformarmos em discurso nossas ações e experiências, levando a cabo um processo de reflexão que permite uma tomada de consciência e a reorganização do pensamento pela interação crítica com os outros; e a segunda é a função social de permitir a partilha de informação e conhecimento para o bem da comunidade à qual pertencemos e para um escrutínio público desse conhecimento em uma construção cooperada do saber profissional.

O terceiro fundamento da ação dos professores do MEM é a "participação democrática direta". Valoriza-se a democracia pelos valores que ela representa e pelos processos sociais que a caracterizam, e não tanto pelo regime político em si. Assim,

> A estrutura pedagógica assenta e fecunda-se na organização democrática em direto, sem votações (a não ser as que se revelam indispensáveis), sem delegados e representações... Os valores da democracia constroem-se em direto, não se constroem em delegação. Trata-se da instituição de valores, de como se instituem e interiorizam, de como se incorporam em nós esses valores, de maneira a que os vivamos espontaneamente e que os passemos a usar como se fossem naturais. (Niza apud Peças, 2006, p.164-5.)

Essa participação democrática direta substancia-se na promoção da voz de todos e de cada um provocando (do latim *pro vocare,* fazer avançar a voz) o diálogo conflitual e a tomada de decisão participada por todos.

Por último, a ação cívica e pedagógica do MEM fundamenta-se em um "isomorfismo pedagógico" como forma de romper com o ciclo recorrente de reprodução das práticas docentes tradicionais em que a maioria de nós fomos educados e que, tantas vezes, reproduzimos enquanto educadores.

> O isomorfismo pedagógico é a estratégia metodológica que consiste em fazer experienciar, através de todo o processo de formação, o envolvimento e as atitudes; os métodos e os procedimentos; os recursos técnicos e os modos de organização que se pretende que venham a ser desempenhados nas práticas profissionais efetivas dos professores. (Niza, 2009, p.352.)

Partindo do princípio de que a transferência das aprendizagens do modo de ser professor se dá fundamentalmente em uma congruência entre o que experimentamos no nosso percurso de formação e o que fazemos com nossos alunos (pelo fato de termos experimentado uma escola centrada no silêncio e no professor, para nós é muito difícil agir de modo diferente com nossos alunos), torna-se imperioso reconstruir as práticas escolares e, necessariamente, as práticas de formação de professores. Assim, no MEM, buscamos fazer que os princípios que procuramos viver com nossos alunos nas escolas sejam vividos por nós no nosso modelo de formação.

Estrutura da autoformação cooperada

A estrutura de autoformação cooperada do MEM organiza-se entre encontros de trabalho cooperado sistemático em grupos de diversa composição (grupos cooperativos, grupos de núcleo e grupos nacionais por ciclos de ensino) e ações de formação acreditadas pelo Conselho Científico da Formação Contínua (oficinas, estágios, projetos de aprofundamento e projetos de investigação-ação em sistema *b-learning*[1]), em que os formandos obtêm créditos mediante a produção de trabalho sujeito a avaliação (ver Figura 5.1).

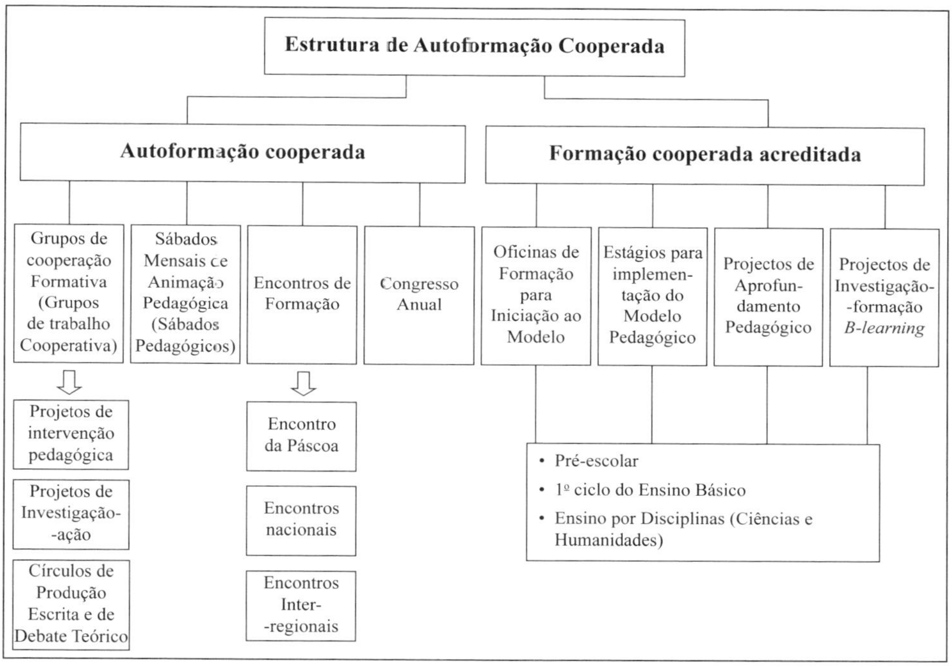

Figura 5.1 Estrutura de autoformação cooperada do MEM

Esse sistema, tendo por base os fundamentos da ação cívica/pedagógica já explicitados, utiliza o trabalho por projeto como dispositivo estratégico central da autoformação cooperada. Pretende-se realçar aqui a importância da

> [...] formação que se obtém ao longo da realização de um projeto de intervenção para a mudança na profissão ou de investigação-ação ou investigação participada, para implementação de transformações, requalificação ou mudanças profundas e alternativas às práticas profissionais e sociais dos formandos implicados. (Niza, 2009, p.354-5.)

Como o trabalho de projeto por parte dos alunos garante sua participação ativa e em cooperação na construção do conhecimento e, ao mesmo tempo, constitui

1 O termo *b-learning* (*blended learning*) refere-se à formação mista que ocorre quando a formação combina os dois métodos presencial e a distância

uma prática social autêntica de produção cultural também na formação, é por meio de projetos que levamos a cabo a autoformação cooperada e a coprodução do conhecimento profissional.

Os sócios associam-se em "grupos cooperativos" de trabalho, de acordo com suas necessidades e interesses. Esses grupos reúnem-se quinzenalmente ao longo do ano letivo com os seguintes objetivos, dispostos no artigo 42 dos estatutos associativos do MEM:

- formação permanente dos sócios, por meio da avaliação e planificação das práticas de intervenção escolar (função técnico-pedagógica);
- construção e partilha de instrumentos de trabalho pedagógico (função instrumental;
- aprofundamento teórico das práticas e partilha de documentos de investigação (função científica).

Realizados em cada Núcleo regional, os "Sábados Mensais de Animação Pedagógica" são encontros organizados em três tempos: em um primeiro tempo, os professores partilham suas práticas com os alunos e discutem-nas com os colegas (organizados por vários ciclos de ensino simultâneos); em seguida, em plenário, ocorre o debate de um tema transversal do trabalho pedagógico, da política da educação ou da investigação realizada sobre a cultura pedagógica do MEM; por fim, reúne-se o Conselho de Núcleo, que, segundo Niza (2009, p.360), é a

> instância fundamental de inter-regulação das ações de cada Núcleo, o instrumento multiplicador das ideias e a plataforma coletiva de coordenação da pesquisa e da formação... onde se articula e alimenta a comunicação e se dinamiza o processo interativo e motivacional que alicerça todo o Movimento.

As atividades dos sábados pedagógicos, com exceção do Conselho de Núcleo, são abertas a todos e constituem um espaço de aproximação e conhecimento por parte de professores que não pertencem ao Movimento.

Ao longo do ano, o Movimento realiza outros "encontros de formação", como o Encontro da Páscoa, no qual se realiza, internamente, o trabalho de balanço formal da vida do Movimento e se estruturam, a partir da avaliação e reflexão crítica, propostas orientadoras para os planos de atividade do ano escolar seguinte. É um tempo durante o qual, em conjunto, se definem e se assumem compromissos da vida interna da associação. Os Encontros Nacionais de docentes por níveis de ensino ou áreas específicas de atuação (por exemplo, pré-escolar, 1º ciclo, educação especial, formação) procuram aprofundar teoricamente e no nível das práticas as especificidades do trabalho docente em cada contexto.

O Congresso Anual do MEM é a atividade de formação mais ampla e constitui um ponto alto da vida do Movimento ao fechar o ano escolar com ampla reflexão sobre o trabalho desenvolvido ao longo daquele período. Realiza-se anualmente em diversas cidades do país, ao longo de quatro dias, na segunda quinzena de julho, e organiza-se em torno de diversos formatos de comunicações: a sessão de abertura normalmente integra uma conferência, proferida por um investigador convidado; nas tardes dos dias seguintes, duas sessões plenárias sob forma de painel, integrando elementos dos vários ciclos de ensino, apresentam as formas particulares de abordar as atividades, as estruturas e os instrumentos de organização do trabalho curricular, enquadrado pelo modelo pedagógico do MEM; no último dia, um plenário constituído por um "fórum" de debate livre sobre o MEM antecede o encerramento (Niza, 2009). Ao longo dos vários dias, os professores do Movimento apresentam cerca de 90 comunicações em nove salas simultaneamente, nas quais se fazem relatos de práticas pedagógicas e de projetos de investigação desenvolvidos nos vários níveis de ensino. Apresentam, também, exposições dos trabalhos produzidos com os alunos nas escolas e sobre temáticas da vida e da produção pedagógica do Movimento. Tanto essas comunicações (em relato ou exposição) como as realizadas em outros fóruns de autoformação do Movimento constituem um momento de formação para quem apresenta, em um esforço de reflexão e de explicitação do seu trabalho, enriquecido pelo debate crítico com os pares que a elas assistem.

Em uma perspetiva de participação crítica, mas solidária, na sociedade e com os diversos agentes educativos e culturais o Movimento, por meio das "Atividades de extensão pedagógica", os participantes envolvem-se em projetos de desenvolvimento social e têm desenvolvido diversos programas de colaboração contratualizados com outras organizações pedagógicas de professores, com instituições de formação de professores e de investigação nas Ciências da Educação ou de serviços e estabelecimentos de educação envolvidos em atividades de formação, supervisão e animação pedagógica, sob a forma de trocas de serviços.

Leva a cabo, ainda, um conjunto de formações acreditadas pelo Conselho Científico-Pedagógico da Formação Contínua para difusão do modelo pedagógico e sua apropriação, disponibilizando oficinas de iniciação, complementadas por estágios de formação para os professores e educadores. Essas ações de formação são gratuitas e oferecidas por membros do Movimento, sendo consideradas igualmente como uma maneira de se formarem.

Recursos e instrumentos produzidos no seio do MEM

Revista *Escola Moderna*

Ao longo de 35 anos, os sócios do MEM publicaram seu conhecimento pedagógico e os relatos das suas práticas em diversos formatos, o que evoluiu até a revista *Escola Moderna*, que está na sua 5ª série. Segundo Marcelino (2009, p.52-3):

> [...] de sócios e para sócios, é uma "obra" participada e partilhada com os que, desde 1974, puderam e quiseram lê-la, discuti-la ou escrever para ela [...] *Escola Moderna* é o produto de muitos relatos de práticas e consequente teorização. Foi a partir de muitos desses artigos e do conteúdo dos editoriais que ocorreram inflexões nas práticas, que aconteceram tomadas de consciência a propósito das estratégias utilizadas, que se esbateram resistências, que se clarificaram conceitos ou se aprofundaram reflexões fundamentais para a conceitualização do modelo, que veio a ser formalizado no fim da década de 1990.

A escrita é, para nós, no Movimento, assumida como o instrumento fundamental para a produção de conhecimento pedagógico, para a construção de conhecimento profissional. É nessa linha que Marcelino nos diz que os escritos publicados na *Escola Moderna* provocam em cada um que escreve, e também nos leitores, uma tomada de consciência sobre a profissão. Assim, muitos dos saberes implícitos ou explicitados de forma pouco elaborada ganharam, ao longo dos anos, uma existência mais clara, tornando-se conhecimento profissional disseminável e sempre sujeito a evolução. É por intermédio deles que se vai explicitando nosso modelo pedagógico, matriz que foi sendo depurada nos diálogos e nas reflexões críticas feitas no seio do Movimento e com interlocutores privilegiados, como investigadores, pensadores e outros profissionais.

O modelo pedagógico do MEM

O modelo pedagógico é a *obra cultural* que temos construído e a reconstruído. Temos, neste momento, uma estrutura congruente de organização social das aprendizagens para ser utilizada em todos os níveis de ensino.

Comum a todos esses níveis de ensino, temos a *sintaxe do modelo*, organizada em cinco módulos de atividades curriculares – um módulo central e quatro satélites que interagem (ver Figura 5.2). Essa sintaxe revela os mesmos princípios de que venho falando nesta comunicação em relação ao nosso modelo de autoformação cooperada em isomorfismo pedagógico. Cada nível de ensino ou área de atuação complementa essa estrutura com especificidades próprias da idade e do contexto em que a ação educativa se desenvolve. O modelo atua, então, como instrumento referencial utilizado para regular nossas práticas teoricamente sustentadas.

Módulos de atividades curriculares de diferenciação pedagógica		
Trabalho de aprendizagem curricular por projetos cooperativos Trabalho cooperativo em projetos temáticos de estudo, de produção artística, de pesquisa científica ou de intervenção social, para desenvolvimento das aprendizagens curriculares, acompanhado rotativamente pelo professor.		**Trabalho curricular comparticipado pela turma** Trabalho coletivo, no qual, com a colaboração ativa dos professores e participação de todos, conceitos e saberes são construídos ou reconstruídos ou se procede à revisão ou rescrita de textos que sirvam às diversas áreas do currículo.
	Organização e gestão cooperada em conselho de cooperação educativa Reuniões de conselho para planejamento, avaliação, análise de ocorrências significativas, reflexão ética para clarificação e construção de regras de vida visando ao desenvolvimento sócio-moral (instrumentos de planejamento/avaliação e diário de turma).	
Circuitos de comunicação para difusão e partilha dos produtos culturais Comunicação e difusão do trabalho em projetos, apresentação de produções, divulgação de publicações, exposição de trabalhos, troca de correspondência e interação virtual. Essas ações são submetidas à reflexão sobre os efeitos da sua apropriação ou da sua utilização social.		**Trabalho autônomo na aula e acompanhamento individual** Estudo e aprofundamento dos conteúdos disciplinares, treino e produção intelectual dos alunos guiados por um plano individual de trabalho periódico. Trabalho rotativo do professor para ensino interativo dos alunos que precisam de acompanhamento individualizado.

Figura 5.2 Sintaxe do modelo pedagógico do MEM

Contudo, esse modelo não é uma estrutura rígida, como nos faz lembrar Júlia Soares:

> uma coisa que eu acho muito original no Movimento é termos um modelo instituído e uma prática instituinte desse modelo, quer com os alunos, quer com os professores

> em formação. Um modelo que desconstruímos e reconstruímos permanentemente [entre nós] e com eles. (Gonzáles, 2002, p.99.)

Não cabe aqui fazer uma explicitação em pormenor do modelo; para aprofundar esse instrumento, os interessados podem recorrer aos diversos textos e materiais disponíveis na página do MEM da internet.

Como locais de construção da memória e de comunicação/circulação de saberes, o MEM dispõe, ainda, de um "Centro de Recursos-biblioteca", situado na sede em Lisboa, de um site na internet (www.movimentoescolamoderna.pt/), e de uma plataforma de trabalho colaborativo (moodleMEM). O Centro de Recursos como repositório documental do MEM, como centro de referência bibliográfica e de imagem, funciona como um espaço onde muitos sócios e não sócios recorrem para trabalhar em conjunto, para pesquisar. Neste momento, o Centro de Recursos estende-se nos dois dispositivos da internet referidos e, assim, cumpre melhor seu papel diante dos sócios ou outros interessados geograficamente distantes. O site na internet funciona como uma janela aberta a todos que queiram saber sobre o Movimento (história, organização, atividade corrente etc.) e sobre o pensamento pedagógico do MEM, bem como sobre seu modelo pedagógico, por meio da publicação de textos de referência e exposições por nós produzidos. A plataforma moodleMEM, ferramenta de trabalho cooperativo, de comunicação e aproximação entre os sócios do MEM, é um suporte muito importante que sustenta a vida do Movimento. Os nossos produtos são também nossos recursos, nossos instrumentos de trabalho, os artefatos com que agimos no mundo produzindo uma cultura pedagógica e cívica que se pretende mais justa solidária e libertadora. É essa ambição de criar uma contracultura que nos congrega na utopia de construir em cooperação um mundo melhor.

É esta a comunidade de aprendizagem e de intervenção social que vim apresentar aqui, assumindo-a como um processo em constante mudança e procura, em diálogo e constante atenção aos desafios do mundo em que vivemos. Não é uma obra acabada, mas sim uma instituição viva, e é por isso que a chamamos "Escola Moderna em Movimento".

6

Pedagogia, formação de professores e as diretrizes curriculares nacionais para o curso de Pedagogia

Sonia Teresinha de Sousa Penin

Introdução

As Diretrizes Curriculares Nacionais (DCN) do curso de Pedagogia, normatizadas pelo Conselho Nacional de Educação e homologadas pelo ministro da Educação em 2005, com o apoio hegemônico de muitas entidades educacionais, introduziram mudanças profundas na organização básica histórica desse curso, tanto na relação entre bacharelado e licenciatura que mantinha, quanto em referência ao tipo e à destinação dessa licenciatura.

Entendendo o caráter dinâmico das políticas, das normas e do conhecimento em razão do movimento da própria realidade, o presente texto examina aspectos dessa mudança e suas consequências para a finalidade social dos cursos de formação de professores, assim como para o campo epistemológico da Pedagogia. Inicialmente, são revistos aspectos da história da formação de professores e dos cursos na área de Pedagogia; em seguida, problematiza-se a situação atual do curso e da área e, finalmente, apresenta-se um caminho alternativo de cursos, explorando as possibilidades do campo epistemológico para a melhoria da formação de professores das diversas licenciaturas no País.

História da formação de professores e do curso de Pedagogia

Na história de formação de professores no Brasil, há uma longa distância entre os cursos destinados ao ensino primário e aqueles voltados para o ensino secundário. Os primeiros, conhecidos por "curso normal", de caráter técnico, foram instalados na primeira metade do século XIX. De responsabilidade dos sistemas estaduais, o currículo proposto para esse curso possibilitava uma adequada relação entre teoria e prática, realizada de diversas maneiras pelas instituições ao longo das décadas, podendo ser identificados projetos de grande relevância em muitos períodos. Os cursos de formação de professores para o ensino secundário foram criados muito tempo depois, apenas em 1931, concomitantemente à criação das universidades no País. Estas tinham no seu âmago a ideia de que à formação de bacharéis em Ciências, Artes e Humanidades, necessária ao desenvolvimento da nação, deveria acoplar-se um ano de Licenciatura, formando professores para o ensino secundário. Essa justaposição dos currículos do bacharelado e da licenciatura identificou esse modelo de formação como "3+1".

O curso de Pedagogia insere-se nessa história de justaposição bacharelado/licenciatura. Regulamentado em 1939, formava precipuamente o estudante bacharel em Educação e, adicionalmente, professor das disciplinas pedagógicas para o curso normal. O bacharel exercia funções nas áreas de administração, planejamento de currículos, orientação, avaliação do desempenho de alunos/docentes, pesquisa e desenvolvimento tecnológico da educação e, por meio de concurso, assumia cargos de inspetor, diretor de estabelecimento de ensino, delegado de ensino e outros cargos nos sistemas de ensino municipais, estaduais ou federal. Para habilitar-se ao concurso de diretor, exigia-se ainda a formação prévia nos cursos de administração após o "normal", existentes nos Institutos de Educação até a Reforma do Ensino Superior, de 1968.

Em 1968, a Lei federal n.5.580, da Reforma do Ensino Superior, reorganizou esse nível de ensino e foram criadas as Faculdades de Educação, em 1969 – a maioria instalada a partir de 1970, como a Faculdade de Educação da Universidade de São Paulo (USP). Essa lei reforçava o caráter precípuo de bacharelado do curso de Pedagogia, organizando o currículo por habilitações, a fim de atender à crescente ampliação dos sistemas de ensino em virtude do maior acesso das classes trabalhadoras à escola e das exigências da industrialização.

Nessa reforma, foram três as habilitações criadas: Orientação Educacional, Filosofia/História da Educação e Administração Escolar. Essa última, que já existia na modalidade especialização após o curso normal, foi realocada em nível superior. Tais habilitações visavam formar os profissionais necessários à escola básica, que se tornava culturalmente mais diversa, assim como os pesquisadores da área da Educação que, ao longo do tempo, com a organização da pós-graduação no País, iniciaram um período de sistematização e aprofundamento do campo epistemológico que estuda os fenômenos Educação e Ensino, bem como inauguraram um caminho promissor de criação de conhecimento novo sobre a problemática educacional brasileira. A Lei de 1968 não interferiu no curso normal, que continuou a formar o professor das primeiras séries do ensino primário e, em nível de especialização, também professores para a educação infantil.

Em 1971, a Lei de Diretrizes e Bases (LDB) n.5692 reorganizou a educação básica, especificando os níveis infantil – fundamental, obrigatório de oito anos – e médio. A maior importância dessa lei, como se sabe, foi aumentar a obrigatoriedade do ensino fundamental de quatro para oito anos.

Entre os anos 1970 e 1990, no interior das profundas mudanças sociais, econômicas, políticas e culturais que ocorriam na sociedade brasileira, fortaleceram-se os movimentos sociais e os de educadores, que, entre outras questões, reexaminaram as premissas dos cursos de formação de professores. O modelo 3+1 foi amplamente criticado, e a defesa central era que, tanto para as diferentes licenciaturas quanto para a Pedagogia, a docência deveria ser o eixo articulador de todo o curso de formação. Paralelamente – e também com a intenção da melhoria da formação dos professores – começaram a ser criados cursos experimentais em universidades, separando as formações em bacharelado e licenciatura, como as Licenciaturas em Matemática e Física na USP.

Em 1986, um Parecer do Conselho Federal de Educação (n.161) permitiu pela primeira vez que pedagogos lecionassem no ensino primário, abrindo jurisprudência. Na época, todavia, a norma não foi extensamente utilizada pelos estudantes pelo fato de a maioria dos matriculados no curso de Pedagogia ser proveniente do curso normal, muitos até com especialização em pré-escola.

Em 1996, a vigente LDB n.5.692 confirmava a Pedagogia como curso de formação dos profissionais da Educação (administração, supervisão etc.) com a possibilidade de ser oferecida em nível de pós-graduação. A mudança radical proposta nessa Lei foi a definição de que a formação de professores para a docência na educação infantil e nas séries iniciais do ensino fundamental se realizasse em nível superior. O curso normal de nível médio seria apenas admitido.

O curso normal superior e, sobretudo, seu lócus, os Institutos Superiores de Educação, alvo de críticas, nesse período foram implantados em menor número nas instituições públicas e em maior número nas particulares, que atendiam e continuam atendendo a maioria dos estudantes. Análises sobre essas experiências são importantes para melhor avaliar o atual momento.

A extinção do curso normal de nível médio em vários Estados criou um paradoxo, uma vez que o preparo para o magistério ou o ofício de ensinar crianças na fase inicial da escolarização, realizado com bons e até excelentes níveis por alguns modelos adotados na modalidade de curso normal (como os Centros Específicos de Formação e Aperfeiçoamento do Magistério – Cefams, em São Paulo), não foi nem tem sido adequadamente mantido em muitos dos cursos de nível superior que os substituíram.

Em 2005, depois de um longo período de debates, confrontando diferentes posições, foram instituídas as "Diretrizes Curriculares Nacionais do curso de Pedagogia, Licenciatura", que deslocam as atribuições do curso normal para o de Pedagogia, definindo-o como Licenciatura, mas mantendo as atribuições relacionadas ao antigo bacharelado.

Situação atual do curso de Pedagogia e a área de conhecimento Pedagogia

A retomada histórica mostrou que o curso denominado Pedagogia, desde a sua criação, em 1939, até 2005, incluía bacharelado e licenciatura com a especificidade de que esta era direcionada à formação de professores para o ensino das disciplinas pedagógicas do curso normal; nesse sentido, a docência era destinada aos jovens do ensino médio pretendentes a normalistas. Com as DCN de 2005, o curso passou a apresentar as seguintes especificidades: primeiro, adiciona o termo licenciatura à própria denominação, definindo a natureza precípua do curso; segundo, modifica a destinação da docência, que deixa de se dirigir ao jovem do nível médio e passa a se direcionar a crianças de zero a 10 anos; terceiro, orienta a formação do estudante não mais para um, mas dois tipos de cursos: educação infantil e ensino fundamental – primeiras séries.

Como consequência das DCN para o curso de Pedagogia/Licenciatura, outra mudança, não de ordem legal, mas social, começava a ser identificada nas turmas de estudantes que frequentavam o curso de Pedagogia, pelo menos nos Estados onde o curso normal havia sido extinto. Trata-se do perfil hegemônico do ingressante, que, se antes era de um estudante já formado no ofício de ensinar crianças, com alguma experiência docente, em seguida passa a ser a de alguém cuja iniciação ao conhecimento sobre o ensino ocorre inteiramente no curso superior de Pedagogia/Licenciatura.

Nesse contexto, as mudanças realizadas no curso de Pedagogia em decorrência das novas DCN fizeram emergir tensões e incertezas, refletidas na organização do currículo, especialmente nas definições e ênfases entre atividades voltadas notadamente ou ao domínio do ofício de ensinar crianças de zero a cinco e de seis a dez anos ou à preparação para as competências e funções educacionais relacionadas ao bacharelado, ainda que em ambos os casos se tenha a docência como referencial. Vale lembrar, ainda, que, os currículos devem prever espaço para o trabalho com Educação de Jovens e Adultos (EJA), com alunos portadores de necessidades especiais, entre outras demandas.

No período anterior à promulgação das DCN, estimuladas pelo debate que ocorria em nível nacional, várias instituições modificaram seu projeto pedagógico, incorporando em um único curso de graduação o montante de questões antes ofertadas em habilitações pós-curso (Orientação Educacional, Administração e Filosofia da Educação). As novas DCN, ao enfatizar o conjunto de competências referentes ao ensino na educação infantil e nos anos iniciais do ensino fundamental, incorporaram questões antes ofertadas em pré-curso superior (curso normal). Verifica-se, assim, que competências pós-curso e pré-curso de graduação se acumulam no atual curso de Pedagogia/Licenciatura.

Paralelamente a essa situação, novos fenômenos agregaram-se à realidade escolar, tornando a carreira docente mais complexa e a formação de professores, mais exigente. Tais fenômenos dizem respeito principalmente a dois tipos de movimento: o primeiro é referente às mudanças profundas ocorridas nas áreas da comunicação, informação e na cultura, e o segundo, à presença desejável de toda a gama da diversidade dos alunos no interior da escola básica. Em consequência, a complexidade da atividade de ensino na contemporaneidade tem-se ampliado significativamente, o que pressupõe cursos de Licenciatura mais robustos, sejam os relativos às disciplinas específicas dos anos finais do ensino fundamental e médio, sejam os orientados às séries iniciais do ensino fundamental e à educação infantil. Aumento da complexidade da atividade de ensino e das exigências de formação dos professores são afirmações recorrentes em diversos países, ainda que os motivos da complexidade possam ser diferentes. Entre outros documentos, essas afirmações estão expressas no relatório da *International Alliance of Leading Education Institutes* (Ialei, 2008).

O exposto indica a necessidade de serem repensados tanto o curso de Licenciatura em Pedagogia quanto as demais licenciaturas, ou seja, todos os cursos de formação de professores. Entre outros aspectos, deve-se examinar o currículo em relação ao tempo de formação em um curso de graduação. Conhecimentos específicos – sejam os relacionados ao ensino das diferentes disciplinas ou áreas de conhecimento ou temáticas, sejam os relativos à gestão, à orientação educacional/pedagógica, entre outros – imbricam-se no interior de um projeto pedagógico a princípios, valores e objetivos da formação profissional. Entende-se, como Chervel (1990) que, na escola básica, conteúdos do ensino de uma disciplina escolar e Pedagogia formulam-se juntos; dessa maneira, a Pedagogia não se constitui mero *lubrificante* ou instrumento da transposição didática de saberes eruditos para os alunos, mas é constitutiva da construção da própria disciplina escolar.

A docência que se busca, de caráter interdisciplinar na educação básica, clama por um currículo de caráter transdisciplinar, para o qual os estágios e a prática dos estudantes nas escolas e em outras instituições de cunho educacional são o meio para identificar fenômenos e questões sobre os quais os projetos das disciplinas e a teorização se debruçam. A Pedagogia como área de conhecimento que tem o fenômeno educação como objeto de estudo central é tributária de estudos acumulados nas diferentes Ciências da Educação, na Filosofia e em saberes menos rigorosos, o que lhe dá uma natureza necessariamente transdisciplinar e, assim, facilitadora para o trabalho interdisciplinar na escola básica. Essa natureza, julgada como uma fraqueza para algumas perspectivas teóricas, apresenta-se atualmente para outras como vantagem, sobretudo quando se trata de compreender a finalidade e os objetivos da educação básica. Essa característica da área de conhecimento Pedagogia pode ser mais aproveitada nos estudos e cursos de formação de professores do que hoje o é. Urge abrir possibilidades diversas de acordo com o interesse e os desafios formulados por estudantes e egressos desses cursos.

Se o tempo, variável objetiva, limita o formato de um curso, sua duração define um percurso entre os muitos possíveis. Em geral, o tempo básico para um curso de graduação é definido em lei e, no caso da Licenciatura em Pedagogia, é possível que se conclua em apenas três anos (Resolução CNE/CP n.2, de 19 de fevereiro de 2002). Diferentemente da lei, contudo, muitas instituições, em especial públicas e confessionais, na busca de uma formação mais ampla ou aprofundada, têm aumentado o tempo para até cinco anos. Nas licenciaturas específicas voltadas às disciplinas escolares do ensino médio e séries finais do ensino fundamental de instituições que oferecem bacharelado e licenciatura no mesmo curso, essa duração pode chegar a cinco anos e meio ou mais. Não entrando aqui na discussão a respeito de qual duração é socialmente a mais adequada para um curso de graduação, o certo é que todo projeto pedagógico expressa os limites de uma formação.

O entendimento de que, na atualidade, qualquer que seja a extensão de um curso de graduação, não se terá dado conta das possibilidades de enriquecimento de uma profissionalização, dá guarida à aceitação da ideia de que a formação inicial e a continuada caminham juntas. Nesse sentido, entre os objetivos de um curso de graduação está o de ajudar o estudante a delinear um projeto de formação continuada.

Uma formação continuada pode ter vários caminhos além da pós-graduação acadêmica ou da especialização. As decisões dos estudantes e egressos dos cursos de formação de professores têm sido as mais diversas. Não é raro os cursos de Pedagogia serem procurados por egressos de diferentes cursos de Licenciatura que buscam aprofundamento em disciplinas ou temáticas que lhes permitam compreender melhor os jovens, a aula, a escola. Parecem intuir as inter-relações entre as ações pedagógicas e as administrativas do cotidiano escolar vivido por professores, alunos, gestores, coordenadores, funcionários de apoio etc., e que é preciso mais conhecimento, reflexão e interlocução para uma atuação mais profissional e de liderança na direção das transformações necessárias.

Em conclusão aos argumentos expostos, as DCN para Pedagogia/Licenciatura intervêm de forma restritiva na área de conhecimento da Pedagogia. Não se pode subestimar a inversão desastrosa que realizam sobre a história dessa área de conhecimento. Colocar o pedagogo como precipuamente docente, de dois diferentes ciclos de ensino – educação infantil e séries iniciais do ensino fundamental – com atuação *adicional* em funções também numerosas que constavam do bacharelado compromete a essência epistemológica da Pedagogia e sua história. Compromete, também, a qualidade que é possível auferir de um curso de formação de professores em nível superior. Diferentemente de um ofício, docência em nível superior é uma profissão e demanda formação plena, para a qual os conteúdos eruditos de uma área de conhecimento são trabalhados, reconstruídos e construídos tendo em vista a finalidade e os objetivos de formação dos alunos da escola básica.

Uma proposta de *formação em Educação* para estudantes/professores das Licenciaturas em Pedagogia e áreas específicas do currículo da educação básica

O cenário descrito impõe a revisão das DCN para o curso de Licenciatura em Pedagogia, instituída em 2005. Não ocorrendo a mudança legal, ou enquanto não ocorre, as universidades, no uso de sua autonomia acadêmica, podem propor e realizar diferentes percursos formativos para uma formação. A proposta a seguir foi apresentada à Faculdade de Educação da USP, em agosto de 2009, para análise da sua comunidade, bem como no encontro de professores do estado de São Paulo, organizado pela Unesp no mesmo ano.

A nomeação do curso de Pedagogia como Licenciatura, com as demais atribuições que mantém, não resolve nem a necessidade social de um profissional docente para lecionar para crianças de zero a 10 anos nem a de um profissional da Educação para atender às questões educacionais que emergem ao longo de todo o sistema de ensino e de outras instituições que lidam com o fenômeno educação. Não resolve o problema da falta de articulação entre os diversos tipos de atividades que ocorrem em uma escola ou entre os profissionais da Educação ali presentes. Apenas inverte a prioridade historicamente ocorrida no enfoque do curso: licenciatura em vez do bacharelado.

Parece contraproducente discutir qual o enfoque mais importante – bacharelado ou ensino – pelo simples fato de um fazer parte da compreensão do outro. Propõe-se um curso de graduação nomeado *Educação*. Preferivelmente, receberá estudantes ou egressos das licenciaturas – tanto das diferentes áreas de conhecimento e ensino quanto da Pedagogia.

Os pressupostos que orientam esse curso são:

1. Reconhecimento do campo teórico-epistemológico da Pedagogia, cuja história, construída ao longo da história da humanidade, na trans e na interdisciplinaridade que lhe são peculiares, detém importância singular no aprofundamento da formação de professores para qualquer modalidade, área de conhecimento e nível de ensino, assim como na de profissionais para atuar em gestão, planejamento e avaliação de instituições e sistemas de ensino e sistemas educacionais de amplo espectro.
2. Reconhecimento da atual complexidade do trabalho do professor, que educa e ensina crianças de zero a 10 anos em dois cursos distintos, comportando uma formação preferencialmente em nível superior.
3. Reconhecimento de que quando uma formação de professor para lecionar a crianças de zero a 10 anos passa de nível técnico (curso normal) para superior, muda também o seu caráter; deixa de ser somente ou principalmente um ofício para tornar-se uma profissão. E uma profissão acresce ao domínio de

um ofício ou saber fazer uma compreensão muito mais ampla e profunda do ato educativo e instrucional, possibilitando ações de mudanças mais seguras, apoiadas na ação investigativa cujo domínio o ensino superior de boa qualidade assegura.

4. Reconhecimento da complexidade das instituições e dos sistemas educacionais, da educação infantil à pós-graduação, demandando conhecimento mais aprofundado a respeito de gestão, planejamento e avaliação, reconhecendo, em consequência, a impossibilidade de se contemplar em um único curso de graduação de duração viável, de um lado, a formação do professor para lecionar a crianças de zero a 10 anos, em dois cursos, e de outro, a do pedagogo, que, tendo a docência como referencial, realiza as tarefas de gestão, planejamento e avaliação, entre outras, ligadas às instituições educacionais ou afins.
5. Articulação mais adequada entre as premissas das DCN para cursos de formação de professores em geral e as da Licenciatura em Pedagogia. Sendo as primeiras mais antigas, muitas instituições, como a USP, organizaram programas específicos para suas licenciaturas à luz dessas DCN. A Pedagogia, que apenas recentemente se tornou um curso de Licenciatura para os níveis que define, deverá inserir-se no programa geral de formação de professores em cada instituição.

O projeto pedagógico do curso de Educação deverá ser resultado de uma reflexão radical daqueles que, nas universidades, têm se debruçado a respeito, seja da formação de professores para todas as disciplinas de conhecimento específico que constam dos currículos da educação básica, seja da formação de pedagogos, à qual agora se acresce o domínio na docência nas séries iniciais do ensino fundamental e educação infantil. Essa reflexão poderá equacionar de maneira ampla e rigorosa não apenas as atribuições socialmente esperadas de uma formação docente de qualidade, mas também preencher o espaço que falta de formação de um profissional que, tendo já adquirido a competência docente e outras relativas ao sistema de ensino brasileiro, amplia seu conhecimento e domínio a respeito do fenômeno educacional que ocorre em diferentes espaços da sociedade, tornando-se um profissional mais crítico e líder na busca pela melhoria da educação nacional em todos os níveis. Os pertencentes às Comissões de Coordenação de Cursos de Licenciaturas (COCs Licenciaturas) e Comissões de Coordenação de Cursos de Pedagogia (COC de Pedagogia/Licenciatura) nas Faculdades de Educação ou unidades semelhantes das universidades constituirão o núcleo estruturante desse empreendimento.

Parte III

Seminários

7

Licenciaturas: características institucionais, currículos e formação profissional

Bernardete Angelina Gatti

As Licenciaturas são cursos que, de acordo com a legislação, têm por objetivo formar professores para a educação básica: educação infantil (creche e pré-escola, ensino fundamental, ensino médio, ensino profissionalizante, educação de jovens e adultos [EJA], educação especial). Sua institucionalização e currículos vêm sendo postos em questão, e isso não é de hoje. Estudos das décadas de 1960 e 1970 já mostravam vários problemas referentes à realização dos propósitos formativos a elas atribuídos. Hoje, em função dos graves problemas que enfrentamos no tocante às aprendizagens escolares em nossa sociedade, que se torna cada vez mais complexa, avoluma-se a preocupação com as licenciaturas, tanto com relação às estruturas institucionais que as abrigam quanto no que diz respeito a seus currículos e conteúdos formativos. Uma vez que a formação de professores passou a ser oferecida predominantemente em nível superior, em cursos que obedecem a recentes Diretrizes Curriculares Nacionais (DCN), procura-se examinar as características que vêm assumindo a atual formação de docentes. Trataremos dos problemas relativos às licenciaturas a partir de duas pesquisas realizadas sobre a formação de docentes, trazendo à discussão dados sobre as condições de oferta desses cursos, suas características, as características dos licenciandos e suas condições de profissionalidade (Gatti, et al., 2008; Gatti e Nunes, 2009; Gatti e Barretto, 2009).

Historicamente, nos cursos de formação de professores, sempre se colocou a separação formativa entre professor polivalente – educação infantil e primeiros anos do ensino fundamental – e professor especialista de disciplina. Para este, também ficou consagrado o confinamento aos bacharelados disciplinares, bem como sua dependência de tais cursos. Essa diferenciação, que criou um valor social (menor/maior) diferenciando o professor polivalente, dos primeiros anos de ensino, e o professor "especialista", dos demais anos, ficou histórica e socialmente instaurada pelas primeiras legislações no século XIX, e é vigente até nossos dias, tanto nos cursos, como na carreira e nos salários, e, sobretudo, nas representações das comunidades social e acadêmica, bem como na comunidade política, mesmo com a atual exigência de formação em nível superior dos professores dos anos iniciais da educação básica. Qualquer inovação na estrutura de instituições e cursos formadores de professores esbarra nessa representação tradicional e nos interesses instituídos, o que dificulta repensar essa formação de modo mais integrado e em novas bases.

O que se verifica é que a formação de professores para a educação básica é feita de modo fragmentado entre as áreas disciplinares e os níveis de ensino; além disso, o Brasil não conta, nas instituições de ensino superior, com uma faculdade ou instituto próprio, formador desses profissionais, como se observa em outros países, onde há centros de formação de professores que englobam todas as especialidades, com estudos, pesquisas e extensão relativos à atividade didática e às reflexões e teorias a ela associadas.

Situação geral: os concluintes

Destacamos, inicialmente, uma questão que nos remete a pensar nas condições de oferta das licenciaturas, sua estrutura, sua dinâmica curricular e suas formas de institucionalização. Chama a atenção o baixo nível de conclusão nesses cursos, que se situa na taxa média de 24%, conforme dados do Inep/MEC (2000 – 2006).

A seguir, apresentaremos duas tabelas ilustrativas, uma com as matrículas em 2000, 2001 e 2002 (Tabela 7.1), outra com o número de concluintes em 2002, 2003 e 2006 (Tabela 7.2). Pensando em cursos de três ou quatro anos, podemos visualizar por meio das tabelas a grande diferença entre matrículas e conclusões.

Tabela 7.1 Matrículas em cursos de formação de professores para a educação básica – Brasil

Áreas de formação	2000	2001	2002
1º ao 4º/5º ano do ensino fundamental/ educação infantil	203.268	222.288	286.628
Matérias específicas (5º/6º a 8º/9º anos do ensino fundamental e o ensino médio)	299.902	321.557	379.028
Disciplinas profissionais	66.109	70.130	84.775

Fonte: Edudata, MEC/Inep, 2006.

Tabela 7.2 Concluintes em cursos de formação de professores para educação básica por ano – Brasil

Áreas de formação	2002	2003	2006
1ª a 4ª/5ª séries do ensino fundamental/ educação infantil	49.734	57.847	62.044
Matérias específicas (5ª/6ª a 8ª/9ª séries do ensino fundamental/ensino médio)	58.198	66.097	73.818
Disciplinas profissionais	11.450	13.161	19.150

Fonte: Edudata, MEC/Inep, 2006.

Outra questão que se coloca é a tendência, a partir de 2003, da diminuição da procura pelos cursos de formação de professores. Entre 2003 e 2006, essa queda foi de 20% (cálculo com base nos dados do Edudata/Inep/MEC). Essa diminuição pode ser decorrente de vários fatores: mudança na curva demográfica; diminuição da atratividade da carreira; dinâmica curricular pouco motivadora, entre outros. Com a demanda de professores nas redes de ensino ainda alta, tanto a queda na demanda desses cursos como o volume de abandono destes nos despertam preocupações sérias com relação à qualidade da educação básica, que, como mostram os dados das avaliações desenvolvidas pelo Ministério da Educação e algumas Secretarias Estaduais ou Municipais, está bastante combalida.

Os licenciandos: quem são?

É importante considerar as características dos licenciandos, haja vista seu peso sobre as aprendizagens e os desdobramentos destes na atuação profissional. É preciso saber quem são os alunos das Licenciaturas, quais expectativas têm, qual sua bagagem cultural, entre outras coisas. Um estudo realizado sob patrocínio da Unesco, visando, em uma de suas vertentes, conhecer as características dos estudantes brasileiros que frequentavam os cursos que conduzem à docência, foi realizado a partir do questionário socioeconômico do Exame Nacional de Desempenho do Estudantes (Enade), aplicado pelo Sistema Nacional de Avaliação da Educação Superior do Ministério da Educação aos iniciantes e concluintes dos cursos presenciais de Licenciaturas, avaliados no ano de 2005. Para fins dessa análise, obteve-se um total de 137.001 sujeitos (Gatti e Barretto, 2009). A Tabela 7.3 apresenta alguns dados relevantes.

A partir dos dados apresentados na Tabela 7.3, podemos perceber que, quando indagados sobre "a principal razão que os levou a optar pela Licenciatura", 65,1% dos alunos de Pedagogia atribuem a escolha ao fato de querer ser professor, ao passo que esse percentual cai para cerca da metade entre os demais licenciandos. A escolha da docência como uma espécie de "seguro-desemprego", ou seja, como

Tabela 7.3 Principal razão para a escolha por Licenciatura – Enade (2005)

		Pedagogia		Licenciaturas		Total	
		N	%	N	%	N	%
(A)	Porque quero ser professor.	25.625	65,1	47.469	48,6	73.094	53,4
(B)	Para ter outra opção se não conseguir exercer outro tipo de atividade.	5.222	13,3	23.319	23,9	28.541	20,8
(C)	Por influência da família.	2.036	5,2	3.374	3,5	5.410	3,9
(D)	Porque tive um bom professor que me serviu de modelo.	2.595	6,6	13.265	13,6	15.860	11,6
(E)	Não quero ser professor.	1.898	4,8	5.174	5,3	7.072	5,2
(F)	É o único curso próximo da minha residência.	1.153	2,9	3.684	3,8	4.837	3,5
	Em branco.	784	2,0	1.260	1,3	2.044	1,5
	Respostas inválidas.	46	0,1	97	0,1	143	0,1

Fonte: MEC/Inep/Deaes, 2005.

alternativa no caso de não haver possibilidade de exercício de outra atividade, é relativamente alta (21%), sobretudo entre os licenciandos de outras áreas que não a Pedagogia. Entre os estudantes de Pedagogia, 28,2% já têm trabalho na área, e 16,6% trabalham em outra área, mas pretendem buscar atividade na área de sua graduação; já entre os demais licenciandos, apenas 15,6% trabalham na área, mas o percentual dos que pretendem trabalhar nela é maior, 23,5%. Um bom percentual de estudantes dos dois grupos tem a intenção de se dedicar à atividade acadêmica – trabalhar no ensino superior – e buscar um curso de pós-graduação (31,8% e 33,3%, respectivamente), o que sinaliza que sua meta não é a educação básica. A seguir, são apresentados, na Tabela 7.4, a porcentagem de licenciandos de acordo com a faixa etária.

Quanto à "idade", encontrou-se menos da metade do conjunto dos licenciandos na faixa etária ideal, de 18 a 24 anos (46%), dado não esperado; entre 25 e 29 anos, situam-se pouco mais de 20% deles, e proporção semelhante está na faixa dos 30 a 39 anos. É possível, porém, fazer uma distinção entre os estudantes de Pedagogia e os alunos das demais Licenciaturas: os primeiros tendem a ser mais velhos. Enquanto apenas 35% dos alunos de Pedagogia estão na faixa etária ideal para o curso, essa proporção aumenta para os estudantes das demais Licenciaturas, e, entre os alunos de Letras e da área de Humanas, a proporção na faixa ideal está em torno de 45% e, para os da área de Ciências e Matemática, fica entre 51% e 65%. Os alunos de Pedagogia são também mais numerosos nas faixas etárias dos mais velhos, no intervalo de 30 a 39 anos ou acima de 40 anos.

Quanto ao "sexo", como já sabido, há uma feminização da docência: 75,4% dos licenciandos são mulheres, e este não é um fenômeno recente. Desde a cria-

Tabela 7.4 Licenciandos segundo a faixa etária – Enade (2005)

	Até 24 anos	25 a 29 anos	30 a 39 anos	40 a 49 anos	50 a 64 anos	65 ou mais anos
Pedagogia	34,8%	21,9%	26,6%	13,7%	3,0%	0,1%
Biologia	66,4%	17,6%	11,3%	4,1%	0,7%	0,0%
Física	61,6%	22,3%	11,3%	3,9%	0,8%	0,0%
Geografia	48,5%	22,0%	21,6%	9,5%	2,0%	0,0%
História	45,9%	21,2%	21,0%	9,6%	2,4%	0,1%
Letras	46,1%	21,6%	21,1%	8,8%	2,0%	0,0%
Matemática	51,6%	20,1%	19,6%	7,2%	1,4%	0,0%
Química	56,9%	24,5%	14,0%	4,0%	0,6%	0,0%
Total	**46,5%**	**21,1%**	**20,9%**	**9,4%**	**2,1%**	**0,0%**

Fonte: MEC/Inep, Deaes, 2005.

ção das primeiras escolas normais, no final do século XIX, as mulheres começaram a ser recrutadas para o magistério das primeiras letras. A própria escolarização de nível médio da mulher se deu pela expansão dos cursos de formação para o magistério, permeados pela representação do ofício docente como prorrogação das atividades maternas e pela naturalização da escolha feminina pela educação.

Dentre os estudantes dos cursos de nível superior para a docência, 50,4% situam-se nas faixas de renda familiar média, cujo intervalo é de três a dez salários-mínimos. Ligeiras variações favorecem os estudantes das demais Licenciaturas em relação aos alunos de Pedagogia nas diferentes faixas salariais superiores. Observa-se, entretanto, clara inflexão em direção à faixa de renda mais baixa. É muito expressivo o percentual de alunos com renda familiar de até três salários-mínimos (39,2%), e escassa a frequência de sujeitos nas faixas de renda acima de dez salários-mínimos. Esses e outros dados são apresentados na Tabela 7.5.

Tabela 7.5 Licenciandos: renda mensal da família – Enade (2005)

		Pedagogia		Licenciaturas		Total	
		N	%	N	%	N	%
(A)	Até 3 salários-mínimos.	16.473	41,9	37.237	38,1	53.710	39,2
(B)	De 3 a 10 salários-mínimos.	19.340	49,1	49.758	51,0	69.098	50,4
(C)	De 11 a 20 salários-mínimos.	2.483	6,3	7.564	7,7	10.047	7,3
(D)	De 21 a 30 salários-mínimos.	496	1,3	1.599	1,6	2.095	1,5
(E)	Mais de 30 salários-mínimos.	221	0,6	791	0,8	1.012	0,7
	Em branco.	295	0,7	581	0,6	876	0,6
	Respostas inválidas.	51	0,1	112	0,1	163	0,1

Fonte: MEC/Inep, Deaes, 2005.

A escolaridade dos pais pode ser tomada como um indicador da "bagagem cultural" das famílias de que provêm os estudantes. Em um país de escolarização tardia como o Brasil, em torno de 10% desses alunos são oriundos de lares de pais analfabetos e, se forem somados àqueles cujos pais frequentaram apenas até a 4ª série do ensino fundamental, chega-se aproximadamente à metade dos alunos, o que denota um claro processo de ascensão desse grupo geracional aos mais altos níveis de formação. Observa-se, contudo, que há também uma proporção, que não é tão pequena para os padrões de escolaridade da população, de alunos que possuem pais com instrução de nível médio. Pais e mães dos estudantes de Pedagogia são sistematicamente menos escolarizados que os dos demais cursos. Esses dados podem ser verificados na Tabela 7.6, adiante.

Tabela 7.6 Escolaridade dos pais dos licenciandos

		Pedagogia		Licenciaturas		Total	
		N	%	N	%	N	%
(A)	Nenhuma escolaridade.	4.326	11,0	8.196	8,4	12.522	9,1
(B)	De 1ª a 4ª série do ensino fundamental.	18.303	46,5	38.587	39,5	56.890	41,5
(C)	De 5ª a 8ª série do ensino fundamental.	6.203	15,8	17.371	17,8	23.574	17,2
(D)	Ensino médio.	7.240	18,4	22.151	22,7	29.391	21,5
(E)	Ensino superior.	2.982	7,6	10.583	10,8	13.565	9,9
	Em branco.	255	0,6	648	0,7	903	0,7
	Respostas inválidas.	50	0,1	106	0,1	156	0,1

Fonte: MEC/Inep, Deaes, 2005.

Como mostra a Tabela 7.7, a seguir, a maioria dos estudantes provém da escola pública. São 68,4% os alunos que cursaram todo o ensino médio no setor público, e 14,2% os que o fizeram parcialmente. A proporção de alunos que frequentaram apenas o ensino médio privado é menor entre os alunos da Pedagogia (14,3%) do que entre os das demais Licenciaturas (18,3%). O percentual de estudantes que procedem do supletivo situa-se em torno de 6% nos dois grupos. Considerando os resultados obtidos pelos alunos de escolas públicas no Exame Nacional do Ensino Médio (Enem) como referência de desempenho escolar anterior ao ensino superior (mesmo considerando a não paridade total com o grupo de licenciandos), em que a média obtida por esses alunos em 2006 foi de 34,94 pontos e, em 2008, de 37,27 pontos, em cem possíveis, verifica-se que a escolaridade anterior realizada em escola pública evidencia grandes carências nos domínios de conhecimentos básicos. É com esse cabedal que a maioria dos licenciandos adentra nos cursos de formação de professores.

Tabela 7.7 Licenciandos: tipo de ensino médio concluído

		Pedagogia		Licenciaturas		Total	
		N	%	N	%	N	%
(A)	Comum ou de educação geral, no ensino regular.	15.665	39,8	56.528	57,9	72.193	52,7
(B)	Profissionalizante (eletrônica, contabilidade, agrícola etc.) no ensino regular.	3.801	9,7	13.768	14,1	17.569	12,8
(C)	Profissionalizante magistério de 1ª a 4ª série (curso normal), no ensino regular.	16.461	41,8	19.501	20,0	35.962	26,2
(D)	Supletivo.	2.603	6,6	6.067	6,2	8.670	6,3
(E)	Outro curso.	647	1,6	1.446	1,5	2.093	1,5
	Em branco.	81	0,2	151	0,2	232	0,2
	Respostas inválidas.	101	0,3	181	0,2	282	0,2

Fonte: MEC/Inep, Deaes, 2005.

Merecem destaque dois aspectos relativos aos cursos que esses estudantes frequentam – os quais se compõem a partir das características dos licenciandos – e a seus currículos, para definir o cenário da constituição profissional: os materiais que mais utilizaram no curso e as avaliações deste. A Tabela 7.8 apresenta o tipo de material mais utilizado durante o curso.

Tabela 7.8 Licenciandos: tipo de material mais utilizado durante o curso

		Pedagogia		Licenciaturas		Total	
		N	%	N	%	N	%
(A)	Livros-texto e/ou manuais.	5.150	24,8	14.697	30,7	19.847	28,9
(B)	Apostilas e resumos.	8.270	39,8	15.840	33,1	24.110	35,1
(C)	Cópias de trechos ou capítulos de livros.	6.914	33,3	15.054	31,4	21.968	32,0
(D)	Artigos de periódicos especializados.	261	1,3	782	1,6	1.043	1,5
(E)	Anotações manuais e cadernos de notas.	109	0,5	1.279	2,7	1.388	2,0
	Em branco.	43	0,2	148	0,3	191	0,3
	Respostas inválidas.	27	0,1	81	0,2	108	0,2

Fonte: MEC/Inep, Deaes, 2005.

Quanto aos instrumentos de avaliação mais utilizados pelos professores, nos cursos de Pedagogia predominam os trabalhos em grupo (50,4%), seguidos de provas escritas discursivas (31,7%), ao passo que nos outros cursos de Licenciatura as provas escritas são, de longe, a modalidade de avaliação mais empregada (68,6%), seguida, em bem menor proporção, dos trabalhos em grupo (19,1%). Os demais tipos de avaliação são pouco representativos. Digno de nota é o fato de que metade dos alunos de Pedagogia provavelmente não passa por experiências de avaliação individual nos respectivos cursos. Veja mais detalhes sobre isso na Tabela 7.9.

Tabela 7.9 Instrumentos de avaliação utilizados predominantemente pelos professores

		Pedagogia		Licenciaturas		Total	
		N	%	N	%	N	%
(A)	Provas escritas discursivas.	7.697	37,1	32.860	68,6	40.557	59,1
(B)	Testes objetivos.	832	4,0	2.317	4,8	3.149	4,6
(C)	Trabalhos em grupo.	10.470	50,4	9.129	19,1	19.599	28,5
(D)	Trabalhos individuais.	1.112	5,4	1.781	3,7	2.893	4,2
(E)	Provas práticas.	548	2,6	1.470	3,1	2.018	2,9
	Em branco.	38	0,2	187	0,4	225	0,3
	Respostas inválidas.	77	0,4	137	0,3	214	0,3

Fonte: MEC/Inep, Deaes, 2005.

Teceremos a seguir comentários sobre os currículos desenvolvidos nas licenciaturas.

Como formamos professores para a educação básica?

O projeto "Formação de professores para o ensino fundamental: instituições formadoras e seus currículos" (Gatti, et al., 2008; Gatti e Nunes, 2009) buscou analisar o que se propõe atualmente como disciplinas formadoras nas instituições de ensino superior nas Licenciaturas presenciais em Pedagogia, Língua Portuguesa, Matemática e Ciências Biológicas.

Isso foi feito por meio da análise dos projetos pedagógicos, do conjunto de disciplinas ofertadas e de suas ementas. Para esse estudo, foi selecionado um conjunto de cursos de cada Licenciatura estudada, segundo critérios de localização por região (Norte, Nordeste, Centro-Oeste, Sudeste e Sul), categoria administrativa (pública – estadual, federal ou municipal – e privada – particular ou comunitária confessional) e organização acadêmica (universidade, centro universitário, faculdade, faculdades integradas ou institutos superiores de educação). As amostras obtidas levaram em consideração a distribuição do total de cursos no território nacional, de acordo com as variáveis mencionadas, e apresentam uma distribuição proporcional a essa realidade. O conjunto amostral foi composto de cursos de Licenciatura presenciais, sendo 71 de Pedagogia, 32 de Língua Portuguesa, 31 de Matemática e 31 de Ciências Biológicas, distribuídos proporcionalmente em todo o País.

Formação de professores para os anos iniciais da educação básica

A Licenciatura em Pedagogia responde atualmente pela formação de professores do 1º ao 4º/5º anos do ensino fundamental e da educação infantil. O conjunto amostral do estudo citado foi composto de 71 cursos de Licenciatura presenciais em Pedagogia, distribuídos em todo o País. Tal conjunto mostra boa representatividade, como já indicado, em relação à distribuição dos cursos pelas regiões, por categoria administrativa e tipo de instituição. Foi feito um mapeamento de propostas curriculares desses cursos, levando em conta os diversos tipos de instituições de ensino superior que os oferecem. Nessa amostra, encontrou-se uma lista de 3.513 disciplinas (3.107 obrigatórias e 406 optativas). Realizou-se, então, por intermédio das ementas, um agrupamento, de forma a tornar mais claro aquilo que se propõe como formação inicial de professores nos currículos dos cursos de Pedagogia. A Tabela 7.10 sintetiza os resultados.

Tabela 7.10 Disciplinas obrigatórias, segundo as categorias de análise desagregadas, nas licenciaturas em Pedagogia

<table>
<tr><th colspan="2">Categorias</th><th>N</th><th>%</th></tr>
<tr><td rowspan="3">Fundamentos teóricos da educação</td><td>Fundamentos teóricos da educação</td><td>701</td><td>22,6</td></tr>
<tr><td>Didática geral</td><td>106</td><td>3,4</td></tr>
<tr><td>Subtotal</td><td>807</td><td>26,0</td></tr>
<tr><td rowspan="5">Conhecimentos relativos aos sistemas educacionais</td><td>Sistemas educacionais</td><td>165</td><td>5,3</td></tr>
<tr><td>Currículo</td><td>158</td><td>5,1</td></tr>
<tr><td>Gestão escolar</td><td>140</td><td>4,5</td></tr>
<tr><td>Ofício docente</td><td>19</td><td>0,6</td></tr>
<tr><td>Subtotal</td><td>482</td><td>15,5</td></tr>
<tr><td rowspan="4">Conhecimentos relativos à formação profissional específica</td><td>Conteúdos do currículo da educação básica (infantil e fundamental)</td><td>232</td><td>7,5</td></tr>
<tr><td>Didáticas específicas, metodologias e práticas de ensino</td><td>643</td><td>20,7</td></tr>
<tr><td>Tecnologias</td><td>22</td><td>0,7</td></tr>
<tr><td>Subtotal</td><td>897</td><td>28,9</td></tr>
<tr><td rowspan="5">Conhecimentos relativos às modalidades e ao nível de ensino</td><td>Educação especial</td><td>118</td><td>3,8</td></tr>
<tr><td>EJA</td><td>49</td><td>1,6</td></tr>
<tr><td>Educação infantil</td><td>165</td><td>5,3</td></tr>
<tr><td>Contextos não escolares</td><td>16</td><td>0,5</td></tr>
<tr><td>Subtotal</td><td>348</td><td>11,2</td></tr>
<tr><td colspan="2">Outros saberes</td><td>173</td><td>5,6</td></tr>
<tr><td colspan="2">Pesquisa e TCC</td><td>217</td><td>7,0</td></tr>
<tr><td colspan="2">Atividades complementares</td><td>183</td><td>5,9</td></tr>
<tr><td colspan="2">Total</td><td>3.107</td><td>100,0</td></tr>
</table>

Fonte: Adaptado de Gatti, et al, 2008.

Considerando o conjunto das instituições, há uma quase equivalência entre a proporção de disciplinas que cumprem a função de embasar teoricamente o aluno de Pedagogia a partir de outras áreas de conhecimento e aquelas que tratam de questões ligadas à profissionalização mais específica do professor (ver Tabela 7.10). Chama atenção que apenas 3,4% das disciplinas ofertadas se referem à "didática geral". O grupo "didáticas específicas, metodologias e práticas de ensino" (o "como" ensinar) representa 20,7% do conjunto, e apenas 7,5% das disciplinas são destinadas aos conteúdos a serem ensinados nas séries iniciais do ensino fundamental, ou seja, ao "o quê" ensinar. Esse dado torna evidente como os conteúdos específicos das disciplinas a serem ministradas em sala de aula não são objeto dos cursos de formação inicial do professor. Disciplinas relativas ao ofício docente representam apenas 0,6% desse conjunto. Na análise realizada sobre o conteúdo das ementas,[1] verifica-se que as disciplinas que estariam mais ligadas aos conhecimentos relativos à formação profissional específica também têm em suas ementas uma predominância de aspectos teóricos, aqueles que fundamentam as teorias de ensino, contemplando muito pouco as práticas educacionais associadas a esses aspectos. As disciplinas desse grupo trazem ementas que registram preocupação com as justificativas sobre o porquê de ensinar, o que, de certa forma, contribuiria para evitar que essas matérias se transformassem em meros receituários. Entretanto, só de forma muito incipiente registram o quê e como ensinar. Um grande número de ementas registra frases genéricas, não permitindo que se identifiquem conteúdos específicos. Há, contudo, instituições que propõem o estudo dos conteúdos de ensino associados às metodologias, mas, ainda assim, de forma panorâmica e pouco aprofundada. Então, mesmo no conjunto de 28,9% de disciplinas que podem ser classificadas como voltadas à formação profissional específica, as ementas sugerem que essa formação é feita de maneira ainda muito insuficiente, em virtude do grande desequilíbrio entre teorias e práticas, favorecendo apenas as teorizações mais abstratas.

Disciplinas relativas à "educação infantil" representam apenas 5,3% do conjunto, e as relativas à "educação especial", 3,8%. Nas ementas, encontra-se o mesmo cenário anteriormente descrito. Os cursos estão incorporando tais questões em um conjunto de disciplinas que acentuam abordagens mais genéricas ou descritivas das questões educativas com poucas referências às práticas possíveis e à lógica destas. Alguns poucos cursos fazem o aprofundamento em uma ou outra dessas áreas disciplinares, como também na educação de jovens e adultos ou na educação não formal etc., seja mediante a oferta de optativas, seja em tópicos e projetos especiais, mas neles não é possível detectar a predominância de elementos voltados para as práticas docentes propriamente ditas, como uma construção integrada a conhecimentos de fundo. O estudo das ementas das disciplinas revela,

1 Foram analisadas 1.498 ementas.

antes de tudo, maior preocupação com o oferecimento de teorias políticas, sociológicas e psicológicas para a contextualização dos desafios do trabalho nesse nível e nessas modalidades de ensino, o que é importante para o trabalho consciente do professor, mas não suficiente para suas atividades de ensino.

Quando se agregam as disciplinas variadas e gerais, que poderíamos chamar de "outros saberes", e as "atividades complementares" ao conjunto de disciplinas dedicadas aos fundamentos da educação, chega-se a quase 40% do conjunto de disciplinas oferecidas. Contudo, fica pouco claro o que se qualifica como "atividades complementares" nos currículos, uma vez que estas não são especificadas. Juntando a esse panorama as disciplinas optativas ofertadas, a maioria com o caráter de formação genérica, como foi possível verificar no estudo citado, pode-se inferir que a parte curricular responsável por propiciar o desenvolvimento de habilidades profissionais específicas para a atuação nas escolas e nas salas de aula fica bem reduzida.

No conjunto de disciplinas optativas oferecidas pelos cursos, a pesquisa citada verificou que a tendência de se oferecer sobretudo disciplinas relativas a fundamentos teóricos da educação é mantida, contemplando "Filosofia da Educação", "História da Educação", "Fundamentos Biológicos da Educação", "Antropologia da Educação" e assim por diante. Há, também, entre as optativas oferecidas, baixo percentual de disciplinas que propiciam algum aprofundamento em educação infantil, EJA ou educação especial, ou mesmo nos conhecimentos referentes ao magistério das séries iniciais do ensino fundamental. Nesses casos, em torno de 25% das disciplinas se enquadram em "Outros saberes", como "Inglês instrumental", "Nutrição, higiene e saúde", "O escolar e a droga" etc., contemplando um rol de assuntos variados, muitos deles relativos aos temas transversais preconizados pelos Parâmetros Curriculares Nacionais editados em 1997.

Quanto aos estágios supervisionados, lembramos que o número de horas de estágio obrigatório nos cursos de Pedagogia visa proporcionar aos alunos um contato mais aprofundado com as redes de ensino básico. Embora em princípio eles constituam espaços privilegiados para a aprendizagem das práticas docentes, não foram obtidas evidências, nesse estudo, de como eles vêm sendo de fato realizados. Os dados referentes aos estágios padecem de uma série de imprecisões, as quais praticamente inviabilizam uma análise do que acontece realmente nesses espaços de formação a partir apenas dos currículos. Não obstante, as observações amplamente difundidas sobre o funcionamento dos cursos de Pedagogia autorizam-nos a sugerir que a maior parte dos estágios envolve atividades de observação, não sendo constituídas de práticas efetivas dos estudantes de Pedagogia nas escolas. Sobre a validade ou validação desses estágios também não se encontrou nenhuma referência.

Pode-se perguntar se a formação panorâmica, em geral encontrada nos currículos, é suficiente para que o futuro professor possa planejar, ministrar e avaliar atividades de ensino para os anos iniciais da educação básica e para a educação infantil. A constatação é de que há uma insuficiência formativa evidente para o desenvolvimento desse trabalho.

Em síntese, pela análise realizada, foi possível constatar que: (a) o currículo proposto pelos cursos de formação de professores tem uma característica fragmentária, apresentando um conjunto disciplinar bastante disperso; (b) a análise das ementas revelou que, mesmo entre as disciplinas de formação específica, predominam as abordagens de caráter mais descritivo e que se preocupam menos em relacionar adequadamente as teorias com as práticas; (c) as disciplinas referentes à formação profissional específica apresentam ementas que registram preocupação com as justificativas sobre por que ensinar, entretanto, só de forma muito incipiente registram o quê e como ensinar; (d) a proporção de horas dedicadas às disciplinas referentes à formação profissional específica está em torno de 30%, sendo 70% delas dedicadas a outro tipo de matérias oferecidas nas instituições formadoras; cabe aqui a ressalva, já feita na análise das ementas, segundo a qual, nas disciplinas de formação profissional, predominam os referenciais teóricos, seja de natureza sociológica, psicológica ou outros, com associação, em poucos casos, às práticas educacionais; (e) os conteúdos das disciplinas a serem ensinadas na educação básica (Alfabetização, Língua Portuguesa, Matemática, História, Geografia, Ciências e Educação Física) comparecem apenas esporadicamente nos cursos de formação e, na grande maioria dos cursos analisados, eles são abordados de forma genérica ou superficial, sugerindo frágil associação com as práticas docentes; e (f) poucos cursos propõem disciplinas que permitam algum aprofundamento em relação à educação infantil.

Nas ementas, observou-se evidente desequilíbrio na relação teoria-prática, em favor dos tratamentos mais teóricos, de fundamentos, política e contextualização, e que a escola, enquanto instituição social e de ensino, é elemento quase ausente nas ementas, o que nos leva a pensar em uma formação de caráter mais abstrato e pouco integrado ao contexto concreto no qual o profissional-professor vai atuar.

A partir do estudo citado, pode-se inferir que a parte curricular responsável por propiciar o desenvolvimento de habilidades profissionais específicas para a atuação nas escolas e nas salas de aula fica bem reduzida. Assim, a relação teoria-prática, como proposta nos documentos legais e nas discussões da área, também se mostra comprometida desde essa base formativa.

Licenciaturas em Língua Portuguesa, Matemática e Ciências Biológicas

O estudo referido anteriormente também contemplou análises relativas aos currículos e ementas curriculares de cursos de formação inicial de professores em três Licenciaturas – em Letras, Matemática e Ciências Biológicas, que são as disciplinas com maior carga horária na educação básica (Gatti, et al., 2008; Gatti e Nunes, 2009). Para o estudo da composição das grades curriculares desses três tipos de Licenciaturas, também foram elaboradas categorias de análise que agruparam as disciplinas em função de sua natureza e seus objetivos. A amostra dos cursos foi estratificada segundo a região do País, dependência administrativa e tipo de instituição, contemplando 32 cursos de Licenciatura em Língua Portuguesa, 31 em Matemática e 31 em Ciências Biológicas. As tabelas 7.11, 7.12 e 7.13, a seguir, mostram a distribuição das disciplinas em cada uma dessas licenciaturas.

Tabela 7.11 Carga horária de disciplinas obrigatórias, no conjunto amostral, segundo as categorias de análise desagregadas nos cursos de Licenciatura em Letras

Categorias		Carga horária	
		Horas	**%**
Fundamentos teóricos	Fundamentos	4.950	6,2
	Didática geral	1.296	1,6
	Subtotal	**6.246**	**7,8**
Conhecimentos relativos aos sistemas educacionais	Estrutura e funcionamento	1.490	1,9
	Currículo	1.256	1,6
	Gestão escolar	236	0,3
	Ofício docente	288	0,4
	Subtotal	**3.270**	**4,1**
Conhecimentos específicos da área		41.031	51,4
Conhecimentos específicos para a docência	Conteúdos dirigidos à escola básica	4.179	5,2
	Didáticas esp., met. e práticas de ensino	4.531	5,7
	Saberes relacionados a tecnologias	188	0,2
	Subtotal	**8.898**	**11,1**
Conhecimentos relativos às modalidades e ao nível de ensino	Educação especial	800	1,0
	EJA	0	0,0
	Subtotal	**800**	**1,0**
Outros saberes		**12.184**	**15,2**
Pesquisa e TCC		**2.992**	**3,7**
Atividades complementares		**4.531**	**5,7**
Total		**79.952**	**100,0**

Fonte: Baseado em Gatti, et al., 2008.

Tabela 7.12 Carga horária de disciplinas obrigatórias, no conjunto amostral, segundo as categorias de análise desagregadas nos cursos de Licenciatura em Matemática

Categorias		**Carga horária**	
		Horas	**%**
Fundamentos teóricos	Fundamentos	5.380	6,6
	Didática geral	1.307	1,6
	Subtotal	**6.687**	**8,2**
Conhecimentos relativos aos sistemas educacionais	Estrutura e funcionamento	1.644	2,0
	Currículo	554	0,7
	Gestão escolar	392	0,5
	Ofício docente	100	0,1
	Subtotal	**2.690**	**3,3**
Conteúdos específicos da área		**27.707**	**34,1**
Formação específica para a docência	Conteúdos dirigidos à escola básica	15.088	18,5
	Didáticas específicas, metodologias e práticas de ensino	8.551	10,5
	Saberes relacionados a tecnologias	1.356	1,7
	Subtotal	**24.995**	**30,7**
Conhecimentos relativos às modalidades e ao nível de ensino	Educação especial	401	0,5
	EJA	40	0,0
	Subtotal	**441**	**0,5**
Outros saberes		**11.766**	**14,5**
Pesquisa e TCC		**3.027**	**3,7**
Atividades complementares		**4.039**	**5,0**
Total		**81.352**	**100,0**

Fonte: apud: Gatti et al., 2008.

Tabela 7.13 Carga horária e disciplinas obrigatórias, segundo as categorias de análise desagregadas nos cursos de Licenciaturas em Ciências Biológicas

Categorias		**Carga horária**	
		Horas	**%**
Fundamentos teóricos	Fundamentos	4.560	5,0
	Didática geral	1.269	1,4
	Subtotal	**5.829**	**6,4**

Continua

Continuação

<table>
<tr><th colspan="2" rowspan="2">Categorias</th><th colspan="2">Carga horária</th></tr>
<tr><th>Horas</th><th>%</th></tr>
<tr><td rowspan="5">Conhecimentos relativos aos sistemas educacionais</td><td>Estrutura e funcionamento</td><td>1.428</td><td>1,6</td></tr>
<tr><td>Currículo</td><td>847</td><td>0,9</td></tr>
<tr><td>Gestão escolar</td><td>244</td><td>0,3</td></tr>
<tr><td>Ofício docente</td><td>801</td><td>0,9</td></tr>
<tr><td>Subtotal</td><td>3.320</td><td>3,6</td></tr>
<tr><td colspan="2">Conhecimentos específicos da área</td><td>59.507</td><td>65,0</td></tr>
<tr><td rowspan="4">Conhecimentos específicos para a docência</td><td>Conteúdos dirigidos à escola básica</td><td>1.358</td><td>1,5</td></tr>
<tr><td>Didáticas específicas, metodologias e práticas de ensino</td><td>8.007</td><td>8,7</td></tr>
<tr><td>Saberes relacionados à tecnologias</td><td>160</td><td>0,2</td></tr>
<tr><td>Subtotal</td><td>9.525</td><td>10,4</td></tr>
<tr><td rowspan="3">Conhecimentos relativos às modalidades e ao nível de ensino</td><td>Educação especial</td><td>529</td><td>0,6</td></tr>
<tr><td>EJA</td><td>0</td><td>0,0</td></tr>
<tr><td>Subtotal</td><td>529</td><td>0,6</td></tr>
<tr><td colspan="2">Outros saberes</td><td>3.219</td><td>3,5</td></tr>
<tr><td colspan="2">Pesquisa e TCC</td><td>3.067</td><td>3,3</td></tr>
<tr><td colspan="2">Atividades complementares</td><td>6.577</td><td>7,2</td></tr>
<tr><td colspan="2">Total</td><td>91.573</td><td>100,0</td></tr>
</table>

Fonte: Baseado em Gatti et al., 2008.

A partir da análise das grades curriculares e ementas, é possível apresentar sinteticamente alguns aspectos que se destacaram:

- Há grande dissonância, nas três licenciaturas, entre os projetos pedagógicos obtidos e a estrutura do conjunto de disciplinas e suas ementas, dando a entender que aqueles são documentos que não repercutem na realização dos cursos.
- Os cursos de Licenciatura em Letras apresentam 51,4% de sua carga horária em disciplinas relativas aos conhecimentos disciplinares da área, com predominância de Linguística, e apenas 11% das horas-disciplinas são dedicadas à formação para a docência.
- Nas Licenciaturas em Ciências Biológicas, a carga horária dedicada à formação específica na área é de 65,3%, e para formação para docência registra-se percentual em torno de apenas 10%.
- Os cursos de Licenciatura em Matemática diferenciam-se por apresentar maior equilíbrio entre as disciplinas relativas aos "conhecimentos específi-

cos da área" e aos "conhecimentos específicos para a docência", embora as instituições públicas mantenham, em sua maioria, carga horária bem maior para as disciplinas relativas a conhecimentos específicos, espelhando mais a ideia de um bacharelado do que uma licenciatura.

- Raras instituições especificam em que consistem os estágios e sob que forma de orientação são realizados, bem como se há convênio com escolas das redes, entre outros aspectos.
- A questão das práticas, exigidas pelas diretrizes curriculares desses cursos, mostra-se problemática, pois às vezes se coloca que estão embutidas em diversas disciplinas, sem especificação clara, e às vezes aparecem separadas, mas com ementas muito vagas.
- Na maior parte dos ementários analisados não foi observada uma articulação entre as disciplinas de formação específicas (conteúdos da área disciplinar) e a formação pedagógica (conteúdos para a docência).
- Um grupo considerável de matrizes curriculares apresenta disciplinas pouco específicas quanto a seus nomes e ementas bastante vagas; também se encontram redundâncias de conteúdos em disciplinas distintas.
- Saberes relacionados a tecnologias no ensino estão praticamente ausentes.
- Aparecem nos currículos muitas horas dedicadas a atividades complementares ou seminários, atividades culturais etc., que ficam sem nenhuma especificação quanto a que se referem (se são atividades acompanhadas por docentes, seus objetivos etc.).
- As disciplinas da categoria "conhecimentos relativos aos sistemas educacionais" registram percentuais inexpressivos de presença em todas as licenciaturas analisadas. Quando se desagrega essa categoria, nota-se que a maior parte das matérias se aloca em "estrutura e funcionamento do ensino", ficando aspectos ligados a "currículo", "gestão escolar" e "ofício docente" com percentuais irrisórios.
- Uma parte dessas Licenciaturas promove especialização precoce em aspectos que poderiam ser abordados em cursos de especialização ou pós-graduação, ou que, claramente, visam à formação de outro profissional que não o professor.

Verificou-se a inexistência de um núcleo compartilhado de disciplinas da área de formação para a docência, e é heterogênea a gama de conteúdos com que se trabalha nas disciplinas que mais frequentemente aparecem (didática, metodologia e práticas de ensino). Ainda assim, constatou-se que é reduzido o número de disciplinas teóricas da área de educação (Didática, Psicologia da Educação ou do Desenvolvimento, Filosofia da Educação etc.) e que mesmo as disciplinas aplicadas têm espaço pequeno nas matrizes, e estas, na verdade, são mais teóricas que práticas, quando, de fato, deveria haver equilíbrio entre esses dois eixos. Com as características anteriormente apontadas, com vasto rol de disciplinas e com a ausência de um eixo formativo claro para a docência, presume-se pulverização na formação dos licenciados, o que indica frágil preparação para o exercício do magistério na educação básica.

Concluindo

Para Tardif e Lessard (2005), o magistério, longe de ser uma ocupação secundária, constitui um setor nevrálgico nas sociedades contemporâneas, uma das chaves para entender suas transformações. Nessa perspectiva, torna-se mais que relevante considerar os dados de pesquisa aqui apresentados. A interação dos diferentes fatores levantados neste trabalho com a estrutura curricular e com as condições institucionais dos cursos de formação de docentes para a educação básica mostra-nos um cenário preocupante sobre a resultante dessa formação. Isso nos reporta, por exemplo, ao baixo índice de aprovação de licenciados em concursos públicos para professor.

No que concerne à formação de professores, uma verdadeira revolução nas estruturas institucionais formativas e nos currículos da formação é necessária. As emendas já são muitas. A fragmentação formativa é clara. É preciso integrar essa formação em instituídos articulados e voltados a esse objetivo precípuo. A formação de professores não pode ser pensada a partir das ciências e de seus diversos campos disciplinares, como adendo dessas áreas, mas a partir da função social própria à escolarização – ensinar às novas gerações o conhecimento acumulado e consolidar valores e práticas coerentes com nossa vida civil. A forte tradição disciplinar que marca a identidade docente entre nós e leva os futuros professores em sua formação a se afinar mais com as demandas provenientes da sua área específica de conhecimento do que com as demandas gerais da escola básica faz que não só as entidades profissionais, mas também as científicas, oponham resistências às soluções de caráter interdisciplinar para o currículo, o que já foi experimentado com sucesso em vários países. A formação de profissionais professores para a educação básica tem de partir de seu campo de prática e agregar-lhe os conhecimentos necessários, selecionados como valorosos, em seus fundamentos e com as mediações didáticas necessárias, sobretudo por se tratar de formação para o trabalho educacional com crianças e adolescentes.

8

Sinais e evidências da crise das licenciaturas no Brasil

Júlio Emílio Diniz Pereira

Introdução

O governo brasileiro acaba de anunciar que 330 mil pessoas atuam nas escolas da educação básica sem a habilitação mínima exigida por lei. Isso depois de sermos oficialmente informados que há um déficit de, aproximadamente, 250 mil professores de Matemática, Física, Química e Biologia no País. As universidades públicas brasileiras, por sua vez, destinam algo em torno de 20% de suas vagas a cursos de Licenciatura. Apesar desse número significativo de vagas nas universidades públicas destinado à formação de professores e de, potencialmente, existir um contingente relativamente numeroso de novos profissionais do ensino diplomado a cada ano, não há perspectiva de que esse problema seja resolvido em curto prazo. Por que isso acontece? Neste texto, apresentarei argumentos demonstrando que a crise das licenciaturas apresenta múltiplos fatores e que existem formas de se sair dessa crise.

O significado da palavra crise

O termo "crise" origina-se da palavra grega *krísis* e significa fase grave, complicada, difícil, um momento de tensão ou de impasse na vida de uma pessoa, de um grupo social, na evolução de determinadas situações. É também definida como manifestação violenta e repentina de ruptura de equilíbrio ou um estado de dúvidas e incertezas, um momento perigoso ou decisivo, de muita tensão e conflito.

As dimensões centrais que caracterizam a crise são a alteração do estado de legitimidade social por meio da violação de valores, normas e códigos socialmente estabelecidos e, consequentemente, a ruptura de uma situação de equilíbrio ou estabilidade, a imprevisibilidade dessa situação e a urgência de julgamentos, decisões e respostas por parte dos envolvidos.

Tais dimensões podem ser identificadas por meio da atual crise econômica mundial, por exemplo. A ganância de imobiliárias e instituições financeiras norte-americanas que violaram normas e códigos estabelecidos e a falta de regulação por parte do Estado para se fazer valer o cumprimento desses princípios levaram à instabilidade econômica de todo o planeta. Apesar de alguns sinais de recuperação, ainda não se sabem as consequências dessa crise para a economia global. Dos líderes mundiais e cidadãos comuns, são exigidas respostas rápidas diante dessa situação.

Outros exemplos conhecidos de "crise" são a crise da adolescência, em função das mudanças bruscas que acontecem em nossos corpos nessa fase da vida, as crises de relacionamento, que, algumas vezes, levam à ruptura, à separação e ao divórcio, e a crise financeira que, tanto no âmbito familiar quanto no institucional ou governamental, gera enormes tensões, conflitos e incertezas. Ainda poderíamos citar a crise ambiental, a crise política, a crise de identidade, a crise existencial, a crise de caráter... Na epistemologia, a não menos conhecida "crise de paradigmas". E, do ponto de vista político-ideológico, a eterna crise da esquerda.

Resumindo, "crise" refere-se a qualquer momento ou situação afetada por uma perda de estabilidade ou equilíbrio ou que preceda ou provoque anormalidade grave no funcionamento da sociedade, das instituições, da economia e na vida das pessoas. Em geral, as situações de crise exigem respostas adequadas e rápidas por parte dos envolvidos.

No Brasil, já há algum tempo, observam-se sinais e evidências de uma profunda crise da profissão docente. Porém, infelizmente, as respostas dos governantes brasileiros para tal situação têm sido, em geral, insuficientes, equivocadas e ineficazes.

Alguns sinais da crise das licenciaturas no Brasil

Apesar da definição anterior de crise como "manifestação violenta e repentina de ruptura de equilíbrio", podemos afirmar que, no caso da profissão docente, e, particularmente, dos cursos de formação de professores, já existiam, nas décadas de 1980 e 1990, nítidos sinais de profunda crise do magistério no Brasil.

Por meio da análise da literatura educacional, percebe-se que a vinculação dos problemas da formação do professor às dificuldades gerais enfrentadas pela educação brasileira foi bastante defendida a partir do final da década de 1970.

Denunciou-se, por exemplo, que a expansão do sistema público de ensino e, consequentemente, a democratização do acesso à educação básica, não foram seguidas por um correspondente investimento das verbas públicas destinadas à educação. A demanda de um número cada vez maior de professores para uma população escolar crescente foi, de certa forma, atendida pela expansão do ensino superior, principalmente, por meio de uma ampliação do ensino privado[1] e da criação indiscriminada de cursos de Licenciatura.[2]

A denúncia da crise educacional brasileira e a concomitante defesa de melhores condições de trabalho e salários dignos para o magistério apareceu com alguma frequência nos textos sobre formação de professores da década de 1980 (Balzan, 1985; Balzan e Paoli, 1988). Dessa maneira, a discussão sobre a formação de professores ampliou-se quando o contexto da escola, a falta de condições materiais do trabalho docente e a condição de assalariado do professor passaram a ser considerados temas importantes no debate.

Chamou-se a atenção, então, para outras dimensões, geralmente não explicitadas, que determinavam o fracasso do trabalho docente na escola. Criticou-se, por exemplo, a ênfase dada à formação de professores como modo de garantir a qualidade do ensino praticado na escola sem ao menos mencionar os processos *deformadores* e *desqualificadores* aos quais esses profissionais estavam submetidos. Ou seja, questionou-se o fato de o debate centrar-se na *formação* do professor e não na sua *deformação* a partir do momento que se insere no mercado de trabalho. Introduziu-se, dessa maneira, uma questão fundamental: "Quem de-forma o profissional do ensino?" (Arroyo, 1985).

As condições do trabalho docente e a situação da carreira de magistério passaram a ser, então, bastante enfocadas no debate sobre a formação de professores. O aviltamento salarial e a participação cada vez menor na execução do seu próprio trabalho revelou a existência de um crescente processo de proletarização do magistério brasileiro (Hypolito, 1991).

O processo de desvalorização e descaracterização do magistério, evidenciado pela progressiva perda salarial por parte dos professores e pela precária situação

1 É inegável que houve uma inversão no sistema de ensino superior brasileiro quanto ao crescimento dos setores público e privado. Fruto de uma política governamental que privilegiou o sistema privado em detrimento do público, o crescimento do ensino superior brasileiro tornou-se dependente da iniciativa privada. Com relação à oferta de vagas no ensino superior, por exemplo, os números demonstram uma inversão no atendimento em relação à década de 1970, quando um terço do sistema era privado e dois terços, público (Marques; Diniz-Pereira, 2002).

2 O governo federal vem respondendo ao problema da falta de professores certificados/qualificados na educação básica com ações em diferentes frentes, pouco articuladas e mais preocupadas em mudar as estatísticas educacionais do que propriamente enfrentar a questão de maneira qualitativa. Esses programas têm como base o uso de novas tecnologias voltadas para o ensino a distância (Marques; Diniz-pereira, 2002).

do seu trabalho na escola determinou, a partir do final da década de 1970 e início dos anos 1980, o surgimento das primeiras greves de professores das escolas públicas e privadas, desencadeando um movimento de luta por melhores salários e melhores condições do trabalho docente.

Alguns autores (Kreütz, 1986; Haguette, 1991) levantaram a seguinte questão a respeito da identidade do trabalho docente: trata-se de uma vocação, uma profissão ou um bico? Aos dois primeiros marcos identitários já presentes no debate, *vocação* ou *profissão*, somou-se um terceiro, o *bico*, como consequência do total descaso com a carreira do professor no País.

Surgiram, no meio acadêmico, principalmente a partir da segunda metade da década de 1980, várias denúncias sobre o descaso com que as questões relativas ao ensino eram tratadas nas universidades brasileiras, principalmente se comparadas ao tratamento dispensado à pesquisa. A questão do ensino e da pesquisa nas universidades brasileiras apresentou-se como uma "relação mal resolvida" (Balzan, 1994). A separação explícita entre essas duas atividades no seio da universidade e a valorização da pesquisa em detrimento ao ensino (de graduação) no meio acadêmico trazia prejuízos enormes à formação profissional e, particularmente, à formação de professores.

A situação das licenciaturas foi considerada, então, insustentável. Existia, em relação aos cursos de formação de professores, um sentimento generalizado de que as coisas ali não mudam e de que os problemas discutidos na época eram praticamente os mesmos desde sua criação (Lüdke, 1994).

A separação entre *teoria* e *prática* foi um dos problemas que mais fortemente emergiu na discussão sobre a formação de professores naquele período. A falta de articulação entre *disciplinas de conteúdo* e *disciplinas pedagógicas* foi considerada um dilema que, somado a outros dois – a dicotomia existente entre bacharelado e licenciatura e a desarticulação entre formação acadêmica e realidade prática –, contribuiu para o surgimento de críticas sobre a fragmentação dos cursos de formação de professores. Essas são questões recorrentes neste debate e, ainda hoje, não saíram de pauta.

Todas essas questões enquadraram-se entre as convergências e tensões do debate sobre formação de professores no Brasil (Candau, 1987) e, infelizmente, continuam sendo problemas cada vez mais presentes nas discussões atuais.

As mudanças ocorridas no cenário internacional, a partir do final dos anos 1980, repercutiram no pensamento educacional e, mais especificamente, na produção acadêmica sobre a formação de professores. A partir do final dessa década, presenciamos uma intensa mudança no cenário político mundial: a proclamação do *fim da história*, marcado pelo triunfo da ideologia capitalista e neoliberal.

No contexto econômico, a inovação tecnológica possibilitou a superação dos velhos paradigmas *taylorista* e *fordista*, gerando uma nova lógica industrial.

A adoção de um novo *paradigma tecnológico* passou a ser um importante projeto político. Apesar de todo esse avanço, as questões sobre injustiça e desigualdade social estavam ainda longe de desaparecer.

No meio acadêmico, anunciou-se o fim da modernidade e a entrada no período da pós-modernidade: iniciava-se a chamada "era das incertezas". Iniciamos os anos 1990 convivendo com uma "suposta crise" de paradigmas nas Ciências Sociais, consequência da suposta perda de validade dos referenciais teóricos habituais.

O pensamento educacional, por sua vez, não ficou isento desse contexto de "suposta crise". A literatura na área da educação, bastante influenciada pela concepção marxista no início dos anos 1980, cedeu lugar, na década de 1990, a estudos voltados para a compreensão dos aspectos microssociais da escola, destacando e focalizando sob novos prismas os papéis dos agentes-sujeitos (Santos, 1995), em especial, os professores: suas vozes, sua vida e sua identidade.

Resumindo, o debate sobre a formação de professores apresenta, ao longo dos anos, elementos de conservação e de mudança. A recorrência de alguns temas, nesse debate, dá-nos a impressão de estarmos discutindo os mesmos problemas durante anos e mesmo décadas sem, no entanto, conseguir solucioná-los. Essa sensação parece ser ainda mais forte no debate específico sobre a problemática das licenciaturas. Ao mesmo tempo, é possível perceber o surgimento de novos temas, novas questões, novas maneiras de se pensar a formação docente que parecem apontar para "novos rumos", tanto para a formação de professores em geral como, especificamente, para os cursos de Licenciatura.

Porém, é preciso enfatizar que as mudanças na maneira de se pensar a formação de professores não garantem alterações e inovações imediatas nos cursos de formação docente, especificamente nas Licenciaturas. A efetivação de mudanças nesse âmbito parece ser mais lenta e seguir um caminho mais complexo.

Evidências da crise das licenciaturas no Brasil

Por meio de uma pesquisa realizada em uma universidade federal do Sudeste do Brasil e concluída em 1996, constatamos que nove dos dez cursos considerados de "menor prestígio" na universidade ofereciam a modalidade Licenciatura e eram responsáveis pela formação de professores. Notou-se também que nenhum curso com opção para a licenciatura estava listado entre aqueles de "maior prestígio" (ver Tabela 8.1). Eles permaneceram entre aqueles com menor relação candidato/vaga nos vestibulares, ou seja, não eram os preferencialmente escolhidos pelos candidatos a uma vaga na instituição (Diniz-Pereira, 1996, 2000).

Tabela 8.1 Cursos de "maior" e "menor prestígio" em uma universidade pública da região Sudeste do Brasil

Cursos de "maior prestígio"	Cursos de "menor prestígio"
Administração (diurno)	Biblioteconomia
Arquitetura	Ciências Sociais
Ciência da Computação	Filosofia
Ciências Econômicas	Geografia (diurno)
Comunicação Social	Geografia (noturno)
Direito	História (diurno)
Engenharia Civil	História (noturno)
Engenharia Mecânica	Matemática
Engenharia Química	Pedagogia (diurno)
Medicina	Pedagogia (noturno)

Fonte: Comissão Permanente do Vestibular (Copeve), 1995.

Apesar de um número relativamente grande de matrículas (em torno de 20% do total), o número de graduados em Licenciatura, ou seja, aqueles que efetivamente se formaram "professores", foi pequeno (ver Tabela 8.2). Com base nessa pesquisa e em outras similares (Pagotto, 1988; Tancredi, 1995), pode-se dizer que, naquela época, a contribuição das universidades públicas na formação de docentes para os ensinos médio e fundamental não era bastante expressiva.

Tabela 8.2 Número de alunos graduados nos cursos com modalidade Licenciatura em uma universidade pública da região Sudeste do Brasil, no período de 1990/1 a 1995/1

Cursos	90/1	90/2	91/1	91/2	92/1	92/2	93/1	93/2	94/1	94/2	95/1	Média
Belas Artes	35	24	29	32	39	32	28	36	52	40	23	33,64
Ciências Biológicas (diurno)	45	42	31	47	46	46	36	34	36	58	42	42,09
Ciências Sociais	27	26	20	22	26	29	11	24	22	19	15	21,91
Educação Física	28	37	37	39	34	45	38	36	27	45	47	37,54
Enfermagem	25	17	39	23	30	36	30	38	54	37	38	33,36

Continua

Continuação

Cursos	90/1	90/2	91/1	91/2	92/1	92/2	93/1	93/2	94/1	94/2	95/1	Média
Filosofia	6	13	13	19	15	9	8	15	17	18	2	12,27
Física (diurno)	4	11	5	5	14	11	5	5	7	20	6	8,45
Geografia (diurno)	8	28	3	14	4	19	10	19	16	30	13	14,91
História (diurno)	15	64	19	41	18	35	20	30	18	24	33	28,82
Letras	82	97	86	88	106	108	95	120	95	99	90	96,91
Matemática (diurno)	8	5	7	28	9	8	9	15	24	14	20	13,36
Música	5	8	5	4	7	8	8	21	9	13	5	8,45
Pedagogia (diurno)	72	50	81	11	76	11	76	4	67	7	73	48,00
Pedagogia (noturno)	–	–	–	11	57	9	69	1	72	0	82	37,62
Psicologia	52	127	94	97	113	128	137	128	120	76	78	104,54
Química (diurno)	9	16	5	4	6	5	2	5	6	12	3	6,64

Fonte: Elaborado a partir de dados coletados no Departamento de Registro e Cadastro Acadêmico da Universidade (DRCA).

As taxas médias de evasão nos cursos com modalidade de Licenciatura eram altíssimas, constituindo-se nas maiores da Universidade (ver Tabela 8.3). Os percentuais mais elevados foram encontrados nos cursos de Química (78%), Física (72%), Filosofia, Matemática e Geografia (69% cada). Esses índices estavam bem acima daqueles apresentados por outros cursos da universidade, como Medicina, Odontologia (3% cada) e Arquitetura (14%).

Tabela 8.3 Taxa média de diplomação, retenção e evasão nos cursos com modalidade Licenciatura em uma universidade pública da região Sudeste do Brasil

Cursos	% diplomação	% retenção	% evasão
Arquitetura	86,00	1,00	14,00
Belas Artes	63,00	1,00	37,00
Ciências Biológicas (diurno)	59,00	2,00	38,00

Continua

Continuação

Cursos	**% diplomação**	**% retenção**	**% evasão**
Ciências Sociais	46,00	2,00	52,00
Educação Física	69,00	1,00	30,00
Enfermagem	52,00	0,00	48,00
Estatística	31,00	0,00	69,00
Filosofia	31,00	0,01	69,00
Física (diurno)	26,00	2,00	72,00
Geografia (diurno)	30,00	2,00	69,00
História (diurno)	53,00	0,00	47,00
Letras	49,00	1,00	51,00
Matemática (diurno)	29,00	1,00	69,00
Medicina	97,00	0,00	3,00
Música	47,00	9,00	44,00
Odontologia	97,00	0,00	3,00
Pedagogia (diurno)	65,00	0,00	35,00
Pedagogia (noturno)	61,00	0,00	39,00
Psicologia	78,00	0,00	22,00
Química (diurno)	19,00	2,00	78,00

Fonte: Elaborado a partir do documento "Dados sobre evasão na Universidade". Pró-Reitoria de Graduação, 1995.

Em relação ao concurso vestibular, concluiu-se que havia entre os aprovados nos cursos "mais disputados" da universidade um claro predomínio de egressos da rede particular de ensino, que frequentaram cursos diurnos e que não fizeram "cursinhos" ou que os frequentaram por, no máximo, um semestre, que não trabalhavam e cuja escolaridade dos pais era de ensino médio ou superior.

Os dados mostraram também haver heterogeneidade na composição sociocultural dos aprovados nos cursos com opção para a Licenciatura da universidade: existia um grupo formado pelos cursos de Ciências Biológicas diurno, Ciências Sociais, Educação Física e História diurno cujas características se aproximavam mais daquelas observadas nos cursos "mais disputados" da instituição. Por outro lado, em grande parte dos cursos de Licenciatura ingressaram muitos estudantes provenientes da rede pública de ensino, que frequentaram cursos noturnos, que não fizeram "cursinhos" e cuja escolaridade dos pais era inferior ao ensino médio completo.

Pela análise, observou-se que os cursos de Comunicação Social, Direito e Medicina, entre os "mais disputados", os cursos de Física diurno e Geologia, entre os "menos disputados", e os cursos de Ciências Biológicas diurno, Educação Física, Ciências Sociais e História diurno, entre as Licenciaturas, pareciam constituir vias de acesso à universidade às frações de classe que possuíam maior capital econômico e cultural.

A menor posse de capital econômico e de relativo maior capital cultural caracteriza frações de classe a que se vinculam os aprovados para os cursos de Belas Artes e Música, entre os "menos disputados".

Candidatos aprovados egressos de frações de classe com menos capital econômico e menos capital cultural aparecem nos cursos de Fisioterapia, entre os mais disputados, e de Química diurno, entre os menos disputados. Entre aqueles com opção para a Licenciatura, destacam-se os cursos noturnos em geral e os cursos de Letras, Geografia diurno e Matemática diurno.

Os aprovados nos cursos de Licenciatura apresentaram uma trajetória escolar bem menos privilegiada do que aquela mostrada para os cursos mais disputados da Universidade. Em geral, os alunos das Licenciaturas demoraram mais tempo para entrar no ensino superior – três anos ou mais após terem concluído o ensino médio. Os candidatos egressos da rede pública de ensino e das escolas técnica e noturna encontraram menor resistência para serem aprovados nos cursos que oferecem a licenciatura. Aqueles que não frequentaram o "cursinho" apareceram em grande número tanto nos cursos de "maior prestígio" quanto nas licenciaturas, provavelmente por motivos diferentes. No primeiro caso, os alunos não precisam desse "reforço" para enfrentar o vestibular, por serem dotados de capital cultural e por terem frequentado os melhores colégios, ou seja, por apresentarem um capital escolar diferenciado; no segundo, apesar de os alunos necessitarem do "auxílio" dos cursinhos para corrigirem eventuais falhas e lacunas do ensino secundário, muitos não têm condições de pagá-los. Essas diferenças podem ser explicadas em função da origem sociocultural desses alunos.

Considerando-se a renda total mensal familiar (ver Tabela 8.4), observou-se que a maioria das famílias dos aprovados nos cursos mais disputados da universidade ganhava de 11 a 60 salários-mínimos por mês. Nos cursos de Comunicação Social (63,34%) e Ciência da Computação (57,14%), a renda mensal do grupo familiar da maioria dos candidatos bem-sucedidos variava de 16 a 60 salários-mínimos. Em Direito (57,66%) e em Medicina (53,44%), a maior parte recebia de 11 a 40 salários-mínimos-mensais. Em Fisioterapia, 57,5% dos aprovados tinham um rendimento mensal que variava de 6 a 15 salários-mínimos. Notou-se que o curso de Direito apresentava o maior percentual de famílias que recebiam mais de 60 salários-mínimos mensais (11,33%). Pode-se dizer, então, que os aprovados nesses cursos se caracterizam, em geral, pela posse relativamente maior de capital econômico.

Tabela 8.4 Renda mensal do grupo familiar dos aprovados no vestibular de 1995 em uma universidade pública da região Sudeste do Brasil

Cursos	Até 2 SM[1]	3 a 5 SM	6 a 10 SM	11 a 15 SM	16 a 20 SM	20 a 40 SM	40 a 60 SM	Mais de 60 SM	B/N
Belas Artes**	0,00	25,00	25,00	11,67	13,33	16,67	5,00	3,33	0,00
Ciência da Computação*	4,29	7,14	20,00	11,43	18,57	25,71	12,86	0,00	0,00
Ciências Biológicas (diurno – Bach/Lic.)	1,25	16,25	23,75	18,75	17,50	11,25	8,75	2,50	0,00
Ciências Biológicas (noturno – Lic.)	7,50	25,00	37,50	10,00	7,50	2,50	5,00	2,50	2,50
Ciências Sociais	6,15	20,00	15,38	23,08	9,23	13,85	7,69	3,08	1,54
Comunicação Social*	1,67	6,67	8,33	15,00	20,00	26,67	16,67	5,00	0,00
Direito*	0,33	0,33	14,33	13,33	16,00	28,33	12,67	11,33	0,33
Educação Física	1,00	14,00	25,00	23,00	17,00	17,00	1,00	1,00	1,00
Enfermagem	5,00	31,25	31,25	15,00	10,00	5,00	0,00	1,25	1,25
Filosofia	7,50	7,50	25,00	22,50	12,50	12,50	0,00	7,50	5,00
Física (diurno – Bach.)**	10,00	13,33	23,33	10,00	20,00	10,00	3,33	10,00	0,00
Física (noturno – Lic.)	16,67	26,67	30,00	6,67	6,67	6,67	3,33	3,33	0,00
Fisioterapia*	0,00	7,50	32,50	25,00	12,50	15,00	7,50	0,00	0,00
Geografia (diurno)	2,50	40,00	27,50	10,00	10,00	5,00	2,50	2,50	0,00
Geografia (noturno)	3,33	23,33	36,67	16,67	6,67	10,00	0,00	3,33	0,00
Geologia**	0,00	20,00	16,67	10,00	6,67	30,00	13,33	0,00	3,33
História (diurno)	0,00	17,50	25,00	20,00	17,50	12,50	5,00	0,00	2,50
História (noturno)	2,50	20,00	32,50	15,00	10,00	15,00	5,00	0,00	0,00
Letras	4,17	22,92	28,75	16,67	12,50	8,33	2,50	2,08	2,08
Matemática (diurno – Lic.)	3,33	33,33	23,33	16,67	13,33	3,33	3,33	0,00	3,33
Matemática (diurno – Bach.)	5,00	10,00	25,00	20,00	30,00	0,00	0,00	5,00	5,00
Matemática (noturno)	3,33	13,33	40,00	10,00	13,33	6,67	6,67	0,00	6,67
Medicina*	0,94	4,38	20,63	14,38	17,50	21,56	10,94	8,75	0,94
Música**	5,41	16,22	13,51	29,73	8,11	16,22	5,41	2,70	2,70
Pedagogia (diurno)	6,67	26,67	23,33	16,67	11,67	8,33	1,67	5,00	0,00
Pedagogia (noturno)	11,67	28,33	36,67	15,00	6,67	0,00	0,00	0,00	1,67
Psicologia	4,17	18,33	14,17	17,50	15,00	20,83	7,50	1,67	0.83
Química (diurno)**	10,00	25,00	25,00	20,00	0,00	17,50	2,50	0,00	0,00
Química (noturno)	3,33	20,00	50,00	16,67	10,00	0,00	0,00	0,00	0,00

[1] SM = salário-mínimo.
* Cursos com maior relação candidato/vaga no Vestibular/95.
** Cursos com menor relação candidato/vaga no Vestibular/95.

Fonte: Comissão Permanente do Vestibular (Copeve), 1995.

Na maioria dos cursos com menor relação candidato/vaga na universidade, predominaram grupos familiares dos aprovados com rendimento mensal de três a quinze salários-mínimos. É o caso dos cursos de Química diurno (70%), de Belas Artes (61,67%) e de Música (59,46%). No curso de Física diurno, a maior parte das famílias dos aprovados ganhava de seis a vinte salários mensais. Dentre as famílias dos candidatos com bom desempenho em Geologia, 60% receberam de onze a sessenta salários-mínimos mensais, e a metade delas (30%) tinha uma remuneração mensal variando de vinte a quarenta salários-mínimos.

Em grande parte dos cursos com opção para a Licenciatura, a maioria dos grupos familiares dos aprovados tinha uma renda mensal que variava de três a dez salários-mínimos. Isso é o que aconteceu nos cursos de Química noturno (70%), Geografia diurno (67,5%), nos cursos noturnos de Pedagogia (65%), Ciências Biológicas (62,5%), Geografia (60%), Física (56,67%), História (52,5%) e Letras (51,67%). Em outro grupo, formado pelos cursos de Educação Física (65%), Matemática noturno (63,33%), Ciências Biológicas diurno (60%), Filosofia (60%) e Matemática diurno (53,33%), predominaram as famílias de aprovados com remuneração mensal de seis a vinte salários-mínimos. Nos cursos de Pedagogia diurno (66,67%) e Ciências Sociais (58,46%), o rendimento mensal da maior parte das famílias dos candidatos que ingressaram na universidade variava de três a quinze salários-mínimos.

Pelo exposto, pode-se concluir que as condições socioeconômico-culturais mais favoráveis (melhor renda, maior escolaridade e ocupações de maior prestígio) constituíram importante fator de aprovação nos cursos mais disputados da universidade. A origem sociocultural da maioria dos aprovados nos cursos com modalidade Licenciatura era bem menos privilegiada que a dos alunos que optaram pelos cursos mais concorridos dessa instituição.

A crise atual das licenciaturas no Brasil

Como disse no início deste texto, o governo brasileiro acaba de anunciar que 330 mil pessoas atuam nas escolas da educação básica sem a habilitação mínima exigida por lei. Isso depois de sermos oficialmente informados que há um déficit de, aproximadamente, 250 mil professores de Matemática, Física, Química e Biologia no País. Porém, esses números parecem imprecisos, pouco confiáveis e podem ser ainda maiores, uma vez que, em 1996, de acordo com as estatísticas oficiais, o déficit total de professores na educação básica brasileira era de 1,2 milhão de docentes (Evangelista, 2000). O próprio governo, por meio do Censo Escolar Inep/MEC, de 1998, anunciou que existiam aproximadamente 830 mil professores sem formação de nível superior atuando na educação básica brasileira.

De acordo com os dados coletados pelo Censo do Ensino Superior, em 2000, havia no País 2.095 cursos de formação de professores de disciplinas específicas – Geografia, Biologia, Química, Física, Matemática, Línguas, História, entre outros – e 837 de Pedagogia.

Nesse período, foram recebidos cerca de 5 mil pedidos para abertura de novos cursos de formação docente, e somente 647 receberam autorização, criando-se, assim, 59 mil novas vagas. Em relação ao grande número de pedidos para abertura de novos cursos de Licenciatura, é importante destacar que ele vem ocorrendo, sobretudo, em instituições privadas. Os pedidos das universidades públicas eram relativamente poucos. O Censo do Ensino Superior, em 2001, trouxe, pela primeira vez, informações sobre os cursos de formação de professores a distância oferecidos no Brasil. Em 2000, foram disponibilizadas 6.430 vagas em cursos de graduação dessa natureza.

As universidades públicas brasileiras, por sua vez, destinam algo em torno de 20% de suas vagas a cursos de Licenciatura. Apesar desse número significativo de vagas nas universidades públicas destinado à formação de professores e de, potencialmente, haver um contingente relativamente numeroso de novos profissionais do ensino diplomado a cada ano, não há perspectiva de que esse problema seja resolvido em curto prazo. Por que isso acontece?

De acordo com o Censo do Ensino Superior, no ano de 1997, cerca de 39.800 vagas deixaram de ser preenchidas em 13 diferentes cursos de Licenciatura. Observou-se, ainda, um baixo número de formandos em relação às vagas oferecidas. Desistências, transferências para outros cursos e baixa procura em comparação aos cursos de bacharelado das demais áreas – estes considerados mais nobres – foram os principais problemas levantados para se explicar, pelo menos nas instituições públicas, o baixo número de formandos. E alguns desses cursos praticamente só existem nas universidades públicas, como o de Física. Em 2001, existiam 112 cursos de Licenciatura em Física em todo o Brasil, somente oito oferecidos nas particulares.

Os dados fornecidos pelo governo federal indicam que, ao mesmo tempo que existe a necessidade de formar/certificar um enorme número de professores e um crescimento na demanda para abrir novos cursos de Licenciatura, há uma baixa ocupação de vagas nos cursos já existentes e um número relativamente baixo de graduandos em relação ao número de vagas oferecidas.

A dificuldade de os alunos manterem seu sustento durante a graduação,[3] a baixa expectativa de renda em relação à futura profissão e o declínio do *status* social da docência fizeram que os cursos de Licenciatura, tanto em instituições

---

3 Levantamento socioeconômico feito com alunos que prestaram o "Provão" no ano de 2001 conclui que, em cursos de formação de professores, a maioria dos alunos vinha de família de baixa renda cujos salários variavam de R$ 541 a R$ 1.800 (*Folha de S.Paulo*, 13 dez. 2001).

públicas como privadas, convivessem com altíssimas taxas de evasão e, consequentemente, permanecessem em constantes crises.

Considerações finais

Por fim, gostaria de ressaltar, ainda dentro da discussão sobre a crise das licenciaturas no Brasil, que não podemos nos esquecer do princípio da "indissociabilidade" entre a formação e as condições adequadas para a realização do trabalho docente (salários dignos, autonomia profissional, dedicação exclusiva a uma única escola, pelo menos um terço da jornada de trabalho para planejamento, reflexão e sistematização da prática, estudos individuais e coletivos, salas de aula com número reduzido de alunos). Caso contrário, poderíamos assumir, de um lado, uma posição de que tudo de ruim que existe na educação escolar acontece por causa dos professores e de sua "má formação" ("tese da culpabilização") ou, de outro, a postura de que os docentes não têm nada a ver com os problemas atuais da escola, sendo, portanto, apenas vítimas de um sistema social e educacional perverso e excludente ("tese da vitimização"). Tais posições – a primeira, em geral, adotada pelas secretarias de educação, e a segunda, pelos sindicatos dos professores – são pouco produtivas e pouco contribuem para o avanço desse debate.

9

O trabalho pedagógico com crianças de 6 anos no ensino fundamental: contradições da política educacional expressas no cotidiano da escola

Bianca Cristina Correa

Introdução

As mudanças promovidas em nossa legislação educacional no que se refere à organização do ensino fundamental (EF) tornaram o ingresso nesse nível de ensino obrigatório aos 6 anos (Lei n.11.114, Brasil, 2005b) e ampliaram sua duração para nove anos (Lei n.11.274, Brasil, 2006d). Para analisar essas mudanças, tomamos como objetivo estudar o processo de incorporação e permanência de crianças de 6 anos em escolas de EF com duração de nove anos, dando início a uma pesquisa em 2008. Para a consecução de nossa proposta, consideramos que acompanhar o cotidiano da escola e da sala de aula sem compreender o contexto mais amplo em que se situam poderia tornar os resultados da pesquisa limitados; ao mesmo tempo, pareceu-nos impossível analisar o impacto de uma nova política educacional sem recorrermos a um estudo aprofundado da escola, onde, de fato, tal política ganharia substância e materialidade. Por isso, em nossa metodologia de trabalho, realizamos a análise da legislação e de outras orientações oficiais, mas, também, acompanhamos o processo de implantação das referidas mudanças em uma escola pública municipal de EF situada no interior do Estado de São Paulo.[1]

Durante o ano de 2008, foram analisados mais detidamente os documentos da rede municipal de ensino em questão, relativos aos de formação docente, à orga-

1 O nome do município não será mencionado, e o nome dos entrevistados será fictício ao longo de todo o texto para se respeitar o compromisso assumido com os profissionais, tanto da Secretaria Municipal de Educação quanto da escola, de não identificá-los na pesquisa.

nização curricular e aos procedimentos de avaliação. Também foram realizadas entrevistas com técnicos da Secretaria Municipal de Educação (SME), além de um membro do Conselho Municipal de Educação (CME). Nesse mesmo período, realizamos observação na escola selecionada durante diferentes momentos de sua rotina, com permanência maior em duas salas de primeiro ano que foram escolhidas a partir do perfil das professoras, ambas avaliadas muito positivamente por membros da própria escola e por técnicos da SME, com mais de dez anos de magistério, dos quais mais de cinco foram de trabalho com turmas de alfabetização; destaca-se, ainda, o fato de que as duas davam aulas em mais de uma escola, sendo uma na rede estadual e outra, na rede privada. Além das similitudes em aspectos que julgamos relevantes, as diferenças também foram consideradas para a análise: uma das professoras estava com 60 anos, e a outra, com 30; a primeira era casada e tinha filhos adultos, e a segunda era solteira e sem filhos. A primeira professora será chamada pelo nome fictício Magnólia, e a segunda, Alice, para preservar a identidade de ambas.

Além da observação em "suas" salas de aula, elas foram entrevistadas conjuntamente por terem indicado o desejo de que assim fosse, em vez de individualmente. As crianças das duas turmas cujos pais assinaram os Termos de Consentimento Esclarecido para a realização de entrevista com gravação em áudio participaram de uma conversa com a pesquisadora em grupos de cinco ou seis integrantes, pois entendemos que assim ficariam mais à vontade para expressarem suas impressões sobre a escola. Com a anuência das professoras, durante o período de aula, solicitamos a todos os alunos de ambas as classes que fizessem desenhos retratando o que mais gostavam e o que não gostavam na e da escola. Por fim, em 2008, a equipe de gestão da escola também participou, em grupo que reuniu diretora, vice-diretora e coordenadora, de uma conversa com a pesquisadora sobre o tema em estudo. Em 2009, as visitas à escola foram menos frequentes e aconteceram para levantar dados das avaliações dos alunos ao longo do ano, bem como para novas conversas com as mesmas crianças entrevistadas em 2008 (e que, naquele momento, frequentavam o segundo ano do EF)[2] e com as professoras que assumiram as duas turmas.

Neste texto, apresentaremos apenas parte do material que temos em mãos, mais precisamente aquilo que se refere aos desafios da ação docente nessa nova configuração do EF.

2 Diante dos dados analisados inicialmente, consideramos que seria oportuno ampliar o escopo da pesquisa e acompanhar as crianças ingressantes em 2008 até que completassem o que na RME é denominado ciclo inicial, composto por três anos. A ideia é analisar como a nova organização do EF incidirá sobre o desempenho escolar dos alunos, especialmente no que se refere à alfabetização, foco das principais ações implementadas pela SME.

Brincar ou ensinar? Desafios ao trabalho docente com crianças aos 6 anos[3]

Aquelas duas [alunas] acham que estão no pré, querem mais é brincar...

A epígrafe com a qual iniciamos esta seção é a transcrição da afirmação feita por uma professora de primeiro ano, sob a forma de avaliação, durante reunião do conselho de classe na escola em que desenvolvemos a pesquisa. Embora ela tenha sorrido ao falar, ficou claro que o comportamento das crianças que *só queriam brincar* estava sendo avaliado como um problema, como algo negativo e que explicaria um desempenho não tão satisfatório quanto a professora esperava. Mas por que essa professora entende o desejo de brincar por parte de crianças na faixa dos 6 anos como algo que foge ao *esperado* ou que atrapalha a aprendizagem? O que têm informado esta e outras professoras – da escola pesquisada ou de outras da rede municipal – a respeito das mudanças na organização do EF? De que elementos ela dispõe para analisar o comportamento do conjunto dos seus alunos de 6 anos que frequentam o 1º ano, em especial daqueles que parecem apresentar maior desejo de brincar? Como os professores têm decidido sobre os conteúdos e os procedimentos didáticos a serem desenvolvidos? Qual tem sido, enfim, a formação recebida?

O que constatamos ao analisar a forma como a implantação do ensino fundamental de nove anos ocorreu no sistema municipal em questão nos leva a crer que as condições objetivas não foram alteradas e que a formação oferecida aos professores foi insuficiente para que um novo olhar pudesse ser consolidado, tendo em vista esse grupo etário específico que passou a ingressar, em massa, no primeiro ano desse nível de ensino. Assim, vejamos algumas ações da SME durante o período inicial da nova organização do EF.

Embora todas as orientações do MEC (Brasil, 2004d, 2006b, 2006g) afirmassem que os profissionais da educação deveriam ser chamados para discutir coletivamente o projeto pedagógico da escola, recebendo, ao mesmo tempo, formação específica para qualificar essa discussão e embasar novas práticas que se fariam necessárias para a construção de um "novo" modelo de escola, no sistema municipal em análise isso não ocorreu. A implantação do EF de nove anos foi aprovada no final de 2007, por meio de deliberação do CME. Desse modo, além dos técnicos da SME, os demais segmentos envolvidos com o processo participaram apenas por meio de seus representantes naquele conselho, não havendo, pois,

3 Parte dos resultados aqui apresentados está (estará) publicada no site da ANPEd (2010).

nenhuma discussão realmente coletiva, seja no interior de cada escola, seja entre o conjunto dos profissionais do sistema. Assim, quando os professores assumiram as turmas de primeiro ano, em 2007, *descobriram* que essa série deveria ter uma nova configuração, dada a ampliação na duração desse nível de ensino e a idade das crianças que aí ingressavam.

Após o início das aulas, todos os professores da rede foram chamados a um encontro com formadores da SME e receberam, em linhas muito gerais, algumas informações sobre a nova política. Conforme relato de professoras entrevistadas, nesse encontro elas tiveram a impressão de que esse primeiro ano seria, na visão que tinham da educação infantil, como uma turma de pré-escola, com a qual deveriam desenvolver muito mais brincadeiras do que atividades de alfabetização: "O ano passado [2007], nossa, parecia que o 1º ano ia ser um 'prezão'!" (Professora Magnólia, 2008). Entretanto, ao participarem do primeiro encontro de formação, mais específico, outra percepção foi possível:

> Mas, logo que chegou lá na capacitação, "olha, alfabético", então, o prezão vai parar por aqui, né, por que se eu ficar no prezão, aí não vai chegar no Z? Por que a cobrança existe, né?! (Professora Magnólia, 2008.)

A professora refere-se aos encontros formativos destinados aos professores do 1º ano e que tiveram início em março de 2007, com periodicidade quinzenal.

Assim, observamos que desde o princípio a oposição entre o brincar e o alfabetizar foi se estabelecendo, reforçando-se, assim, o senso comum predominante segundo o qual estas seriam atividades irreconciliáveis, ou seja, reafirmando-se a ideia de que ou se brinca ou se aprende. Outro elemento que evidencia essa percepção é o conteúdo expresso na deliberação que definiu a nova organização do EF, no qual a alfabetização é tema privilegiado e o brincar não é referido explicitamente nem como conteúdo nem como estratégia no processo de ensino, embora haja menção à necessidade de brinquedos, entre outros recursos:

> O ensino fundamental de nove anos deverá ser desenvolvido [...] com disponibilidade de espaços, brinquedos, materiais didáticos e equipamentos que configurem um ambiente compatível com o desenvolvimento da criança de 6 anos. (Deliberação da SME, 2006, p.7.)

Desse modo, constatamos que, embora a deliberação tenha em muitos casos recorrido aos documentos produzidos pelo MEC sobre o tema, nesse aspecto tais documentos não foram totalmente considerados.

Encontramos nas publicações do MEC, por exemplo, afirmações de que "(...) este é o momento de recolocarmos no currículo dessa etapa da educação básica 'O brincar como um jeito de ser e estar no mundo'"; de que o brincar deveria ser considerado "uma expressão legitima e única da infância" e, como tal, deveria ser "uma das prioridades de estudo nos espaços de debate pedagógico, nos programas de formação continuada, nos tempos de planejamento", ou seja, "o lúdico como um dos princípios para a prática pedagógica (...)" (Brasil, 2006g, p.9-10). Apesar desse destaque para a brincadeira como elemento a ser discutido nos processos de formação, analisando a pauta[4] dos encontros promovidos pela SME, foi possível constatar que, em 2007, dos 17 encontros realizados, seis versaram exclusivamente sobre alfabetização, sendo o tema abordado indiretamente outras quatro vezes. A arte esteve presente em apenas um encontro, e o brincar, em nenhum deles. Já em 2008, o foco incidiu sobre o tema da avaliação, sendo pautado em 4 dos 13 encontros. Diretamente, a alfabetização foi o tema principal em três encontros, e o brincar em apenas um, quando se discutiu o *jogo* como estratégia para o ensino de Matemática. Vale dizer que no âmbito da própria escola não houve momentos destinados à formação, sendo todos os encontros promovidos em outros espaços para o conjunto de professores da rede que atuaram no primeiro ano, em 2007, e nos primeiro e segundo anos, em 2008. Ainda com relação a esses encontros, conforme entrevistas com as professoras, embora o brincar não estivesse na pauta dos encontros, ele continuou sendo mencionado como algo importante pelos técnicos, especialmente em 2007. Essas menções à relevância do brincar, todavia, pareciam soar como contradições para as professoras, já que a estrutura física da escola, a organização curricular e as exigências em termos de alfabetização expressas em avaliações externas não foram alteradas.

No que se refere à estrutura física e aos recursos materiais, constatamos que apenas em 2008 chegaram cadeiras e mesas de tamanho adequado às crianças do primeiro ano na escola acompanhada, ou seja, um ano depois do início da nova organização. Em meados do mesmo ano, a escola recebeu brinquedos denominados "pedagógicos" e destinados à aprendizagem da Língua Portuguesa e da Matemática. Apesar da existência desses brinquedos, todavia, segundo relato das professoras entrevistadas, sua utilização não era frequente, e eles não foram usados em nenhuma das vezes em que estivemos presentes na escola (dez dias em cada uma das duas turmas de primeiro ano selecionadas, em 2008, e em muitos outros momentos ao longo desse ano e de 2009). Na escola acompanhada não havia parque externo com brinquedos ou área arborizada para brincadeiras com terra e água, por exemplo. Como todas as classes ficavam de frente umas para as outras com um pátio ao centro, sendo este o único local considerado adequado pelas professoras para brincadeira, além da quadra coberta, a qual era usada para as aulas de Educação Física, a escola não utilizava esse espaço fora do horário

4 Tivemos acesso a todas as pautas relativas aos anos de 2007 e 2008. Com o início de um novo governo, os técnicos da SME não concordaram em nos ceder esse documento referente ao ano de 2009, mas os encontros continuaram acontecendo mensalmente.

do recreio, já que o barulho prejudicaria o trabalho daqueles que estivessem em aula dentro das salas.

No que se refere à organização curricular, o que a SME fez foi elaborar novas diretrizes, de modo a orientar toda a rede para o desenvolvimento dos mesmos conteúdos. Analisando-se o documento, observamos que foram utilizados elementos tanto dos Parâmetros Curriculares Nacionais para o Ensino Fundamental (Brasil, 1998a) quanto do Referencial Curricular Nacional para Educação Infantil (Brasil, 1998a). Assim, não observamos alterações substanciais nessa "nova" estrutura curricular, mas, antes, a definição de novas nomenclaturas para o que já havia em orientações de âmbito nacional. Vejamos o Quadro 9.1, a seguir, no qual são comparados não o conteúdo específico de cada área de conhecimento, mas a nomenclatura utilizada e a carga horária de cada uma dessas áreas em 2006 e em 2007, tomando como exemplo a 1ª série e o "novo" 1º ano do EF:

Quadro 9.1 Comparação entre as nomenclaturas utilizadas para definir as áreas de conhecimento e a carga horária correspondente no primeiro ano do ensino fundamental

<table>
<tr><th>Estrutura curricular
EF de oito anos (até 2006)</th><th>Estrutura curricular
EF de nove anos (a partir de 2007)</th><th>Aulas semanais
1ª série</th><th>Aulas semanais
1º ano</th></tr>
<tr><td>Língua Portuguesa</td><td>Língua e Linguagem</td><td>7</td><td>7</td></tr>
<tr><td>Matemática</td><td>Raciocínio Lógico Matemático</td><td>7</td><td>7</td></tr>
<tr><td>Ciências Físicas e Biológicas</td><td>Natureza, Ambiente e o Próprio Corpo</td><td>2</td><td>2</td></tr>
<tr><td>História</td><td rowspan="2">Sócio-histórica e Cultural</td><td>2</td><td rowspan="2">4</td></tr>
<tr><td>Geografia</td><td>2</td></tr>
<tr><td>Arte</td><td rowspan="2">Arte e Movimento</td><td>2</td><td rowspan="2">5</td></tr>
<tr><td>Educação Física</td><td>3</td></tr>
</table>

Fonte: SME, 2007.

Quanto aos procedimentos de avaliação, o que a SME formulou, de modo associado ao referencial curricular municipal, foi uma ficha para acompanhamento individual dos alunos, contendo cada uma das áreas de conhecimento e, para cada uma, vários indicadores. Embora tanto na elaboração do referencial quanto dessas fichas tenha havido, ainda que pouco, a participação dos professores, havia uma queixa generalizada na rede em função de sua extensão, sendo ela considerada muito detalhada e exigindo, assim, um tempo muito longo para o seu preenchimento. Para cada área de conhecimento, havia uma série de aspectos que, por sua vez, se desdobravam em várias habilidades que deveriam ser observadas com relação ao seu alcance por parte do aluno. O Quadro 9.2 reproduz parcialmente o modelo referente à "Língua e Linguagem", para melhor compreensão quanto à extensão e ao nível de detalhamento desse instrumento.

Quadro 9.2 Exemplo do modelo de ficha para acompanhamento individual da área de Língua e Linguagem

Área: Língua e Linguagem												
"Oralidade: o aluno..."	Avaliação inicial – fevereiro			1º trimestre – maio			2º trimestre – agosto			Avaliação final – dezembro		
	Não	Sim		Não	Sim		Não	Sim		Não	Sim	
		Com ajuda	Sem ajuda		Com ajuda	Sem ajuda		Com ajuda	Sem ajuda		Com ajuda	Sem ajuda
1. Expressa corretamente todos os sons da fala												

Fonte: SME, 2007

Além do detalhamento sobre diversas capacidades a serem observadas em "Língua e Linguagem", as professoras devem informar o "nível" de aprendizagem da escrita, classificando as crianças em pré-silábicos, silábicos, silábico-alfabéticos e alfabéticos,[5] e o nível de aprendizagem da leitura (não reconhece letras e sílabas; reconhece letras e sílabas isoladamente; lê sílabas simples; lê sílabas compostas; lê textos sem entendimento; lê textos com entendimento).

Ao observar as fichas já preenchidas, ao final de 2008, constatamos que muitos campos estavam com a indicação "não trabalhado". Também por meio desse instrumento, podemos concluir que a alfabetização, em sentido estrito (leitura e escrita), foi a área mais trabalhada tanto no primeiro, quanto no 2º ano do EF na escola acompanhada, ficando em segundo lugar a Matemática. Desse modo, além de o brincar não ter feito parte do planejamento e da ação docente, outras áreas importantes de conhecimento, especialmente para essa faixa etária, tais como as artes, que possibilitam a expressão por meio de diversas linguagens além da escrita, não fizeram parte do trabalho realizado com as crianças dos primeiro e segundo anos.

Ainda quanto ao tema da avaliação, podemos afirmar que a ênfase no trabalho com a alfabetização se explica, também, pela opção, por parte da SME, de manter a aplicação de provas padronizadas para toda a sua rede, inclusive para os alunos do primeiro ano. Tais provas são formuladas com conteúdos de Língua Portuguesa – no caso do 1º ano, basicamente leitura e escrita – e Matemática. Tal como nos modelos de avaliação da rede estadual de educação de São Paulo, bem como nas promovidas pelo governo federal, o foco parece incidir nos "mínimos" que toda criança deveria aprender em diferentes fases do ensino fundamen-

5 A respeito das "hipóteses" ou "fases" da escrita, conforme o modelo seguido pela SME, ver Ferreiro e Teberosky (1986), e, para uma crítica a essa linha, Bosco (2002).

tal. Embora na rede municipal em análise não haja bonificação a partir dos resultados da escola, tal como ocorre na rede estadual, a cultura da comparação e de certa competição entre as escolas parece estar presente. Assim, parece "natural" que, sabendo-se o que será cobrado nas provas aplicadas pela SME, as escolas e seus professores priorizem tais conteúdos ao longo do ano letivo.

Considerações finais

Considerando, então, a forma como ocorreu a implantação do EF de nove anos, o conteúdo do programa de formação de professores, as condições de funcionamento da escola no que se refere à organização de seu espaço físico e aos recursos materiais disponíveis, a estrutura curricular proposta e a indução, via avaliação externa, de um currículo real focado no ensino da leitura e da escrita, podemos dizer que o brincar, já historicamente ausente dos programas destinados ao EF, ainda não foi incorporado como elemento necessário ao bom desenvolvimento dos alunos, especialmente daqueles que, agora, ingressam aos 6 anos na escola.

Alguns estudos têm evidenciado a dificuldade existente já na educação infantil para que a brincadeira faça parte, de modo sistemático e planejado, do trabalho pedagógico. No entanto, mesmo que sem intencionalidade por parte dos professores, o brincar está presente, já que às crianças é permitido algum tempo "livre" ao longo do dia ou alguns dias durante a semana para essa atividade. No EF, entretanto, o que constatamos é que o brincar acontece de modo desordenado durante o recreio e, ainda, como atividade de resistência durante as aulas, quando, mesmo sem a permissão ou orientação do professor, as crianças encontram brechas e se expressam por meio da brincadeira.

Esse brincar durante a aula, que estamos chamando de resistência, é visto pela escola como atitude inadequada por parte das crianças, tornando-se, por isso, motivo de tensão entre os professores e elas. As professoras entrevistadas mostraram-se sensíveis ao que compreendem como uma necessidade "natural" da idade, ou seja, elas parecem acreditar que as crianças realmente precisam brincar por serem muito *novinhas*, mas, ao mesmo tempo, cobradas para que seus alunos concluam o primeiro ano lendo e escrevendo e sem a devida orientação sobre como proceder para compatibilizar essas duas dimensões do desenvolvimento – o brincar e o aprender. Sentem-se angustiadas e, conforme o resultado das avaliações por elas mesmas realizadas e nossas observações ao final de 2008 e de 2009, as crianças não estão ganhando em nenhum dos dois aspectos. Em outras palavras, embora o trabalho tenha sido muito mais cansativo, porque as professoras se veem na premência de alfabetizar sem saber como garantir o direito ao brincar, as crianças seguem brincando, mas de modo desorganizado, e não estão, por outro lado, dominando a leitura e a escrita como se esperava. A maioria das crianças chegou ao final do primeiro ano com conhecimentos muito rudimentares da escrita. Um grupo de dez alunos que, em meados de 2008, foi encaminhado para atividades de reforço, ao final de 2009 seguia participando desse tipo de atividade, sem ter conseguido avançar em suas *hipóteses* sobre a escrita.

Por fim, é preciso dizer que, embora tenhamos utilizado os documentos do MEC como referência sobre as necessidades para que o EF, agora com duração de nove anos, ganhasse uma nova qualidade, não estamos isentando esse órgão do governo federal das responsabilidades que lhe cabem e deixando para o município todo o peso das dificuldades enfrentadas. Embora o EF seja um nível da educação básica no qual o município deva atuar com prioridade, vale lembrar que isso não equivale à exclusividade, devendo também o Estado e a União colaborar com esse ente federativo. Assim, podemos dizer que o MEC se limitou a produzir documentos de orientação e, em alguns casos, a reunir-se com representantes de alguns municípios para dirimir dúvidas. Entretanto, sabemos que há problemas históricos cuja solução passa por aumento dos recursos financeiros e melhoria na formação daqueles que formulam e implementam as políticas educacionais nos níveis locais, o que remete à função do governo federal de atuar de modo complementar, tanto financeira quanto tecnicamente.

Os resultados da pesquisa evidenciam dificuldades que, certamente, estão sendo enfrentadas em outros sistemas municipais pelo País, com variações relacionadas a história e cultura de cada um deles. O que podemos concluir como sugestões a partir dos dados é que os sistemas precisam retomar com urgência os encaminhamentos que não foram dados antes da implantação da nova política, para que as crianças não continuem sendo prejudicadas. Aspectos como formação específica e ampla discussão com a participação de todos os profissionais para a formulação de um currículo que de fato leve em conta a nova realidade do EF, o que remete também aos processos de avaliação, são alguns dos temas que deveriam pautar a agenda daqueles que respondem pelas políticas de educação nos municípios, mas também nos Estados e na União.

10

Políticas públicas municipais de implantação do ensino de nove anos: aprofundando o abreviamento da infância

Suely Amaral Mello

Quando o ensino de nove anos foi anunciado – não para ampliar em um ano a permanência dos alunos no ensino fundamental, mas para antecipar a entrada das crianças aos 6 anos na escola, muitas delas já na pré-escola –, estranhei a forma como o Estado, ignorando a longa lista de reivindicação de professores, pais, militantes e envolvidos com a educação básica (salário, condições de trabalho, formação, número de crianças em sala, infraestrutura, universalização do atendimento já proposto), optava por criar um novo problema sobre o qual ninguém tinha se referido até então.

Naquela altura, e vendo o documento do MEC que orientava a implantação da escola de nove anos, acreditei que a entrada das crianças de 6 anos no ensino fundamental pudesse ser a grande saída para dois grandes problemas: um deles relacionado à educação das crianças pequenas e outro relacionado ao ensino fundamental. O primeiro diz respeito ao abreviamento da infância, que acontece quando procuramos antecipar de forma sistemática as tarefas da alfabetização já na educação infantil. Tratar da alfabetização sistemática apenas no ensino fundamental – e na forma como o MEC anunciava – parecia ser a grande oportunidade para fazermos as crianças de 6 anos serem respeitadas em seu contato inicial com a escrita em uma perspectiva de formação de leitores e produtores de texto. A segunda possibilidade que se anunciava era a de contaminarmos o sisudo ensino fundamental com as práticas lúdicas e plásticas entendidas como adequadas à educação infantil, mas que são essenciais no cultivo da expressão das crianças – necessária, por sua vez, para a formação das bases orientadoras para a alfabetização. Os elementos para acreditar nisso estavam dados pelo MEC no anúncio das diretrizes para a implantação da escola de nove anos. O documento[1] anuncia uma

> escola que seja um espaço e um tempo de aprendizados de socialização, de vivências culturais, de investimento na autonomia, de desafios, de prazer e de alegria, enfim, do desenvolvimento do ser humano em todas as suas dimensões,

ou, ainda, "transformações significativas na estrutura da escola, na reorganização dos tempos e dos espaços escolares, nas formas de ensinar, de aprender, de avaliar", defendendo a "disseminação das novas concepções de currículo, conhecimento, desenvolvimento humano e aprendizado". O referido documento orientador defendia, ainda, o uso das

> múltiplas linguagens: gestual, corporal, plástica, oral, escrita, musical e, sobretudo, aquela que lhe é mais peculiar e específica, a linguagem do faz de conta, ou seja, do brincar,

afirmando que não se tratava de

> transferir para as crianças de 6 anos os conteúdos e atividades da tradicional primeira série, mas de conceber uma nova estrutura de organização dos conteúdos em um ensino fundamental de nove anos,

em uma escola em que "a alfabetização não pode ser o aspecto único, tampouco isolado, desse momento da escolaridade formal".

Os livros para o primeiro ano do ensino fundamental apresentados às escolas ao longo de 2009 pelo próprio Ministério dentro do Programa Nacional do Livro Didático, no entanto, desfazem as ilusões criadas pelo discurso anterior. Em suas centenas de páginas, os livros de "Letramento e Alfabetização Linguística" e os livros de Matemática denunciam, por um lado, que no século XXI continuamos a apresentar a escrita para as crianças enfatizando seu aspecto técnico e não sua função social – como deve acontecer a um instrumento cultural tão complexo como a linguagem escrita.[2] Por outro lado, denunciam a pressão que continuam a sofrer as crianças pela apropriação precoce da escrita – aliás, treino de escrita – na educação infantil, pois preveem, desde suas páginas iniciais, que a criança de 6 (ou de 5 anos) que chega à escola deve reconhecer letras, palavras e escrever de seu jeito. Nessa perspectiva, a criança deve aprender a reconhecer letras e palavras a partir dos 4 anos?

---

1 Ensino fundamental de nove anos (Orientações gerais, 2004).

2 Cf. Mello, 2005.

A pressão pela alfabetização como aspecto único e isolado desse momento da escolaridade formal – o contrário do que anunciou o MEC no documento citado anteriormente – fica explícita pela observação das práticas pedagógicas nas salas de 1º ano do ensino fundamental: não há lugar para a brincadeira, para a investigação coletiva de conteúdos de interesse da turma, para a leitura de histórias... para "vivências culturais, investimento na autonomia, desafios, prazer e alegria, enfim, para o desenvolvimento do ser humano em todas as suas dimensões" (MEC, 2004). Os professores e as professoras, de modo geral, não conhecem as orientações do MEC. As crianças vão ao parque, quando há parque na escola, uma vez por semana. Em muitas situações em que as classes de 1º ano funcionam em escolas de educação infantil, professores penalizados testemunham suas crianças de 1º ano, pressionadas pela alfabetização, observando de longe as crianças da educação infantil brincando no parque sem poder lhes conceder esse tempo livre necessário ao desenvolvimento humano nessa idade. Mais do que isso, muitas crianças do 1º ano perdem a hora do recreio porque não dão conta de concluir as atividades de sala de aula.

Entendo que, enquanto não enfrentarmos o processo de aquisição da linguagem escrita com ciência, continuaremos a não realizar com sucesso esse processo no ensino fundamental e continuaremos a olhar para a educação infantil como a responsável por esse processo. Enquanto não abordarmos a alfabetização de forma a considerar os estudos e pesquisas realizados nas ultimas décadas – e mesmo reflexões realizadas por Vygotsky há quase um século e que permanecem atuais –, continuaremos a desconsiderar os equívocos da escola na análise dos problemas da aprendizagem ao tratar como problema de aprendizagem os que estão relacionados ao ensino, ou seja, à forma como ensinamos e à forma como não sabemos ensinar.

A antecipação da entrada das crianças no ensino fundamental aos 6 anos reforça uma exigência já presente em nossa sociedade para que as crianças vençam os desafios cada vez mais cedo. Creio que vale a pena perguntar para as ciências que permitem compreender o desenvolvimento humano qual o tempo necessário às crianças para suas aprendizagens; há momentos adequados a aprendizagens tão complexas como a escrita – um instrumento cultural complexo, talvez o mais complexo de todos os instrumentos de nossa sociedade? Quais as bases necessárias para essa aprendizagem? Descobriremos que as bases necessárias à apropriação da escrita como um instrumento cultural complexo se criam pela atividade lúdica, prática e plástica, própria da criança até os 7 anos.

Vivemos um momento importante de anúncio de um novo conceito de criança como alguém capaz de se relacionar com o mundo que a rodeia desde muito pequenininha; no entanto, essa compreensão não deve levar ao equívoco de pensar que é possível acelerar seu desenvolvimento psíquico transformando precocemente a criança pequena em escolar. Essa aceleração artificial do desenvolvimento da criança por meio do desaparecimento paulatino da infância – que pode parecer progressista – é, na essência, reacionária e comprometedora desse desenvolvimento.

Os conhecimentos que começamos a criar sobre a criança e seu desenvolvimento a partir do momento em que as começamos a pesquisá-las na atividade coletiva nas creches e escolas da infância são muito recentes e muito diferentes daqueles conhecimentos que construímos com a pesquisa da criança a partir de situações artificiais do laboratório de Psicologia. Com os estudos feitos nos últimos trinta anos e que contemplam as crianças educadas em creches e pré-escolas – e não só no Brasil, mas pelo mundo afora –, temos descoberto que as crianças aprendem de um jeito diferente dos adultos. Por isso, estamos aprendendo a ser professor e professora de criança pequena, estamos aprendendo quais são as necessidades de desenvolvimento das crianças de zero a 10 anos.

Sabemos que a infância é uma construção social, o que quer dizer que, ao longo da história da humanidade, a forma como a sociedade enxerga e trata a criança é diferente de uma época para outra. Faz muito pouco tempo que começamos a perceber as crianças como um grupo de pessoas com características próprias, com identidade própria, que as torna diferentes dos outros grupos etários, com direitos e necessidades específicos. Foi no século XX que começamos a falar dos direitos das mulheres, dos idosos, dos povos indígenas, dos afro-descendentes, das crianças. Até duzentos anos atrás, as crianças viviam no mundo adulto assim que sobrevivessem às doenças, que matavam uma em cada duas crianças, casavam-se logo que atingissem a puberdade, trabalhavam logo que tivessem corpo para o trabalho, iam para a guerra assim que pudessem desempenhar qualquer função necessária; reinava-se em qualquer idade. Com o desenvolvimento da ciência, fomos melhorando a qualidade de vida e, aos poucos, criando a infância como um tempo do não trabalho. Da mesma forma, fomos percebendo a infância como o tempo necessário aos filhotes dos humanos para que estes se apropriassem de qualidades humanas que foram criadas ao longo da história e que são externas às crianças no nascimento, mas são aprendidas – como as percepções, a memória voluntária, a fala, o pensamento, os valores, os sentimentos, as capacidades, habilidades e aptidões humanas –, resultam dos processos de vida e educação. Características que sempre pensamos ser naturais na criança, hoje se descobriu que precisam ser aprendidas. Assim, do nascimento aos 7 anos, a criança está se apropriando da herança histórica e cultural da humanidade, e isso já parece um desafio imenso para essa idade! Ao mesmo tempo, descobrimos que as crianças aprendem de um jeito próprio e que o brincar é a forma da relação da criança com a herança histórica e cultural da humanidade, pois é por meio do brincar que ela se apropria inicialmente das qualidades humanas.

Esse movimento de abreviar a infância desconsidera tal forma de aprender nessa idade. Iludidos por escolas que querem vender suas vagas e pressionados por pais e mães que creem ser possível e desejável apressar o desenvolvimento psíquico, criamos salas de aula para crianças pequenas com rotina, espaço, relações e exigências típicas do trabalho educativo dirigido a crianças mais velhas, antecipando a aprendizagem de conteúdos do ensino fundamental sob formas que mesmo no ensino fundamental precisam ser questionadas e revistas. Mais que isso, além da escola, as crianças das classes média e alta têm agenda cheia com aulas de inglês, natação, música, judô, balé etc. Aquelas que vão às escolas públicas aos 4 e 5 anos levam tarefa para casa sob o aplauso e, muitas vezes, sob a cobrança de pais e mães. De um modo ou de outro, estamos fazendo da infância – esse período da vida em que o ser humano ainda não precisa produzir sua sobrevivência – um tempo útil de preparação para a vida produtiva. Não é este um tempo de vida, mas de preparação para a vida!

Na contramão daqueles que pensam ser possível apressar o desenvolvimento psíquico com a antecipação das atividades escolarizadas, pesquisas desenvolvidas ao longo do último século pelo enfoque histórico-cultural demonstram que a melhor maneira de promover a formação da personalidade e da inteligência nas crianças é o respeito às formas típicas da atividade infantil: a comunicação com a cultura mediada pelos adultos, a comunicação entre as próprias crianças, a atividade com objetos, o brincar e as atividades plásticas, que permitem a expressão do mundo que se abre cada vez mais para a criança.

No entanto, esse ainda não é o quadro típico das escolas da infância, tampouco do 1º ano da escola de nove anos, e isso por uma razão simples: estamos aprendendo a ser professores de criança pequena, incluída aí a criança de 6 anos. Mais que isso, estamos aprendendo a ser professores das crianças de zero a 10 anos.

Uma questão que tem assombrado meus estudos é a percepção – que parece óbvia depois de enunciada – de que o afetivo e o cognitivo constituem uma unidade indivisível. Isso significa que a aprendizagem da criança depende da relação que ela estabelece com aquilo que aprende; em outras palavras, a aprendizagem depende do sentido que a criança atribui ao que aprende. Nunca nos preocupamos com isso na escola. Esta é uma informação nova que precisa entrar na escola e ser refletida à luz das formas como as crianças aprendem, à luz das necessidades de contato das crianças com o conjunto da herança cultural e histórica da humanidade, que é o papel essencial da escola. O diálogo transcrito a seguir, entre uma criança de 6 anos, iniciada aos 4 no treino de escrita, ainda que não no uso da linguagem escrita, e uma pesquisadora, denuncia o sentido que as crianças aprendem a atribuir à escrita na escola:

> Criança: — Moça, o que você está fazendo?
> Pesquisadora: — Estou escrevendo!
> Criança: — Por quê?
> Pesquisadora: — Para eu ler depois e me lembrar do que eu vi.
> Criança: — Quem mandou?[3]

3 Paixão, 2004.

Por isso, em vez de encurtar a infância por meio de práticas educativas que antecipam a escolarização – e correm o risco de formar na criança concepções como a expressa anteriormente, que obstaculizam sua relação com a escola e o conhecimento –, é preciso aperfeiçoar o conteúdo e os métodos educativos para assegurar em cada idade da criança as vivências necessárias para o desenvolvimento harmônico da personalidade e da inteligência em formação desde seu nascimento. Como afirma Leontiev (1978, p.234):

> A aprendizagem, os conhecimentos que se adquirem, educa, e isso não se deve subestimar. Mas, para que os conhecimentos eduquem, é preciso educar uma atitude ante aos conhecimentos.

O relato de Corsaro,[4] a seguir, indica a concepção de escola que se forma em nossas crianças antes mesmo de frequentá-la e o sentido e a atitude que orienta a partir daí a relação da criança com a própria escola e com o conhecimento.

> Eu estava interessado no uso da linguagem, na brincadeira entre um irmão e uma irmã, Krister e Mia, e um segundo garoto, Buddy. Em uma das sessões de brincadeira, Mia (que tinha 4 anos e havia frequentado a pré-escola) e os dois meninos (ambos com cerca de 2 anos e meio e sem experiência de pré-escola) iniciaram uma sequência de jogo de papéis, quando Mia sugeriu que brincassem de professor. Krister quis ser o professor e trouxe uma cadeira para a frente de um grande quadro-negro existente na sala. Mia, Buddy e eu nos sentamos no chão, como alunos. Krister pegou o giz e disse:
>
> "Agora escrevam isto!", e desenhou diversas linhas.
>
> "Isso não são letras, são só linhas", eu provoquei.
>
> "Ele ainda não escreve bem", respondeu-me Mia, meio aborrecida: "Faça de conta que são letras".
>
> Mas Krister não permitiu que sua autoridade fosse desafiada. Gritou comigo: "Você é mau! Vá sentar no canto agora mesmo!"
>
> Krister apontou para um canto da sala e eu peguei minha folha de papel e fui sentar lá.
>
> Buddy e Mia começaram a rir, mas Krister deu mais algumas ordens sobre o que devia ser escrito, e Mia, Buddy e eu o atendemos.

A compreensão de que a criança é capaz, desde que nasce, de estabelecer relações com o entorno e o entendimento de que o acesso rico e diversificado à cultura permite a reprodução das máximas qualidades humanas devem estimular o enriquecimento máximo das vivências propostas a elas. No entanto, precisamos nos lembrar de que o desenvolvimento psíquico da criança tem uma base orgânica criadora das condições para esse desenvolvimento, o qual deve ser com-

---

4 Disponível em: <http://www.alb.com.br/anais16/prog_pdf/prog13_02a.pdf>. Acesso em: 15 set. 2009.

preendido como uma síntese de dois elementos distintos que se fundem em um processo único e complexo: o amadurecimento orgânico e a história cultural. Por isso, ao se proporem atividades para as crianças, é essencial prever não apenas o que a criança é capaz de fazer, mas também o desgaste físico, nervoso e psíquico envolvido na atividade proposta, considerando as implicações posteriores que as sobrecargas podem significar do ponto de vista afetivo e cognitivo. A educação adquire um caráter impulsionador do desenvolvimento apenas quando considera a forma como a criança em cada idade se informa sobre as coisas, como as interpreta e como aprende. O enriquecimento da experiência de vida social e cultural constitui a base necessária e eficiente para as relações morais e intelectuais mais complexas que acontecem posteriormente. Nas palavras de Zaporozhets (1987, p.247),

> [...] as condições pedagógicas ótimas para a realização das possibilidades potenciais dos pequenos, para seu desenvolvimento harmônico, não se criam por meio do ensino forçado, antecipado, dirigido a encurtar a infância e a converter antes do tempo a criança em pré-escola, e a este em escolar etc. É indispensável, ao contrário, o desenvolvimento amplo e o enriquecimento máximo do conteúdo das formas especificamente infantis de atividade lúdica, prática, plástica e também da comunicação das crianças entre si e com os adultos. Sobre sua base deve realizar-se a formação orientada daquelas propriedades e qualidades espirituais para cujo surgimento se criam as premissas mais favoráveis na pequena infância e que constituem o mais valioso da personalidade humana madura.

Para finalizar, gostaria de lembrar o prefácio ao livro *Territórios da infância*,[5] que comenta uma carta publicada no jornal londrino *Daily Telegraph*, de 12 de setembro de 2006, assinada por um grupo de professores, escritores de literatura infantil, psiquiatras e assistentes sociais ingleses que trabalham com crianças.

Os autores iniciam seu manifesto dizendo que estão profundamente preocupados com o aumento dos diagnósticos de depressão e problemas comportamentais entre as crianças, pelo fato de elas parecerem não estar conseguindo corresponder às imposições formuladas pelos adultos. Eles se lembram de que o crescimento físico e psicológico de uma criança não pode ser acelerado. O ritmo desse crescimento muda conforme o tempo biológico, e não a uma velocidade elétrica. A infância, portanto, não pode ser concebida como uma corrida para ver quem termina primeiro: as crianças precisam de tempo para vivê-la. Os autores afirmam que o sistema escolar inglês está cada vez mais direcionado a alvos específicos, a uma cultura hipercompetitiva, a começar cada vez mais cedo na escola formal – e

5 Faria, 2007.

lembram que a Inglaterra é um dos países que se orgulha de iniciar a alfabetização das crianças com 5 anos. Segundo o artigo,

> A pressão acadêmica está se infiltrando gradativamente como um veneno na cultura. Há menos espaço para a leitura, para o sonho, para a música, para o teatro, para a arte e para simplesmente brincar.

Essa perspectiva, também instalada entre nós, remete-nos a uma reflexão que deixo como provocação: estaremos nós, professoras e professores das crianças de zero a 10 anos, sendo, sem querer, inocentes inúteis no processo educativo?

11

La nueva formación del profesorado en tecnologías de la información y la comunicación: de las asignaturas específicas, a la impregnación curricular y la integración docente

Jordi Quintana Albalat

El inicio institucional de la formación permanente en TIC del profesorado de educación obligatoria,[1] en algunas de las diecisiete Comunidades Autónomas de España,[2] se realizó entre la segunda mitad de la década de los ochenta y la primera de los noventa del siglo pasado (Gómez del Castillo, 2001; PNTIC, 2001; Area, 2002 y 2008), coincidiendo con las acciones de introducción de ordenadores y software en los centros educativos no universitarios. Esta formación fue asumida por las propias administraciones educativas y los Institutos de Ciencias de la Educación de las universidades españolas.

Pero el inicio de la institucionalización de la formación inicial en TIC del profesorado de la Educación Primaria no se realizó hasta 1992, con el establecimiento del llamado Plan de estudios de 1992, relativo a la Diplomatura de Maestro.[3]

Así, encontramos que en el Plan de estudios 92 (MEC, Real Decreto 1440/1991 de 30 de agosto[4]), para la formación de maestros y maestras, se creó una asig-

---

1 En España, la educación obligatoria comprende de los 3 a los 16 años y está organizada en Educación Infantil (3-6), Educación Primaria (6-12) y Educación Secundaria Obligatoria (12-16).

2 Véase: <http://es.wikipedia.org/wiki/Comunidad_aut%C3%B3noma>.

3 El título oficial de Maestro era un diplomatura de 3 años que habilitaba para dar clases en la Educación Primaria (6-12 años), y que está organizada en 6 cursos agrupados de dos en dos, en 3 ciclos: Inicial, Medio y Superior.

4 Real Decreto 1440/1991, de 30 de agosto, BOE n.244, viernes 11 de octubre 1991, 24728, p.33003: <http://www.boe.es/boe/dias/1991/10/11/pdfs/A33003-33018.pdf>.

natura obligatoria de 4.5 créditos,[5] que equivalía a unas 45 horas de clases presenciales, llamada "Nuevas tecnologías aplicadas a la educación (NTAE)". El citado decreto concretaba la asignatura con los siguientes descriptores: "Recursos didácticos y tecnologías de la información y de la comunicación: utilización en sus distintas aplicaciones didácticas, organizativas y audiovisuales", y "Utilización de los principales instrumentos informáticos y audiovisuales".

En la Universidad de Barcelona (1992-2009)

En la Facultad de Formación del Profesorado de la UB, la docencia de esta asignatura fue asumida por el departamento de Didáctica y Organización Educativa y su plan docente se concretó en los siguientes bloques temáticos de contenidos:

- Bloque 1: Tecnologías de la información y de la comunicación a la educación. Descriptores: información, conocimiento, sociedad de la información, sociedad del conocimiento, educación, medios..., cambios tecnológicos, cambios sociales, cambios educativos; la educación en la sociedad del conocimiento…
- Bloque 2: Tecnologías de la comunicación: medios audiovisuales. La Educación en Comunicación. Descriptores: imagen, televisión, publicidad, audiovisuales, vídeo...
- Bloque 3: Tecnologías de la información. La Educación en Gestión de la Información. Descriptores: multimedia, web, educación, aplicaciones educativas, creación de materiales...
- Bloque 4: La Educación en Comunicación y en Gestión de la Información. Descriptores: competencias, ejes transversales, integración, atención a la diversidad...
- Bloque 5: Concreción de la asignatura a la especialidad que se cursa.[6] Descriptores: integración curricular, diseño y creación de materiales, áreas curriculares, currículums, atención a la diversidad...

La asignatura NTAE estaba situada en el primer semestre del primer año de la carrera, con lo que cumplía una función instrumental, alfabetizadora y, al mismo tiempo, didáctica y metodológica.

5 Sobre los 180 créditos de la diplomatura de 3 años.

6 Había seis especialidades: Educación Infantil, Educación Primaria, Educación Especial, Educación Musical, Educación Física y Lengua Extranjera.

En 2002, la Universidad de Barcelona modificó parcialmente el Plan de estudios,[7] manteniendo la asignatura obligatoria "Nuevas tecnologías aplicadas a la educación", con 4.5 créditos.

Problemas en la integración de las TIC

No es hasta finales del siglo XX y principios del XXI, cuando empiezan a aparecer opiniones, investigaciones, e informes relativos a la problemática de la integración de las TIC en la educación no universitaria. Evidentemente es difícil dar una respuesta totalmente satisfactoria al porqué, después de más de veinte años, no se ha conseguido la integración de las TIC ni en los currículums, ni en las actividades docentes.

La mayoría de los estudios al respecto (Quintana y Ruiz, 1995; Fundació Jaume Bofill y UOC,[8] 2000-2001; Gargallo, 2002; Law y Pelgrum, 2003; Urkijo, 2004; Balanskat, Blamire y Kefala, 2006; Balcells, 2006; Lara, 2006; IDEA, et al., 2007; Ruiz, 2007; Sigalés, Mominó y Meneses, 2007; Kozma, 2008; Law, 2008; Law, Pelgrum y Plomb, 2008; Sigalés, et al., 2008; Coll, Mauri y Onrubia, 2008; De Pablos, et al., 2009; Alonso, et al., 2010; De Pablos, Colás y González, 2010; Prats, Amorós y Ruiz, 2009; Valverde, López y Montero, 2009; Area, 2010; Fàbregues, et al., 2010) coinciden en apuntar fallos de enfoque, planificación, acción, seguimiento y un conjunto coincidente de problemas y dificultades materiales e inmateriales (Pelgrum, 2001), entre los que destacamos:

- Una infraestructura de equipos, periféricos y conexiones insuficiente, y un deficitario mantenimiento y actualización.
- Una concentración y ubicación de los equipos inadecuada, una excesiva uniformidad, poca autonomía y pocos recursos para su diversificación.
- Una formación del profesorado[9] excesivamente tecnológica, erróneamente justificada en la "formación de usuarios", y en la creencia de que "primero son los contenidos/la tecnología y después su didáctica/su uso educativo".

---

7 Resolución de 10 de septiembre de 2002, BOE n.254, miércoles 23 octubre 2002, 20582, p.37253: <http://www.boe.es/boe/dias/2002/10/23/pdfs/A37253-37261.pdf>.

8 Dado que éste y otros documentos citados estan en catalán, que es lengua cooficial en la Comunidad Autónoma de Catalunya (<http://es.wikipedia.org/wiki/Idioma_catal%C3%A1n>), pueden recurrir al traductor de textos y webs castellano/español – catalán *Internostrum* (<http://www.internostrum.com>). Para traducciones español – portugués, pueden recurrir al traductor de Universia (<http://traductor.universia.net/>), o al de El País: (<http://www.elpais.com/traductor/idiomas/espanol-portugues>).

9 Curiosamente la casi totalidad de los estudios hacen referencia exclusiva a la formación permanente, que tradicionalmente realizan las administraciones públicas.

- Un uso personal del profesorado muy centrado en "preparar clases", actividades de ejercitación, práctica y pruebas o tests para el alumnado.
- Un cierto escepticismo en la utilidad de las TIC como apoyo a la mejora de la enseñanza, del aprendizaje y del rendimiento del alumnado.
- Un uso profesional por parte del profesorado muy centrado en el apoyo de la enseñanza y la ejemplificación, y un "hacer lo mismo que antes, pero con TIC".
- Una sensación de mucho trabajo añadido, poco tiempo disponible y poca libertad de reordenación.
- Las acciones que integran las TIC en las tareas docentes son mayoritariamente iniciativas personales y no proyectos verdaderamente de centro educativo.
- El desconocimiento personal, profesional e institucional del significado y de las posibles concreciones del concepto "Integración educativa/curricular de las TIC".
- El desconocimiento personal, profesional e institucional del significado y de las posibles concreciones del "aprender con TIC" (Salomon, Perkins y Globerson, 1992; Quintana, 2004); del uso de las TIC como mediadoras en las interacciones educativas entre el profesorado, el alumnado y la materia (Quintana, 1995; Coll, 2004; Coll, Mauri y Onrubia, 2008); del uso de las TIC como "herramientas cognitivas" (Jonassen, 2000 y 2006; Jonassen y Carr, 2000); y del uso de las TIC como TAC (Vivancos, 2002; Sancho, 2008a).

A estos motivos, que emergen de los estudios citados y de otros, hay que añadir las carencias y errores de fundamentación, enfoque, planificación, concreción y seguimiento de las acciones realizadas por las administraciones educativas; las políticas educativas (Sancho, 2008b; Alonso, et. al., 2010), nos avanzan una respuesta a la pregunta formulada al principio: ¿por qué después de más de veinte años no se ha conseguido la integración de las TIC ni en los currículums, ni en las actividades docentes?

En el ámbito de la formación inicial universitaria del profesorado, podríamos suscribir la casi totalidad de problemas de la lista anterior como motivos de la no integración de las TIC en esta formación inicial, añadiendo los siguientes:

- La dificultad de integración generada por la normativa ministerial y su concreción.
- La casi nula integración de las TICs en la docencia de las asignaturas de la formación inicial, cuando ésta debería ser fundamentalmente un momento y entorno de aprendizaje integrado, generador de modelos y ejemplos de práctica y de reflexión.
- Una formación del profesorado universitario deficitaria, tanto en el uso de las TIC como ayudas y herramientas para la enseñanza como en la com-

prensión del significado genérico del aprender con TIC, y del aprender con TIC los contenidos de cada especialidad.

¿Qué entendemos por Integración de las TIC?

Si bien, como hemos dicho al principio, la introducción institucional de ordenadores y software en los centros educativos no universitarios españoles se inició a mediados de los años ochenta del siglo pasado, no es hasta pasada una década o más que aparecen estudios, observaciones e informes sobre el concepto de integración de las TICs. En ellos, a partir del análisis de los usos y prácticas, se redefine el concepto y se detallan las distintas fases o momentos de esta integración.

Así, para Docksfaher (1999, 73), la integración de la tecnología consiste en "using computers effectively and efficiently in the general content areas to allow students to learn how to apply computer skills in meaningful ways".[10]

Según Valente (1999, 18), para que la integración de las TIC en la escuela se haga de manera adecuada, es necesario un cambio pedagógico,

> não se trata de criar condições para o professor simplesmente dominar o computador ou o software, mas sim auxiliá-lo a desenvolver conhecimento sobre o próprio conteúdo e sobre como o computador pode ser integrado no desenvolvimento desse conteúdo, [porque] integrar a informática e as atividades que se desenvolvem em sala de aula exigem uma nova abordagem, incorporando aspectos pedagógicos que contribuam para que o professor seja capaz de construir, no seu local de trabalho, as condições necessárias e propícias à mudança da atual prática pedagógica. (1999, 140.)

Por su parte, Gros (2000, 40) opina que integrar las TIC en la educación es utilizar

> en forma habitual en las aulas para tareas variadas como escribir, obtener información, experimentar, simular, comunicarse, aprender un idioma, diseñar…, todo ello en forma natural, invisible…, va más allá del mero uso instrumental de la herramienta y se sitúa en el propio nivel de innovación del sistema educativo.

Y Sánchez (2003, 53), apunta que la

> integración curricular de TICs es el proceso de hacerlas enteramente parte del currículo, como parte de un todo, permeándolas con los principios educativos y la didác-

---

10 "utilizar los ordenadores de manera eficaz y eficiente en los contenidos de las áreas, para permitirles a los estudiantes que aprendan cómo deben aplicar las competencias digitales de manera significativa".

> tica que conforman el engranaje del aprender. Ello fundamentalmente implica un uso armónico y funcional para un propósito del aprender específico en un dominio o una disciplina curricular.

Para nosotros (Quintana y Guioti, 2006, 2), la integración curricular de las TIC implica

> un uso cotidiano y normalizado, y al mismo tiempo ético, sostenible, responsable, no discriminatorio y potenciador de la accesibilidad y la igualdad de oportunidades, en todos los niveles educativos y áreas curriculares,

y también en los contenidos transversales y actividades, en las cuales las TIC sean útiles o se consideren adecuadas. Un uso de las TIC entendidas como medios para la enseñanza, como medios para el aprendizaje guiado y mediado, y el aprendizaje autónomo; como medios de comunicación, compartición y de expresión; como objetos de aprendizaje, y como objetos de reflexión crítica (Quintana, 2004, 25).

Ahora bien, la Integración no es ni un punto de partida, sino un objetivo a conseguir después del paso por diversos momentos o niveles de incorporación de las TIC.

Ya en 1994, Moersch propuso 6 niveles en la implementación de la tecnología, los "LoTi-Levels of Technology Implementation": Nivel 0: No uso; Nivel 1: Concienciación; Nivel 2: Exploración; Nivel 3: Infusión; Nivel 4 a: Integración mecánica; Nivel 4b: Integración con rutinas; Nivel 5: Expansión; y Nivel 6: Refinamiento.

Y en 1995, el informe ACOT (Apple Computer, 1995, 16), detallaba que la aproximación de los profesores al uso de la tecnología pasaba por las cinco fases a continuación: (1) Entrada (Aprender los fundamentos de las tecnologías); (2) Adopción (Uso de las tecnologías en la instrucción); (3) Adaptación (Integrar las tecnologías en la práctica de las clase); (4) Apropiación (Uso de la tecnología como una herramienta en trabajos cooperativos, proyectos, etc.); y (5) Invención (Descubrir nuevos usos de la tecnología como herramientas).

De Pablos y Colás (1998, en Colás y Casanova, 2010, 124; y De Pablos, Colás y González, 2010, 27), identifica tres niveles diferentes de implantación de las TIC con finalidades formativas: (1) Introducción, (2) Aplicación, y (3) Integración.

Por su parte, Sánchez (2003, 56-57) concreta tres niveles en la integración curricular de las TIC: (1) Apresto ("dar los primeros pasos en su conocimiento y uso"); (2) Uso de TICs ("implica conocerlas y usarlas para diversas tareas, pero sin un propósito curricular claro"); y (3)

> Integración curricular de TICs es embeberlas en el currículum para un fin educativo específico, con un propósito explícito en el aprender. Es aprender X con el apoyo

de la tecnología Y. (...) Integrar curricularmente las TICs implica necesariamente la incorporación y la articulación pedagógica de ellas en el aula. Implica también la apropiación de las TICs, su uso de forma invisible y situada, centrándose en la tarea de aprender y no en las TICs.

Y Vivancos (2008, 47), cuando analiza las relaciones en las TICs y el currículum, encuentra: (1) Una relación suplementaria ("separación entre la alfabetización TIC y el currículum"); (2) Una relación complementaria ("uso de las TICs en algunas áreas o actividades curriculares"); (3) La integración curricular de las TICs ("plena disponibilidad de la tecnología en las aulas, para usarla cuando sea necesaria en el proceso de enseñanza-aprendizaje"); y (4) La impregnación de las TICs en el currículum ("las TIC se hacen invisibles, están permanentemente a disposición de alumnos y profesores, como instrumento de trabajo intelectual y de construcción compartida y creativa de conocimiento").

En resumen, podemos decir que el proceso histórico del uso de las TICs en la educación pasa por tres fases, las tres "ies": Introducción, Integración e Impregnación. Pero desde una perspectiva realista, podríamos decir que estas tres "ies" corresponden a: Introducción, el deseo de la Integración y el objetivo de la Impregnación, entendiendo esta última fase como aquella en la que no hay consciencia de que se usan las TICs, porque no son consideradas como tecnologías, sino como instrumentos y recursos cotidianos. Si la Introducción es fundamentalmente de tipo instrumental y pedagógico y la Integración es más curricular y metodológica, la Impregnación implica que las TIC penetren, empapen, influyan profundamente[11] en los currículums, en la enseñanza, en las intervenciones educativas, en las actividades de aprendizaje, en los procesos informacionales..., y en la comunicación, la compartición, la expresión...

Pero lo que no queda claro es que las fases o momentos que se han ido observando desde los inicios de la entrada de las TICs en los centros educativos, deban de considerarse pasos necesarios para la integración. Además, es muy distinto que un proceso de integración/impregnación lo inicie un profesor o profesora de un centro educativo, a que lo inicie un grupo de profesores, a que sea todo el centro, el claustro de profesores, el que esté implicado. Otra caso muy distinto, pero tristemente demasiado conocido, es cuando la administración intenta imponer estos procesos, que muy a menudo van asociados a dotaciones generalizadas de ordenadores.[12]

---

11 Véase el significado de impregnar en el Diccionario de la RAE: <http://buscon.rae.es/draeI/SrvltConsulta?TIPO_BUS=3&LEMA=impregnar>.

12 Véase como ejemplo, el Programa Escuela 2.0 de España: (<http://www.educacion.es/horizontales/prensa/notas/2009/09/escuela2p0.html>).

En la Universidad de Barcelona (2009...)

Durante el curso académico 2008-2009, un equipo de profesores y profesoras de la Facultad de Formación del Profesorado de la Universidad de Barcelona, por delegación del Decanato de dicha Facultad, se constituyó en Comisión Promotora, con el objetivo de elaborar una propuesta para el nuevo Plan de estudios del Título de grado de Graduado/a en Maestro/a en Educación Primaria en la Universidad de Barcelona.[13]

El trabajo de esta comisión partió de los cambios generados a partir de la implantación en el Espacio Europeo de Educación Superior (EEES) del Plan Bolonia,[14] que establece que los estudios de Grado deben de tener una duración de 4 años y 240 European Credit Transfer System (ECTS),[15] así como de las prescripciones y orientaciones de la orden ECI/3854/2007 del Ministerio de Educación y Ciencia por la que se establecieron "los requisitos para la verificación de los títulos universitarios oficiales que habiliten el ejercicio de la profesión de Maestro en Educación Primaria".[16]

Por lo que respecta al tratamiento implícito y explícito que esta orden ministerial hace de la formación inicial del profesorado en tecnologías de la información y la comunicación, encontramos que entre las competencias que los estudiantes deben adquirir, se detalla:

> 11. Conocer y aplicar en las aulas las tecnologías de la información y de la comunicación. Discernir selectivamente la información audiovisual que contribuya a los aprendizajes, a la formación cívica y a la riqueza cultural. (Anexo. Apartado 3. Objetivos.)

Así mismo, la orden abre la posibilidad de creación de una mención cualificadora de entre 30 y 60 créditos europeos, sobre "las tecnologías de la información y la comunicación" (Anexo. Apartado 5. Planificación de las enseñanzas).

Y en el detalle de los Módulos y Competencias que deben adquirirse en los cuatro años del grado, se hacen las siguientes referencias implícitas y explícitas a las tecnologías:

> Analizar e incorporar de forma crítica las cuestiones más relevantes de la sociedad actual que afectan a la educación familiar y escolar: impacto social y educativo de los lenguajes audiovisuales y de las pantallas... (MFB:[17] Sociedad, familia y escuela), [y]

13 Véanse los documentos en: <http://www.ub.edu/fprofessorat/grau/>.

14 Plan Bolonia: <http://www.ond.vlaanderen.be/hogeronderwijs/bologna/>, <http://www.queesbolonia.es/>.

15 Cada crédito ECTS representa entre 25 y 30 horas de aprendizaje.

16 Orden ECI/3857/2007, de 27 de diciembre, BOE núm. 312, Sábado 29 diciembre 2007, 22449, p.53747: <http://www.boe.es/boe/dias/2007/12/29/pdfs/A53747-53750.pdf>.

17 MFB: Modulo de Formación Básica.

Diseñar, planificar y evaluar la actividad docente y el aprendizaje en el aula. Conocer y aplicar experiencias innovadoras en educación primaria. Conocer y aplicar metodologías y técnicas básicas de investigación educativa y ser capaz de diseñar proyectos de innovación identificando indicadores de evaluación (MFB: Procesos y contextos educativos).

Evidentemente, las referencias a las TICs de la citada orden son escasas, aunque el hecho de incluir un objetivo específico, el onceavo, indica la importancia que se da a su uso en las aulas. Si aceptamos que en general en la integración de las TICs, éstas, además de ser un apoyo a la enseñanza, pasan por los ámbitos de (Quintana, 2004; Quintana y Guioti, 2006): "Aprender de las TICs" (las TICs "enseñan"), "Aprender con TICs" (las TICs ayudan en el aprendizaje, son herramientas para el aprendizaje), "Aprender sobre TICs" (las TICs como contenidos u objetos de estudio, las competencias digitales), y de forma transversal, "Aprender para las TICs" (las actitudes en relación a las TICs); podemos apuntar que la concepción de las TICs en la educación que emana de la orden ministerial es la de su uso como ayuda y herramienta para la enseñanza, y para el aprendizaje guiado y autónomo.

La Comisión Promotora del Grado de Maestro/a en Educación Primaria, en relación al tratamiento de las TIC en el Plan de Estudios, tuvo en cuenta:

- Una perspectiva que potencia el aprender *con* y *para*, por encima del aprender *de* y *sobre*.
- Las evidencias de las competencias digitales de las y los estudiantes de Formación del Profesorado de los cursos anteriores.
- El convencimiento de que no es posible una efectiva integración de las TICs en la educación obligatoria si el profesorado no se ha formado en esta perspectiva y si no ha aprendido, él mismo, tanto contenidos como didácticas y metodologías en entornos mediados con TICs.
- La voluntad de facilitar estructuralmente y organizativamente la transversalidad e integración de las TICs; de potenciar que las competencias, objetivos y contenidos de todos los módulos, materias y asignaturas estén impregnados de tecnologías; y que su docencia las integre de manera normalizada.

Y en base a estas evidencias e intenciones, optó por:

1. No crear ninguna asignatura obligatoria relativa a las TICs en la educación.[18]
2. Potenciar la transversalidad de las TICs, sugiriendo su integración tanto en las Materias como en los Planes Docentes de las asignaturas.[19]

18 En el Grado de Maestro/a en Educación Infantil se ha incluido una asignatura llamada "Alfabetización digital". Véase: <http://www.ub.edu/eees/espaiub/oferta/mem/educacion_infantil.pdf>.

19 Las asociaciones RUTE (Red Universitaria de Tecnología Educativa) y EDUTEC (Asociación para el desarrollo de la Tecnología Educativa y las Nuevas Tecnologías aplicadas a la Educación), emitieron en 2008 una declaración conjunta en la que se aboga que en los Planes de Estudio "se contemplen asignaturas

3. Sugerir la creación de asignaturas optativas de didácticas curriculares que integren TICs.
4. Crear una mención específica del TIC y Educación.

La concreción de estas decisiones en el Plan de Estudios del Grado de Maestro/a en Educación Primaria de la Facultad de Formación del Profesorado de la Universidad de Barcelona,[20] es la siguiente:

- En el marco general:

  3 Objetivos. Objetivos que definen la orientación general del título: Aplicar en el aula las tecnologías de la información y de la comunicación.

  3.1 Competencias generales y específicas. Competencias generales. Competencias transversales.

  121400.1 *Identificar necesidades de información, buscarla, analizarla, procesarla, valorarla, usarla y comunicarla de manera eficaz, crítica y creativa.*

  121403.4 *Hacer uso de las nuevas tecnologías de la información y la comunicación para aprender, comunicarse y compartir conocimiento.*

  Competencias específicas de la titulación.

  121395.7 *Diseñar y desarrollar proyectos educativos, unidades de programación, entornos, actividades y materiales, incluidos los digitales, que permitan adaptar el currículum a la diversidad del alumnado y promover la calidad de los contextos en los que se desarrolla el proceso educativo, de modo que se garantice su bienestar.*

  121397.9 *Integrar las tecnologías de la información y comunicación en las actividades de enseñanza y aprendizaje guiado y autónomo*

- En la concreción de asignaturas:

  No hay ninguna asignatura específica pero casi la totalidad de las materias incluye la Competencia transversal 121403-4 (Hacer uso de las nuevas tec-

---

que desarrollen las competencias relacionadas con las tecnologías en la educación", destacando: "a) Competencias instrumentales informáticas; b) Competencias para el uso didáctico de la tecnología; c) Competencias para la docencia virtual; d) Competencias socioculturales; e) Competencias comunicacionales a través de TICs". Véase: <http://www.rute.edu.es/index2.php?option=com_content&do_pdf=1&id=102>.

20 El Plan de estudios fue probado por la Junta de la Facultad de Formación del Profesorado de 2 de julio de 2008. La Facultad envió la documentación a la ANECA para su verificación en septiembre 2008, y ésta devolvió una valoración provisional en términos desfavorables en noviembre de 2008. En diciembre de 2009 la Facultad tramitó sus alegaciones y memoria a la ANECA, y el Consejo de Universidades lo aprobó en marzo de 2009. Véanse: <http://www.ub.edu/eees/espaiub/oferta/mem/educacion_primaria.pdf> y <http://www.ub.edu/eees/espaiub/oferta/pe/educacio_primaria.pdf>.

nologías de la información y la comunicación para aprender, comunicarse y compartir conocimiento), y las Competencias especificas 121395-7 (Diseñar y desarrollar proyectos educativos, unidades de programación, entornos, actividades y materiales, incluidos los digitales, que permitan adaptar el currículum a la diversidad del alumnado y promover la calidad de los contextos en los que se desarrolla el proceso educativo, de modo que se garantice su bienestar) y 121397-9 (Integrar las tecnologías de la información y comunicación en las actividades de enseñanza y aprendizaje guiado y autónomo).[21]

La asignatura *Planificación, diseño y evaluación del aprendizaje y de la actividad docente* (Obligatoria de 6 créditos), integra los principales contenidos TICs:[22]

Contenidos (sólo se detallan los relativos a las TICs o los que las incluyen explícita o implícitamente)

3. Metodologías para la enseñanza y el aprendizaje.
4. La integración curricular de las tecnologías.
   - 4.1. Vivir y aprender en un mundo con tecnologías: la formación y la conciencia crítica en la infancia del mundo que lo rodea.
   - 4.2. Aprender con recursos digitales.
   - 4.3. Las tecnologías como facilitadores de nuevas maneras de enseñar a la escuela.
   - 4.4. El maestro y las redes de conocimiento.
5. La organización de la vida en el aula.
   - 5.6. Medios y recursos para la enseñanza: materiales curriculares.

Esta asignatura está ubicada en el segundo semestre del primer año, y se ha impartido por primera vez en el curso 2009-2010.

- En las menciones:

Se crea la *Mención en Tecnologías digitales para el aprendizaje, la comunicación y la expresión*, de 33 créditos ECTS (18 de asignaturas obligatorias, 9 de optativas y 6 prácticas), que está ubicada en el cuarto año y no se iniciará hasta el curso 2012-2013, que incluye las siguientes asignaturas:[23]

- *Aprender y enseñar con tecnologías digitales* (Obligatoria de 6 créditos).
- *Comunicación Audiovisual* (Obligatoria de 6 créditos).

---

21 Véase el detalle de las asignaturas en: <http://www.ub.edu/ntae/compeTIC_Primaria.pdf>.

22 Véase Plan Docente del curso 2010-2011 en: <http://www.ub.edu/ntae/PDAAAD_Pla_Docent.pdf>.

23 Véase el detalle de las asignaturas en: <http://www.ub.edu/ntae/mentico1.pdf> y <http://www.ub.edu/ntae/mentico1.pdf>.

- *Diseño, creación y evaluación de actividades mediadas por tecnologías digitales* (Obligatoria de 6 créditos).
- *Animación y vídeo* (Obligatoria de 3 créditos).
- *Aplicaciones en línea para el aprendizaje* (Obligatoria de 3 créditos).
- *Aprendizaje colaborativo en red* (Obligatoria de 3 créditos).
- *Dinamización, coordinación y gestión de las TICs en la escuela* (Obligatoria de 3 créditos).
- *Entornos virtuales y aprendizaje* (Obligatoria de 3 créditos).
- *La integración de las TIC en la educación infantil* (Obligatoria de 3 créditos).
- *Prácticas* (Obligatoria de 6 créditos).

Los resultados de aprendizaje de la citada mención son:

- Reflexionar sobre las implicaciones personales, profesionales, educativas y sociales de enseñar y aprender en la escuela de la sociedad digital.
- Reconocer la incidencia en las competencias digitales, informacionales, comunicativas lingüísticas y audiovisuales del currículo de primaria, así como la integración de las TICs en los contenidos de las áreas de conocimiento y experiencia.
- Mostrar conocimiento de las diferencias y las implicaciones de aprender de, con, sobre y para las TICs, en la educación primaria.
- Conocer y aplicar las TICs a las aulas y al desarrollo de las áreas curriculares.
- Reconocer la importancia de la educación en comunicación audiovisual.
- Conocer los cimientos y saber planificar el aprendizaje mediado por las TICs.
- Aplicar las características básicas de la creación, edición, tratamiento de textos, imágenes, sonidos y su integración.
- Diseñar, crear, usar y evaluar actividades y recursos para la enseñanza y el aprendizaje, mediados por las TICs, adecuados a los contextos de aprendizaje y comunicación propios de la educación primaria.
- Valorar el uso de las TICs para el aprendizaje, la compartición, la comunicación, la expresión y como recursos favorecedores de la escuela inclusiva.

En España...

En un estudio iniciado en Enero de 2009 junto con el Dr. Klaus Schülzen de la Universidade Estadual Paulista "Julio de Mesquita Filho", aún en curso, sobre cómo las universidades españolas habían concretado la formación en TICs en la formación inicial del profesorado de educación primaria, encontramos que un excesivo número de universidades ofrecen alguna asignatura obligatoria de formación específica de TICs y Educación, con nombres como: Alfabetización multimodal, Alfabetización digital, Gestión de la información y TICs, TICs en la Sociedad Digital, Educación Audiovisual y TICs, TICs aplicadas a la educación, TICs en la Educación Primaria, Comunicación y Tecnologías de la Información en la Educación; y en algún caso, se ofrecen asignaturas optativas como Tecnologías de la Información y la Comunicación, Tecnologías para el Aprendizaje y el Conocimiento (TACs)...

Y en cuanto a menciones específicas, a pesar de la explicitación que la Orden ECI/3857/2007, de 27 de diciembre, hace sobre la posibilidad de creación de una mención relativa a las TICs, son pocas las universidades que optan por ella, y las que lo hacen la llaman Tecnologías digitales para el aprendizaje, la comunicación y la expresión; Implicaciones educativas de las TIC, Tecnologías de la Información y la Comunicación, Las TICs aplicadas a la tutoría, orientación y gestión de centros; TICs y Comunicación en el Aula…

Algunas conclusiones

A lo largo de este texto hemos comentado la historia, la realidad y las investigaciones relativas a los usos de las TICs en la educación no universitaria y analizamos porque no se ha conseguido su integración ni en los currículums, ni en las actividades docentes. También hemos expuesto brevemente la historia de la formación inicial en TICs del profesorado de Educación Primaria, desde 1992 hasta 2009, en la que se ha pasado de asignaturas específicas, con un sesgo instrumental, a la intención de impregnación curricular e integración docente, con opciones de profundización para las y los estudiantes.

Evidentemente, alguno de los problemas y dificultades que se han expuesto en relación a la educación no universitaria, así como los motivos que los han generado, pueden trasladarse a la educación universitaria (Schoepp, 2005; Castañeda, 2010).

Así, encontramos motivos políticos, institucionales y personales que pueden dificultar o facilitar la impregnación curricular y la integración docente de las TICs, o sea el acceso y uso de las TICs como TACs (Tecnologías para el Aprendizaje y el Conocimiento).

El Plan de Estudios de la formación inicial del profesorado del Educación Primaria, en la Facultad de Formación del Profesorado de la Universidad de Barcelona, está diseñado y concretado de manera que la mayoría de las asignaturas incluyen competencias en TICs (Competencia 121403-4:[24] 73%; Competencia

24 Hacer uso de las nuevas tecnologías de la información y la comunicación para aprender, comunicarse y compartir conocimiento.

121395-7:[25] 86%; Competencia 121397-9:[26] 69%), y la mitad de ellas (55%) incorporan referencias explícitas a las TICs en los contenidos.

Esta concreción curricular responde a la consideración de las TICs como un recurso didáctico transversal, capaz de modificar las didácticas y los procesos de enseñanza y aprendizaje de las distintas materias y disciplinas, y que la consecución de las competencias Instrumentales, Cognitivas, Actitudinales, Profesionales, Didácticas y Metodológicas (Quintana, 2000), incluidas en el Plan de Estudios, y casi en su totalidad coincidentes con las que propone la Unesco[27] (2008), o las reclamadas por RUTE y EDUTEC,[28] se adquieran lo largo de las distintas asignaturas que conforman el grado universitario.

Ahora bien, existe el peligro de que la transversalidad diluya las responsabilidades (Gutiérrez, et al., 2010), y que los agentes, el profesorado universitario, no pueda o quiera asumir su porcentaje de corresponsabilidad. Un ejemplo: de los 10 grupos de estudiantes del Grado de Maestro/a en Educación Primaria de la UB que en el curso 2009-2010 cursaron la asignatura *Planificación, diseño y evaluación del aprendizajes y de la actividad docente*, que integra contenidos específicos de TICs en la educación, sólo cinco utilizaron aulas de ordenadores. ¿Por qué? ¿Es posible impartir contenidos como "Aprender con recursos digitales" sin utilizar ordenadores? El reto está servido…, y está en manos del profesorado universitario.

---

25 Diseñar y desarrollar proyectos educativos, unidades de programación, entornos, actividades y materiales, incluidos los digitales, que permitan adaptar el currículum a la diversidad del alumnado y promover la calidad de los contextos en los que se desarrolla el proceso educativo, de modo que se garantice su bienestar.

26 Integrar las tecnologías de la información y comunicación en las actividades de enseñanza y aprendizaje guiado y autónomo.

27 Política y visión – Nociones básicas de tecnología – Profundización de conocimientos – Creación de conocimientos / Plan de estudios y evaluación – Conocimientos básicos – Aplicación de conocimientos – Competencias del siglo XXI / Pedagogía – Integrar la tecnología – Solución de problemas complejos – Autogestión / TIC – Instrumentos básicos – Instrumentos complejos – Tecnología generalizada / Organización y administración – Clase estándar – Grupos que colaboran – Organizaciones de aprendizaje / Formación profesional de los docentes – Nociones básicas de tecnología digital – Gestión y guía – El docente, modelo de educando.

28 Competencias instrumentales informáticas; Competencias para el uso didáctico de la tecnología; Competencias para la docencia virtual; Competencias socioculturales; Competencias comunicacionales a través de TICs. Véase: <http://www.rute.edu.es/index2.php?option=com_content&do_pdf=1&id=102>.

12

Os prováveis efeitos dos exames padronizados e do Ideb nas políticas educacionais

José Marcelino de Rezende Pinto

> *A avaliação baseada em provas psicométricas referidas à norma está desenhada para selecionar e não para incluir, por isso, em um contexto segmentado como aquele dos sistemas educativos da América Latina [...], fomenta a desigualdade. Ela não serve para melhorar a qualidade da educação, não serve para que os professores possam ministrar melhores aulas, e, devo acrescentar, não são úteis para a gestão.*
>
> Juan Casassus

Em princípio, não seria de esperar que os exames introduzidos no País com os sistemas nacionais de avaliação na década de 1990 causassem tanta polêmica. Afinal, a história da educação brasileira é marcada pelos exames. Quem nunca ouviu falar das provas finais que tiravam o sono de muita gente, dos terríveis exames de admissão que, muitas vezes, barravam o ingresso imediato ao antigo ginasial, mesmo que o aluno houvesse concluído o ensino primário, com diploma e tudo? Historicamente, no Brasil, os exames foram utilizados para selecionar os alunos com melhor desempenho e barrar, por meio da reprovação, os demais, os quais, após sucessivas reprovações, acabavam evadindo. Sua elaboração, aplicação e correção cabiam aos professores e, eventualmente, aos inspetores de ensino. Hoje, os exames são elaborados pelos órgãos centrais dos sistemas de ensino (MEC-Inep e secretarias de educação) e, se antes eles eram um instrumento de seleção, premiação ou punição dos alunos, agora seus resultados afetam cada vez mais a vida dos professores, a ponto de redes de ensino de grande porte, como a do estado de São Paulo, introduzirem um sistema de bônus para os professores em função do desempenho dos alunos em testes padronizados.

Na escola do passado, a responsabilidade pelo baixo desempenho era atribuída ao próprio aluno, mas, na escola de hoje, é atribuída aos professores. Em certo sentido, nada mudou: os exames continuam sendo utilizados como um instrumento de poder nas mãos de quem os aplica, para premiar ou punir. E esse é seu principal problema. Por ser o batismo burocrático do conhecimento, como dizia Marx, os exames dão um poder muito grande a quem cabe aplicá-los. Esse fato nos ajuda, inclusive, a entender, em parte, a grande reação negativa dos docentes aos ciclos de progressão continuada. Com falhas na formação, baixos salários, salas lotadas e alunos desmotivados, o poder de reprovar era a única arma que lhes restava (triste arma) para tentar manter a disciplina em classe. E até esse instrumento lhes foi tirado, sem que nada se lhe fosse oferecido em troca.

Em tese, a avaliação, e os exames como parte dela, deveria ter outra função, a saber, ser instrumento de diagnóstico dos problemas de aprendizagem dos alunos para orientar as estratégias de ação dos professores ou, em nível mais amplo, as políticas públicas para o setor. Esse papel imprescindível, contudo, é, em geral, comprometido pelo elemento de poder a ele associado. E não sejamos ingênuos imaginando ser possível dissociar as avaliações desse seu elemento de controle e poder; o que podemos fazer é imaginar formas institucionais de assegurar modos mais democráticos de avaliação, nos quais os diferentes segmentos do processo de avaliação tenham participação ativa. Essa é também a única forma de lhes dar efetividade. Em outras palavras, que compromisso um docente, ou aluno, pode ter com um processo de avaliação para o qual não foi chamado a contribuir com sua formulação? O mesmo vale no que se refere às relações federativas. Embora a LDB (Lei n.9394/96) estabeleça em seu artigo 9º, inciso VI, que cabe à União

> assegurar processo nacional de avaliação do rendimento escolar no ensino fundamental, médio e superior, <u>em colaboração com os sistemas de ensino</u>, objetivando a definição de prioridades e a melhoria da qualidade do ensino (grifo nosso),

sabe-se que as avaliações (na verdade, exames) nacionais realizadas pelo MEC sempre foram implementadas sem qualquer consulta ou articulação com os Estados e municípios. Como resposta, tais entes federados também criaram seus próprios "sistemas de avaliação", com duplicação de recursos escassos e prejuízo para a construção de uma política pública minimamente articulada. A título de exemplo, basta dizer que o estado de São Paulo, para fazer frente ao Ideb, criou seu Idesp.

O resultado desse processo é que, embora o País já aplique há mais de duas décadas (desde 1988) exames nacionais de rendimento de seus alunos, seus efeitos sobre a qualidade do ensino ainda não são observáveis. Isso ocorre porque não há, de fato, um sistema nacional de avaliação, mas um conjunto de testes padronizados de âmbito nacional (Saeb, Prova Brasil, Enem, Pisa), estadual (como o Saresp) ou municipais, que não se articulam entre si e cujos resultados pouco servem para a definição de prioridades. Até porque nem os órgãos responsáveis por sua aplicação (MEC, secretarias estaduais e municipais) dominam a metodologia de sua elaboração e o significado de seus resultados. Toda essa *expertise* está, na verdade, em mãos de poucas empresas privadas, notadamente a Cesgranrio, que a desenvolveram com financiamento público. Falamos aqui da TRI (Teoria de Resposta ao Item), que orienta, atualmente, boa parte dos exames aplicados no Brasil e no exterior. Sua metodologia é conhecida por muito poucos, o que dificulta inclusive sua crítica, sem dizer da incorporação de seus resultados pelos docentes. Assim, os órgãos governamentais acabam reféns dessa empresa. Quando se analisa, por exemplo, o orçamento do Inep, constata-se que boa parte dos recursos alocados à autarquia é repassada às empresas responsáveis pelos exames nacionais. Trata-se de uma verdadeira caixa-preta. Aliás, esse desconhecimento, inclusive por parte das instituições formadoras, sobre as formas e instrumentos de avaliação já era salientado por Gatti (1987) na década de 1980.

Outro problema dos exames padronizados é que, como indicam os estudos da área, os resultados dos testes em si dizem pouco sobre a qualidade do ensino das escolas, pois o desempenho dos alunos é influenciado principalmente pelo nível sociocultural das famílias, bem como pelo tamanho e pela localização do município onde residem (ver, sobre esse tema, Brooke e Soares, 2008). Isso não significa que a escola não tenha um efeito importante sobre a aprendizagem dos alunos, mas ele é mediado por um conjunto de fatores. Assim, ao se ranquearem as escolas pelas notas médias de seus alunos, sem levar em conta o nível socioeconômico e cultural de suas famílias, produz-se um logro à nação. Usar a mesma régua para comparar uma escola pública de periferia que atende estudantes cujos pais, em sua maioria, não concluíram o ensino fundamental, com escolas públicas de regiões mais afluentes ou com escolas privadas é simplesmente falacioso, além de ser cruel. E, ao usar esses resultados para definir prioridades em políticas públicas, os danos são imensos. De um lado, acelera-se o processo de fuga dos professores (e diretores) melhores e mais experientes das escolas onde se encontram os alunos de famílias mais pobres e que mais se beneficiariam desses profissionais. De outro, a partir da ideia de que o ensino privado é melhor que o público, abre-se um mercado gigantesco para a venda, por parte dos grandes grupos privados de ensino (Positivo, COC, Objetivo etc.) de apostilas e assessoria para as redes públicas de ensino. Não demora muito, e esses grupos fornecerão até o secretário de educação. Contudo, configura-se aqui mais um logro, pois esses grupos estão se beneficiando de um mérito que não é necessariamente deles. As maiores notas de seus alunos em testes decorrem muito mais das práticas de seleção de que as instituições privadas de ensino se valem, inclusive retirando os alunos mais preparados das escolas públicas por intermédio de seus concursos de bolsas (falsa generosidade) do que da qualidade de seu ensino. Inclusive, a falácia dessa qualidade pode ser observada quando se analisam os resultados dos vestibulares mais concorridos do País e se constata que boa parte dos alunos aprovados fez cursinho (Whitaker, 1989). Estudos coordenados pelas pesquisadoras Vera Peroni e Theresa Adrião têm mostrado o efeito pernicioso desses convênios entre redes públicas e instituições privadas de ensino ou de ONGs (Peroni; Oliveira; Fernandes, 2009; Adrião et al., 2009).

Outro efeito dessa dependência das políticas públicas de educação dos exames padronizados é que, cada vez mais, os alunos são preparados para responder aos testes, o que não é sinônimo de aprendizagem. E mais, como os testes no País são basicamente de Língua Portuguesa e Matemática, todo o foco do ensino concentra-se nessas disciplinas, deixando de lado outras áreas de conhecimento. Como se sabe, nos termos da Constituição Federal e da LDB, o objetivo da educação nacional é a formação de um cidadão pleno, e não de alguém que responda a testes de múltipla escolha. Por outro lado, pode-se argumentar, e com razão, que não é possível formar um cidadão se ele não está alfabetizado em Língua Portuguesa e Matemática. Contudo, não se alfabetiza apenas com Língua Portuguesa e Matemática; as Ciências da Natureza e os conhecimentos de Artes, História e Geografia podem ser um aliado fundamental nesse processo. Além disso, alguém tem dúvida do potencial que a disciplina de Educação Física possui, por exemplo, na prática da cidadania, com a discussão de regras coletivas, autodisciplina, arbitragem, competição? Não obstante, essa é uma disciplina de mentira nas escolas privadas (afinal, não cai no vestibular) e totalmente desconsiderada nas escolas públicas. Embora boa parte das escolas públicas possua quadras poliesportivas, elas são subutilizadas, e não é incomum ficarem trancadas no horário de intervalo. Diane Ravitch, que foi secretária-adjunta de educação na administração de George Bush e foi indicada por Bill Clinton para o National Assessment Governing Board, órgão responsável pelos testes federais, e teve um papel destacado na implantação dos programas "No child left Behind" [Nenhuma criança deixada para trás] e "Accountability" ["Responsabilidade"], que se referenciavam em uma lógica gerencial baseada em prêmios e castigos, faz hoje uma análise extremamente crítica de seus efeitos. Segundo entrevista, publicada no jornal *O Estado de S.Paulo*, por ocasião de sua visita ao Brasil, na qual apresentou seu livro *The Death and Life of the great American School System* [A vida e a morte do grande sistema escolar americano], a autora faz uma profunda autocrítica do modelo que defendeu por mais de vinte anos anos. Segundo ela:

> Eu apoiei as avaliações, o sistema de *accountability* (responsabilização de professores e gestores pelo desempenho dos estudantes) e o programa de escolha por muitos anos, mas as evidências acumuladas nesse período sobre os efeitos de todas essas políticas me fizeram repensar. [...] O ensino não melhorou e identificamos apenas muitas fraudes no processo. (*O Estado de S.Paulo*, 2 ago. 2010)

Com relação às avaliações padronizadas, ela acrescenta:

> Avaliações padronizadas dão uma fotografia instantânea do desempenho. Elas são úteis como informação, mas não devem ser usadas para recompensas e punições, porque, quando as metas são altas, os educadores vão encontrar um jeito de aumentar artificialmente as pontuações. Muitos vão passar horas preparando seus alunos para responder a esses testes, e os alunos não vão aprender os conteúdos exigidos nas disciplinas, eles vão apenas aprender a fazer essas avaliações. Testes devem ser usados com sabedoria, apenas para dar um retrato da educação, para dar uma informação. Qualquer medição fica corrompida quando se envolvem outras coisas num teste. (*O Estado de S.Paulo*, 2 ago. 2010)

Outro elemento curioso decorrente da implantação dos exames nacionais é que, de repente, passou a ser desprezada uma fonte fundamental de informações sobre a aprendizagem dos alunos: os professores, antes, senhores quase absolutos da avaliação, com poder de premiar e reprovar os alunos. Hoje, a opinião dos professores, que convivem cotidianamente com os alunos, é praticamente ignorada. A desconsideração em relação à avaliação feita pelos professores sobre a aprendizagem de seus alunos chegou a tal ponto que alguns sistemas passaram a realizar de forma centralizada as avaliações dos alunos de sua rede para efeito de promoção para o ano/ciclo seguinte. O resultado natural desse processo é que os professores simplesmente avaliam cada vez menos os próprios alunos, o que só demonstra o fracasso dos modelos de avaliação implantados no País.

Além dos professores, esses instrumentos de avaliação existentes ignoram outra fonte fundamental de informações sobre a qualidade do ensino: os usuários da escola. Pais e alunos têm muito a dizer sobre os problemas enfrentados no dia a dia das escolas e, por esse motivo, deveriam ser mais ouvidos. Mas, como dissemos no início, avaliação é poder, e os usuários da escola pública têm muito pouco poder no Brasil, ao contrário do que se observa, por exemplo, nos países ricos.

Em que o Ideb orienta a política educacional?

Em primeiro lugar, devemos lembrar que o Ideb é parte integrante do PDE (Plano de Desenvolvimento da Educação),[1] o chamado "PAC da educação" e eixo estruturante da política do governo federal para o setor no segundo mandato do presidente Lula, segundo declarações do próprio ministro da Educação.

---

1 Para uma discussão sobre o PDE, sugere-se a leitura da seção "Temas em Debate" dos *Cadernos de Pesquisa*, v.38, n.135, set./dez. 2008.

Assim, uma parte importante das ações do MEC, em especial as transferências voluntárias de recursos pelo FNDE (o que exclui o Fundeb), atrela-se ao Ideb. E esse talvez já seja seu principal problema: vincular, muito diretamente, a política pública aos indicadores (envolvendo o repasse de recursos, como no caso do Ideb, ou bônus salariais (caso do Idesp) em uma lógica de prêmio ou castigo que tende a desvirtuar a política ao estimular fraudes, abrindo possibilidades de contaminação dos indicadores. Isso ficou evidente, por exemplo, no caso do Fundef, quando a não contabilização dos alunos de EJA (Educação de Jovens e Adultos) no fundo fez que muitas redes contabilizassem os alunos atendidos nessa modalidade como matriculados no ensino regular. Assim, o censo indicava alunos com mais de 20 anos no ensino fundamental regular. As declarações de Diane Ravitch sobre os Estados Unidos apontam na mesma direção.

Além dessa questão prévia, para analisarmos os efeitos do Ideb sobre as políticas do setor devemos, inicialmente, fazer uma reflexão sobre os indicadores que o compõem: a nota dos alunos na Prova Brasil e a taxa de aprovação. Esses são dois indicadores que tendem a enviesar ainda mais as políticas dos entes federados. Isso porque o primeiro indicador (notas dos alunos na Prova Brasil), como já salientamos, é muito dependente do capital cultural das famílias e não responde de forma rápida às intervenções nos sistemas de ensino. Mas como a lógica do PDE é a de ganhos significativos no Ideb e em prazos relativamente curtos, há um estímulo natural às estratégias de fraude, como excluir das provas os alunos reconhecidamente com pior desempenho, treinamento para os testes, além do risco de manipulação direta de resultados, uma vez que quem aplica o exame são os órgãos educacionais da própria rede que depende dos resultados dos alunos para receber recursos federais. O segundo componente do Ideb (taxa de aprovação), por sua vez, é um indicador que pode ser majorado sem que necessariamente ocorra melhoria dos padrões de ensino de dada rede. Quando observamos os primeiros resultados de evolução do Ideb, percebemos que muito da ampliação do índice decorreu de saltos significativos na taxa de aprovação. Ora, isso pode ser obtido simplesmente introduzindo mecanismos de progressão continuada, ampliando, "por decreto", a promoção, sem qualquer outra ação mais direcionada à melhoria da aprendizagem dos alunos.

Quem acompanha o trabalho nas escolas, em pesquisas longitudinais, sabe que os resultados de uma boa gestão levam tempo para repercutir no desempenho dos alunos em testes padronizados. E, se em uma escola as ações demoram a repercutir na nota dos alunos, o que dizer em uma rede de ensino, em que entram outras variáveis bem mais complexas? Não obstante esse fato, a lógica do PDE/Ideb sinaliza exatamente na direção oposta, pois se cobram dos entes federados, especialmente dos municípios, soluções rápidas, quase mágicas. É o meio mais fácil para, salvo as exceções de praxe, induzir à maquiagem dos resultados e à fraude.

Outro problema do Ideb é que, como ele é composto apenas por variáveis de produto (taxas de aprovação e notas), não há estímulo às redes de ensino para investir na aquisição e melhoria dos insumos escolares. Por exemplo, o MEC, com base nos dados de Censo Escolar, teria todas as condições para compor um indicador centrado nas condições de oferta, considerando nível de formação dos professores, presença de equipamentos (biblioteca, laboratórios, quadras etc.), razão alunos/turma, remuneração dos docentes, entre outros. Ao condicionar eventuais repasses à presença desses insumos, o Governo estaria indicando uma diretriz clara para os administradores educacionais: a de que qualidade do ensino está ligada à qualidade do processo de ensino e aprendizagem. Ao montar o Ideb somente com indicadores de produto, o governo federal acaba por endossar a polêmica tese de que os insumos não fazem diferença – posição esta esposada por economistas à direita do espectro ideológico, geralmente ligados à teoria do capital humano e ao Banco Mundial. Curiosamente, os mesmos autores que afirmam, no exterior e no Brasil, que a razão alunos/turma e os salários docentes não impactam na qualidade do ensino, matriculam seus filhos em escolas privadas, cuja mensalidade equivale ao que se gasta em um ano por aluno na rede pública do país.

Outro problema da articulação PDE/Ideb é que toda a política de repasse é feita tendo por base as transferências voluntárias do MEC para os entes federados. Historicamente marcadas por critérios político-partidários, com o PDE certamente houve um elemento de racionalização nessas transferências. Contudo, o que se coloca em questão aqui é a própria priorização desse tipo de transferência, que peca pela ausência de continuidade e pela escassez de recursos; sem falar na constante suspeita sobre os critérios de repasse (ver, neste sentido, Cruz, 2009). Ora, com a aprovação do Fundeb, que apresenta critérios minimamente objetivos na articulação entres os entes federados ao que diz respeito à responsabilidade pelo financiamento da educação básica, seria muito mais adequado o governo federal ter utilizado os recursos do PDE referentes às transferências voluntárias, que atingiram alguns bilhões de reais, para a ampliação da complementação da União no Fundeb, que ainda é claramente insuficiente para se garantir um padrão mínimo de qualidade como estabelece o artigo 211 da Constituição Federal.

Além disso, uma das questões não resolvidas no repasse do Fundeb diz respeito aos fatores de ponderação entre as etapas e modalidades de ensino, os quais claramente não refletem os custos reais praticados pelas redes de ensino. Ampliando sua participação no fundo, o governo federal ganharia mais legitimidade para fazer avançar essa discussão no âmbito da Comissão Intergovernamental de Financiamento para a Educação Básica de Qualidade, prevista na Lei n.11.494/2007, a qual regulamenta o Fundeb e que possui representantes da União Nacional dos Dirigentes Municipais de Educação (Undime), do Conselho Nacional de Secretários de Estado de Educação (Consed) e do MEC.

Passos para a criação de um sistema nacional de avaliação da educação básica

Uma política nacional de avaliação da educação, seja ela básica ou superior, deve constituir-se, antes de mais nada, a partir de um sistema de avaliação, de fato articulado, e não de um conjunto de sistemas que, na verdade, não passam de exames padronizados, promovidos por entes federativos que pouco falam entre si. Para tanto, esse sistema deveria embasar sua legitimidade em uma lei nacional, amplamente discutida pelos diferentes atores educacionais. Falaremos aqui da educação básica, que é nosso tema, até porque a educação superior, bem ou mal, já possui o Sinaes, embora dele estejam excluídas as instituições estaduais e municipais.

Entendemos que a organização desse sistema deve ter como princípio o fato de que a única forma de envolver os atores educacionais na implementação de políticas de avaliação deve ser assegurar a participação destes na definição de tais políticas. Assim, entendemos que o primeiro passo na configuração de um sistema seria a constituição de uma comissão nacional de avaliação da educação básica, com representantes do MEC, da Undime, do Consed, do Conselho Nacional de Educação (CNE), da Confederação Nacional dos Trabalhadores em Educação (CNTE), dos pais, dos estudantes, das universidades e de outras entidades de pesquisa educacional. Caberia a essa comissão, por delegação de lei federal, estabelecer as diretrizes da avaliação, os diferentes instrumentos que devem compor o sistema, as formas de sua implementação e a utilização a ser dada de seus resultados.

Com relação aos instrumentos que devem compor esse sistema, salientamos que o mais importante é que se trate de um conjunto deles, dentre os quais destacamos:

- A aplicação de instrumentos de autoavaliação pela comunidade escolar, como é a experiência do Indique – Indicadores de Qualidade na Educação (Ação Educativa et al., 2004);
- Realização de visitas em uma amostra de escolas, por uma comissão externa de avaliação;
- Realização de testes padronizados de desempenho dos alunos, mas cujos resultados sempre indicariam elementos para ponderação do capital cultural das famílias e não estariam vinculados a prêmios ou castigos.

Considerando a atual organização do governo federal, caberia ao Inep dar o suporte técnico para o funcionamento dessa instância nacional, ficando, portanto, o Inep subordinado a essa comissão. Articulado ao Sistema Nacional de Avaliação da Educação Básica (Saeb), seria importante a presença de um sistema de base local (ou regional, no caso de municípios muito pequenos) de avaliação.

Esse sistema teria também uma comissão local que refletiria, em sua composição, os mesmos segmentos presentes na comissão nacional. A ideia é que essa comissão local teria uma relação mais próxima com as escolas, fossem elas estaduais, municipais ou federais. Como um passo intermediário na implantação desse sistema, essa atribuição das comissões locais, inicialmente, poderia ficar nas mãos dos conselhos municipais e estaduais de educação. Mas, para que essas instâncias não assumissem um caráter meramente decorativo, seria fundamental dotá-las de recursos físicos e humanos para fazer um acompanhamento mais próximo das escolas. O que estamos pensando neste ponto é em resgatar um instrumento poderoso de avaliação do ensino que é o acompanhamento *in loco* das escolas por profissionais habilitados. Atualmente, essa tarefa é feita pelos supervisores de ensino (ou profissionais equivalentes) que visitam as escolas sob jurisdição do respectivo sistema de ensino. A principal falha do sistema atual é que, mesmo nos casos em que se tenha um profissional concursado, com carreira própria, ele está vinculado ao órgão de ensino cujas escolas devem avaliar. O resultado é um claro conflito de interesse, pois esse profissional não tem a autonomia necessária para uma avaliação imparcial da rede de ensino como um todo, uma vez que seus vínculos com o executivo são muito fortes. Assim, ou sua atividade se limita a conferir os registros documentais das escolas, não saindo da sala do diretor, ou a levantar questões pontuais das escolas.

O que propomos aqui é a criação de uma carreira própria de avaliação escolar, com profissionais concursados e que prestariam contas diretamente à comissão local de avaliação (ou ao Conselho de Educação), sem qualquer vínculo de emprego ou carreira com a secretaria de Educação sob jurisdição da qual estejam as escolas que lhes cabem acompanhar. Em última análise, seria retirar a estrutura de supervisão do ensino das secretarias de educação e vinculá-la aos conselhos de educação.

Além disso, as escolas deveriam, anualmente (ou a cada dois anos), prestar contas à comissão local de avaliação (ou ao Conselho de Educação) do desenvolvimento de seu projeto pedagógico. Embora pareça pouco factível essa última proposta, cabe comentar que isso é uma realidade em alguns distritos escolares dos Estados Unidos (Pinto, 2008) e foi feita, em formato piloto, na rede municipal de Ribeirão Preto, por iniciativa do Conselho Municipal de Educação. Nessa última experiência, o relatório da escola, tendo por base o Indique (Ação Educativa et al., op cit.) era apresentado aos membros do Conselho Municipal de Educação na própria escola, em reunião com presença da comunidade escolar.

Considerações finais

Antes de concluirmos esse trabalho, cabe o esforço final de uma breve reflexão sobre um dos paradoxos das políticas de avaliação educacional. Trata-se do seguinte: ninguém, em sã consciência, pensa em elaborar e implementar um sistema de avaliação da educação, cujos custos não são pequenos, sem a expectativa de que esse sistema possa ajudar na melhoria da qualidade do ensino. Por outro lado, como buscamos ressaltar neste trabalho, se vincularmos de forma muito direta os resultados da avaliação com as ações governamentais, como é da lógica do PDE/Ideb, corre-se o risco de enviesar os resultados da avaliação e, por conseguinte, comprometer as políticas, chegando ao pior dos mundos. Parece ser esse o caso que os Estados Unidos vivem hoje.

Para o enfrentamento desse paradoxo, é fundamental desarmar os espíritos, retirar a política de avaliação das mãos do MEC ou das secretarias de Educação e colocá-la no âmbito de um órgão de Estado. Em segundo lugar, é imprescindível que os instrumentos a serem utilizados ampliem o espaço de participação dos profissionais da educação e dos usuários, sobretudo pais e alunos – esses últimos, os que mais sofrem com a falta de qualidade da educação do País. Por último, é preciso reforçar o principal instrumento de avaliação de qualidade das redes públicas de ensino: os concursos públicos de ingresso na carreira educacional. A seleção adequada de bons profissionais, o que só é possível com salário e carreira atraentes, é a melhor forma de, no período de uma geração, construir uma escola da qual possamos nos orgulhar. Essa foi a receita da rede pública de educação superior, e deu certo!

13

A qualidade do ensino como parte do direito à educação: um debate em torno dos indicadores

Romualdo Luiz Portela de Oliveira

O panorama educacional brasileiro alterou-se substantivamente nas duas últimas décadas. No final dos anos 1980, discutíamos questões como acesso à escola, nomeadamente ao ensino fundamental, e o progresso no interior do sistema. Os índices de reprovação da primeira para a segunda série eram alarmantes, chegando, em 1990, a 53%. Em seu já clássico trabalho sobre o fluxo escolar, Sérgio Costa Ribeiro e Rubem Klein afirmavam que tínhamos uma "pedagogia da repetência". De fato, de cada cem crianças que iniciavam a primeira série, apenas 22 logravam atingir a oitava, ainda assim, com um tempo médio de 11 anos, ou seja, com uma média de três reprovações (Ribeiro, 1991)! Tais constatações corroboravam resultados de pesquisas qualitativas que evidenciavam a perversidade e a inutilidade da reprovação, indicando-a como o principal problema educacional brasileiro.[1]

Isso fez que as políticas públicas de Educação focassem no problema da reprovação. Foram implantadas políticas de combate a essa prática, quer implícitas – os sistemas de ensino tentavam induzir uma cultura de aprovação – quer explícitas – simplesmente, proibia-se a reprovação por meio de mecanismos de ciclos ou a mal denominada "aprovação automática". Entretanto, essas políticas foram implantadas de forma caótica. Nem sempre os programas tiveram a preocupação de dialogar com os profissionais das redes de ensino, formados na concepção de que a boa escola é a que reprova. Essa assimetria entre o que os

1 Veja Patto, 1990.

profissionais do ensino concebiam como boa escola e os objetivos de combate à reprovação, implantadas pelos gestores dos sistemas de ensino fez que essa meta democratizadora fosse implantada "à força", sem se disseminar como um valor a ser defendido e perseguido pelo magistério. É por conta disso que, sempre que se relaxa na implementação de políticas de combate à reprovação, esta volta a subir.

Embora os patamares de permanência no sistema tenham sido ampliados, não fomos capazes de enfrentar o desafio de escolarizar populações que jamais chegaram à escola ou que dela eram sistematicamente excluídas com a pecha de incapazes (cf. Peregrino, 2006). Emprestando-se a expressão de Jonathan Kozol (1992), "culpabilizava-se a vítima". Combateu-se a reprovação no seu aspecto mais evidente, reduzindo-a, mas não se empreendeu um processo de enfrentamento das suas causas. Estas, portanto, voltariam de outra forma. A reprovação é a manifestação de um não aprendizado. Quando o aluno é reprovado, entende-se que ele não conseguiu aprender os conteúdos programáticos previstos e que os processos de recuperação utilizados não surtiram efeito. Ao se combater a reprovação, os programas implementados ficaram na aparência e não se dedicaram ao problema essencial: o não aprendizado. Isso foi agravado pela imposição da aprovação, pois a escola que anteriormente se escudava na evasão ou nas múltiplas reprovações para sedimentar o discurso de que "a educação vai bem, mas os alunos são ruins ou desistem" passou a construir outras justificativas para a exclusão, agora não da escola, mas na escola.

A permanência na escola de alunos anteriormente excluídos modificou profundamente o ambiente escolar. Afloraram problemas no seu interior, como a violência e a tensão entre professores e alunos, e o chamado "clima escolar" entra na agenda. Práticas escolares há muito estabelecidas foram subitamente relegadas ao museu das inutilidades pedagógicas. O professor que barganhava "nota e aprovação" por comportamento e envolvimento perde o discurso. Mais do que isso, as populações que passam a permanecer na escola, além de apresentarem resultados escolares inferiores aos daquelas que já a frequentavam, são pouco atraídas pelo discurso da escolarização como mecanismo de ascensão social, que garante a adesão às práticas escolares por aqueles que almejam "futuro" por intermédio da escola. Essas populações não encontram espaço na escola. Questionam-na em seus métodos, seu currículo e seu sentido social. Tal questionamento é mais acentuado no ensino médio, em que se amplia a dissociação entre escolarização e vida. De qualquer maneira, a indagação de sentido (incluindo seus métodos e linguagens) da escolarização ganha relevância. O professorado, não formado para o desafio de repensar as práticas escolares, insiste em rotinas históricas. Essas alterações no panorama escolar tornam a discussão em torno da qualidade de ensino amplamente polissêmica, ainda que o tema seja discursivamente considerado o problema fundamental.

Uma das dimensões do que vem sendo considerado como qualidade, que se pode considerar hegemônica, é a expressa nos resultados das medidas em larga escala, amplamente difundidas nas últimas décadas. Os testes apenas evidenciaram o que já se sabia: nossos patamares de proficiência são muito baixos. Em outras palavras, nossas escolas não ensinam. Nas comparações internacionais, colocamo-nos em posições muito ruins, mesmo quando comparados com países vizinhos, mais pobres que nós. Segundo dados apresentados no Relatório de Monitoramento Global de Educação para Todos 2010, da Unesco, mais de 40% dos estudantes brasileiros, mexicanos e indonésios estavam no nível 1 ou abaixo deste no Programa Internacional de Avaliação de Alunos (Pisa, do inglês *Programme for International Student Assessment*):[2]

> essas crianças eram incapazes de demonstrar níveis de alfabetização que tipicamente seriam alcançados na metade da escola elementar nos países da Organização para Cooperação e Desenvolvimento Econômico (OCDE). (Unesco, 2010, p.106.)

Quando o aluno permanece na escola, é aprovado e não aprende, a natureza do problema muda. Ainda que permaneçam discursos justificadores da exclusão, do tipo "o aluno não quer aprender", "não tem condições", "as famílias são desestruturadas", a permanência desse aluno na escola por oito anos (agora, catorze anos![3]), ao fim dos quais seu aprendizado é muito reduzido, põe a instituição escolar em cheque. O que estamos fazendo de errado a ponto de trabalharmos com uma criança durante oito ou nove anos, e, ao fim desse período, ela não consegue demonstrar padrões mínimos de aprendizado?

Esses elementos fizeram que o debate educacional fosse deslocado para a temática da qualidade do ensino. Por esse termo, no sentido dominante, entende-se a necessidade de que nossos alunos se saiam melhor em testes de proficiência ou, de forma mais conceitual, que sejam capazes de dominar os códigos linguísticos e os rudimentos da Matemática previstos para o ensino fundamental como mínimos. Assim, assistimos, nos últimos anos, a uma crescente preocupação com a qualidade de ensino entendida como aquela cujo resultado seja o aprendizado por parte do aluno.

---

2 O Pisa é uma avaliação internacional de estudantes que completaram oito anos de escolarização. É destinada a avaliar suas condições de inserção na sociedade do século XXI. Os estudantes situados no nível 1 de proficiência são considerados em risco no processo de transição da escola para o trabalho.

3 Nos últimos anos, assistimos à ampliação da obrigatoriedade da educação. Primeiro, por meio da Lei n.11.114, de 16 de maio 2005, que estabeleceu a obrigatoriedade do início do ensino fundamental aos 6 anos. Depois, por meio da Lei n.11.274, de 6 de fevereiro de 2006, que pôs em vivgor o ensino fundamental de nove anos e, por fim, com a Emenda Constitucional n.59, de 11 de novembro de 2009, que estipulou a obrigatoriedade do ensino dos 4 aos 17 anos.

Este texto procura refletir sobre tal processo, arguindo a necessidade de se formalizar o que se entende por qualidade de ensino, ao mesmo tempo que procura sintetizar o que conseguimos acumular de conhecimento na pesquisa recente sobre um indicador adequado de qualidade. Em resumo, a questão, sob uma perspectiva democrática, é observável em um dos princípios de nossa educação, enunciado na Constituição Federal, artigo 206, parágrafo VII, que garante a todos os brasileiros um padrão de qualidade.[4] Podemos nos indagar o que isso significa em termos práticos? Nosso problema atual pode ser formulado nos seguintes termos: o que seria um padrão de qualidade a que todos têm direito? A resposta a tal questão é complexa, uma vez que, em certa medida, a temática da qualidade é condicionada pelas diferentes concepções pedagógicas. Assim, nosso problema amplia-se, pois precisamos de uma definição de qualidade que transcenda esta ou aquela escola pedagógica. Mais ainda, precisamos de uma definição de qualidade que permita transformar o princípio constitucional em realidade. Para tanto, precisaríamos ter uma definição que permitisse sua exigência diante do Sistema de Justiça. Ou seja, como se verifica que o direito a um padrão de qualidade está sendo garantido a cada cidadão? Encontramos, pela negativa, indícios de falta de qualidade. Por exemplo, o aluno conclui a 8ª série (9º ano, para atualizarmos a terminologia), mas não é capaz de ler e entender um texto simples ou de realizar operações matemáticas rudimentares.

Enfim, apesar de ter "progredido" no sistema (via aprovações), esse aluno não aprendeu. Não teve garantido seu direito à educação.[5] Assim, se tomamos como referência o princípio constitucional de que todos têm direito a um padrão de qualidade, torna-se importante questão de pesquisa e de política pública estabelecer um indicador sistêmico que permita aferir se a população está tendo acesso ao direito que lhe é garantido pela Lei Maior.

Precisamos, então, de um indicador que nos permita agir ou exigir a ação do poder público. O que devemos exigir como explicitação desse direito a um padrão de qualidade? Antes de adentrar na discussão sobre qual indicador, parece-me necessário enfrentar uma questão: precisamos de um indicador para isso? A resposta, a meu ver, é "sim". Ainda que, em nível de cada escola, o conjunto dos professores possa verificar, de maneira qualitativa, se oferecem um ensino de qualidade ou o que seria necessário para que isso viesse a acontecer, não estamos tratando de uma questão local. Trata-se de uma questão de política pública de dimensão nacional. Baseados em qual informação podemos afirmar

---

4 "Art. 206 – O ensino será ministrado com base nos seguintes princípios: [...] VII – garantia de padrão de qualidade."

5 Em trabalhos anteriores (Oliveira e Araújo, 2005; Oliveira, 2006, 2007, 2008), foi apresentada parte dessas reflexões, ainda que de forma menos articulada.

que as crianças brasileiras, e cada uma delas em particular, está tendo garantido seu direito à educação de qualidade? Isso envolve uma discussão epistemológica complicada, pois se pode argumentar que a qualidade de que precisamos não pode ser medida. Esse é um argumento defensável. Entretanto, se o aceitarmos, estaremos renunciando à ideia de que cabe ao Estado garantir a todos os direitos mínimos, particularmente o direito à educação, já que não podemos verificar a existência de tal qualidade no conjunto das escolas. Transferir essa responsabilidade para cada sistema estadual, municipal ou mesmo a cada escola não responde a um dos requisitos básicos de uma política pública democrática, não se garantem condições de justiça para o acesso à educação, no que diz respeito à equidade. Outro elemento a ser considerado nesse particular é que a percepção da qualidade por parte de professores e usuários da escola é diferente. Populações que nunca foram à escola tendem a julgar qualquer escola como boa. Dessa forma, entendo que a existência de padrões sistêmicos é condição de garantia de direito para as populações mais pobres e com menor capital cultural.[6]

Ainda que se possa criticar a abrangência dos indicadores para captar dada realidade, não é possível, em termos de decisões de política pública, termos análises qualitativas para cada escola e cada criança do País, nem mesmo que tais juízos qualitativos sejam realizados segundo um mesmo critério. Portanto, ao assumirmos que necessitamos de um indicador de qualidade, segundo o qual possamos avaliar se é garantido à população um padrão mínimo de qualidade, estamos assumindo, também, uma simplificação. Entretanto, ter um indicador que simplifique nossa compreensão da realidade ainda é melhor do que não ter qualquer compreensão dessa realidade em seu conjunto. Não é possível, em termos sistêmicos, ter uma avaliação qualitativa de cada escola. Assim, assumimos que há a necessidade de se buscar um indicador de qualidade para a educação.

Isso envolve dois riscos. De um lado, é preciso buscar um indicador que expresse uma concepção de Educação. Não se pode construir um indicador de qualidade que não expresse o que se deseja da educação. Ou, de outra maneira, não se pode reduzir a qualidade que queremos à qualidade que conseguimos medir, sob pena de valorizarem-se aspectos que não sintetizem uma visão de educação que faça sentido. Do outro lado, é preciso tomar muito cuidado para não corromper o indicador.

O primeiro risco é bem simples de ser explicitado. Se, por exemplo, nosso padrão de qualidade é o resultado em prova padronizada, induzimos à ideia de que o único objetivo da escola é melhorar seus resultados em tais provas. Isso

---

6 Este é também um argumento forte contra os *vouchers* (os vale-educação), que transferem a cada família a tarefa de escolher a escola onde matricularão seus filhos. As populações mais pobres fazem escolhas menos informadas, acentuando a desigualdade. (Cf. Olivas, 1981.)

simplifica o que queremos, socialmente, de nossa educação e induzimos nossas escolas a serem apenas preparadoras para os testes sistêmicos. O segundo relaciona-se à chamada Lei de Campbell:

> Quanto mais um indicador social é utilizado para a tomada de decisões políticas, mais sujeito a pressões corruptoras e mais apto será para distorcer e corromper o processo social que procura monitorar. (Campbell, 1976, p.49.)

Em termos simples, poderia ser explicitado da seguinte maneira: se o indicador que eu utilizo será parâmetro para decisões políticas, haverá maior tendência de ele ser burlado. Por exemplo, se o salário dos professores se vinculará ao desempenho em provas padronizadas, mais vulneráveis à fraude essas provas ficarão.

Supondo que faça sentido buscar-se um indicador de qualidade, deparamo-nos com a seguinte questão: o que considerar? A resposta também não é simples, pois, se percorrermos a literatura especializada, observaremos que tal definição não existe, pelo menos com um mínimo de consenso. As respostas que têm sido dadas a essa questão têm enveredado por dois caminhos, concentrando-se nas dimensões quantificáveis ou, pelo menos, mais facilmente quantificáveis. A primeira delas relaciona-se à tentativa de estabelecer um padrão de gasto por aluno, ao passo que a segunda se refere a uma ênfase nos resultados, particularmente vinculada ao desempenho dos alunos em testes padronizados.

É evidente que não se pode pensar em uma educação de qualidade sem que determinadas condições de funcionamento das escolas sejam minimamente garantidas. Da mesma forma, o Fundef originalmente trabalhava com a ideia de que seus valores indicariam um padrão. Assim, pode-se formular a seguinte questão: quanto devemos gastar, no mínimo, por aluno, de modo a possibilitar as condições para uma educação de qualidade? Uma das respostas mais exatas a essa questão é a proposta de um custo aluno-qualidade inicial (Carreira e Pinto, 2007). Ele seria a expressão de um gasto por aluno que garantiria aos sistemas de ensino condições de provimento de um ensino de qualidade. O resultado também enfrenta um de nossos problemas estruturais: o da desigualdade regional. Em síntese, se tivéssemos como padrão nacional os patamares de gasto praticados em alguns dos Estados mais ricos, teríamos condições educacionais muito superiores às que temos. Isso indica, como consequência, que o Estado brasileiro precisa gastar mais em educação. É claro, portanto, que considero equivocada a formulação, defendida nos anos 1990, que afirmava que precisávamos apenas gastar melhor. Desconheço quem defenda gastar mal, ainda que isso seja comum, mas gastar melhor não elimina a necessidade de gastar mais. É uma falsa contraposição. A formulação que me parece avançar nesse debate é feita em documento da Orealc-Unesco-Cepal, de 2005, que afirmava a necessidade de investir mais para investir melhor. Esse será, certamente, um dos pontos fortes do debate em curso na perspectiva de elaborar-se um novo Plano Nacional de Educação. Creio que temos exemplos suficientes e abundantes para sustentar a necessidade de ampliarmos o gasto por algumas décadas para algo em torno de 10% do PIB. Nossos desafios educacionais justificam isso.[7]

Essa dimensão, além de intuitiva (todos concordam que, para ter uma educação de qualidade, é necessário que se gaste um mínimo), é transformável em um indicador quantitativo. Nesse quesito, temos mais um problema político que educacional. Sabemos quanto devemos gastar minimamente por aluno para termos uma educação de qualidade. Não gastamos por causa das opções de política econômica e de perfil do gasto público que fazemos.[8]

Entretanto, isso não esgota nosso problema original. Se garantíssemos um gasto mínimo por aluno, o problema da qualidade estaria equacionado? A resposta é "não". Isso nos remete a uma segunda dimensão da discussão: a dos resultados. Ainda que se possa divergir sobre que resultados o processo educacional deve garantir, não aparecerá voz que seja contrária a que se aprenda Matemática e Linguagem. Pode-se discutir o que mais é necessário, mas não haverá quem se insurja contra esse objetivo. O problema é que as medidas disponíveis nos indicam que estamos mal nessa dimensão. Daí surge o que tenho chamado de uma segunda dimensão da qualidade, a que se refere a resultados. Um bom exemplo de resultado desejável é o Índice de Desenvolvimento da Educação Básica (Ideb), criado pelo Inep em 2007. O Ideb é uma combinação de aprovação com proficiência em Língua Portuguesa e Matemática. Modelado pelos patamares dos países da OCDE, o Ideb estabelece objetivos para o País, para cada sistema de ensino e para cada escola, de modo que, em 2021, venhamos a atingir o nível educacional dos países desenvolvidos. O Ideb tem o mérito de combinar resultados importantes. Queremos que os níveis de proficiência melhorem ao mesmo tempo que os percentuais de aprovação aumentem. No que diz respeito à sua medida, têm sido feitos dois reparos a esse indicador. De um lado, precisamos considerar o percentual de respondentes, já que uma burla simples é excluir da prova os alunos que provavelmente teriam as menores notas, o que faria que a média da escola (e, por conseguinte, do município, do Estado etc.) aumentasse. O segundo diz respeito aos *tradeoffs* que podem se estabelecer entre aprovação e proficiência. Existem

---

7 Esse modelo foi adotado com sucesso em alguns países, como a Coreia, que, em 1962, tinha padrões educacionais similares aos do Brasil. Durante duas décadas, o país investiu pesadamente em Educação (algo em torno de 10% de seu PIB). Após realizar o salto educacional de que necessitava, reduziu seus níveis de investimento em Educação. Afinal, atendidas as necessidades do conjunto da população, o investimento necessário é apenas destinado para a manutenção do funcionamento do sistema. (Cf. Birdsall e Sabot, 1996.)

8 O próprio Plano Nacional de Educação (Lei n.10 172/2001) reconhece tal necessidade ao apontar a perspectiva de passarmos a gastar 7% do PIB em Educação.

alguns sistemas que aumentariam seus Idebs se aumentassem a reprovação. De qualquer forma, são questões operacionais, e não conceituais.

Do exposto, ainda que o Ideb represente resultados desejáveis, ele não se confunde com um indicador de qualidade nem mesmo indica todos os resultados desejáveis. Considerá-lo um indicador de qualidade, como tem sido apresentado, além de um equívoco é, certamente, um risco. Neste ponto reside um problema importante, pois, se ele se generaliza como indicador de resultado, o risco de se modelarem políticas buscando apenas sua elevação cria problemas conceituais e práticos complicados. Assim, explicita-se um desafio importante. Quais os resultados desejados definir para o processo educacional e como medi-los?

A resposta a essa questão, segundo entendo, deve ser traduzida em um indicador que explique os valores desejados para a educação. Assinala-se, assim, um desafio importante – quais resultados devem ser incorporados no indicador de qualidade.

Isso nos leva à terceira dimensão do conceito de qualidade que vimos tentando construir. Comecemos colocando o problema: se modelamos o sistema por uma relação entre gasto e resultado, assumimos que o que ocorre na escola não tem importância, ou, em outras palavras, aumentar as proficiências justifica qualquer procedimento educativo. Evidentemente, isso não é razoável. Se tomarmos como referência os exames vestibulares, para os quais temos razoável *expertise*, observamos que os cursinhos pré-vestibulares maximizam o resultado dos alunos. Daí não decorre o fato de serem um modelo educativo a ser seguido. Ao contrário, como expressão de um projeto educativo, os cursinhos pré-vestibulares são deploráveis. Portanto, o tema a ser enfrentado é: que processos educativos são elementos constitutivos do direito à educação, ou que valores devem ser defendidos como inerentes a qualquer processo educacional?

Inicialmente, temos de eliminar uma objeção. Suponhamos que determinado processo educativo seja importante para aumentar o aprendizado dos alunos. Ora, se esse processo é importante e aumenta o desempenho dos alunos, quando medirmos desempenho, ele já estará sendo, indiretamente, considerado na medida e, portanto, não seria necessário haver preocupação sobre ele. Esse argumento certamente elimina parte da questão. Entretanto, não se corre o risco de eliminar um processo educativo importante pelo fato de ele não aumentar os resultados nas medidas de proficiência?

Se a resposta for sim, temos de nos perguntar se o resultado nas proficiências é o objetivo final da Educação. Dificilmente apareceria alguém que afirmasse "sim". O que é mais plausível é admitirmos que esses resultados são parte do que queremos, embora não sejam tudo o que queremos. Portanto, a primeira consequência é reconhecermos que alguns resultados desejados não são medidos. Por exemplo, temos boa *expertise* nas medidas de proficiência em Linguagem e Matemática, mas, nos outros componentes curriculares, nem tanto. Isso não os torna menos importantes. Geralmente, utiliza-se como contra-argumento a formulação de que bons resultados em Linguagem e Matemática indicam que o conjunto está bem. Entretanto, há áreas em que esse argumento não vale. Ética e cidadania, objetivos importantes da escolarização, não decorrem de melhores resultados em provas de Linguagem e Matemática, ainda que em História, Geografia e Ciências seja possível considerar uma relação entre aqueles resultados e a proficiência nessas últimas disciplinas.

Quando incorporamos temáticas mais amplas aos objetivos da Educação não diretamente cognitivos, como cultura da tolerância, educação para a diversidade, civismo, valores etc., a discussão complica-se. Ainda que se possam fazer testes padronizados nessas áreas, a medida é muito mais imprecisa. Portanto, chegamos a um ponto no qual o maior problema está em sobrevalorizar-se a medida das proficiências, o que certamente nos leva a uma reflexão sobre o risco de se começar a gerir os sistemas de ensino a partir de indicadores como o Ideb. Podem ser induzidos comportamentos não desejáveis. A formulação simples disso seria substituir o processo educativo e seu universo de valores pelo resultado em testes. Fazendo isso, perde-se parte importante do que se deseja com a educação.

Voltemos ao problema. Que indicadores de processo seriam necessários para que nossa concepção de qualidade correspondesse a uma concepção de educação defensável? Creio que aqui temos uma questão de fronteira. Em outras palavras, precisamos estabelecer um acordo sobre processos no âmbito da escola que têm valor formativo em si, e não que sejam apenas meios para se atingir outro objetivo – a proficiência. Ocorre-me como exemplo a questão da participação. Uma escola permeada pela participação dos alunos, dos pais, enfim, dos diferentes segmentos da comunidade escolar é uma escola que encarna um ideal de educação que remonta às nossas melhores tradições republicanas, aumentem-se os resultados nos testes ou não. A escola democrática é um componente de uma educação a ser defendido.

Assim, chego à última questão deste texto. O que sabemos sobre processos? Grande parte do que sabemos está relacionada a resultados. Testamos determinado processo educativo e verificamos se sua utilização aumentou ou não os resultados esperados. É claro que, se tivermos formas mais precisas de medir os resultados, poderemos avaliar o processo. Isso é o que ocorre com os chamados estudos de fatores associados. Aplica-se uma prova e um questionário sobre características do aluno e da escola e, ao final, procura-se relacionar os resultados com as características. Isso nos permite identificar aquelas características que se relacionam com as variações das notas. Em tese, assim seria possível explicar os resultados ou, pelo menos, parte substantiva deles. Entretanto, não se pode perder de vista que o elemento com maior poder explicativo de resultados em testes em larga escala é o nível socioeconômico. Como o resultado é intuitivo, podemos utilizá-lo como exemplo. Escolas com estudantes de nível socioeconômico mais alto tendem a obter melhores resultados. A redução das desigualdades educacionais, neste particular, estaria dependente de processos extraeducacionais, como a melhoria da renda da população como um todo, a redução da pobreza etc. Em termos educacionais, o que interessa é identificar quais características ou processos escolares impactam na melhoraria de seus resultados?

Ainda se pode seguir este raciocínio: dado um nível socioeconômico do alunado, é possível estimar o resultado da escola. Ora, as escolas que apresentam resultados acima do esperado estão conseguindo "fazer a diferença". É nelas que tem sido concentrada uma parte importante da pesquisa no tema. Ainda que as condições sejam limitadas, elas estão conseguindo ampliar as possibilidades de seus alunos. O que temos a aprender com essas escolas? Certamente, muito.

Por fim, desse conjunto de reflexões, poderíamos sintetizar as seguintes "ideias-força":

- Para concretizar o princípio constitucional do direito a um padrão de qualidade, é necessário construirmos um indicador que possa ser utilizado como elemento de monitoração do sistema, mas, principalmente, como instrumento de garantia de direito. No limite, que possa ser exigível junto ao sistema de justiça.
- Assumir o Ideb como um indicador de qualidade envolve riscos perigosos. Ainda que seja um bom indicador de resultados desejáveis, ele não é um indicador de qualidade. Reconhecendo o poder indutor que os indicadores têm de modelar a política pública, se o assumirmos como tal, estaremos simplificando nosso entendimento por educação e induzindo a transformação do sistema escolar a um sistema preparador para testes.
- É preciso pensar um indicador de qualidade que articule três dimensões: os insumos, os resultados e os processos. Quanto aos insumos, o estabelecimento de um custo aluno-qualidade que seria responsabilidade do poder público garantir a cada aluno é um bom ponto de partida. Já os resultados apresentam uma primeira dificuldade. Medimos bem a proficiência em Linguagem e Matemática e teríamos, com algum esforço, condições do medir a proficiência em outros componentes curriculares. Entretanto, aspectos importantes dos objetivos educacionais não são mensurados por testes padronizados.
- O desenvolvimento desse indicador é questão de fronteira para a pesquisa em política educacional no Brasil hoje.

Ainda temos um longo caminho a percorrer, mas daremos passos significativos se conseguirmos combinar a ação no âmbito da escola, com vistas a focar o aprendizado de todas as crianças e o desenvolvimento de uma ação sistêmica no sentido de tornar realidade uma política educacional que persiga o objetivo de garantir a cada cidadão neste País o direito a uma educação de qualidade.

14

Ser professor de educação infantil entre buscas além dos hábitos de pensar e fazer

Luciana Esmeralda Ostetto

Para falar do professor de educação infantil, dirijo meu olhar e pensamento para onde tudo acontece: o chão da creche, da pré-escola, o cotidiano e o fazer educativos – sua complexidade, seus equívocos, seus acertos, seus desejos, sua vontade, seus desafios e as conquistas experimentadas pelos professores e coletivos das instituições de educação infantil. Vou assim me conduzindo à intimidade, ao coração da educação infantil em ação – e ao coração daqueles que a constituem –, seu dia a dia, seus tempos, seus espaços, suas atividades, suas propostas e suas dinâmicas sustentadas por meio das relações entre todos os que estão implicados: as crianças, suas famílias e os profissionais.

De certo modo, o ponto de partida que assumo para traçar minha escrita revela também o caminho que tenho percorrido nos últimos anos na formação de professores para a educação infantil, um caminho marcado pelo contato direto com educadores (professores e demais profissionais), envolvendo-me na teia de relações do cotidiano de creches e pré-escolas, seja por meio de orientação de estágios supervisionados do curso de Pedagogia, seja por meio de projetos de extensão, de formação continuada com aqueles educadores.

Nesse sentido, serão apresentados alguns dilemas, alguns desafios e algumas possibilidades que se apresentam hoje ao professor de educação infantil, a partir do interior, atravessando as dinâmicas cotidianas, tocando nas relações, dando visibilidade a propostas e princípios, saberes e fazeres presentes (e ausentes) nesse campo de atuação profissional.

Da redescoberta da criança à redefinição de princípios e fundamentos para a educação infantil

A "redescoberta"[1] da criança e a proclamação de seu direito à infância, principalmente nos anos 1990, descortinaram a complexidade e a especificidade envolvidas na educação infantil, indicando a necessidade de se tomar as próprias crianças como ponto de partida para a prática pedagógica. Quebrando estereótipos (da criança universal, incompleta e incapaz – como um "vir a ser"), afirma-se uma concepção de criança competente, que produz cultura e é produzida em uma cultura, que tem desejos, vontades e necessidades, que se expressa por meio de múltiplas linguagens, enfim, um sujeito social de direitos.

O que vinha sendo debatido, estudado e pesquisado ao longo das últimas décadas no campo da educação infantil, assim como as experiências efetivadas em diferentes redes públicas e privadas pelo Brasil, foi solidificado e legitimado como fundamentos e diretrizes: a necessidade de constituição de projetos e propostas educativas que considerem as crianças, bem como seus processos de constituição como seres humanos em diferentes contextos socioeconômicos, sua cultura, suas capacidades intelectuais, criativas, expressivas e emocionais, como referências na dinâmica pedagógica.

Em decorrência, além de conteúdos ou conhecimentos a serem contemplados nos projetos, currículos ou planos pedagógicos, tem-se falado em linguagem, em múltiplas linguagens, em múltiplas dimensões do "ser criança", colocando-se em evidência sua condição de sujeito produtor de cultura.[2] Compreende-se que estar com as crianças é disponibilizar-se a adentrar nos seus mundos, certamente atravessados pela cultura e pelo meio social mais amplo, mas que, no entanto, carregam uma especificidade que justamente está para ser conhecida no trabalho cotidiano. Como nos diz Loris Malaguzzi (1999, p.61), "as coisas relativas às crianças e para as crianças somente são aprendidas por meio das próprias crianças". Não mais o conteúdo ou a atividade pedagógica situam-se no centro da discussão Em primeiro plano aparecem meninos e meninas, mudando o ponto de vista da cena pedagógica: é preciso olhar e conhecer as crianças.

---

1 Chamo de redescoberta da criança o foco crescente de estudos, no âmbito da Educação, que pesquisam a criança e a infância em diálogo com diferentes campos de conhecimento (além da Psicologia e da História), tais como Antropologia, Filosofia e Sociologia.

2 A obra organizada por Cruz (2008) oferece um importante quadro de pesquisas que buscam captar a perspectiva das crianças sobre variados temas. O conjunto de artigos e relatos de pesquisa reunidos no referido livro reafirmam a necessidade e essencialidade de se tomar as crianças como legítimas interlocutoras – como pessoas competentes segundo suas peculiaridades de idade, gênero, contexto de vida etc., com voz e direito a ser ouvidas –, na pesquisa e nas práticas de profissionais de diferentes áreas, sobretudo na Educação infantil.

Assim, a preocupação com o ensino de conteúdos e conceitos é, em grande medida, relativizada: importará, antes, contemplar propostas e experiências que contribuam para a ampliação dos repertórios vivenciais e culturais das crianças, que alarguem seus olhares em todos os sentidos para o mundo ao redor – seus mistérios, seus encantamentos –, que potencializem suas aprendizagens, rumo ao desconhecido, em uma dinâmica viva de busca, pesquisa e experimentações que, respeitando suas especificidades, provoquem e propiciem seu desenvolvimento, no encontro com o outro – crianças, adultos, objetos, meio sociocultural etc.

Marcando, pois, a especificidade da educação infantil, anuncia-se como princípio a necessidade de o professor conhecer cada vez mais meninas e meninos que compõem o coletivo infantil em creches e pré-escolas, focando na particularidade de ser criança, nos universos múltiplos, nos diversos modos de ser e viver a infância. Destaca-se, assim, a essencialidade de ouvir o que as crianças têm a dizer, mais do que lhes dizer. Em consequência, não há como não nos perguntarmos: de que maneiras as crianças se relacionam e conhecem o mundo? Como captar suas vozes, incluindo as que não "falam"? Qual é o papel do professor?

Seguindo tais princípios e questões, o tradicional papel do professor como aquele que fala, explica e transmite o conhecimento, controlando o processo de aprendizagem, está em xeque. Na educação infantil, para que possamos escutar tudo o que as crianças dizem por meio de suas múltiplas linguagens, para que possamos receber suas mensagens e conteúdos, será recomendável destituirmo-nos daquela atribuição de professor que organiza e dá atividades pedagógicas, que dá aulas...

Como ser professor sem dar aula?

Crianças são novidadeiras. Na diversidade de modos de ser criança, meninos e meninas que andam e vivem por aqui, por ali, por acolá, que frequentam inumeráveis e distintas instituições de educação infantil, estão sempre *inventando moda*. Quando, por um momento, acreditamos que temos o controle... Que ilusão! Viramo-nos, e lá estão as crianças *aprontando*, mexendo, fazendo, interagindo. Lá vão elas, experimentando além do proposto (e do imposto) pelos adultos e, assim, entre alegrias e tristezas, vão conhecendo o mundo sem pedir licença.

Carlos Drummond de Andrade (1976) dizia que as crianças são poetas, mas "a escola não repara em seu ser poético, não o atende em sua capacidade de viver poeticamente o conhecimento e o mundo" (p.593). Nos processos de apropriação, produção e expressão de linguagens das crianças há muitos componentes envolvidos, tais como imaginação, busca, experimentação, invenção, encantamento e entrega, os quais são facilmente encobertos por uma série de "encaminhamentos pedagógicos" costumeiros, centrados na realização da atividade, e não naquele que a realiza.

As crianças relacionam-se com o mundo inventando mundos, experimentando e elaborando formas, buscando e inventando cores, construindo enredos, mergulhadas em despropósitos, como atesta Manoel de Barros (1999, p.7):

> No aeroporto, o menino perguntou:
> — E se o avião tropicar num passarinho?
> O pai ficou torto e não respondeu.
> O menino perguntou de novo:
> — E se o avião tropicar num passarinho triste?
> A mãe teve ternuras e pensou:
> Será que os absurdos não são as maiores virtudes da poesia?
> Será que os despropósitos não são mais carregados de poesia
> do que o bom-senso?
> Ao sair do sufoco, o pai refletiu:
> Com certeza, a liberdade e a poesia a gente aprende com as crianças.
> E ficou sendo.

Ao reconhecer a dimensão poética e novidadeira da criança, retomo uma história já descrita em outra oportunidade (Ostetto, 2004a), pelo seu conteúdo ao mesmo tempo típico e provocativo que se abre perfeitamente para a discussão aqui proposta.

> Estavam as crianças do Maternal ao redor de mesas, no refeitório de uma creche, à hora do lanche. Cinco ou seis crianças (entre 2 anos e 2 anos e seis meses), agrupadas nas extremidades de uma das mesas, tendo acabado de lanchar, empilhavam suas canecas à frente e começavam a cantar "parabéns pra você...", como que diante de um bolo de aniversário. A alegria tomava conta do grupinho, que se divertia muito com a história.
>
> Percebendo a manifestação das crianças, que cantavam felizes, batendo palmas, festejando tal qual em uma festa de aniversário, a professora se aproxima, bate as mãos sobre o tampo da mesa e diz muito seriamente: *"Maternal, que bagunça é esta? Vamos parando, vamos parando! Pra sala que tá na hora da atividade!"*

Não é mesmo provocante a cena retratada? Não é mesmo uma beleza observar as crianças protagonizando a cena com ricas interações, independentes da direção da professora? Não é maravilhoso testemunhar crianças tão pequenas brincando, cooperando, inventando, criando, construindo enredos, expressando seu conhecimento do mundo?

Por outro lado, como ficar indiferente aos movimentos e gestos daquela professora, os quais indicavam que não percebera a intensa atividade envolvendo representação, simbolismo e coordenação de ações entre o grupo? Como não indagar: por que não viu beleza e significado na cantoria das crianças? Ao chamar pela ordem, a professora não acolheu o enredo construído e compartilhado entre as crianças e qualificou a experiência como bagunça. Por que agiu daquela maneira? O que a moveu a interditar a brincadeira presenciada? Entre tantas possibilidades, uma talvez seja esta: a ação das crianças não estava no planejamento do dia.

A poesia do cotidiano, fluida, efêmera, pulsante não cabe, em regra, no planejamento do dia, não tem espaço na ordem de uma rotina rigidamente estabelecida. E aquele grupo de meninos e meninas fazia poesia! Ora, a poesia, assim como a imaginação, não tem hora marcada, e, portanto, as crianças põem-se a reinventar a rotina. Chame-se a isso, também, de transgressão.

Posso identificar na atitude da professora um dilema ainda não superado na educação infantil: como ser professor sem propor uma sequência didática de atividades, como ser professor sem dar aulas? Pois, segundo o modelo escolar (que historicamente tanto influenciou e ainda está presente no ideário e na prática da educação infantil), aula bem planejada se realiza na sala, sob a direção do professor e de seus objetivos; o valor pedagógico das ações desenvolvidas no cotidiano educativo recai somente sobre aquelas atividades coordenadas pelo educador, como se as crianças aprendessem apenas o que e quando o adulto lhes ensina.

Disso resulta uma ideia (e prática) comum, segundo a qual o planejamento na educação infantil seria planejamento da "hora da atividade", o equivalente à "aula" na escola – aquele momento do cotidiano em que o professor explicitamente ensina às crianças por meio de procedimentos didático-metodológicos, em que a atividade proposta revela a intencionalidade pedagógica (Ostetto, 2004b). No âmbito de tais atividades se justificaria o trabalho próprio de um professor, seu profissionalismo, sua formação. Mas, como apontou Fernanda Tristão (2006, p.52), referindo-se ao trabalho com os bebês,

> No imaginário das profissionais da educação e, mesmo no senso comum, há a noção de que deve haver a produção de algo para estar caracterizado um processo educativo...

Em outros termos, o que é produzido nas trocas afetivas, nas interações, nas expressões e linguagens do corpo, prenhes de significados, não conta, talvez porque estão inscritas naquela ordem das coisas "efêmeras". Chamando atenção para o fato, costumo dizer para minhas alunas: como tais produções "vivenciais/efêmeras" não podem ser colocadas nas "pastinhas de trabalhinhos" para mostrar aos pais, não são acolhidas e significadas como relevantes...

Enredados em tais ideias e crenças é que os professores facilmente qualificam como bagunça os processos poeticamente vividos pelas crianças, assim como retrata o episódio anteriormente apresentado. Ao preocuparem-se em "ser professores", como tradicionalmente se concebe nos moldes escolares, esquecem-se de ver o sujeito por trás da atividade.

É o que também podemos constatar na situação compartilhada por uma dupla de estagiárias responsáveis por um grupo de crianças de 1 a 2 anos, que narram seu processo de aprendizagem. A atividade encaminhada: pintar pequenas flores recortadas em cartolina. Vejamos o que as professoras em formação contam:

> [As crianças] começaram a pintar as flores colocadas à mesa, orientadas pela estagiária, que lhes mostrava onde "deveriam" colorir. No entanto, as crianças queriam mais que isso. Seus movimentos deixavam claro que elas desejavam pintar não as flores, mas a folha de papel que cobria a mesa. E só queriam parar de fazer isso para mergulhar a mãozinha na tinta e sentir sua textura. Como não perceber que, naquele momento, as crianças estavam pesquisando um novo território, guiadas pela curiosidade? Preocupada em dar conta da atividade, a estagiária deixava de ver as crianças e caminhava em sentido contrário, chamando a atenção delas, inibindo-as de explorar aquele curioso material. (Souza e Weiss, 2008, p.39.)

É interessante observar a reflexão que fazem *a posteriori*, percebendo seu equívoco quanto a suas propostas e atitudes:

> Tudo bem com as crianças, estavam certas. Mais uma vez, o problema encontrava-se na postura do adulto de querer contornar/controlar a situação. (Souza e Weiss, 2008, p.40.)

Tanto a experiência dessas estagiárias como a daquela professora envolvida com a "bagunça" das crianças servem para colocar em evidência que a atitude de um professor, além do planejamento, pode tanto ampliar quanto limitar as experiências das crianças. Fazem-nos lembrar de que, ao dizer isto ou aquilo, ao agir desta ou daquela forma, o professor está ensinando, seja em momentos de atividades mais sistematizadas, seja em momentos independentes ou menos estruturados, tais como na hora de entrada e de saída, na hora do lanche, no parque. Afinal, se as aprendizagens se realizam na interação por meio da linguagem, vai importar muito a dimensão interativa presente em todos os momentos do dia a dia: nas pequenas coisas, nas pequenas atitudes, nos acontecimentos corriqueiros a que se dá ouvidos ou não, a que se acolhe ou não; no modo como o professor se dirige ao grupo, nas ações que são permitidas ou não.

Se a apropriação de conhecimentos ocorre o tempo todo e não somente quando o professor quer ensinar, tal fato não nega nem exclui o papel e a importância do professor, que se afirma por outras ações, principalmente pelas relações cultivadas. Para que a educação infantil seja um lugar de aventura e experiência e contribua para a garantia do tempo da infância, será mais valiosa a "relação com as crianças" do que qualquer atividade programada ou conceito a ser ensinado objetivamente. Mais que conteúdos previstos para serem assimilados (pelo "aluno") apenas em determinados momentos (a "hora da atividade"), será essencial mergulhar na aventura em busca do desconhecido com as crianças, com o grupo, em todos os momentos do dia a dia, bem como arriscar-se a ir além do habitual, formulando perguntas, convivendo com a dúvida, com a incerteza.

Poderíamos dizer que, para ser professor, não é necessário dar aulas, mas é fundamental planejar olhando as crianças, seus movimentos, seus jeitos de ser e se relacionar. Eis o desafio. Nessa direção, será pertinente trazer para o centro das discussões o papel do professor como interlocutor, mediador, parceiro mais experiente que se dispõe a ouvir e ver as histórias, os diversos enredos e papéis que vão se constituindo no cotidiano educativo.

Aprender a ver e ouvir além dos hábitos

As teorias e os fundamentos pedagógicos podem oferecer ao educador um roteiro, uma pista para sua aproximação das crianças, mas nada substituirá o encontro com esses universos. Para uma prática educativa que pretenda respeitar o tempo da infância, é fundamental olhar as crianças, os movimentos dos grupos; um olhar disponível, receptivo, que vê e ouve além do aparente e se abre para acolher suas perguntas, seus achados, suas descobertas – seja por meio do choro, do balbucio, do gesto, da brincadeira, seja por meio da palavra ou do silêncio.

A criança, como ser simbólico, inicia-se no mundo brincando, jogando com os elementos disponíveis ao seu redor, experimentando-se e, a partir do concreto, viaja (cria) em busca de mundos distantes, desconhecidos. A imaginação é a sua maior ação. Por meio dela, vai "conversando" com esse mundo ao seu redor e vai se apropriando de seus significados. Ela vive e apreende a realidade circundante jogando com o corpo, com os objetos que manipula e transforma nisso ou naquilo, ao sabor do movimento, na liberdade da "inventação". O que mais as crianças do segundo episódio citado faziam quando cantavam parabéns ao redor das canecas empilhadas? Viviam uma experiência de puro jogo metafórico.

Ainda que o adulto não veja ou não considere, o jogo da criança está lá, acontecendo, transformando e transformando-se no cotidiano. A criança transgride as regras impostas e arranja brechas para fazer seu jogo, para fazer sua viagem, percorrendo espaços infinitos, não visíveis ao olhar (muitas vezes triste, cético e endurecido) do professor, que reclama a ordem e impõe um único ritmo na rotina diária.

Ao discutir a unicidade característica da rotina na creche, materializada na organização engessada do tempo, do espaço e das atividades, Rosa Batista (1998) chama a atenção para o papel ativo das crianças, afirmando que, não raro, vão além da ordem proposta, extrapolam a uniformidade do cotidiano, fazendo escolhas que "não deveriam" fazer. O episódio das crianças cantando parabéns, novamente em cena, oferece um exemplo que confirma a análise da_pesquisadora: nele, percebemos que as crianças cantam, quando "deveriam" ficar em silêncio; batem palmas, quando "deveriam" permanecer quietas; movimentam-se, quando "deveriam" ficar esperando. Reinventam a rotina, transgridem a programação.

Eis um grande desafio para o professor: cultivar a sensibilidade do olhar, ampliar seu campo de visão, construindo um olhar diferenciado sobre as crianças pequenas, procurando reconhecer – para acolher –, as mil e uma formas de expressão que elas utilizam para se comunicar e ser no mundo.

É, pois, preciso olhar tudo ao redor. Pareceria simples, mas não é. Na automatização do dia a dia, nosso olhar torna-se gasto ou viciado, a exemplo do que nos revela Otto Lara Resende (1992) em sua bela e conhecida crônica. Enredados na *rotina rotineira*, habituados a um cotidiano que se arrasta pelos caminhos já trilhados, conhecidos, seguros e previsíveis, já não percebemos o movimento, ficamos surdos às perguntas, queixas, conversas das crianças e suas múltiplas formas de expressão. Já não levamos nosso olhar para passear, como diria Larrosa (2003), já não nos espantamos com o que vemos de ordinário, tampouco nos encantamos com o extraordinário.

Diante da sutileza e invisibilidade dos processos de conhecer e expressar o mundo, próprios da criança, um professor "ordeiro e disciplinador" dificilmente perceberá a dinâmica do conhecimento sendo por ela construído, na euforia de suas descobertas, na experimentação e na troca de pontos de vista entre seus pares. Não reconhecerá os processos de aprendizado revelados com o corpo inteiro, intensamente, a qualquer hora, em qualquer espaço. E, inevitavelmente, se não percebe e não reconhece atividade e aprendizagem nesses momentos, facilmente desqualificará o vivido. Resultado? Interdição da interação. E da criação.

Mas – é preciso assinalar – esse professor também foi interditado na sua ação de sonhar, de jogar e inventar mundos. A dimensão criadora, curiosa, descobridora vai um tanto aprisionada no modo de ser adulto. Não espantaria afirmar que os repertórios que marcam a idade adulta são tímidos, empobrecidos e revelam o esquecimento e o silenciar de suas linguagens ao longo dos anos. Na sensibilidade estancada, que resulta em um olhar embotado, habituado, que olha e não vê, configura-se a dificuldade em respeitar e valorizar o jogo das crianças. Resulta que, dessa forma, o professor dificilmente poderá oferecer instrumentos que nutram e ampliem a sensibilidade, a cognição e o afeto no jogo metafórico que engendra fazeres e saberes infantis. Antes, precisa ser nutrido. Necessita recuperar sua capacidade de brincar, de exercitar sua dimensão lúdica.

> Para seguir compondo com as crianças, o educador precisa, primeiro, reconhecer-se e descobrir sua musicalidade, sua possibilidade criadora, acreditar, enfim, que é

possível (e urgente) fazer educação com alegria, cores, sons, movimento. Que é preciso articular razão e emoção para podermos acompanhar as tantas crianças que estarão junto conosco na aventura que é ensinar e aprender. É essencial recuperar nossa dimensão criadora, inventiva, brincalhona, "cantante", ousada, aventureira, corajosa. (Ostetto, 2004a, p.93-4.)

Este pode ser um caminho para o aprendizado de olhar além do já conhecido, pois nós, professores, caminhamos amparados por certezas pedagógicas, um porto seguro de regras e modos de fazer e, então, temos medo do desconhecido, do que não podemos controlar, do campo do afeto e da sensibilidade. De modo geral, essa é uma característica da contemporaneidade, fundada em pressupostos que separam emoção e pensamento, lazer e trabalho, arte e vida, empurrando-nos só para um lado da existência: a racionalidade e a ciência – para o que é comprovado. Nesse contexto, é evidente a dificuldade da Pedagogia em lidar com a poética da vida, dar espaço para a imaginação, autorizar-se a criar, experimentar, errar. Em nossa história da Educação, temos sido prescritivos, normativos. Como provocou o ator e diretor Antônio Abujamra (apud Ostetto, 2006), a Pedagogia tem tantas certezas e tamanha dificuldade de se relacionar com o incompleto, o inacabado, que segue pretendendo "colocar braços" na Vênus de Milo...

Sair em busca do novo, ampliar repertórios, recuperar suas próprias linguagens

Ser professor pretendendo educar o "ser poético" significará rever, quiçá desalojar, verdades enraizadas, exercitar a dúvida, reconhecer a falta de dimensões outras que não a da razão, acender o desejo da busca. A tranquilidade que nos pode trazer a completude do já estabelecido (um modelo, um modo de fazer, uma receita, uma técnica, um esquema) e a segurança que nos pode oferecer a rota conhecida caminham passo a passo com a impossibilidade da criação (Ostetto, 2007).

A imaginação, a criação e a poesia são elementos de base para o ofício de professor cujo cultivo se assemelha a deslizar rumo ao desconhecido. Lembro-me do homem que queria um barco para ir buscar à ilha desconhecida, no conto de Saramago (1998), personagem que, contra todos os argumentos do rei, guiado pelo desejo, acreditava ser impossível não haver ilhas que não fossem conhecidas. Assim também o educador, para qualificar saberes e fazeres na educação infantil, precisa entregar-se à aventura de deslizar rumo a ilhas desconhecidas; aventura que requer, antes de tudo, o desejo de navegar.

Para muitos, não existem mais ilhas desconhecidas nos mares educacionais – todas já estariam descobertas, localizadas, mapeadas sob o controle do professor.

Sendo assim, cabe a pergunta: nossos roteiros educativos arriscam-se por lugares e territórios que não conhecemos? Pois, se o educador acredita e se aventura, ele encoraja as crianças a também se aventurarem – ou, melhor dizendo, a criarem. Se, ao contrário, ele se detém diante do novo e não ousa, facilmente interditará a aventura das crianças.

Nossa história é tramada nos tempos e espaços em que vivemos. Marcados pelas experiências compartilhadas com nosso grupo de convívio familiar, bem como pelas referências culturais mais amplas – características de um tempo histórico –, vamos elaborando sentidos e significados sobre o mundo, apropriando-nos de modos de ser, pensar e sentir. Vamos, assim, constituindo um repertório, um "arquivo dinâmico de experiências reais e simbólicas", acervo pessoal de valores, concepções e sentimentos que, de certa forma, orientam a atribuição de significados e sentidos ao vivido (Martins et al., 1998).

Como seres sócio-históricos que somos, interagimos com a realidade que nos cerca, somos afetados por relações, imagens, situações, acontecimentos, emoções. Então, nossos repertórios, constituídos ao longo da vida, são acionados a cada encontro com o outro – pessoas, lugares, paisagens, obras, objetos, conceitos. É com eles que vamos significando o mundo, fazendo a leitura do que nos rodeia e nos acontece. Quanto maior o repertório, maior a possibilidade de estabelecermos diálogo com as "coisas do mundo", com o mistério da vida, reinventando sentidos por meio de uma leitura enriquecida, ampliada, múltipla.

A necessária ampliação de repertórios artístico-culturais corresponde à educação do "ser poético", implicando a totalidade do olhar, da escuta, do movimento, que se expressa mobilizando todos os sentidos. E, para mobilizar os sentidos, é essencial o enriquecimento de repertórios, com a promoção de encontros com diferentes linguagens, alimentando-se a imaginação e provocando histórias (de sentir, ver, ouvir, pensar, fazer) por meio das quais meninos e meninas possam aventurar-se a ir além do habitual, à procura da própria voz, à escolha de seu próprio caminho, reafirmando sua autenticidade.

Todavia, se o professor ocupa grande parte de seu tempo controlando os materiais, os processos e o comportamento das crianças, suas condições de olhar e ouvir o que estão produzindo, dizendo e buscando dizer serão reduzidas. Dessa forma, também perde a oportunidade de se colocar como um interlocutor privilegiado, dando suporte às histórias que estão sendo criadas pelas crianças. Ora, nós, adultos-professores, quando crianças, também fomos interditados na nossa ação de sonhar, de jogar e inventar mundos; também fomos reprimidos em nossas linguagens e possibilidades expressivas.

Por isso a educação estética do educador é fundamental e passa necessariamente pelo reencontro do espaço lúdico dentro de si, pela redescoberta das suas linguagens, do seu modo de dizer e expressar o mundo. Pressupõe, igualmente, a aproximação e o diálogo com a arte e o universo artístico; a aceitação de compor novos itinerários, de explorar velhos-novos territórios, dentro de si e ao seu redor, arriscando novos olhares, "reaprendendo a ver, a se espantar com o que vê..." (Albano Moreira, 2002, p.95.)

> O espanto é um desinstalar-se de posições fixas e de hábitos cristalizados; por isso gera níveis de questionamento que exigem uma transformação em nosso modo de ser. (Unger, 2001, p.149.)

Ser professor: interlocutor privilegiado que observa, registra, documenta e encaminha propostas

Para enfrentar os desafios pautados, é preciso que o professor assuma uma postura profissional de observação, de registro e, consequentemente, de discussão e reflexão sobre os fazeres e modos de ser das crianças, bem como de sua prática pedagógica. Aí está implicada uma gama de aprendizagens: de maior atenção ao silêncio, ao movimento, ao gesto. Torna-se imperioso aguçar o ouvido e refinar o olhar para o reconhecimento das mensagens e indícios expressivos das crianças, bem como de suas produções, manifestações e preferências.

É preciso aprender a ver. Ver além do aparente, construir um olhar implicado. Para o professor, que exerce uma profissão essencialmente alicerçada nas relações humanas, é particularmente importante esse movimento de vaivém: estar com o outro, ver o outro – ou seja, as crianças, os colegas, as famílias, o mundo ao redor – e enxergar-se (Ostetto, 2008). É necessário, sim, e ao mesmo tempo, delicado. Não é coisa que se aprende em uma lição, com um livro ou um manual de técnicas. É, fundamentalmente, uma atitude que se aprende estando com o outro – ou outros – na dinâmica do cotidiano educativo. Logo, é tarefa da vida inteira.

É nesse ponto que destaco a importância de o professor, em sua formação, reencontrar-se com porções esquecidas do "ser", ao que se tem chamado de encontro com "sua criança" (Ostetto, 2006). Como nos diz Jung (1998, p.175),

> No adulto está oculta uma criança, uma criança eterna, algo ainda em formação e que jamais estará terminado, algo que precisará de cuidado permanente, de atenção e de educação.

Ademais, como alguém poderá acolher o "outro fora de si" se não acolhe o "outro interno"?

Muitas vezes, é esse "outro interno", sofrido ou satisfeito, que é repelido ou celebrado por meio do convívio entre o professor e as crianças-alunos. Com isso, estou dizendo, juntamente com Furlanetto (2003), que tomar contato com conteúdos inconscientes é essencial no processo de tornar-se professor, sobretudo porque seu ofício fundamenta-se nas relações sociais. Exercício de alteridade é o que nos aponta o processo: as crianças-alunos são "outros" que o professor precisa reconhecer como tal para poder estabelecer relações saudáveis. O diálogo é pressuposto e, na mesma medida, tão difícil de ser realizado.

> É espantoso constatar quão diminuta é a capacidade das pessoas em admitir a validade do argumento dos outros, embora esta capacidade seja uma das premissas fundamentais e indispensáveis de qualquer comunidade humana. [...] Na medida em que o indivíduo não reconhece o valor do outro, nega o direito de existir também ao "outro" que está em si, e vice-versa. (Jung, 1984, p.89.)

Refletir sobre o vivido é perceber as polaridades da vida: nem tudo é alegria nem tudo é tristeza, nem há só acertos nem há só erros, mas isso e aquilo. Cabe fazer a seguinte pergunta: O que fazemos com essas polaridades? Podemos negá-las ou trazê-las para a consciência. Guiados por uma concepção de formação como processo de autoconhecimento, devemos tomá-las como matéria genuína da constituição de professores cujo processo de aprender com o vivido vai integrando dimensões que geralmente se encontram fragmentadas. E mais: no que diz respeito aos professores, a abertura para o mundo e para as questões existenciais é um exercício fundamental. Mas nossa tradição pedagógica é prescritiva, sustentada pela necessidade de estabelecer uma verdade única e absoluta. Dessa maneira, há pouco espaço para um professor assumir suas fragilidades, reconhecer dificuldades e expressar sentimentos.

Todavia, é deveras importante para o professor criar espaço para a reflexão sobre sua prática e sobre si mesmo. Como? Um bom caminho anuncia-se com o exercício do "registro escrito", em que a palavra, como narração do vivido, se amplia na possibilidade de revelar aspectos sobre nós mesmos, na marcação de histórias que deixam entrever um tanto do que fomos/somos/poderemos ser. No caso da prática pedagógica, tal exercício nos permite observar (para, então, avaliar) como agimos, como nos relacionamos, seja com o conhecimento, com as crianças, com o trabalho educativo em geral ou com as demandas do cotidiano de ser professor.

Diversos autores e pesquisadores já destacaram o grande potencial formativo que pode assumir a escrita da própria experiência, tanto na forma de diários pessoais, como na forma de textos narrativos para a análise coletiva de práticas desenvolvidas. No Brasil, destacam-se as pesquisas de Cecília Warschauer, publicadas em dois livros: *A roda e o registro* (1993) e *Rodas em rede: oportunidades formativas na escola e fora dela* (2001).

Ao narrar a experiência vivida, o professor aprende sobre si mesmo e sobre sua prática, pois, ao organizar o pensamento por escrito, na experiência narrativa, constrói um campo de reflexão, tomando distância para aproximar, aproximando para aprofundar, aprofundando e reconstituindo o vivido com outras cores, de forma ampliada e integrada. O ato de escrever o vivido desencadeia um processo reflexivo, no qual a vivência restrita e singular se torna pensamento sistematizado, apropriação de conhecimento (Ostetto et al., 2001). O registro da experiência, organizado em diários, permite ao professor construir o que Cecília Warschauer (1993) chama de memória compreensiva. A palavra escrita é base para a análise do cotidiano, tecendo a história pessoal e profissional do educador.

Escrever, registrando o vivido, humaniza o educador, uma vez que possibilita o encontro com suas dúvidas, deixando-o frente a frente com seus erros e limites. "A vivência do registro, dessa perspectiva, nos remete ao campo da humildade, por meio do aprendizado de conviver com a dúvida, com as incertezas". (Warschauer, 1993, p.63.)

> Tornar visíveis nossas dificuldades, fato que acompanha a escrita, traz uma oportunidade formativa do humano na construção de sua autenticidade, não só em face dos outros, mas sobretudo de si mesmo. (Warschauer, 2001, p.189.)

O registro é um convite a desmontar o jogo do "tudo ou nada", da infalibilidade do professor. Espaço de afirmação da inteireza de ser: cabeça e coração, nem só acertos nem só erros, nem só certezas nem só dúvidas: tudo junto, como partes da história que nos constitui humanos. A escrita ainda possibilita

> [...] o acesso a camadas mais profundas de nós mesmos que, sem esse registro, poderiam não chegar ao nosso conhecimento. Porém, possibilita também o conhecimento de aspectos muitas vezes indesejados e sombrios. Mas uma postura de abertura e determinação pela ampliação do (auto) conhecimento pode iluminar o caminho para a conquista de uma coerência interna, integradora, e contribuir para a aproximação entre o idealizar e o concretizar, entre o pensar e o agir. (Warschauer, 1993, p.65.)

Pelo exercício do registro escrito, enfim, podemos tocar territórios desconhecidos, da aprendizagem, da transformação. Escrevendo e refletindo sobre o vivido; o professor pode afirmar-se autor, responsável pelo seu próprio processo de formação. Na coragem de traçar e rever a história compartilhada com as crianças no cotidiano educativo, o professor encontra a possibilidade da recriação de si mesmo, redefinindo hábitos e ampliando os sentidos.

15

Uma proposta de formação contínua de professores no ensino superior: a experiência da Unesp

Maria da Glória Minguili
Ana Maria Lombardi Daibem

Antes de responder à pergunta "Quem forma o professor para o ensino superior?", gostaria de indagar e refletir com vocês sobre algumas questões, como: quem é o professor de quem estamos falando? Qual é o sentido da palavra "professor" e da ação expressa por esse "ser professor"? Para cada um de nós aqui presentes neste Congresso, qual é a resposta a essa pergunta?

Talvez, ao ouvirem a pergunta "Quem é o professor?", vocês estejam dizendo no seu interior: "Ora, é aquele que ensina". Pois bem, vamos refletir se o professor é apenas e realmente aquele que ensina, quem de fato ele é, onde é formado e por quem.

Essa resposta tem nos acompanhado ao longo de nossa vida pessoal e profissional. Costumamos afirmar que professor é aquele que proclama a verdade que professa.

Analisemos a frase, começando com a palavra "professa". Não vamos tomá-la em sentido restrito ou religioso, mas no amplo sentido de afirmação de algo observado, problematizado, pesquisado, construído e aplicado à realidade. Portanto, professar cientificamente algo é afirmar o resultado de uma pesquisa construída de maneira sistematizada e que se transforma em intervenção na realidade analisada, a fim de dar um passo à frente na qualidade desse algo real analisado. (Minguili, 1996)

A palavra "verdade" tem, nessa frase, o sentido de "conhecimento" construído mediante a pesquisa. Não é pronta e acabada; está sempre em construção. Por isso, cada pesquisa nos indica um passo a mais na construção do conhecimento.

A palavra "proclama" é um verbo e, portanto, indica a ação de anunciar. Nesse caso específico, significa anunciar o conhecimento construído e sistematizado, a fim de gerar novas indagações, pesquisas, construções e intervenções na realidade.

Há muitas maneiras de anunciar o resultado das pesquisas: por meio de artigos em revistas científicas e/ou de divulgação, em jornais, livros, tecnologia da informação e comunicação etc., pois são inúmeras as linguagens e as possibilidades de se proclamar o que quer que seja.

Uma dessas linguagens é aquela usada em sala de aula pelo professor para transformar o conhecimento elaborado e sistematizado em algo que possa ser aprendido e apreendido pelos alunos. Referimo-nos à linguagem didático-pedagógica que deve existir entre professor e aluno, independentemente de se tratar de uma situação de orientação para uma pesquisa ou de proclamação de conhecimento construído para alunos em sala de aula, visando estimulá-los a avançar em sua observação, análise e intervenção na realidade à luz do conhecimento aprendido. Trata-se da linguagem existente no processo de ensino e aprendizagem.

É exatamente por este verbo "proclamar" que começaremos a refletir sobre quem forma o professor e, particularmente, o professor para o ensino superior, tema central desta mesa-redonda.

Segundo a Lei de Diretrizes e Bases da Educação Nacional (LDB) de 1996 e legislação posterior, o professor para a educação básica deve ser formado em cursos de graduação, nas licenciaturas. O professor para a educação superior deve ser formado em cursos de pós-graduação. Ainda segundo a LDB, cursos de pós-graduação iniciam-se em nível de especialização e chegam ao doutorado. Portanto, o lócus de formação do professor do ensino superior são os cursos de pós-graduação em instituições de educação superior.

Estarão esses cursos cumprindo sua função? Dentro dos cursos, quem é responsável por tal formação? O orientador de pesquisa? Um professor da área de Educação? A vontade pessoal do coordenador do curso? Os órgãos do Governo, por meio do MEC, do Inep e da Capes? Enfim, quem é responsável pela formação do professor para o ensino superior? As respostas a essas indagações não podem ater-se a uma vontade pessoal deste ou daquele professor, deste ou daquele coordenador de curso, nem desta ou daquela diretriz governamental. As respostas a essas indagações são institucionais, a fim de romper com a dicotomia existente entre formação específica do pesquisador e formação pedagógica do professor.

Portanto, partindo da afirmação de que "professor é aquele que proclama a verdade que professa", o professor no ensino superior tanto constrói o conhecimento científico com seu grupo de pesquisa quanto transmite conhecimento para seus alunos, para a comunidade científica e expande esse conhecimento à comunidade social.

Eis por que se exige do professor de ensino superior sólida formação específica em sua área de especialidade, sólida formação na área que envolve a comunicação do conhecimento, bem como clareza quanto às finalidades e ao uso desse conhecimento. Trata-se, portanto, de questões didático-pedagógicas, questões de ética e de cidadania, enfim, questões que dizem respeito à humanização do sujeito, já que, por definição, "educar é humanizar o ser humano".

Nesse sentido, as instituições de educação superior, em cursos de pós-graduação, ensinam a elaborar e desenvolver projetos de pesquisa (a metodologia científica), a escrever e publicar artigos e livros, a organizar publicações, a elaborar relatórios de pesquisa... Ou seja, cumprem, em parte, a função de formar o professor para a educação superior, trabalhando, prioritariamente, a faceta de pesquisador do pós-graduando.

Mas, por definição, o professor também anuncia e transmite o conhecimento construído e sistematizado para alunos em situação de aprendizes, quer em aulas, em trabalhos de iniciação científica, quer em trabalhos na comunidade social (extensão dos conhecimentos à população em torno da instituição).

Então, como ficamos com essa faceta do professor da educação superior? Cada qual vai descobrindo por si a melhor maneira de se comunicar com os alunos? De desenvolver seu trabalho pedagógico e de humanização? Isso seria inventar a roda todos os dias.

Ainda no âmbito dos programas de pós-graduação, o próprio Governo, por meio da Capes, estabeleceu, no final da década de 1990, o estágio de docência para os bolsistas Capes em cursos de pós-graduação. Além disso, o MEC valorizou a questão do projeto político-pedagógico dos cursos, o que fez várias instituições rever seus programas, tanto dos cursos de graduação quanto os de pós-graduação. Essa revisão exige, no mínimo, um conhecimento do que é e por que um projeto político-pedagógico é necessário para os cursos, sejam de graduação ou de pós-graduação.

Em consequência, também surgiram iniciativas, dentro dos programas de pós-graduação, de oferecimento de disciplinas de natureza pedagógica, as quais, independentemente das críticas que possam receber, respondem a essa segunda faceta do professor da educação superior.

Outra ação governamental que pode indicar o interesse na formação do professor para a educação superior foi o edital que o Inep publicou em 2009, destinando quatro milhões de reais para o financiamento de propostas de criação e manutenção de Núcleos de Estudos voltados à pesquisa educacional.

Vivenciamos essas propostas, pois, no período mencionado, trabalhávamos em cursos de pós-graduação em duas áreas diferentes: no mestrado em Engenharia Industrial da Faculdade de Engenharia da Universidade Estadual Paulista (Unesp), campus de Bauru[1] e no mestrado em Educação para Ciências da Faculdade de Ciências da Unesp, campus de Bauru.[2]

1 Professora Doutora Maria da Glória Minguili.

2 Professora Doutora Ana Maria Lombardi Daibem.

O início das atividades na pós-graduação em Engenharia Industrial, tão distante da nossa área de trabalho específico, aconteceu em 1998, com disciplinas da área de Educação e Organização, além de supervisão de estágios de docência, tendo como referência o projeto político-pedagógico do curso e o plano de ensino da disciplina na qual o pós-graduando atuaria. Foi uma experiência muito interessante, de parceria das áreas científica e pedagógica, que foi bem avaliada pelos alunos à época, os quais indicaram a necessidade desses estudos.

No curso de Educação para Ciências, desenvolvemos, em disciplina curricular específica, estudos sobre concepções de educação e teorias pedagógicas, assim como orientação de inúmeros projetos de pesquisa que incluíam prática pedagógica. Essa experiência nos permitiu constatar a necessidade de aprofundar estudos pedagógicos, os quais se revelaram ser de amplo interesse por parte dos pós-graduandos. O professor para a educação superior também é objeto de preocupação de muitos pesquisadores da área da educação. Nesse movimento de preocupação crescente com a questão da formação para a docência no ensino superior, voltamos nosso foco para as iniciativas institucionais de formação do professor para o ensino superior, particularmente para a experiência da Unesp nos últimos cinco anos.

Quanto à formação do professor na Unesp, por meio de um projeto que se tornou um núcleo institucional, relataremos uma breve história para chegar ao atual Núcleo de Estudos e Práticas Pedagógicas, subordinado à Pró-Reitoria de Graduação (Prograd).

Com o início da nova administração da universidade, em 2005, ao fazer constar a formação contínua de docentes como um dos seus programas, a Prograd também atenderia à demanda de coordenadores de cursos no que se referia à questão de melhoria da qualidade de ensino na graduação. Nesse sentido, a Prograd solicitou a colaboração de um grupo de educadores da universidade, com experiência em formação contínua de docentes do ensino universitário, para estender à universidade toda os projetos de formação contínua de docentes na área de ensino, que eram desenvolvidos em pequenos grupos em suas unidades nos campus de Botucatu e Bauru.

A experiência de Botucatu incluía o oferecimento de disciplinas de natureza pedagógica para a maioria dos cursos de pós-graduação do campus. No caso da Faculdade de Medicina de Botucatu (FMB), essa iniciativa foi ampliada para os docentes que atuavam no curso de Medicina, integrando o Plano de Atividades do Núcleo de Apoio Pedagógico (NAP), criado no âmbito daquela unidade. Assim, a Faculdade de Ciências Médicas de Botucatu (FCM-Botucatu) passou a pensar a formação contínua dos seus professores, trabalhando aquela faceta necessária, porém ainda nebulosa, do ensino em sala de aula.

No caso do campus de Bauru, por volta de 2004, como parte do programa de gestão do então diretor da Faculdade de Ciências (FC), professor José Brás Barreto de Oliveira, foi elaborado um projeto de formação contínua de professores da faculdade do qual fizemos parte, bem como uma das professoras do NAP de Botucatu, professora doutora Miriam C. P. P. Foresti. O programa foi realizado em 2004 e 2005 sob a coordenação da professora doutora Adriana J. F. Chaves, da FC.

Com base na experiência de Bauru, acrescida da experiência de Botucatu, foi elaborado o programa institucional de formação contínua de professores, intitulado Oficinas de Estudos Pedagógicos. Foram incorporados ao grupo inicial, os professores Dr. Klaus Schlüzen Junior e Dr. Marcus Vinicius Maltempi, para cuidarem, especificamente, da Tecnologia da Informação e Comunicação, como um dos recursos didáticos. Esse programa já foi apresentado no congresso anterior, quando foram expostos os objetivos, as ações e os resultados parciais.

A primeira fase desse programa foi realizada no período de 2006 a 2008. Nesse último ano, como atividade prevista desde o início do programa, realizou-se o Primeiro Fórum de Estudos e Práticas Pedagógicas da Unesp cuja atividade principal foi a avaliação dessa primeira fase de formação contínua de professores da universidade e em cujas conclusões foi apresentada a proposta de criação do Núcleo de Estudos e Práticas Pedagógicas da Unesp (NEPP), como um trabalho permanente de formação contínua de professores da Universidade.

Nesse Fórum, também foi lançado o livro *Oficinas de estudos pedagógicos: reflexões sobre a prática do ensino superior* (Pinho, 2008), contendo o histórico do programa, o significado das oficinas e as atividades desenvolvidas, incluindo conteúdos de fundamentos, epistemologia e metodologia do ensino superior.

A proposta do Núcleo foi aprovada em todas as instâncias da universidade, tendo sido instituído pela Resolução Unesp 45, de 2008, e implantado em fevereiro de 2009. O NEPP constitui, portanto, a segunda fase de um processo que teve início em 2005. Ao serem iniciadas as atividades do NEPP em 2009, a mensagem da Pró-Reitora de Graduação da Unesp, escrita pela doutora Sheila Zambello de Pinho, assim as definiu:

> As ações do NEPP têm o objetivo de promover a reflexão sobre a prática pedagógica e a divulgação de experiências bem-sucedidas em sala de aula no âmbito da Unesp, possibilitando o aperfeiçoamento contínuo da docência e garantindo a manutenção da qualidade do ensino na universidade, ao lado da pesquisa e da extensão. (Pinho, 2009)

O ponto de partida de todo esse processo de pensar a formação contínua de nossos professores, em suas duas fases, é que a prática do docente requer o domínio de conhecimento específico, mas também do conhecimento sobre a educação, o ensino e a aprendizagem, e que o ensino constitui o principal trabalho do professor universitário, tanto como pesquisador, com sua equipe de trabalho, quanto com os alunos em sala de aula, nos cursos de graduação e pós-graduação.

Coordenado pela Prograd, o NEPP conta com uma comissão central, composta por Grupo Gestor e Secretaria Executiva. Considerando que as atividades de ensino, pesquisa e extensão exigem do professor universitário uma diversidade de ações em face das disciplinas que ministra e do projeto pedagógico dos cursos que atua, o objetivo do NEPP é criar espaços físicos, sociais e acadêmicos na Unesp, possibilitando aos professores a reflexão sobre sua prática pedagógica, no âmbito de sua(s) disciplina(s) e área de conhecimento, contribuindo efetivamente para a melhoria da qualidade de ensino na universidade.

Para o desenvolvimento de suas atividades, o NEPP conta com o apoio dos diretores e vice-diretores das unidades universitárias, coordenadores e vice-coordenadores executivos dos *campi* experimentais, coordenadores de curso, chefes de departamento e docentes colaboradores. Ao entrar no site da Prograd, no Portal da Unesp, é possível ter acesso ao projeto do NEPP e às atividades programadas.

Recentemente, o Núcleo teve um projeto de pesquisa aprovado pelo CNPq, que possui a seguinte indagação básica: Em que medida um espaço de formação continuada como o NEPP pode influenciar a prática docente no ensino superior e incentivar a articulação entre ensino, pesquisa e extensão, tendo em vista a qualidade desse ensino?

Concluindo, ressaltamos a relevância das múltiplas iniciativas para se pensar a formação do professor para a educação superior. A Unesp socializa suas iniciativas nesse congresso com a finalidade de apresentar, discutir e aprimorar a experiência do NEPP, ora em construção, e demais experiências similares. Reafirmamos, portanto, que é a instituição de educação superior quem deve garantir a formação inicial e contínua do professor de seus cursos de graduação e pós-graduação, a fim de realizar o que definimos no início: professor é aquele que proclama a verdade que professa. E essa definição vale para os profissionais dos dois níveis de educação escolar: a educação básica e a educação superior.

Para isso, é necessário pensar e realizar um projeto político-pedagógico que articule as duas facetas do professor: pesquisador-construtor do conhecimento e comunicador do conhecimento sistematizado cientificamente para intervenção na realidade, tendo em vista a melhoria da qualidade de vida.

Como contribuição para futuras reflexões acerca deste tema, apontamos três grandes desafios para os que se propõem a pensar a formação do professor para a educação superior:

- Instituição do projeto político-pedagógico para os cursos de pós-graduação que contemple a formação inicial do professor de educação superior com suas duas faces articuladas: a de pesquisador e a de docente de pesquisas, do conhecimento específico sistematizado para os alunos que se tornarão outros profissionais da área em busca de novos conhecimentos, e assim por diante, sempre tendo em vista a transformação da realidade em um nível de vida qualitativamente superior;

- Instituição do projeto político-pedagógico para os cursos de graduação (bacharelado e licenciatura) que contemple, além da formação dos alunos do curso específico, a formação contínua dos professores que nele atuam, contemplando a unidade pesquisa, ensino e extensão para articular todo o projeto de ensino e aprendizagem, a fim de realizar os objetivos específicos do curso e as finalidades sociais da universidade;
- Instituição do projeto político-pedagógico em cursos de licenciatura que garantam a formação de professores que atuarão na educação básica, capazes de pensar e fazer o seu trabalho, sem precisar seguir apostilas que governos estaduais e municipais estão obrigando o professor a utilizar, ferindo a dignidade humana e profissional desses professores e culpando-os pelo insucesso da educação, quando, de fato, falta investimento governamental na infraestrutura de todo o sistema educacional para que o professor possa realizar seu trabalho e o processo ensino-aprendizagem possa ocorrer em cada escola.

16

O campo da pedagogia universitária: legitimidades e desafios

Maria Isabel da Cunha

Profissionalizar a universidade e desenvolver a formação profissional dos docentes que nela atuam é uma preocupação relativamente recente na realidade brasileira e latino-americana. É possível que esse movimento reflita iniciativas desencadeadas pelos acontecimentos dos anos 1960 na França, que questionaram as práticas acadêmicas tradicionais baseadas em relações de poder verticais e em tradições que necessitavam superação. Certamente, há iniciativas pontuais que revelam projetos institucionais que foram se consolidando ao longo do tempo. Entretanto, elas não são consolidadas o suficiente, a ponto de terem capacidade de gerar uma base sólida de conhecimentos, nem de garantir a legitimidade na arena acadêmica.

Em geral, percebe-se a docência universitária estabelecida a partir de saberes dos campos profissionais e científicos dos professores que, baseados nas representações tradicionais de suas trajetórias enquanto estudantes, forjam seu modo de ensinar. Algumas pesquisas vêm-se instituindo nessa direção, na tentativa de fazer avançar as reflexões sobre o campo científico da pedagogia universitária.

A autoridade dos professores, respaldada por uma hierarquia inquestionável nas relações institucionais, legitimam a cultura estabelecida. A universidade atende às expectativas tácitas das classes sociais que nela interagem, as quais, em geral, aceitam os formatos tradicionais que a constituem. Poucos questionamentos sobre seu estatuto de credibilidade são permitidos, e a própria comunidade interna, organizada por intermédio de órgãos colegiados, define suas práticas e rituais, sem significativa interferência externa.

Trajetória contemporânea da universidade: impactos e perspectivas

No Brasil, poucos movimentos de alteração das estruturas acadêmicas foram expressivos na trajetória contemporânea da universidade. A instituição estabeleceu-se tardiamente no Brasil, por volta de 1930, como uma resposta positiva à aspiração da classe dominante da época. Mesmo com a condição republicana dada a partir de 1889, tardou mais de três décadas a iniciativa de sua implantação. Com raras exceções pontuais, em termos de estrutura, reproduziu os modelos dos países do Norte em sua organização. Com uma tradição nas escolas superiores isoladas de cunho profissional incluiu, no seu ideário, algumas preocupações investigativas e sociais que, entretanto, não representaram rupturas mais profundas na sua constituição. É provável que essa condição reproduzisse as expectativas e anseios da sociedade, ou seja, quanto mais semelhante aos padrões tradicionais, mais legitimadas seriam as organizações universitárias do País.

O padrão de qualidade assumiu os valores previstos nas matrizes europeias. Posteriormente, a inspiração norte-americana foi influenciando a educação brasileira, em especial a partir da Segunda Guerra Mundial, marcada pelas relações de dependência econômica e política do Brasil com os Estados Unidos. Efeitos dessa influência se consolidaram mais tarde, no período do governo militar.

O movimento de mais expressão na arena das tensões acadêmicas relacionou-se com a movimentação dos estudantes e de parte do professorado em início de carreira, pelo fim da cátedra vitalícia, pela qual os docentes catedráticos tinham total autonomia, inclusive sobre a definição de conteúdos e práticas pedagógicas, estabelecendo estruturas verticais, muitas vezes autoritárias, que tornavam inquestionáveis as suas decisões. Paradoxalmente, foi a Reforma Universitária de 1968 (Lei n.5.496) – em plena ditadura militar –, que revogou a legislação que instituía as cátedras. Certamente, não o fez pelos motivos que mobilizavam parte da comunidade universitária, baseados no desejo de democratização, mas porque a suprema autonomia dos docentes catedráticos poderia interferir no modelo acadêmico e no controle ideológico que se desejava hegemônico. A Reforma Universitária de 1968 organizou a universidade brasileira nos moldes das instituições norte-americanas, incluindo a estrutura de departamentos e a organização curricular por créditos. Instituiu o chamado ciclo básico, no qual estudantes que ingressavam faziam estudos gerais, para depois cursarem os créditos próprios de suas carreiras. Os argumentos oficiais que sustentavam a reforma centravam-se na eficácia administrativa e econômica, mas o que se punha em marcha era uma estratégia para atingir a dimensão coorporativa e política da instituição.

Vale considerar, ainda, que a crise da modernidade, que se estabeleceu com maior evidência a partir do pós-guerra, se acirrou no final dos anos 1980. O esgotamento da principal experiência do socialismo real, com a simbólica queda do

Muro de Berlim e o consequente desmantelamento da União Soviética, anunciou o enfraquecimento dos embates ideológicos que colocavam frente a frente modelos utópicos de organização social. A utopia do desenvolvimento econômico com equidade apresentava sua face negativa, apontando para o fato de que nem mesmo o ideário socialista estaria respondendo às demandas de igualdade social e desenvolvimento humano. O capitalismo liberal, que, mesmo com suas intrínsecas posições de competitividade havia forjado a ideia da sociedade de bem-estar social, foi atingido por uma condição exponencial de desgaste e assumiu novos contornos. Uma avassaladora compreensão de que não havia alternativa para se viabilizar a função reguladora do Estado anunciava sua falibilidade e propagava o mercado como única estrutura possível para o exercício da regulação social.

A universidade, tão próxima dos valores da modernidade, foi palco de uma estagnação intelectual no sentido político, reorientando sua gestão e natureza aos novos tempos. A ciência, responsável por tantos avanços na sociedade moderna, teve de responder pela sua condição de partícipe nos modos de produção que atingiram a dimensão ambiental e acirraram as desigualdades sociais.

A crise da modernidade instalou um refluxo na percepção da vida e do sentido da existência, criando novas exigências para a compreensão do mundo. O predomínio da racionalidade técnica – tão explicitado na perspectiva moderna – abriu espaços para novas racionalidades, estimulando a procura por explicações em outras esferas para os fenômenos humanos, ligadas ao plano da ética e da estética. Estas mobilizaram, também, o misticismo e a religiosidade. A positiva compreensão de que a ciência não responde a todas as demandas humanas favoreceu a sua flexibilização em termos interdisciplinares e culturais. Entretanto, em alguns contextos, favoreceu, também, o revigorar de tendências fundamentalistas, que acirraram conflitos de cunho racial e religioso.

No caso da universidade, Sousa Santos (1994) anunciou que a crise da modernidade resultou em três outras crises: a da legitimidade, a da hegemonia e a institucional.[1] As três colocaram a instituição – até então inquestionável – na berlinda, sendo assolada por movimentos que puseram em causa seu valor cultural e social.

Em paralelo, a universidade viu-se também afetada pela chamada "revolução tecnológica", que vem repercutindo em novas formas de distribuição da informação. Com a crescente ampliação dos meios digitais, cada vez mais a informação foi disponibilizada diretamente ao usuário, prescindindo de intermediários e questionando os aparatos institucionais que exerciam essa função. Tradicionalmente, a educação escolarizada responsabilizou-se pela tarefa social de transmitir

---

1 A "crise da legitimidade" refere-se ao questionamento da aceitação consensual da existência da universidade e é medida por seu conteúdo democrático; a "crise da hegemonia" acontece quando são reconhecidos outros lugares/espaços de produção de conhecimentos especializados que não a universidade. A "crise institucional" decorre das outras duas e atinge a concepção de autonomia universitária e os fatores que têm tornado cada vez mais problemática sua afirmação (2000, p.186).

o conhecimento historicamente acumulado às gerações juvenis, tendo o professor como principal fonte desse processo. Acionando seu acúmulo cultural e de conhecimentos profissionais, ele repassava aos estudantes os conteúdos de ensino.

Esse papel docente vem sendo progressivamente posto em questão. Estando a informação disponível por meios digitais, não há mais sentido social na função professoral que se alicerça na transmissão do conhecimento. Essa condição vem abalando a compreensão tradicional de autoridade docente, pois a erudição sempre foi considerada uma sustentação de sua legitimidade. Se se mantiverem com esse estatuto, os professores podem, certamente, fazer parte de uma profissão em extinção, como foram tantas outras.

A reconfiguração da economia e as transformações na organização do trabalho também vêm apresentando um expressivo impacto na educação superior. Profissões tradicionais extinguiram-se em função dos processos de industrialização e informação dos modos de produção. Por outro lado, novas exigências vêm-se apresentando, abrindo espaços para especialidades não previstas nas sociedades tradicionais, nas quais não eram reconhecidas por seu estatuto acadêmico.

O encolhimento dos estados nacionais em prol de uma economia globalizada estabeleceu, ainda, novas formas de competitividade. Os blocos econômicos, organizados a partir dos enfrentamentos continentais de produção, favoreceram mobilidades populacionais, exigindo equidade de formação e desempenho profissional e cultural entre os países alinhados, o que Lessard e Bourdoncle denominaram "mercado comum de diplomas" (2002, p.131), referindo-se especialmente ao que vem acontecendo na União Europeia. Alteraram-se culturas e criaram-se novas hierarquias que necessariamente exigem a educação escolarizada. Assumiu-se a ampliação do conceito de educação básica para responder à expansão da economia e à democratização das oportunidades de trabalho. Esse fenômeno, ainda que fundante dos ideais democráticos da modernidade, criou, por acontecer tardiamente, uma demanda impactante sobre a educação superior. A emergência da inclusão social extrapolou os discursos de cunho progressista e tornou-se condição *sine qua non* para o equilíbrio dos blocos supranacionais.

Repercussões desses processos na universidade e na docência

Os movimentos externos da sociedade atingem em cheio a instituição acadêmica, que é tributária de sua reconfiguração mais ampla. As crises da legitimidade e autoridade mencionadas por Sousa Santos (1994) vêm-se mostrando de forma explícita e sistemática. A tradição universitária, ainda de reconhecido valor, vem sendo assolada por questionamentos que exigem a reconfiguração de suas carreiras e de suas práticas. O monopólio da formação acadêmica foi posto em questão, pois a engrenagem produtiva assumiu alternativas paralelas de construção de saberes e práticas profissionais. Também se alteraram as condições cultural e cognitiva dos estudantes. O acesso às informações pela via informatizada impactou a tradicional função da escola, de ser guardiã da transmissão da cultura acumulada. Os estudantes podem, para ter acesso à informação, prescindir da escola e criar seus próprios códigos de comunicação, bem como assumir a seletividade dos seus interesses. Habilidades tradicionais, como a expressão escrita – base de tantas profissões modernas –, vão sendo substituídas por outras formas de comunicação; criam-se estilos cognitivos distintos baseados em novas exigências culturais e profissionais. A valorização dos fatos atuais e da perspectiva de futuro em detrimento de informações sobre o passado produz o desinteresse por conteúdos historicamente mobilizados. Se a escola de ontem pecou pela demasiada ênfase no passado – tendo em vista os critérios de legitimação científica do conhecimento da modernidade –, a de hoje vê-se constrangida pelo presente e pelo futuro, com dificuldades para motivar seus alunos, os quais se ocupam, cada vez mais, com o atual, revelando a perspectiva de que o futuro pode ser totalmente imprevisível. Essa condição sinaliza para inúmeras reflexões, e é preciso aceitar que se configuram de forma impactante.

Vivemos, ademais, em uma fase de refluxo do capitalismo de expansão, impactados pela herança da destruição ambiental que afeta as condições de sobrevivência humana. A ciência, que tanto colaborou com o progresso, também foi corresponsável por esse fenômeno, bem como pela desigualdade social. Ainda que tenha inquestionáveis raízes humanísticas, políticas e religiosas, a produção científica serviu para acirrar as relações de produção entre os países ricos e pobres, expressando a atual emergência de assumir o comprometimento do conhecimento com os valores humanos. A neutralidade da ciência como um dos pilares da modernidade foi dando lugar à compreensão da dimensão política e humana do conhecimento e assumindo a necessidade da regulação social pela ética. Trata-se, no dizer de Sousa Santos, de postular um "conhecimento prudente para uma vida decente" (2002, p.148).

Os professores, na emergência das reconfigurações anteriormente citadas, enfrentam desafios e assumem a condição de refletir sobre a sua "profissionalidade".[2] As exigências que progressivamente se apresentam para o exercício da profissão impõem o desenvolvimento de habilidades e de saberes antes não configurados, estimulando novas compreensões sobre o fazer profissional docente. Exigem reflexões sistemáticas que ultrapassem as práticas intuitivas e artesanais que, mesmo valorizadas, não alcançam uma teorização mais consequente da profissão docente.

2 Termo usado para "não só descrever o desempenho do trabalho de ensinar, mas também expressar valores e pretensões que se deseja alcançar e desenvolver na profissão" (Contrera, 2002, p.4).

Hoyle (1980) identificou a necessidade de um movimento que fizesse evoluir a profissionalidade restrita para a profissionalidade ampla dos professores. Afirma o autor que a "profissionalidade restrita" refere-se a uma "condição" intuitiva, centrada na sala de aula e baseada na experiência, em detrimento da teoria. Nessa concepção, o profissional é sensível ao desenvolvimento de cada aluno, é um professor criativo e um hábil gestor da aula. Porém, por não valorizar a teoria, o professor

> distancia-se dos padrões conceituais de qualidade, não compara seu trabalho com o dos outros nem tende a compreender as atividades de sala de aula em um contexto mais alargado.

A "profissionalidade" ampla, por sua vez,

> insere o ensino da sala de aula num contexto educacional mais amplo, onde o professor compara seu trabalho com os demais, avaliando, de forma sistemática, seu próprio trabalho e colaborando com outros professores. Ao contrário do profissional restrito, interessa-se pela teoria e pelo desenvolvimento educacional em curso. (p.49.)

Essa condição, segundo o autor, exige o consumo da literatura educacional disponível e envolve o interesse do professor na promoção de seu desenvolvimento profissional autônomo por intermédio de estudos contínuos.

Stenhouse (1975) já havia chamado a atenção para a importância das características reflexivas dos profissionais que demonstram

> uma capacidade para o desenvolvimento profissional autônomo através do estudo do trabalho de outros professores e do questionamento e verificação de teorias com base em procedimentos de investigação na sala de aula... (p.144.)

Esse autor revela, com base na realidade britânica, que têm sido feitos estudos sobre como os professores identificam sua "profissionalidade", "distinguindo o ser profissional e o agir profissional" (p.9), complementando a reflexão de uma área de conhecimento cada vez mais necessária e importante. Para o autor, não basta que o docente se assuma como um profissional, mas é necessário que aja como tal. Essa posição é corroborada por Day (2001), que alerta para a importância

> da reflexão regular sobre os princípios de diferenciação, coerência, continuidade e equilíbrio, não só no "que" e no "como" ensinar, mas também no "por quê" fazê-lo, no nível dos seus propósitos morais básicos. (p.25.)

Entre tantos aportes atuais sobre o tema é que se estabelece o campo da pedagogia universitária. Trata-se de uma necessária organização de conhecimentos e reflexões que tiram a docência da educação superior da condição de "profissionalidade restrita" para colocá-la no plano da "profissionalidade ampla", retomando os conceitos de Hoyle. A emergência da pedagogia universitária impõe a necessidade de se discutir a pedagogia como campo científico e tentar consolidá-la no âmbito acadêmico. Sendo um tema emergente, localizar suas fragilidades de reconhecimento não basta para atestar sua importância. É preciso compreender as razões da fragilidade e assumir a importância de alcançar um novo estatuto para esse campo de saber.

Pode a pedagogia universitária alcançar legitimidade acadêmica?

Para se compreender o contexto de desprestígio que atinge os saberes pedagógicos na universidade, são necessárias algumas reflexões de ordem histórica e sociológica. O campo da pedagogia com estatuto científico é recente e ainda tributário de representações sociais que o enfraquecem. A pedagogia, como etimologicamente a palavra indica,[3] tem sua identidade com a infância que, historicamente, teve pouca importância na sociedade ocidental. Certamente, foi também atingida pela identificação com uma ação que decorre do senso comum, própria da natureza do trabalho feminino, realizado em espaços restritos. Os saberes gestados nesses fazeres constituíam-se distantes da racionalidade científica e apresentavam-se com perfis totalmente afastados do âmbito acadêmico.

As exigências do mundo masculino e econômico – em especial, as guerras mundiais do final do século IX e primeira metade do século XX – tornaram emergentes os esforços de cientificismo dessas áreas, em uma perspectiva de racionalização dos conhecimentos que se tornaram necessários para atender às demandas de saúde e da formação para o trabalho que alimentava os embates bélicos. O imperativo de formar grandes contingentes de pessoas que respondessem rapidamente às necessidades de cuidado e de produção catalisou esforços sobre o campo da Pedagogia, lançando mão dos iniciais conhecimentos da Psicologia Comportamental para implementar teorias da instrução. Presa na rede das exigências da modernidade para a ciência, a Psicologia constituiu-se como espaço de influência para o campo da aprendizagem e, portanto, da Pedagogia. Entretanto, como a formação de professores se fazia nas escolas normais de nível médio, os conhecimentos pedagógicos não constituíam um campo legitimado na educação superior. Por longo período, as Secretarias de Educação de alguns Estados brasileiros foram responsáveis pelo desenvolvimento e pela disseminação dos estudos

3 A palavra "pedagogia" deriva do grego: *paidagogos* e significa "guia de crianças", educador; *paidagogiké* (*techne*) deve traduzir-se, rigorosamente, por "arte de condução das crianças" e adquire, no decurso da naturalização linguística, o significado de "arte" e/ou de "doutrina da educação".

pedagógicos cuja meta era a instrumentalização dos professores em serviço e a melhoria dos sistemas públicos de educação primária.[4] A universidade, por não incorporar o campo da pedagogia nas suas preocupações e interesses, continuava ao largo dessas iniciativas.

Vale lembrar, ainda, que, no Brasil, foi apenas na década de 1930 que se instalaram os sistemas de educação, sob a tutela do Estado. Legislavam principalmente sobre a educação primária e ocupavam-se da estruturação de uma rede escolar que ainda apresentava traços de baixa democratização de acesso para grande parte da população. Na escola secundária, esse fenômeno acirrava-se e a demanda de professores era pequena para justificar investimentos sistemáticos na sua formação.

É importante registrar, também, que a criação das universidades brasileiras foi inspirada em modelos da cultura clássica – sobretudo vindos da França –, e esta, valorizando os estudos de Filosofia e Letras, incluía as humanidades entre as áreas de especialização acadêmica. Pela afinidade com o campo das ciências humanas, a formação de professores encontrou nesse espaço sua possibilidade inicial de inserção. Contudo, a formação de professores distanciava-se das peculiaridades hoje reconhecidas e constituiu-se tardiamente na universidade. Em seus bancos acadêmicos circulavam alunos interessados na docência para a escola secundária, fortemente atingida pela cultura disciplinar e específica. A escola secundária identificava-se com os interesses da classe dominante da população e assumia um caráter propedêutico à universidade. Na realidade, os estudantes universitários aprofundavam-se nos campos de suas escolhas, com a lógica do bacharelado e, posteriormente, faziam um ano de estudos pedagógicos, identificados como uma didática específica. Estava proposto o histórico modelo 3+1, presente até hoje na cultura universitária que regula os cursos de licenciatura.[5]

Nessa proposta, a ênfase nos estudos pedagógicos era significativamente pequena e, portanto, não mobilizava energias para aprofundamento e expansão do campo da pedagogia. As Faculdades de Filosofia, Ciências e Letras, em geral, possuíam um departamento de didática, confiado a professoras – marca de gênero – com origem nas escolas normais, que tinham a tarefa de "complementar" a formação científica dos estudantes oriundos dos diversos campos disciplinares. Como complementar, esse conhecimento não era percebido no âmbito da legitimidade acadêmica, nem sua produção tinha essa origem e estatuto.

---

4 Educação primária – denominação legal da escolarização inicial com duração de quatro a cinco anos, prevista na legislação brasileira até a Lei n.5.692/71, que substituiu esse termo por "educação fundamental", com duração de oito anos. A Lei de Diretrizes e Bases da Educação (LDB), de 1996, alterou novamente essa denominação para "educação básica" que, atualmente, ampliou sua duração para nove anos.

5 Cursos de Licenciatura – denominação dada pela legislação brasileira para denominar as carreiras de formação de professores no âmbito da educação superior.

Os cursos de formação de professores em nível superior historicamente tiveram o campo disciplinar como matriz, e a estrutura desse conhecimento prevaleceu na organização de seus currículos e representações da docência. Soaria muito estranho pensar que os saberes próprios do ensinar e do aprender orientassem com primazia suas propostas, inspiradas na concepção clássica da universidade.

Paradoxalmente, foi o período do regime militar no governo do País (1964-1982) que estabeleceu uma ruptura na tradicional estrutura da universidade brasileira. Inspirados e guiados pela orientação norte-americana, os governantes fizeram profundas intervenções na educação superior, criando a estrutura departamental e a matrícula por disciplina, que diluía as turmas e com ela a condição de organização das bases estudantis e docentes. Como as Faculdades de Filosofia, Ciências e Letras se constituíam, pela tradição e natureza de seus conteúdos, nos focos de resistência ao regime ditatorial, uma das medidas urgentes foi a extinção desse território acadêmico e a diluição dos seus ocupantes em novos agrupamentos universitários. O mesmo ato que extinguiu as Faculdades de Filosofia, Ciências e Letras criou, no âmbito da Lei n.5.540, de 1968, conhecida como Lei da Reforma Universitária, as Faculdades de Educação.

O intuito da despolitização da educação que acompanhou o regime autoritário no País e a perspectiva nacional desenvolvimentista, anunciada como panaceia ao povo brasileiro, procurou marcar as Faculdades de Educação como espaços de formação de recursos humanos em uma perspectiva tecnicista. Assumiu a neutralidade da educação e a lógica instrumental como base do conhecimento pedagógico, em que os meios tomaram caráter preponderante sobre os fins.

A universidade assumiu, então, o campo pedagógico como espaço legitimado de conhecimento em uma fase em que o pensamento reflexivo que a caracterizava foi substituído pela visão instrumental. Essa condição contribuiu para a representação da pedagogia distante de um estatuto científico legitimado, identificando-a com a perspectiva tecnicista. Próxima da dimensão tradicional do fazer, estabeleceu-se como "natural" para os docentes universitários, que o conhecimento pedagógico se resumia a um apanhado de receitas e técnicas aplicadas de forma geral às situações de aula. Sendo assim, não se justificaria a constituição de um campo científico próprio, que se ocupasse de seu objeto.

Mesmo que a condição humana tenha dialeticamente polemizado essa perspectiva instrumental, produzindo conhecimentos e assumindo posturas que contrariaram a lógica instituída, os efeitos da ordem dominante foram bastante fortes, e as Faculdades de Educação tiveram de investir com afinco na quebra dessa visão pragmática.

A polêmica sobre o objeto da pedagogia como campo científico não se extingue, porém, nesse impasse. No interior da própria área ela se explicita, especialmente quando das definições do estatuto do curso de Pedagogia institucionalizado na universidade. Historicamente tributário das ciências humanas e sociais, esse curso alimentou-se das aplicações específicas desses campos ao seu objeto: Filosofia da Educação, Sociologia da Educação e Psicologia da Educação, como principais exemplos. Nesse contexto, a pedagogia aproximava-se das chamadas ciências da educação e assumia um caráter propedêutico e generalista. Para Bourboncle e Lessard (2002, p.140)

> a Pedagogia adentra na universidade quando aceita se transformar em ciências da educação, isto é, passar de um discurso fortemente prescritivo e pragmático a um campo pluridisciplinar submetido aos métodos de produção do conhecimento das disciplinas contributivas do campo (Psicologia, Sociologia, Filosofia, História etc.), passando de uma pedagogia normativa para uma pedagogia científica.

As aplicações da pedagogia aos diversos segmentos do fazer humano se faziam em recortes de especialização que seguiriam ou os ciclos do desenvolvimento humano – pedagogia da infância e da adolescência, por exemplo – ou os níveis formais de ensino como educação infantil (pré-escola), séries iniciais, ensino médio etc. Nessa perspectiva se assumiriam as pedagogias no plural, nunca no singular. Mesmo tendo uma estrutura epistemológica única, os campos de aplicação seriam diversos e, nessa variação, estariam assentados os conhecimentos singulares.

A intenção de dar à formação de professores da educação infantil e das séries iniciais uma condição universitária – legítima no seu postulado – acabou, entretanto, por identificar o curso de Pedagogia estritamente com essa proposição. Mesmo incorporando algumas possibilidades de ampliação do conhecimento pedagógico, direcionou as opções às especificidades e aos espaços da escola básica. Essa perspectiva significa que a representação do campo científico da pedagogia na universidade – assumida pelos próprios pedagogos – reforça a compreensão de que esse campo se identifica, prioritariamente, com a infância e as séries iniciais da escolarização. Tal postura restringiu as demais possibilidades de compreensão da Pedagogia como ciências da educação e a afastou ainda mais da legitimidade acadêmica, as demais pedagogias, incluindo os espaços da educação superior e média.

O "não lugar" dessas pedagogias reforça a compreensão histórica de que nesses espaços é preciso manter a tradição da transmissão do conhecimento e das práticas reprodutivas de ação. A educação média e superior, ao não serem reconhecidas como campos do curso de Pedagogia, tornaram-se alienígenas, em definição da própria área, e essa condição repercute na legitimação dos conhecimentos necessários às suas práticas.

Ainda a fim de se entender a fragilidade do campo da Pedagogia universitária, cabe ressaltar, como uma de suas possíveis causas, a autoridade cultural da universidade, que assume certa soberba que a estimula a não lançar um olhar para si mesma, enquanto se autoriza a teorizar sobre os outros. Torna-se hábil em indicar as metodologias e teorias que a escola básica deve assumir; mas se mostra pouco disposta a colocar na berlinda seus próprios processos de ensinar e aprender. Desconhece o dispositivo cultural que reitera a forma como tão ou mais importante do que o conteúdo (Bernstein, 1988) na medida em que, muitas vezes de maneira subliminar, é ela que define desempenhos profissionais futuros. No caso da Pedagogia, essa condição é mais incisiva, pois forma e conteúdo se identificam de maneira incontestável.

Os movimentos sociais e políticos mais amplos certamente alteraram as concepções pedagógicas na universidade ao longo do tempo. No caso do Brasil, e logo de todo o Cone Sul da América Latina, a distensão política e o esgotamento do período do regime militar ocorrido nos anos 1980 favoreceram a semeadura da esperança em novos tempos e a reconstrução dos movimentos de base envolvendo estudantes, docentes e servidores técnico-administrativos, em especial nas redes públicas de educação. O retomar da esperança despertou energias emancipatórias que tiveram seu ápice nos embates que alimentaram o processo constituinte brasileiro em 1988. Com a pedagogia instrumental em crise, os discursos da teoria crítica preponderaram no campo acadêmico da educação, principalmente nos espaços da pós-graduação, dada a condição de estimuladora da pesquisa e da formulação teórica. Instalaram-se experiências que discutiam – distantes da ordem da neutralidade – os projetos políticos pedagógicos das universidades, incluindo a possibilidade da auto e da heteroavaliação.

Essa foi uma fase de interessantes avanços. Entretanto, contraditoriamente, anunciava-se uma nova etapa no mapa da economia política mundial com a simbólica queda do Muro de Berlim. Os anos 1990 trouxeram o avanço do chamado neoliberalismo, reconfigurando o capitalismo de forma exacerbada e anunciando o fim das utopias solidárias. Defendia-se o encolhimento de Estado, reconhecendo o mercado como principal força reguladora das relações humanas. Para alcançar com maior êxito a lógica da globalização, defendia-se o significativo enfraquecimento da concepção de nação, alterando as bases produtivas e as relações de dependência entre pobres e ricos. As políticas de fortalecimento de "blocos econômicos" impactaram seriamente as identidades nacionais, com repercussões significativas em suas instituições, entre elas, a universidade.

Ainda com perplexidade, a educação superior viu-se em um embate entre a democratização e a resposta às exigências de um mundo produtivo cambiante. Novas configurações apresentaram-se como inevitáveis, e com facilidade se produziu um neotecnicismo pedagógico para responder às exigências do mercado, principalmente por intermédio dos parâmetros da qualidade total e da pedagogia das competências.

No Brasil, a histórica demanda pelo acesso à educação superior deu motivos significativos para que o seu processo de ampliação, nesse período, acontecesse no âmbito da educação privada, muitas vezes assumindo uma dimensão mais empresarial do que acadêmica. As modificações das formas de circulação do conhecimento, com incorporação dos aparatos para a educação a distância, favoreceram essa perspectiva e deram contornos próprios ao processo de expansão. Por sua vez, a Lei de Diretrizes e Bases da Educação Brasileira de 1996 reconheceu diferentes tipos de educação superior, incluindo opções acadêmicas centradas na missão do ensino, quebrando a tríade da indissociabilidade de ensino, pesquisa e extensão, definidas constitucionalmente em 1988.

Paradoxalmente, essas mudanças provocaram reflexões significativas no âmbito da educação superior. A democratização do acesso fez que segmentos sociais antes distantes dos bancos acadêmicos adentrassem nos seus espaços, impondo, dessa forma, exigências pedagógicas não previstas. Esse fenômeno, mesmo com outra roupagem, ampliou-se na primeira década do século XXI, no bojo das políticas que vêm acompanhando governos populares que precisam responder às demandas de educação pública, mas que, para fazê-lo, lançam mão de novos formatos de educação superior. Certamente, serão necessários esforços investigativos mais amplos e certo afastamento temporal para avaliar com mais equilíbrio os efeitos das propostas em andamento, incluindo as políticas de cotas,[6] tão polêmicas ainda na sociedade brasileira, bem como a expansão interiorizada da rede pública da educação superior, com instituições *multicampi*, fortemente alicerçadas no desenvolvimento regional dos territórios mais desfavorecidos economicamente. Essa situação afasta a universidade dos grandes e tradicionais centros culturais e provoca profundas reflexões sobre as reconfigurações emergentes. O que fica evidente, entretanto, é a emergência de saberes antes desconsiderados para os profissionais da universidade, exigindo o fortalecimento do campo da pedagogia universitária. Os tradicionais desempenhos não mais dão conta das condições concretas das práticas acadêmicas. Não basta um professor erudito para provocar aprendizagem nos alunos; é preciso entender as múltiplas demandas para esse profissional e reconhecer a docência universitária como uma ação complexa.

Por que, então, se instala a preocupação com a profissionalização universitária e com o desenvolvimento profissional dos docentes? O que é emergente na caracterização dos saberes e fazeres dos profissionais professores que atuam na educação superior? Em que medida essa condição exige diferenciações em uma sociedade internacionalizada e competitiva? Como compatibilizar essa questão com a democratização do acesso e a inclusão das classes sociais emergentes

6 Políticas de cotas – trata-se da inserção de políticas afirmativas que reservam vagas nas universidades públicas para estudantes vindos dos segmentos minoritários, historicamente excluídos, como negros e indígenas. Ampliou-se a possibilidade de inclusão, também, dos alunos com trajetória completa em escolas públicas de educação básica e média que comprovem um baixo padrão de renda familiar.

na universidade? É possível um equilíbrio entre expansão e qualidade? De que qualidade se trata? Como compatibilizar as demandas da produção científica com a condição pragmática do mundo da técnica e o desejável equilíbrio ético e inclusivo da sociedade? Se a universidade precisa acompanhar as exigências científicas, como fazer para que ela não perca sua essencial função crítica?

Estando a universidade dividindo com outras instâncias o monopólio da produção do conhecimento sistematizado, com quem preferencialmente terá de dialogar para cumprir sua missão? Que saberes precisarão ser mobilizados? A que complexidade responderão?

A docência universitária como ação complexa

A abordagem que temos adotado sobre esse tema ainda é parcialmente aceita. As representações acadêmicas sobre a docência universitária continuam fortemente alicerçadas na exclusividade da competência científica dos professores. Não é por acaso que as condições profissionais de exercício da docência se resumem aos títulos de mestre e doutores, obtidos na pós-graduação *stricto sensu*. Muito poucos desses cursos incluem conhecimentos, reflexões e práticas ligadas aos saberes pedagógicos, que profissionalizam o professor. Se a capacidade reflexiva sobre o campo específico é fundamental, o mesmo esforço não vem se aplicando às práticas de ensinar e aprender, à ampliação do diálogo epistemológico interdisciplinar, ao trânsito entre ciência, cultura e sociedade e às práticas mais coletivas e solidárias de produção. Entretanto, estas constituem habilidades emergentes no contexto da universidade contemporânea.

Compreender essa pluralidade de exigências é assumir a docência como ação complexa que requer saberes disciplinares, culturais, afetivos, éticos, metodológicos, psicológicos, sociológicos e políticos. Portanto, a formação profissional dos professores incluiria uma concepção ampliada de pedagogia universitária que envolve múltiplas dimensões e a perspectiva da processualidade. Certamente, incluem:

- As habilidades de aliar ensino com pesquisa. Essa condição requer a compreensão da pesquisa como princípio educativo, em que as posturas fundantes das atitudes de inquietação diante do mundo sejam estimuladas. Envolve competências pedagógicas que privilegiem a dúvida mais do que as certezas, além da capacidade de leitura da realidade, associando o conhecimento científico às práticas sociais cotidianas.
- A capacidade de escuta atenta, mais do que a de discurso, tão próxima da tradicional condição de professor. É importante desenvolver a sensibilidade de leitura do mundo, na expressão freireana, que supõe uma perspectiva

de reciprocidade, quebrando hierarquias que impedem de reconhecer os saberes do outro.

- O culto a uma visão esperançosa de futuro, que se distancia de uma lógica ingênua de mundo, mas que inclui a perspectiva das possibilidades. A educação inclui a esperança por sua própria natureza e condição, e esta se alimenta de valores e de condições de equilíbrio emocional e sensibilidade social.
- A inclusão, especialmente pelo exemplo e pelo testemunho, de práticas culturais comprometidas com a educação, atravessadas pelas dimensões éticas e profissionais, entendidas como um componente de formação.
- O conhecimento da estrutura de sua matéria de ensino, valorizando o essencial sobre o complementar, tomando esse construto como um guia que orienta as ações de aprendizagem e de avaliação. Tais ações pressupõem a articulação entre as condições prévias dos estudantes, o tempo e as possibilidades de aprendizagem e os objetivos de ensino.
- A condição que estimula o diálogo epistemológico entre os distintos campos de conhecimento, assumindo que os fenômenos não podem ser compreendidos somente pela perspectiva disciplinar.
- A valorização reflexiva de *ex*-por-se, incluindo o provisório e o relativo como pressuposto da desejada atitude científica que orienta a educação superior. Essa perspectiva pressupõe a humildade como valor, que se distancia da ideia de submissão, mas que assume a provisoriedade do conhecimento e das práticas culturais.
- A articulação, na reflexão, dos macro e dos microespaços desencadeadores das políticas e das práticas pedagógicas instituídas na universidade. Toda a ação educativa aninha-se em um contexto situado na confluência das condições locais e dos acontecimentos globais.

Essas habilidades não são estáticas; certamente, são atingidas por movimentos dependentes das demandas sociais, culturais e científicas que interagem na educação superior. Elas podem, ainda, representar posições políticas de valorização de determinados paradigmas epistemológicos e culturais. Nesse sentido, atingidas pelas políticas educacionais externas, ora representam a perspectiva da resistência, ora respondem ao esperado padrão de produtividade. Estando permeadas por contradições e valores, assumem uma condição dialética, produzindo movimentos que se instalam em direções muitas vezes conflitantes. Os Parâmetros Curriculares Nacionais (PCN) para os diversos cursos superiores e os padrões de avaliação externa são exemplos da incidência das políticas educacionais nas práticas de ensinar e aprender que ocorrem na universidade. A pedagogia universitária, contextualmente localizada, ressignifica o geral para a condição particular em que se produz.

O importante, porém, é reconhecer a existência de um campo científico específico de saberes que precisam ser mobilizados para que a educação superior alcance sua dimensão política, social e cognitiva, que se constitui na pedagogia universitária. Em um esforço de definição conceitual, identificamos na Enciclopédia de Pedagogia Universitária (Cunha, 2006) que

> [...] a pedagogia universitária é um campo polissêmico de produção e aplicação dos conhecimentos pedagógicos na educação superior. Reconhece distintos campos científicos dos quais toma referentes epistemológicos e culturais para definir suas bases e características. A pedagogia universitária é, também, um espaço de conexão de conhecimentos, subjetividades e culturas, que exige um conteúdo científico, tecnológico ou artístico altamente especializado e orientado para a formação de uma profissão, na explicitação de Lucarelli. (2000, p.36.)

Pressupõe, especialmente,

> [...] conhecimentos no âmbito do currículo e da prática pedagógica que incluem as formas de ensinar e de aprender. Incide sobre as teorias e as práticas de formação de professores e dos estudantes da educação superior. Articula as dimensões do ensino e da pesquisa nos lugares e espaços de formação. Pode envolver uma condição institucional, considerando-se pedagógico o conjunto de processos vividos no âmbito acadêmico. (Cunha, 2006, p.321.)

Sendo um campo científico em fase de legitimação, a pedagogia universitária tem estimulado, em muitos países, estudos e pesquisas que procuram dar-lhe consistência teórica e, ao mesmo tempo, sentido social e prático. Essas e outras questões que estão emergindo dos desafios da prática pedagógica da educação superior é que nos mobilizam. Os desafios contemporâneos para a universidade são muitos e podem sugerir formatos alternativos para sua constituição. Não podem, entretanto, afastar-se da especificidade da natureza universitária, que assume a formação profissional em espaços valorativos da capacidade crítica e do compromisso social.

17

A formação de professores para a educação profissional técnica de nível médio[1]

Maria Rita Neto Sales Oliveira

O objetivo deste texto é apresentar algumas características da Formação de Professores para a Educação Profissional Técnica de nível médio, aqui denominada Forprofep, em algumas das suas articulações com o campo da Formação de Professores em geral.

O conteúdo apresentado tem como ponto de partida uma pesquisa sobre a formação de professores para o Ensino Técnico (Oliveira, 2008), além de outras produções cujo principal critério para seleção foi o de se relacionarem, de forma contundente, ao recente empenho oficial e dos sujeitos da área, pela compreensão da Forprofep como um "campo político-pedagógico".

O sentido de educação profissional e as bases conceituais de uma proposta

Uma primeira necessidade que se coloca é a do entendimento do sentido da expressão "educação profissional" (EP), não apenas por conta do seu uso polis-

---

1 Texto que serviu de base para a apresentação sobre o tema em Simpósio Temático no X Congresso Estadual Paulista sobre Formação de Educadores, em Águas de Lindoia, em 2009. O texto envolve resultados de pesquisa sobre a "Formação de Professores para o Ensino Técnico", coordenada pela autora e realizada com recursos do CNPq e da Fapemig (Oliveira, 2008; Oliveira et al., 2008). Uma versão do texto foi apresentada no XV Encontro Nacional de Didática e Prática de Ensino (Endipe), em Belo Horizonte, em abril de 2010, e publicado nos Anais do evento (Oliveira, 2010).

sêmico no campo educacional, mas, sobretudo, porque as "disputas semânticas" não são abstraídas das relações sociais, o que urge compreender para o entendimento dessa expressão. Aplicam-se, aqui, as afirmações de Frigotto (2009, p.178) quando, na discussão da polissemia da "*categoria* trabalho", afirma que esta tem suas "variações de sentido marcadas pelo desenvolvimento histórico-cultural, por valores, tradições, por concepções ideológicas e disputas sociais".

É nesse sentido que se entende a introdução do termo "educação profissional" no artigo 39 da Lei n.9.394/96 (Brasil, 1996) – Lei de Diretrizes e Bases da Educação Nacional (LDB) – que explicita:

> A educação profissional, integrada às diferentes formas de educação, ao trabalho, à ciência e à tecnologia, conduz ao permanente desenvolvimento de aptidões para a vida produtiva.

O termo "educação profissional", presente na LDB, teria sido fruto das disputas na área, em torno dos objetivos do nível médio de ensino. Nestas, encontra-se, também, o debate em torno da concepção de "educação tecnológica", que ocupou as pautas da sociedade civil organizada e de setores da sociedade política, no período de aproximadamente dez anos que antecedeu à aprovação da Lei.

Promulgada a LDB, o Decreto n.2.208/97 (Brasil, 1997c), que regulamenta os artigos da Lei relativos à EP, operacionaliza e consolida o termo em pauta. Recorde-se de que o Decreto não apenas separa a formação geral da formação profissional, no nível médio, mas também delineia uma estrutura própria para a educação profissional. Esta se organiza em básica, técnica e tecnológica, implicando, nesse último caso, os cursos superiores de tecnologia. Assim, o Decreto favorece também a consolidação do termo "educação tecnológica", referido a um nível de escolarização: o nível superior do "sistema paralelo" de educação profissional no País.

De um lado, pela separação entre formação geral e formação específica, e, do outro, pela contribuição à redução do sentido de "educação tecnológica" a um nível de ensino, o Decreto fortalece uma posição consentânea à denominada posição produtivista na EP, a qual implica

> aproximação dos processos formativos escolares da educação profissional [...] aos processos de treinamento do trabalhador no mero domínio das técnicas de execução de atividades e tarefas, no setor produtivo e de serviços, e, portanto, a uma formação meramente técnica. (Oliveira, 2000b, p.42.)

Nessas condições, a proposta do Decreto em pauta afasta a escola do objetivo de uma formação tecnológica. Esta envolveria, entre outros, o compromisso com o domínio, por parte do trabalhador, das bases científicas, tecnológicas e sócio--históricas que presidem os diferentes ramos da produção moderna.

Na redução que se opera sobre o termo "educação tecnológica", a partir do Decreto n.2208/9 (Brasil, 1997c), retorna-se o significado desse termo em suas origens no País. Conforme o documento de políticas públicas para a educação profissional e tecnológica (Brasil, 2004a), ele está ligado à denominação de instituições que, no início da década de 1970, se organizaram para a oferta dos cursos superiores de tecnologia. Lembre-se de que o Decreto n.5.154/04 (Brasil, 2004b), que revogou o Decreto n.2.208 e a Lei n.11.741/08 (Brasil, 2008b), que alteram os artigos da LDB relativos à educação profissional, não superam as condições aqui apresentadas.

Essas condições, entre outras, contribuem para o entendimento do caráter polissêmico-histórico do termo "educação profissional" e, particularmente, do termo "educação tecnológica". Em todo esse contexto, defende-se que o tratamento da Forprofep tenha como pano de fundo o objetivo de transcender à mera concepção de formação pedagógica para "dar aulas" de disciplinas específicas do curso técnico, de nível médio, ou dos cursos superiores de tecnologia.

Essa formação implica o tratamento da EP – objeto de estudo e campo de trabalho docente – a partir de uma concepção que defende os seguintes princípios:

> fortalecimento das relações entre cultura, trabalho, ciência, técnica e tecnologia, e a integração entre formação geral e formação específica; [...] sua contextualização em face da relatividade da aceleração do progresso técnico e do relacionamento deste com a estrutura produtiva e o sistema educacional brasileiro; reconhecimento de que o processo de qualificação-desqualificação da força de trabalho é contraditório, implicando descompassos nos diferentes setores do setor produtivo e construções e negociações sociais; não equacionamento das questões educacionais nos limites da modernização econômica do país e dos interesses empresariais, reduzindo o direito à educação aos imperativos do mercado de trabalho; uma educação de qualidade social comprometida com a inclusão e a não discriminação societárias. (Adaptado de Oliveira, 2005, p.16.)

Esses princípios não se restringem à Forprofep, mas constituem, também, bases para propostas de formação dos professores em geral. Eles terão, mais ou menos, condições de se materializar nas práticas educacionais, quanto mais ou menos forem defendidos por um conjunto de sujeitos, que, embora plurais, se unifiquem na luta contra posições produtivistas no âmbito. Esse coletivo também é importante na superação da limitação das políticas "cujas sucessivas mudanças" na história do campo da formação de professores, conforme sintetiza Saviani, "não lograram estabelecer um padrão minimamente consistente de preparação docente, para fazer face aos problemas enfrentados pela educação escolar em nosso país" (Saviani, 2009, p.148.)

A formação de professores para a educação profissional e o campo da formação de professores em geral

A concepção e os princípios expostos sinalizam a relevância técnico-política do diálogo da Forprofep com o campo da formação de professores em geral e a importância de que, sem cair no voluntarismo ou no economicismo, seus agentes se unam na luta por uma educação e uma educação profissional de qualidade social.[2]

O campo consolidado da formação de professores

Para o estreitamento do diálogo entre a Forprofep e o campo da formação de professores em geral, em primeiro lugar, devemos retomar aspectos da construção desse campo no Brasil. O campo da formação de professores em geral manifesta sua institucionalização, de forma contundente, nos dois Encontros Nacionais de Didática e Prática de Ensino (Endipes), da segunda metade da década de 2000 quando os agentes desse campo consolidam sua legitimação expressiva na área educacional. Conforme Oliveira (2000a), pode-se dizer que o VIII Endipe, de Florianópolis, em 1996, e o IX Endipe, em 1998, realizado em Águas de Lindoia, foram verdadeiros encontros sobre formação de professores, pelo predomínio desse campo nas atividades dos eventos.

No entanto, o campo da formação de professores não vem se ocupando da Forprofep, quer nos eventos quer nos produtos – livros, artigos, pesquisas etc. –, que objetivam seu capital cultural. Nesse contexto, no "I Simpósio de Grupos de Pesquisa sobre Formação de Professores no Brasil", promovido pela Associação Nacional de Pós-graduação e Pesquisa em Educação (ANPEd), em julho de 2006, dos 71 grupos participantes, apenas um desenvolvia pesquisas ligadas à educação profissional. Além disso, o levantamento dos trabalhos da reunião anual da ANPEd, em 2008, nos grupos de trabalho de formação de professores e no de trabalho e educação e política de educação superior, evidencia que, entre os 45 trabalhos, 14 abordam o tema particular da formação de professores, mas nenhum deles tratou da Forprofep.

A informação anterior mostra que persiste a situação encontrada em dois "estados da arte" sobre o campo da formação de professores envolvendo o período

2 Entende-se por educação profissional de qualidade social o processo educativo mediador das relações entre trabalho e educação em uma perspectiva emancipatória, porquanto comprometida com a educabilidade da classe trabalhadora. Isso implica um projeto de EP para formação de um cidadão crítico, competente e solidário no exercício profissional, no contexto da construção de um projeto de desenvolvimento nacional comprometido com a superação das condições de desigualdade e dominação econômica, o desenvolvimento sustentável e, obviamente, a inclusão social.

entre a década de 1990 e 2006 (André et al., 1999; Brezinski, 2006). Neles, registra-se a escassez de trabalhos sobre o ensino técnico e a Forprofep.

As condições apresentadas encontram-se, em parte, respaldadas pela LDB, que não se refere ao professor da educação profissional. Junto a essa omissão, o Decreto n.2.208/97 (Brasil, 1997c), de abril de 1997 a outubro de 2004, que regulamentou a EP, estabelecia, em seu artigo 9º, que as disciplinas do ensino técnico seriam ministradas por professores, instrutores e monitores. E o Decreto n.5.154/04 (Brasil, 2004b), que revogou o anterior, sequer menciona a questão do professor da educação profissional. Isso tem a ver com dada concepção sobre as relações entre experiência profissional e formação acadêmica, permeada por um não reconhecimento da docência na EP como um campo de conhecimento com identidade própria.

Obviamente, a situação explicitada é apenas uma das mediações que caracterizam os quase 15 anos, para mencionar apenas o período após a LDB atual, de não diálogo que o X Congresso Estadual Paulista sobre Formação de Educadores contribuiu para romper entre a formação de professores em geral e a Forprofep. Como anteriormente, o presente momento também se explica pelo seu contexto, permeado por mediações de ordem técnica e política e que se relacionam, entre outros fatores, à condição de emergência do campo da Forprofep.

A emergência do campo da Forprofep

No campo da Forprofep, contribuiu para a sistematização e divulgação dos trabalhos a respeito, a realização, em Brasília, no ano de 2003, do Seminário Nacional de Educação Profissional, promovido pela então Sentec, no início do primeiro mandato do governo Lula. O seminário teve como um dos temas a formação de professores e foi considerado um instrumento de subsídios para que se tratasse uma política na área da EP, e deu origem ao documento de políticas públicas para essa área (Brasil, 2004a), elaborado em seguida no documento, entre as ações a serem implementadas, definem-se:

> Estabelecer uma política de formação de professores para a educação profissional e tecnológica. [...] Criar possibilidades de formação inicial e continuada para os professores, evitando-se o erro constante da improvisação [...] Estruturar a licenciatura...

Além disso, o Decreto n.5.154/04 (Brasil, 2004a) teria influenciado o novo papel de destaque a essa formação. O Decreto implicou, pela retomada da possibilidade do ensino técnico integrado ao médio (Oliveira, 2006), um novo desafio nas exigências postas aos sujeitos da área: o de se capacitarem para desenvolver o novo currículo com integração entre as disciplinas de formação geral e as de formação específica.

Por fim, o Plano de expansão da Rede Federal de Educação Profissional, Científica e Tecnológica para o período de 2005-2010, envolve uma ampliação, no período citado, de quase 300 mil matrículas na EP, e, com isso, mais de 11 mil novos cargos efetivos de professor. Obviamente, essa situação é um fator não desprezível na importância da formação de professores para ocupar esses novos cargos.

Nesse contexto, nos últimos anos, os agentes da área têm incorporado o compromisso de construir a institucionalização e objetivação do campo emergente da Forprofep, por meio de ações que lhe deem legitimidade em suas relações com o campo da formação de professores em geral. Assim, registram-se algumas ações nessa direção:

1. Encontros e seminários promovidos por instituições da rede, em 2006 e 2007, como o I Seminário Nacional sobre Forprofep, no Centro Federal de Educação Tecnológica de Minas Gerais (Cefet-MG), em meados de 2006. Participaram da mesa de abertura representantes da Associação Nacional pela Formação dos Profissionais da Educação (Anfope), do Fórum Nacional dos Diretores das Faculdades/Centro/Departamentos de Educação das Universidades Públicas Brasileiras (Forundir), da Associação Nacional de Pós-graduação e Pesquisa em Educação (Anped) e do Sindicado Nacional dos Docentes das Instituições de Ensino Superior (Andes).
2. O VIII Simpósio Formação de Professores para a Educação Profissional e Tecnológica-EPT, realizado em Brasília, em setembro de 2006, e organizado pela Setec e pelo Inep. Para esse simpósio, foram convidados representantes da Rede Federal de Educação Profissional, Científica e Tecnológica, do CNE, da ANPEd e da Anfope, além das colegas Acácia Z. Kuenzer, Lucília R. S. Machado e Maria Ciavatta Franco, que realizam estudos e pesquisas na área de trabalho e educação, e, particularmente, na área da EP.
3. A constituição do Grupo de Trabalho (GT) Formação de Professores para a EPT, em seguida ao simpósio, com a participação de membros do MEC/Setec, da Rede Federal de Educação Profissional, Científica e Tecnológica, bem como dos professores Francisco Aparecido Cordão (Senac-SP e CNE), Lucília Augusta Lindo de Paula (Anfope), Lucília Regina de Souza Machado (Centro Universitário UMA) e Maria Cristina Madeira da Silva (Sinasefe). O grupo realizou encontros em 2007 cujo produto foi sintetizado em um texto, discutido em audiências públicas regionais, a pedido dos dirigentes da própria Rede; tais audiências foram coordenadas por suas instituições. As conclusões foram enviadas à Setec, para encaminhamento ao CNE, e apresentam quatro possibilidades de Forprofep relativas a diferentes públicos: graduados, gra-

duandos na área tecnológica, técnicos de nível médio e concluintes do ensino médio (Machado, 2008). A partir das discussões realizadas, foram feitas várias previsões de datas para a regulamentação sobre o tema, mas esta ainda não se materializou.

Ocorrreram, ainda, em novembro de 2006, a Conferência Nacional de Educação Profissional e Tecnológica e a I Jornada Nacional da produção científica na área. Nos dois eventos, um dos temas ou eixos foi a Forprofep. É interessante que, no prefácio dos Anais da Jornada, o Secretário de Educação Profissional e Tecnológica do MEC tenha registrado:

> A I Jornada pode ser tida hoje como um marco na explicitação e valorização da produção científica desse campo da educação brasileira. Produção esta que aponta a qualidade dos saberes/fazeres da educação tecnológica e profissional e seu potencial para nos colocar, [...] enquanto nação, em outro patamar da produção tecnológica. (Pacheco, 2006b.)

E, na introdução dos Anais da I Conferência:

> [...] esta é a primeira vez em que houve um amplo debate para definir uma política nacional para o segmento [...] A primeira conquista que podemos destacar é a abertura do diálogo entre os que atuam no setor. (Pacheco, 2006a.)

De fato, quem acompanhou a organização da conferência e da jornada deve lembrar-se de que um dos seus objetivos era exatamente o de estimular, de forma sistematizada, o processo de construir visibilidade e reconhecimento à produção científica na área da EPT, bem como incentivar essa produção à luz de determinados princípios.

O MEC/Setec lançou, em 2008, a *Revista Brasileira de Educação Profissional e Tecnológica*. No editorial, registra-se: "A Revista [...] surge para dar visibilidade à produção científica e tecnológica realizada no âmbito dessa modalidade da educação" (Brasil, 2008a). No primeiro número, são divulgados dois estudos sobre a Forprofep – um deles foi apresentado no Simpósio de 2006 (Moura, 2008), e o outro era fruto dos trabalhos do mencionado GT Formação de Professores para a Educação Profissional e Tecnológica (Machado, 2008).

Diferenças e semelhanças entre os campos

No movimento de institucionalização e objetivação do campo da Forprofep, em suas relações com o campo da formação de professores em geral, encontram-

-se, diferenças, semelhanças e disputa de posições no tratamento da questão da formação de professores. Nesse campo, em geral, há o predomínio das discussões sobre o "professor reflexivo", tendência que começa a aparecer nos Endipes, na primeira metade da década de 2000, conforme evidenciam estudos de Pimenta (2000) e Oliveira (2009). A discussão da "pesquisa como princípio educativo" e dos "saberes docentes" também aparecem norteando as discussões na área.

Paralelamente, pelas estreitas relações da EP com a área "trabalho e educação", o campo da Forprofep é permeado, também, por concepções da categoria trabalho, de trabalho como princípio educativo e de ensino e currículo integrado. No entanto, em ambos os campos ficam visíveis, de um lado, a ênfase atribuída à importância da educação continuada e, do outro, o fenômeno similar à hibridização curricular, tal como discutida por Lopes (2002): os saberes perdem as marcas das suas fontes e matrizes teórico-políticas e misturam-se. Aqui, vale a discussão de Guimarães (2008) sobre a concepção de formação integral, no discurso oficial da EP, nos anos 2000, nos mandatos de Fernando Henrique Cardoso e de Lula, do que a autora denomina "hibridização da política".

Por último, na interação entre os dois campos, aparecem disputas, sobretudo no que se refere à questão do lócus da formação de professores. Nesse âmbito, tem-se o papel do Decreto n.6.095/97 (Brasil, 2007b) e da Lei n.11.892/08 (Brasil, 2008c), relativos aos denominados Institutos Federais de Educação, Ciência e Tecnologia. Isso porque esses dispositivos ampliam a autonomia de instituições da Rede Federal de Educação Profissional, Científica e Tecnológica, as quais podem ofertar cursos e programas para a formação de professores e especialistas para as disciplinas dos vários níveis e modalidades de ensino. Essa condição orienta o "olhar" dos agentes do campo da formação de professores em geral para o campo da Foprofep. O exposto se complementa com a atenção para outras características particulares da Forprofep.

Características gerais da Forprofep

Na aparente falta de formação, a expressão da dualidade estrutural da formação social brasileira

Como registra Oliveira (2005), a análise da política de formação de professores no âmbito da EP evidencia que uma de suas características é a de que ela veio se desenvolvendo de forma "especial". Isso ocorre mesmo na LDB de 1961 (Brasil, 1961), que propõe a equivalência entre os diferentes ramos do ensino médio (secundário, normal, técnico e outros), e que, pela primeira vez, exige uma formação específica para o docente do ensino técnico, além do curso técnico ou de graduação. Em seu artigo 59, a Lei estabelece que

> A formação de professores para o ensino médio será feita nas faculdades de filosofia, ciências e letras, e a de professores das disciplinas específicas do ensino médio técnico, em cursos *especiais* de educação técnica (grifo nosso).

A partir da LDB de 1961, consagra-se a distinção entre os professores das disciplinas técnicas e os demais, e, nesse sentido, com suas devidas diferenças, todos os dispositivos legais sobre a matéria subsequentes a essa Lei reforçam a legitimidade de dois percursos distintos de formação docente: o "acadêmico" e o "técnico", este de menor valia. Além disso, como, pelas políticas da área, a formação de professores para o ensino técnico pode ser organizada em cursos regulares ou emergenciais, ela passa a ser marcada pelo caráter "emergencial" ao lado do mencionado caráter "especial".

Do ponto de vista curricular, a formação de professores, em pauta, vem sendo marcada, ainda, por "falta de integralidade". Dentro disso, com base na legislação da matéria, a partir da década de 1970 até 1997, encontram-se bem-definidas pelo menos duas alternativas sistematizadas de formação de professores para o ensino técnico: o acréscimo da formação pedagógica à formação profissional em nível superior ou o acréscimo pedagógico e técnico à formação profissional em nível técnico, na área relacionada à disciplina em que dado profissional deseja se habilitar.

Em 1997, diante da condição de falta de professores para o ensino básico, o CNE aprovou a Resolução n.02/97 (Brasil 1997a), que dispõe sobre os "Programas especiais de formação pedagógica de docentes" para o ensino fundamental e médio, incluindo a educação profissional técnica de nível médio. Por esses programas, o professor do ensino técnico é o portador de diploma de educação superior que complementa a sua formação de graduado com a formação pedagógica, em caráter "emergencial".

É no mínimo curioso o fato de que, quando um documento legal, como a Resolução mencionada, regulamenta, em igualdade de condições, a formação de professores para o ensino acadêmico (ensino fundamental e médio da educação básica) e para o ensino profissional (ensino técnico da educação profissional), isso só ocorre na suposição de falta de professores, particularmente para o ensino acadêmico. E, dentro disso, propõem-se programas, por tempo limitado, para a superação dessa falta, ampliando-se a regulamentação para o ensino técnico. Assim, com a Resolução n.02/97 (Brasil 1997a),[3] ainda em vigor, a Forprofep passa a contar com uma "nova" regulamentação, com aquelas mesmas características das anteriores.

---

3 Do ponto de vista curricular, a proposta é que a Resolução apresentada defina uma estrutura organizada em núcleos (contextual, estrutural, integrador), considerada positiva pelos sujeitos da área, na condução de uma formação docente de qualidade social, ou seja, fundada na proposta definida no início deste trabalho.

Como síntese, a Forprofep vem sendo tratada no País como algo "especial, emergencial, sem integralidade própria, que carece de marco regulatório" e que, por meio de programas, se desenvolve, paradoxalmente, sem a superação das situações vigentes e ditas emergenciais, bem como sinalizando uma "política de falta de formação". Aliás, essa "falta de formação" justifica-se pelo recorrente não reconhecimento de um saber sistematizado próprio da área por parte dos próprios sujeitos da área.

Com todas essas condições, as características apresentadas estariam indicando não a identidade particular do ensino técnico, valorizada e assumida como importante de ser considerada nas políticas e propostas relativas à formação de seus docentes, mas sim o fato de essa formação não se revestir de unidade em relação às políticas gerais de formação de professores para o ensino médio no País. Manifesta-se, assim, de forma transparente, a dualidade presente historicamente no nível médio de ensino, a qual se liga à separação entre trabalho intelectual e trabalho manual, junto à também histórica desvalorização do ensino profissionalizante, próprias da dualidade estrutural da formação social brasileira.

Essa situação implica trajetórias escolares diferentes, hierarquizadas, de qualidades diferentes, para clientela diversificada, cujas diferenças não são, por certo, explicadas por competências que essa clientela carrega, com base em critérios naturais e/ou de esforço e mérito individuais. Manifesta-se a estreita relação entre ensino técnico e a organização do processo de trabalho na formação social brasileira, dominante e predominantemente capitalista.

Na natureza da oferta da licenciatura pelas instituições da rede federal, as dificuldades de ordem epistemológica e operacional – a luta pelo reconhecimento dessas instituições como IFES e pela sua autonomia

Até 2008, à parte os Cefets do Maranhão, de Minas Gerais e de Pelotas e a Universidade Tecnológica Federal do Paraná (UTFPR – antigo Cefet do Paraná), os demais não se ocupavam da formação de professores, no que tange às áreas técnicas, excluída a área da Química. A rigor, isso se dava porque essa área é considerada, simultaneamente, técnica e científica. Nesse último caso, já havia a oferta da formação de professores em outros Cefets (do Amazonas, do Piauí, de Campos e no Cefet-Química do Rio).

O entendimento da situação identificada passa pelas condições da atuação dos Cefets na educação superior, construída no decorrer da trajetória dessas instituições que implica um processo histórico contraditório com relação à ampliação e redução, simultâneas, da autonomia dessas instituições.

No âmbito da formação de professores, as condições de autonomia dos Cefets na oferta educacional contam com momentos expressivos, ligados aos dois momentos de cefetização na história: os anos 1970 e início da década de 1990, e depois os anos 1990. No primeiro caso, ocorre a transformação das escolas técnicas federais do Rio de Janeiro, do Paraná e de Minas Gerais, seguida das escolas da Bahia e do Maranhão, em Cefets. Estes têm objetivos ligados à pesquisa, à extensão e ao ensino superior de graduação e pós-graduação, para a formação de profissionais em Engenharia Industrial e Tecnólogos e para a formação de professores (licenciatura plena e curta) para as disciplinas técnicas dos currículos escolares.

No segundo caso, pela Lei n.8.948/94 (Brasil, 1994) regulamentada pelo Decreto n.2.406, de 27 de novembro de 2009 (Brasil,1997d), as demais escolas técnicas são transformadas em Cefets, os quais podem, então, ministrar cursos de licenciatura nas áreas científica e tecnológica. A rigor, a nova legislação redefine a atuação dos Cefets no campo da formação de professores e o faz ampliando-o para a área científica, ao lado da tecnológica, o que é reiterado pelo Decreto n.5.224, de 1º de outubro de 2000 (Brasil, 2004c).

Aqui, já se evidencia um primeiro problema relativo às dificuldades conceituais acerca do que são áreas científicas e, mesmo, tecnológicas, com relação às quais a formação de professores pode ser ofertada por, então, todos os Cefets. Acresce-se, ainda, o fato de essas instituições e os próprios candidatos não terem condições de definir, com clareza, as áreas/disciplinas em que a formação/habilitação se construirá. Isso tudo sem mencionar as dificuldades relacionadas à variada gama de áreas/habilitações/disciplinas/eixos dos cursos técnicos.

Também sempre foi preocupação dos sujeitos da área a demanda real de funções docentes para as disciplinas técnicas do nível médio, juntamente com a ambiguidade relativa à exigência da própria formação pedagógica dos professores dessas disciplinas. Conforme se pode constatar, a expressiva maioria das instituições que ofertam o ensino técnico no País não exige a formação docente de seus professores das disciplinas técnicas e não enfrenta dificuldades legais por esse fato.

Do ponto de vista epistemológico, as áreas técnicas também não contam com um corpo de estudos razoavelmente denso que, tendo por objetivos a pesquisa da prática pedagógica dos seus professores e da prática profissional no mercado de trabalho, auxilie o entendimento do ensino nessas áreas e a pedagogização do saber a elas correspondente.

Assim, a atuação dos Cefets na formação de professores está relacionada ao cumprimento do seu papel de oferta educacional nessa área, facultado pela legislação em vigor, embora não envolva predominantemente a opção pelas áreas técnicas.

À parte o fato de a atuação dos Cefets ter a vantagem de ampliar a oferta da educação superior pública e gratuita no País, a questão é bastante polêmica e implica questões de ordem política ao lado daquelas operacionais e epistemológica. Nessas condições, discute-se que os Cefets (sobretudo os da segunda metade da década de 1990), por suas características históricas, frequentemente deixam de contemplar a vinculação do ensino com a pesquisa, considerada essencial para uma formação docente de qualidade social. Questiona-se a "legitimidade real" da oferta da formação de professores, pelo menos para os novos Cefets e para o caso das ditas áreas acadêmicas, ao lado da "legitimidade formal" dessa oferta.

De fato, há a constante afirmação da diferença dos Cefets, em relação às outras Instituições Federais de Ensino Superior (IFES), pelo seu conteúdo – a EPT –, o que é reforçado pelos próprios Cefets. Simultaneamente, há a negação dessa diferença pela prática, dos próprios Cefets, pois a maioria dos Cefets opta por não ofertar formação de professores para a "área tecnológica", na qual estariam inscritas as disciplinas técnicas do nível médio de ensino.

Isso corrobora a intenção acadêmico-política dessas instituições em consolidar seu caráter de IFES. Em outras palavras, a licenciatura nos Cefets expressaria aspectos da luta das instituições da Rede, na prática, para serem reconhecidas como instituições de ensino superior, permeada por dificuldades operacionais e epistemológica.

Recentemente, com a transformação quase total dos Cefets e Escolas Agrotécnicas em Institutos Federais de Educação Profissional, Científica e Tecnológica, pela Lei n.11.892/08 (Brasil, 2008c), estes têm como um dos seus objetivos a oferta da licenciatura e programas de formação pedagógica para a formação de professores para a educação básica. A Lei define, ainda, que 20% das vagas dos institutos devem ser destinadas para essa formação. Nessa conjuntura, tais instituições vêm-se organizando nessa direção e ampliam a oferta da licenciatura, mas ainda sem contemplarem a Forprofep propriamente dita.

Um tema que vem à tona é a regulamentação dessa formação, o que passa por propostas que já teriam sido encaminhadas ao Conselho. Essas propostas foram desenvolvidas tendo-se em vista o exposto que envolve a realidade do campo da Forprofep, no chão da escola. Ao lado disso, quais são as concepções dos docentes dos cursos técnicos sobre a sua formação?

As concepções dos professores do ensino técnico

Os dados a seguir são excertos de depoimentos de 18 professores e/ou coordenadores de cursos técnicos em três instituições das redes federal, estadual e particular no Estado de Minas Gerais. Eles fazem parte do trabalho de campo da pesquisa "Formação de professores para o ensino técnico". (Oliveira, 2008; Oliveira et al., 2008.)

As concepções

Formação inicial

Conhecimento e experiência na área

[...] o conhecimento do curso que ele fez e estar aplicando. Se ele fez o curso técnico e sabe aplicar bem o aprendizado dele, ele fez uma boa formação, ele sabe instruir bem, sabe ensinar [...] Primeiro procurar saber o que você vai ensinar e depois a vontade de ensinar. (EM)

Primeiro, formação técnica [...] uma bagagem técnica, teórica, e é importante que ele tenha uma bagagem prática. Por exemplo, eu vou dar aula sobre manutenção de veículos, eu tenho de saber consertar um carro. [...] É ele ter feito aquilo que ele está ensinando a fazer. (PJ)

Umas das coisas principais, que acho, é estar sempre vinculado à indústria, porque a partir de lá que ele vai, talvez, trazer grandes conhecimentos para repassar para as futuras pessoas que pretendem ingressar na indústria. (PA)

Formação em nível superior (bacharelado) na área específica ou na disciplina que se leciona

Acho que a habilitação do professor tinha de ser específica. Por exemplo, eu sou engenheiro eletricista, quais as disciplinas do meu currículo existem lá no ensino técnico? Então eu estaria habilitado para dar essas disciplinas. (EI)

A formação inicial é o bacharelado em alguma área específica em que a pessoa vai trabalhar, ligada ao curso técnico. (FA)

O engenheiro que frequenta um curso desses é estranho demais. Porque a gente está sempre fazendo uma conta, calculando [...] e chega num curso na área pedagógica é conversa, conversa... (FAl)

Formação em conteúdos pedagógicos bem específicos, de curta duração (não licenciatura)

É muito difícil falar de educação, de Pedagogia, porque a gente não tem como sair muito fora de certa linha, não. Bom, mas acredito que a gente tinha de ter mais qualificação na área de Psicologia do aluno, entendeu? Alguma coisa assim. (EL)

[...] que fosse um curso de poucas horas [...] dentro dessas áreas [...] de Psicologia, Filosofia, Pedagogia. (EE)

Para você ensinar alguma coisa, ensinar realmente, o professor precisa utilizar os recursos audiovisuais direito. Não é só falar assim, assim e assim, e fazer de forma errada. (PJ)

Formação continuada

Seria uma reciclagem, seria atualização constante. [...] A técnica ou a tecnologia hoje... é uma coisa assombrosa, mudam da noite para o dia. (FC)

Seria aquele esquema de ensinar como ele vai utilizar os recursos e usar o que ele sabe na sala de aula, porque a sala de aula é muito complicada [...] numa turma, cada dia é uma experiência diferente. [...] É uma eterna aprendizagem para a gente também. (PJ)

Eu acho que a problemática social e política deve ser discutida sempre e frequentemente em função da dinâmica do quadro social e do quadro político. E também alguma coisa relativa à técnica pedagógica. (EJ)

Condições do trabalho docente

O que eu conheço de professores na área de ensino técnico é que, normalmente, são um engenheiro, um biólogo [...] e, de repente, viram professor. [...] Nunca nos foi exigida a formação pedagógica. (FA)

Essa área minha é de uma especificidade incrível, você não encontra curso em lugar nenhum. Então, para que eu possa dar um curso que preencha mesmo, foi necessário que eu fizesse alguns cursos na área, por exemplo, de gases, utilização de gases, eu tive de fazer. (FC)

Hoje, numa sociedade capitalista, tudo que a gente faz, olha o custo-benefício. Infelizmente, a gente olha o mercado e o custo-benefício. [...] Então, hoje é muito difícil você encontrar um professor que vai fazer um investimento [...] quando o Estado paga o professor do ensino técnico aqui, num início de carreira com dezoito aulas, quatrocentos e oitenta reais, e paga o pessoal da limpeza da escola seiscentos reais por mês liquido. (EI)

Uma síntese provisória

Formação inicial é entendida, sobretudo, como: experiência, bacharelado ou cursos breves de conteúdos pedagógicos específicos. Não inclui a licenciatura.

O caráter dinâmico das áreas técnicas, ao lado do "caráter de imprevisto", da sala de aula, definem a unanimidade acerca da grande importância da formação continuada.

Formação continuada define-se por "cursos" com conteúdos específicos da área que se leciona ou da área pedagógica.

O trabalho da docência na EP é marcado pela não exigência de formação de professores, pela ausência de ofertas dessa formação e por condições de trabalho precárias.

Os resultados encontrados são orgânicos a várias características do campo da Forprofep, tal como aqui apresentadas.

Considerações finais

Fica evidente a necessidade de políticas públicas de Estado relativas à formação de professores para a educação profissional, sob pena de se continuar a materialização de uma não formação. Por certo, tal condição compromete a qualidade dessa modalidade de educação, quando direcionada para o atendimento àqueles princípios expostos no início deste texto. Fica evidente, também, a necessidade de estudos e pesquisa na área, aliados ao trabalho coletivo de todos os profissionais da educação que se preocupam com a nossa formação docente.

18

Conhecimento e diretrizes curriculares para o curso de Pedagogia no Brasil

Olinda Evangelista

Introdução

Em um texto publicado no ano de 2005, Eric Hobsbawm refere-se à famosa décima primeira tese marxista sobre Feuerbach – "Os filósofos até agora interpretaram o mundo de maneiras diferentes: trata-se, agora, de transformá-lo" – discutindo o modo pelo qual muitos historiadores abandonaram a explicação causal da história e optaram por abordagens relativistas do real. Pergunta Hobsbawm (2005, p.23): "[...] O que houve com o 'interpretar o mundo'?" E responde: é necessária a "reconstrução do *front* da razão". Levando em conta o alerta do autor, desdobrei-o em dois: o primeiro formula-se em termos da hipótese, apresentada por Moraes (2001), do progressivo abandono da "razão" no âmbito educacional, resultado de abordagens instrumentalistas do conhecimento, de corte pragmático; o segundo, consequência do primeiro, em termos da hipótese de que nossos intelectuais com rara facilidade têm aderido a conceitos gelatinosos e difundido concepções afeitas às mais variadas matizes adequacionistas.

Preocupações relativas à teorização crítica sobre educação nos dias atuais revelam-se espinhosas, visto que nossa área progressivamente tem se afastado de uma reflexão objetiva sobre si mesma e sobre o Brasil. Por outro lado, a reestruturação produtiva, a perspectiva neoliberal e a ideia de que vivemos o reinado do pensamento único não nos ajudam a enfrentar decididamente o empobrecimento referido.[1] Dale (2001) assinala que a existência de uma agenda globalmente es-

---

1 Este texto foi escrito antes da crise econômica que abalou vários países cujo epicentro foram os Estados Unidos em 2008. Acerca do fato, Hobsbawm (2008) assim se referiu: "As pressões políticas já estão

truturada para a educação deixa muitos Estados reféns de políticas internacionais e, embora cada nação se aproprie de modo particular dessas orientações, o lugar subordinado de América Latina e Caribe na divisão internacional do trabalho não permite superar determinadas imposições, entre as quais se contam a divisão entre países produtores (centrais) e países consumidores (periféricos) de conhecimento, a expansão da rede privada de ensino pelo aumento de suas escolas e pelo avanço sobre a rede pública, e a reconversão do preparo do professor e o consequente *aggiornamento* de seu trabalho à lógica do mercado. Segundo Oliveira (2004, p.1139),

> [...] a constatação de que as mudanças mais recentes na organização escolar apontam para maior flexibilidade, tanto nas estruturas curriculares quanto nos processos de avaliação, corrobora a ideia de que estamos diante de novos padrões de organização também do trabalho escolar, exigentes de novo perfil de trabalhadores docentes.

Ademais, o governo brasileiro colabora para o recrudescimento de nossas suspeitas ao tratar os problemas educacionais com excessiva parcimônia.[2] Demonstrativo disso é a denúncia de Décio Saes ([s.d.], p.12):

> Pode-se hoje, com certa dose de tolerância, reconhecer que o direito universal de entrada no sistema escolar está tendencialmente concretizado no Brasil. Inversamente, o maior *déficit* em matéria de direito à educação consiste na falta de garantias concretas quanto à saída do sistema escolar.

De fato, temos diante de nós um sem número de questões às quais ministros e secretários de educação, além de intelectuais, oferecem uma única resposta:

---

debilitando o compromisso dos governos neoliberais em torno de uma globalização descontrolada, ilimitada e desregulada. [...] Nenhum marxista poderia acreditar que, como argumentaram os ideólogos neoliberais em 1989, o capitalismo liberal havia triunfado para sempre, que a história tinha chegado ao fim ou que qualquer sistema de relações humanas possa ser definitivo para todo o sempre". Mészáros (2008) assinalou que "a crise estrutural do sistema do capital como um todo, a qual estamos a experimentar na nossa época numa escala de era, está destinada a ficar consideravelmente pior. Ela tornar-se-á na devida altura muito mais profunda, no sentido de invadir não apenas o mundo das finanças globais mais ou menos parasitárias como todos os domínios da nossa vida social, econômica e cultural. A questão óbvia que devemos agora tratar refere-se à natureza da crise global em desdobramento e as condições necessárias para a sua solução factível".

2 Veja o caso da formação de professores. Temos no País diferentes instituições – institutos superiores de educação, faculdades, universidades, centros universitários, cursos normais – de diferentes níveis – médio e superior – para o seu preparo. Em termos de nível, contamos com os cursos normais em nível médio, os cursos normais em nível superior, as licenciaturas e o curso de Pedagogia, que, sendo de nível superior, confere os mesmos direitos de ensino que o curso normal em nível médio e o em nível superior. Essa fragmentação dificulta uma perspectiva nacional para a qualificação do magistério.

busquemos a qualidade de ensino! Imen (2008, p.11) refere-se a essa política na Argentina:

> No fundo, continua como política oficial a ideologia da "qualidade educativa", que pode ser entendida como a "pedagogia da resposta correta".[3]

Esse é o lugar em que nos encontramos quando falamos em Diretrizes Curriculares Nacionais (DCNP) para o curso de Pedagogia.[4] Para elas, confluem questões pertinentes à função social da escola, entre as quais merece tratamento neste texto a função relativa ao conhecimento. Isso porque tal questão sintetiza tanto o papel da educação básica quanto o do ensino superior cujo elo é o professor.[5]

Conhecimento no Parecer CNE/CP n.5/2005 e nas DCNP

Visando iniciar uma discussão acerca da ideia de conhecimento no Parecer CNE/CP n.5/2005, de 13 de dezembro, e na Resolução CNE/CP n.1/2006, de 15 de maio, que institui Diretrizes Curriculares Nacionais para o curso de Pedagogia (Brasil, 2006a), selecionei algumas passagens para recuperar brevemente o uso do termo.

Um momento em que o termo é citado no Parecer refere-se aos anos 1980, quando o "movimento de educadores, em busca de um estatuto epistemológico para a Pedagogia" produziu "ampla concepção acerca do curso [...] incluída a [...] docência nas séries iniciais do (então) ensino de 1º grau e também na pré-escola" (Brasil, 2005a, p.3). Argumenta-se que essa orientação é reconhecida pelos sistemas de ensino e pelo alto número de formados e estudantes. O reconhecimento referido teria sido suficiente para tornar o curso de Pedagogia uma licenciatura estrita, tendo na formação para a docência seu objetivo central. Afirma-se também que há interesse de outros licenciados pela gestão de instituições e de sistemas de ensino, em nível de pós-graduação, o que levou o pedagogo a abrir-se

---

3 En el fondo, continúa como política oficial la ideología de la "calidad educativa" que bien podría traducirse como la "pedagogía de la respuesta correcta".

4 Muitas das questões levantadas neste texto não são novas. Inúmeros são os autores que têm discutido o curso de Pedagogia. Entre eles, cito Saviani (2004); Coimbra (2008); Libâneo ([s.d.]); Bissoli Silva (2001); Aguiar e Scheibe (1999); Brezinski (1999); Oliveira e Resende (2006); Triches (2006); Shiroma e Evangelista (2003, 2004); Pimenta (2002); Freitas (2005); Anfope et al. (2005).

5 As DCNP (Brasil, 2006a) geraram e geram discussões que evidenciam seus pontos mais conflituosos: a ênfase sobre a docência; a inespecificidade do conceito "pedagogia"; a ausência do conceito "pedagogo"; a pouco clara concepção de "escola"; a suposta substituição do especialista pelo "gestor"; a redução do pedagogo ao "docente", entre outros.

para a docência, e os outros docentes, para a Pedagogia. As facetas fundamentais das DCNP revelam-se: "Pedagogia" significa docência e gestão!

Afirma-se no Parecer (Brasil, 2005a, p.6) que as DCNP

> aplicam-se à formação inicial para o exercício da docência na educação infantil e nos anos iniciais do ensino fundamental, nos cursos de ensino médio de modalidade normal e em cursos de educação profissional, na área de serviços e apoio escolar, bem como em outras áreas nas quais sejam previstos conhecimentos pedagógicos. (Brasil, 2006a, arts. 2º e 4º)[6]

Nessa primeira "síntese", a produção do conhecimento não é referida, mas evidencia-se o alvo do curso: formar docentes como tarefa central e gestores como tarefa complementar.

No Parecer e nas DCNP, conhecimento equivale a "áreas de conhecimento afins" que dão subsídios à formação docente: "o filosófico, o histórico, o antropológico, o ambiental-ecológico, o psicológico, o linguístico, o sociológico, o político, o econômico e o cultural". Os conhecimentos do campo educacional – pouco esclarecidos – deverão articular-se às "práticas profissionais e de pesquisa", entendendo-se por práticas "o exercício da docência", "o trabalho pedagógico em escolas", "o planejamento", "a coordenação", "a avaliação de práticas educativas em espaços não escolares" e por pesquisa estratégias de produção de soluções que apoiem as práticas (Brasil, 2005a, p.6; Brasil, 2006a, art. 2º, §2º).[7] Como se percebe, a pesquisa é subordinada à prática, tomada como aplicação das contribuições dos campos de conhecimentos afins. O estatuto da pesquisa é

---

6 Art. 2º: As Diretrizes Curriculares para o curso de Pedagogia aplicam-se à formação inicial para o exercício da docência na educação infantil e nos anos iniciais do ensino fundamental, nos cursos de ensino médio, na modalidade normal, e em cursos de educação profissional na área de serviços e apoio escolar, bem como em outras áreas nas quais sejam previstos conhecimentos pedagógicos.

Art. 4º: O curso de licenciatura em Pedagogia destina-se à formação de professores para exercer funções de magistério na educação infantil e nos anos iniciais do ensino fundamental, nos cursos de ensino médio, na modalidade normal, de educação profissional na área de serviços e apoio escolar e em outras áreas nas quais sejam previstos conhecimentos pedagógicos.

7 Art. 2º: As Diretrizes Curriculares para o curso de Pedagogia aplicam-se à formação inicial para o exercício da docência na educação infantil e nos anos iniciais do ensino fundamental, nos cursos de ensino médio, na modalidade normal, e em cursos de educação profissional na área de serviços e apoio escolar, bem como em outras áreas nas quais sejam previstos conhecimentos pedagógicos.

§ 2º O curso de Pedagogia, por meio de estudos teórico-práticos, investigação e reflexão crítica, propiciará:

I – o planejamento, a execução e a avaliação de atividades educativas;

II – a aplicação ao campo da educação, de contribuições, entre outras, de conhecimentos como o filosófico, o histórico, o antropológico, o ambiental-ecológico, o psicológico, o linguístico, o sociológico, o político, o econômico, o cultural (Brasil, 2006a).

associado ao "planejamento, à execução e à avaliação de atividades educativas" (Brasil, 2005a, p.6; Brasil, 2006a, art. 2º, §2º), restringindo-se seu escopo.

No que toca aos "Princípios" do curso, além das competências[8] que o graduando deve desenvolver, agregam-se "habilidades" descritas como "pluralidade de conhecimentos teóricos e práticos", "interdisciplinaridade, contextualização, democratização, pertinência e relevância social, ética e sensibilidade afetiva e estética" (Brasil, 2006a, art. 3º), constituídas "por meio de múltiplos olhares". (Brasil, 2005a, p.6). Nesse plano afrouxado não é possível saber quem será o licenciado em Pedagogia, uma vez que o vocabulário que o define não se traduz de forma coerente.[9] A adesão aparentemente acrítica a um sem-número de termos que pecam pela volatilidade ameaça o futuro licenciado a tornar-se uma massa disforme com pinceladas de conhecimentos oriundos da democratização dos olhares sobre aquilo que será, segundo as DCNP, sua função: "o conhecimento da escola como uma organização complexa que tem [...] função social e formativa" (Brasil, 2005a, p.6) e a tarefa de "promover" a cidadania (Brasil, 2006a, art. 3º).[10]

Sem ter em profundidade os "conhecimentos afins", "pensando a escola como organização complexa", portando "múltiplos olhares" e tendo "pluralidade de conhecimentos", o licenciando deverá "propor, realizar, analisar pesquisas" para "a aplicação de resultados" visando

> identificar e gerir, em práticas educativas, elementos mantenedores, transformadores, geradores de relações sociais e étnico-raciais que fortalecem ou enfraquecem identidades, reproduzem ou criam novas relações de poder. (Brasil, 2005a, p.6.)

Essa passagem é exemplar da concepção de conhecimento que perpassa o documento: conhecendo-se, é possível ser democrático e, portanto, gerenciar (com isenção?) a manutenção ou a transformação social e étnico-racial, o fortalecimento ou o enfraquecimento das identidades, a reprodução ou a criação de relações de poder. Em razão dessa lógica binária, o licenciado em Pedagogia poderá pensar

---

8 Art. 8º, IV: Estágio curricular a ser realizado, ao longo do curso, de modo a assegurar aos graduandos experiência de exercício profissional, em ambientes escolares e não escolares que ampliem e fortaleçam atitudes éticas, conhecimentos e competências [...]. Cf., entre outros, Ramos (2002); Dias e Lopes (2003); Campos (2003).

9 Um exemplo de conceito gelatinoso é o de "sociedade majoritária".

10 Art. 3º: O estudante de Pedagogia trabalhará com um repertório de informações e habilidades composto por pluralidade de conhecimentos teóricos e práticos, cuja consolidação será proporcionada no exercício da profissão, fundamentando-se em princípios de interdisciplinaridade, contextualização, democratização, pertinência e relevância social, ética e sensibilidade afetiva e estética.
Parágrafo único. Para a formação do licenciado em Pedagogia é central:
I – o conhecimento da escola como organização complexa que tem a função de promover a educação para e na cidadania; [...]. (Brasil, 2006a).

que não se trata de conhecer objetivamente a realidade, mas de escolher entre posições históricas equivalentes. Talvez por estarem em posição pouco confortável, os relatores do Parecer não conseguiram definir exatamente o compromisso principal do curso de Pedagogia, deixando-o à deriva e ao sabor de interesses que serão exibidos como interesses de *cada instituição* de ensino superior e permitirão a criação de variados modelos de cursos. Esse procedimento elide, concretamente, os litígios não identificáveis com esta ou aquela ala de intelectuais. Se houve uma disputa pelos conceitos "pedagogia", "escola", "docente", "professor", esta não se reduziu apenas, e certamente, às disputas internas à academia.

A noção de conhecimento subjugado às demandas práticas é perceptível também na seguinte passagem: "os conhecimentos [...] produzidos" devem contribuir para o "periódico redimensionamento das condições em que educadores e educandos participam dos atos pedagógicos" e fornecer

> informações para políticas destinadas à educação infantil, aos anos iniciais do ensino fundamental, bem como à formação de professores e de outros educadores para essas etapas de escolarização.

Ou seja, o conhecimento a ser produzido pelo licenciado deverá servir ao ato pedagógico e à proposição de políticas educativas (Brasil, 2005a, p.7), sendo desejável sua contenção em tais limites. Evidencia-se, nessa proposição, o caráter fortemente instrumental dessa espécie de conhecimento que, como assinalou Imen (2008), parece comprometer-se com a busca da resposta certa, particularmente se se tratar da produção dos escores necessários à colocação do Brasil no patamar dos países bem-sucedidos nas avaliações em larga escala.

Essa perspectiva será reforçada nos "Objetivos do Curso de Pedagogia" (Brasil, 2005a, p.7; Brasil, 2006a, art. 4º) ao prescrever que as atividades docentes "compreendem participação na organização e gestão de sistemas e instituições de ensino" e que estas englobam, surpreendentemente, "produção e difusão do conhecimento científico-tecnológico do campo educacional, em contextos escolares e não escolares" (Brasil, 2005a, p.7-8). Reafirma-se a perspectiva de conhecimento adotada: instrumento de compreensão do campo educacional tendo em vista seu adequado gerenciamento, seja no nível escolar, seja no do sistema de ensino. Por essa razão, a produção de conhecimento figura como item no âmbito da gestão.[11]

---

11 Art. 4º: O curso de licenciatura em Pedagogia destina-se à formação de professores para exercer funções de magistério na educação infantil e nos anos iniciais do ensino fundamental, nos cursos de ensino médio, na modalidade normal, de educação profissional na área de serviços e apoio escolar e em outras áreas nas quais sejam previstos conhecimentos pedagógicos.

Parágrafo único. As atividades docentes também compreendem participação na organização e gestão de sistemas e instituições de ensino, englobando:

Além de ter recebido tarefas hercúleas – como ser "agente de (re)educação das relações sociais e étnico-raciais", entre outras (Brasil, 2005a, p.8) –, o egresso deverá

> [...] realizar pesquisas [...] sobre seus alunos e alunas e a realidade sociocultural em que estes desenvolvem suas experiências não escolares; sobre processos de ensinar e de aprender, em diferentes meios ambiental-ecológicos; sobre propostas curriculares; e sobre a organização do trabalho educativo e práticas pedagógicas [...].
> [...] e utilizar, com propriedade, instrumentos próprios para construção de conhecimentos pedagógicos e científicos (Brasil, 2005a, p.9; Brasil, 2006a, art. 5º).[12]

Pretendendo afirmar a importância da pesquisa na formação do egresso, a Resolução afirma a dependência da produção de conhecimento ao universo escolar e pedagógico e à ideia de que existem conhecimentos pedagógicos e conhecimentos científicos, derivando disso que os conhecimentos pedagógicos não são científicos.

Outros exemplos poderiam ser trazidos à baila, mas os apresentados[13] são suficientes para o objetivo deste texto. À guisa de síntese, consideremos que o licenciado terá de lidar com o conhecimento sob as seguintes acepções: "áreas do conhecimento" pertinentes ao campo da Pedagogia ou da Educação; "conhecimento multidimensional sobre o ser humano, em situações de aprendizagem";

I – planejamento, execução, coordenação, acompanhamento e avaliação de tarefas próprias do setor da educação;

II – planejamento, execução, coordenação, acompanhamento e avaliação de projetos e experiências educativas não escolares;

III – produção e difusão do conhecimento científico-tecnológico do campo educacional, em contextos escolares e não escolares (Brasil, 2006a).

12 Art. 5º: O egresso do curso de Pedagogia deverá estar apto a: [...]

IX – identificar problemas socioculturais e educacionais com postura investigativa, integrativa e propositiva em face de realidades complexas, com vistas a contribuir para superação de exclusões sociais, étnico-raciais, econômicas, culturais, religiosas, políticas e outras; [...]

XIV – realizar pesquisas que proporcionem conhecimentos, entre outros: sobre alunos e alunas e a realidade sociocultural em que estes desenvolvem suas experiências não escolares; sobre processos de ensinar e de aprender, em diferentes meios ambiental-ecológicos; sobre propostas curriculares; e sobre organização do trabalho educativo e práticas pedagógicas;

XV – utilizar, com propriedade, instrumentos próprios para construção de conhecimentos pedagógicos e científicos; [...] (Brasil, 2006a).

13 O "Perfil" do egresso resultará "do campo teórico-investigativo da educação, do ensino, de aprendizagens e do trabalho pedagógico que se realiza na práxis social" concretizando-se na "docência", entendida como as "atividades pedagógicas inerentes a processos de ensino e de aprendizagens", as "próprias da gestão dos processos educativos em ambientes escolares e não escolares" e a "produção e disseminação de conhecimentos da área da educação" (Brasil, 2005a, p.8; Brasil, 2006a, art. 4º).

"conhecimentos aplicáveis em práticas educativas" (Brasil, 2005a, p.11); "elaboração de conhecimentos" (Brasil, 2005a, p.11); "articulação do saber acadêmico, da pesquisa, da extensão e da prática educativa" (Brasil, 2005a, p.11); "áreas de atuação profissional"; "investigação sobre processos educativos e gestoriais"; "elaboração de propostas educacionais consistentes e inovadoras" (Brasil, 2005a, p.12); "instigação de compromisso social" (Brasil, 2005a, p.13).

O curso de Pedagogia, pelo Parecer (Brasil, 2005a) e pela Resolução CNE/CP 1/06 (BRASIL, 2006a), deve prever pesquisas para que os estudantes desenvolvam "postura de investigação científica", pois teria sido consenso entre os participantes na discussão das DCNP, nos últimos anos, a compreensão de que o pedagogo "é um professor que maneja com familiaridade procedimentos de pesquisa, que interpreta e faz uso de resultados de investigações" propiciando a formação do

> [...] profissional que: cuida, educa, administra a aprendizagem, alfabetiza em múltiplas linguagens, estimula e prepara para a continuidade do estudo, participa da gestão escolar, imprime sentido pedagógico a práticas escolares e não escolares, compartilha os conhecimentos adquiridos em sua prática. (Brasil, 2005a, p.14.)

Conquanto se reitere a função da pesquisa na formação, seja sob a forma de iniciação científica ou outras, a produção de conhecimento é sempre referida a um objetivo, explícito ou não, qual seja, o de servir às decisões sobre a prática "docente" e "educativa". Há, de resto, um forte acento sobre a ideia de que os formados devem produzir e construir

> novos conhecimentos, que contribuam para a formação de cidadãos, crianças, adolescentes, jovens e adultos brasileiros, participantes e comprometidos com uma sociedade justa, equânime e igualitária. (Brasil, 2005a, p.14.)

Desprezada a lógica binária antes usada, pela qual o formando fica face a face com posições a escolher, aqui a eleição não se oferece como possibilidade. Ele formará cidadãos para uma sociedade necessariamente "justa, equânime e igualitária". Segundo Vieira (2007, p.113),

> pode-se inferir do documento que a proposta para formação do pedagogo tende a reduzir os aspectos teórico-metodológicos da pesquisa a procedimentos que resultem em soluções rápidas aos problemas que venham a surgir no âmbito restrito da escola, particularmente da sala de aula.

Cabe chamar aqui as palavras de Moraes (2004, p.10):

> [...] o conhecimento [é] identificado como vocabulário da prática. Não é de espantar, nesta via, o prestígio de uma utopia praticista (Moraes, 2001), de modo geral, mas, particularmente no campo da formação e no da prática de professores. A supremacia do saber-fazer, presc aos preconceitos cotidianos, às relações de fácil percepção, desqualifica o esforço teórico associado que foi à perda de tempo e à especulação metafísica. Para o saber-fazer, basta a apreensão dos saberes temporais, plurais, heterogêneos, personalizados, situados. Uma atitude que, embora periférica, é eficaz neste nível.

Alguns pontos para reflexão

Na rota de levantamento de questões, algumas foram arroladas tendo em vista a composição de um conjunto de problemas que nos dizem respeito e nos dirão futuramente, dado o risco presente nas DCNP de dispersão formativa e de esvaziamento da graduação como nível de ensino vocacionado não apenas ao ensino e à extensão, mas à produção de conhecimento.

1. Nas DCNP, a produção do conhecimento é posta como estratégia de gerenciamento da escola e do sistema de ensino, podendo servir à solução de problemas estritamente educativos ou à proposição de políticas educacionais. Esse viés fortemente pragmático conduz a uma confusa relação entre a formação do intelectual com independência relativamente ao Estado e à formação de um intelectual que tem no Estado um de seus interlocutores privilegiados.[14] Poderíamos perguntar: É possível propor a formação do professor, do gestor e do estudioso sem considerar as determinações históricas que produz cada um deles e o próprio curso de Pedagogia?
2. A produção de conhecimento fica secundarizada porque a Resolução enfatiza a formação do docente e a do gestor. Tudo indica que o curso se configurará mais como campo de práticas – docentes e de gestão – e menos como campo de teorização sobre a educação, aqui tomado como possibilidades de produção de saber sem que, necessariamente, apresente vinculação direta à prática educativa escolar ou extraescolar. Contudo, o acento sobre a formação docente leva a que a formação do pesquisador a ela se sujeite. O complemento "que atua na educação básica" à formulação "profissional da educação" restringe o campo de investigação constrangendo-o às questões postas pela prática educacional nesse plano, constrangida, ainda, por um segundo limite: o de referir-se à educação de crianças de zero a 10 anos, já que é a ela que se destinam preci-

14 Essa questão foi discutida por Warde (1992) em relação a outro período histórico.

puamente as DCNP.[15] Não se trata, obviamente, de menosprezar nenhum dos possíveis campos de pesquisa na área educacional. Pelo contrário, trata-se de não fechar o campo de possibilidades de intelecção do fenômeno educativo. Podemos indagar se a formação de intelectuais na esfera educativa é algo desejável. É possível delimitar ou definir previamente seu campo de estudo ou seu objeto de investigação, afirmando a prática pedagógica ou mesmo a educação básica como seu foco privilegiado? Pensar a educação além da escola não pode ser tarefa apenas de pedagogos e professores, assim como pensar a educação deve ser sua tarefa por excelência.

3. Se concordarmos que a produção de conhecimento é secundarizada nas DCNP e que a graduação se configura de modo francamente pragmático, a quem caberiam os estudos verticalizados sobre educação? Responder "à pós-graduação" não resolve o problema.[16] Esta é uma questão diretamente ligada às redes de ensino com as quais o compromisso da formação pedagógica e intelectual do professor deveria ser firmado. Pensar a educação, pensar a escola pública, pensar alternativas educacionais para o País, sem ter o Estado como interlocutor privilegiado, produzir conhecimento sobre o mundo – nos dois sentidos da expressão – é mais do que assumir compromisso com a escola pública, é assumir uma posição inequívoca de luta contra a sociedade capitalista.
4. Se concordamos com Moraes (2001), em sua análise acerca do "recuo da teoria", do recuo do pensamento crítico, poderemos concluir que presenciamos o recuo da inteligência nacional pela adesão a um pensamento gelatinoso, pragmático e relativista. A proliferação de intelectuais que investem na civilização das elites catalisa mentes para a crença de que, se não é possível – e talvez nem desejável – mudar o capital, humanizemo-lo.

Essa breve digressão encerra-se lançando mão, pela segunda vez, das *Teses sobre Feuerbach*, em que Marx e Engels (1977, p.118-9) afirmaram, em 1844: "[...] as circunstâncias são modificadas precisamente pelos homens e [...] o próprio educador precisa ser educado". A esse ensinamento Mészáros (2005) agrega outro, igualmente fundamental: é necessário "contrainteriorizar" o capital pela produção de uma "contraconsciência" que nos permita entender o mundo. Segundo Sader (2005, p.18) Mészáros (2005) está dizendo: "entender é desalienar-se, é decifrar, antes de tudo, o mistério da mercadoria, é ir além do capital". Em poucas palavras: é lutar contra "a exploração, a opressão, a dominação e a alienação – isto é, contra o domínio do capital" – tarefa inexoravelmente educacional.

---

15 Sobre esse aspecto, ver Küenzer e Rodrigues (2006).

16 Duarte (2003) discute a formação de intelectuais nos programas de pós-graduação no Brasil.

Parte IV

Minicursos

19

Leitura de textos científicos no contexto educacional: uma aproximação do educador com a ciência

Aureluce Demonte

A linguagem é uma capacidade unicamente humana surgida em algum momento durante a evolução. As crianças, por exemplo, desenvolvem sistemas linguísticos sofisticados ainda que não sejam ensinadas ou não tenham um adulto para tomar como base. A leitura, contudo, é uma habilidade que se aprende, e que não se desenvolve sem ensino e prática.

Um trabalho publicado na revista *Nature* indica que, para quem aprendeu a ler, tanto em idade adulta como quando criança, a densidade de massa cinzenta (local onde ocorre o "processamento" cerebral) é maior em diversas áreas do hemisfério esquerdo do cérebro. Essas áreas são responsáveis pelo reconhecimento do formato das letras e por traduzi-las em sons e em significados. Além disso, ler também aumenta a intensidade das conexões de massa branca (constituída pelas fibras que interligam os neurônios) entre diferentes regiões do cérebro.

A par das condições favoráveis ao desenvolvimento neuronal, a leitura permite o domínio das modalidades de leituras práticas (publicidades, notícias, informações, anotações), estéticas (narrativas, poemas) e científicas (compreensão, interpretação e crítica da prática científica).

No entanto, a educação no Brasil está distante da leitura. Dados do Programa Internacional de Avaliação de Alunos (Pisa, do inglês *Programme for International Student Assessment*), publicados em 2007, indicam que o País obteve somente a 48ª posição em leitura na comparação do desempenho médio de estudantes com idade de 15 anos entre 57 países. Na mesma avaliação, a colocação na prova com ênfase em Ciências foi ainda pior: 52ª colocação.

Nesse contexto de distanciamento da Ciência e da leitura, o texto científico em sala de aula pode ajudar a resgatar informações científicas e ampliar o vocabulário, além de desenvolver o raciocínio lógico e a síntese pessoal. Para alcançar tais objetivos, o educador deve desempenhar um papel decisivo na escolha do material a ser trabalhado, da abordagem a ser realizada e dos recursos utilizados para o entendimento, a partir do reconhecimento da estrutura do texto, bem como a proposição de uma análise crítica do texto com relação a sua coerência, sua profundidade e seu alcance.

A escolha do texto a ser trabalhado em sala de aula exige do professor uma leitura prévia e analítica do material. Nesse sentido, o jornalismo científico tem-se desenvolvido muito no País. Jornais de grande circulação, revistas mensais editadas por órgãos de fomento à pesquisa, como a da Fapesp e várias outras publicações, têm descrito assuntos científicos que expressam resultados de pesquisa capazes de atrair o aluno, uma vez que mantêm a clareza do vocabulário de forma lógica, articulada e sistematizada. Temas atuais de saúde, incluindo comportamentos alimentares inadequados e suas consequências, podem, por exemplo, motivar um debate em sala de aula, ampliando a informação, o vocabulário, a capacidade de argumentação e, especialmente, o espírito crítico do aluno.

É possível que o educador, nessa perspectiva de atualizar-se, possa integrar e realizar os vínculos do conhecimento científico e tecnológico com as questões sociais, políticas, econômicas e históricas. Formar um leitor é apresentar-lhe a leitura como um desafio para ampliar seu horizonte de expectativas, é ajudá-lo a reconhecer e valorizar os locais onde se podem encontrar livros e outros materiais para ler, é incentivá-lo a frequentar espaços mediadores de leitura, como feiras, debates e palestras.

Aproximar os alunos da leitura científica pode fazer do educador um mentor na democratização do conhecimento científico, afastando o senso comum que impõe a Ciência como algo de caráter mágico ou misterioso, além de despertar o interesse e a contribuição efetiva para o estímulo das habilidades na área.

Considerando que os números das avaliações internacionais devem, além de nos impor reflexões, incentivar a busca por instrumentos de transformação, incluo a leitura científica como um desses instrumentos.

20

Fundamentos da educação de jovens e adultos: da cultura primeira à cultura erudita, continuidade e ruptura

José Carlos Miguel

Introdução

O presente estudo visa analisar os fundamentos da educação de jovens e adultos (EJA) no contexto de prerrogativas que se tornam hegemônicas a partir do processo de redemocratização da sociedade brasileira.

É inegável que o movimento pela EJA ainda enfrenta grandes dificuldades para a superação dos velhos paradigmas situados no contexto de suprimento, suplência e educação compensatória. Mas é preciso considerar, também, que a EJA começa a se constituir um corpo teórico que, embora de forma lenta, progressivamente incorpora conquistas recentes da pesquisa em educação, avança no sentido de reconhecimento como direito público subjetivo e, na prática, estabeleceu que é dever do Estado a oferta desse serviço público, sem descuidar do fato de que toda a sociedade civil organizada tem um papel a desempenhar para o reconhecimento de um direito fundamental historicamente negado. De fato, a partir dos anos 1980, registra-se

> um movimento de queda do analfabetismo absolutamente lento e gradual, o que sugere se tratar de fenômeno que tem curso próprio, imune, no caso brasileiro, à interferência de determinações legais, de planos, de campanhas e principalmente de discursos contra o analfabetismo. (Ferraro, 2004, p.195.)

Ferraro nos lembra de que, perversamente, a tendência de queda do analfabetismo não resulta, ainda, da efetividade das políticas públicas e que o analfabetismo representa apenas uma forma extrema de exclusão dentre as múltiplas formas de *apartheid* social que se mostram atreladas e que não podemos tratar como se fossem isoladas.

Quando a universidade se propõe a essa discussão, insere-se no contexto de um conjunto de esforços em prol da integração entre a instituição e a comunidade à qual está vinculada e busca desempenhar seu papel histórico de produção de conhecimento e de formulação de natureza teórica e prática. Parece-nos que se trata de destacar a importância da aprendizagem de jovens e adultos, assumindo compromissos com uma perspectiva de educação ao longo da vida de forma a facilitar a participação de todos na construção do desenvolvimento sustentável e solidário e na busca pela promoção de uma cultura de paz com base na liberdade, na equidade, na justiça e no respeito pelas diferenças. Mas, sobretudo, trata-se, a nosso ver, de construir uma relação sinérgica entre educação formal e educação não formal.

Sem dúvida, o desenvolvimento social exige dos agentes educacionais capacidade para descobrir e potencializar conhecimentos e aprendizagens de natureza global e permanente, fatores essenciais para a transformação educacional imposta pelas transformações globais.

Mais do que perseguir os objetivos de escolarização formal de jovens e adultos, investindo na formação de educadores e buscando apontar subsídios para o encaminhamento de políticas públicas para essa área do conhecimento, uma proposta de EJA no contexto da universidade deve voltar-se para o estabelecimento de vínculos mais estreitos com a população que lhe subsidia.

Nosso estudo é apoiado na revisão bibliográfica, mas resulta, sobretudo, de discussão sobre dificuldades enfrentadas por educandos e educadores de jovens e adultos envolvidos em processo de formação inicial e contínua no contexto de dois programas de EJA financiados pela Unesp, os quais coordenamos, a saber: o Programa Unesp de Educação de Jovens e Adultos (Peja – Proex – Unesp) e o projeto do Núcleo de Ensino de Marília, denominado "Educação de jovens e adultos: teoria e prática".

A radicalidade de uma proposta de EJA no contexto da sociedade brasileira contemporânea: fatores condicionantes

Uma rápida incursão na história da educação brasileira indica como características bem-definidas o encaminhamento das elites dirigentes para processos de formação geral, isto é, de ensino propedêutico, e às classes populares se reserva um saber de natureza instrumental travestido, por vezes, de ensino profissionalizante. Sem exageros, para melhor servir ao propósito da reprodução do capital. Também é necessário constatar que a negação do direito à educação formal se sustenta a partir da negação de direitos fundamentais da pessoa humana, tais como o direito à sobrevivência digna, à moradia em boas condições, à saúde e à segurança, entre outros.

No entanto, como estabelece Arroyo (2001, p.9):

> [....] não podemos esquecer que o lugar social, político, cultural pretendido pelos excluídos como sujeitos coletivos na diversidade de seus movimentos sociais e pelo pensamento pedagógico progressista tem inspirado concepções e práticas de educação de jovens e adultos extremamente avançadas, criativas e promissoras nas últimas quatro décadas. Essa história faz parte também da memória da EJA. É outra história na contramão da história oficial, com concepções e práticas por vezes paralelas e até frequentemente incorporada por administrações públicas voltadas para os interesses populares.

Com base no posicionamento de Arroyo, impõe-se o primeiro desafio para os educadores da EJA: onde é o lugar histórico de um processo de EJA que se coloca como transformador? Para nós, pensar a radicalidade da EJA impõe pensá-la intransigentemente como direito público subjetivo tal como se coloca na legislação brasileira em vigor. A lógica é de que o Estado que administra o excedente econômico deve ser o responsável por esse serviço sob pena de inviabilizar o desenvolvimento econômico que pretendemos que seja sustentável e solidário e de não contribuir para promover a justiça social.

A Lei de Diretrizes e Bases da Educação Nacional (LDBEN n.9394/96) define diretrizes que afetam diretamente o trabalho em EJA. Ela aponta para outros encaminhamentos, incorporando uma concepção de formação ampliada que deve se sustentar na pluralidade das experiências humanas. É no contexto de flexibilização que se colocam as alternativas de exploração didático-pedagógica dos saberes, de conhecimentos e da cultura popular na organização dos currículos, bem como dos programas de ensino.

É preciso considerar a especificidade da EJA, o que implica a profissionalização docente nessa área do conhecimento, o que, além disso, traz consequências para a formação no sentido de pensar um professor epistemologicamente curioso e que se proponha a pensar o problema da transposição didática, isto é, que atente para o fato de que, para ser ensinada, a ciência deve ser transformada. O ponto de partida do trabalho pedagógico na EJA deve ser os saberes das vivências dos educandos e o ponto de chegada, o conhecimento sistematizado. Desconsiderando essa prerrogativa, há o risco de se oferecer às camadas populares um ensino hermético, excessivamente formalístico e distante dos modos de pensar e agir de sujeitos que, apesar de não escolarizados, são detentores de saberes.

Trata-se, ainda, de buscar distanciamento da lógica do mercado e superação de limitações postas no contexto da LDBEN n.5692/71 que, de certo modo, conduziu as propostas de ensino de jovens e adultos ao desenvolvimento de um saber meramente instrumental, no contexto apenas de alfabetização para atender às demandas ligadas ao mercado do trabalho. É um movimento de continuidade no sentido de exploração e consideração desses saberes populares e de ruptura com as crendices e formulações não científicas.

Configurando-se tanto como uma ação didático-pedagógica, pela necessária problematização da prática docente em educação de jovens e adultos com a consequente orientação técnico-pedagógica quanto como pesquisa, à medida que precisa analisar a prática para transformá-la e discutir os procedimentos pedagógicos à luz de uma teoria, o trabalho pedagógico em EJA revela-se uma importante contribuição social e político-pedagógica pela escolarização formal de jovens e adultos e pelo investimento nos processos de formação, inicial e contínua, de educadores de jovens e adultos.

O diagnóstico efetuado anualmente para desenvolvimento dos projetos de EJA que coordenamos registra vários depoimentos dos alunos, indicando a importância da ação praticada – seja para cobrir exigências do mercado do trabalho, pelo próprio desejo de progresso intelectual e melhor convívio social, pelo simples prazer de estudar, uma vez que não tiveram a oportunidade na infância, seja pelo apego religioso (vários dizem inscrever-se no projeto porque querem ler a Bíblia) etc.

Buscamos efetuar esse diagnóstico visando a melhor compreensão dos fatores condicionantes do acesso e permanência do educando jovem ou adulto no processo de escolarização formal, bem como para renovação dos programas de ensino e da metodologia de trabalho pedagógico nos processos de EJA.

Trata-se de uma ação pedagógica voltada para garantir a permanência do jovem ou do adulto com sucesso na escola, pois, em função de sua condição de aluno-trabalhador e mesmo pelo histórico escolar quase sempre atribulado e marcado por baixa autoestima, os índices de evasão escolar se mostram, em geral, preocupantes em todo o território nacional.

Isto posto, impõe-se o reconhecimento de que o avanço para uma nova concepção de EJA passa pela garantia do direito humano à apropriação dos bens simbólicos transmitidos pela cultura escolar, pela elevação da escolarização média de toda a população brasileira e pela supressão do analfabetismo. Também se faz observar que o problema do analfabetismo está atrelado à negação de outros direitos básicos, tais como direito à moradia, ao pleno emprego, à saúde, enfim, à sobrevivência digna; ou seja, não se trata apenas de uma questão de política educacional, mas de desenvolvimento de políticas multissetoriais abrangentes. Aos determinantes sociais e políticos, atrelam-se os determinantes relativos à organização escolar: é fundamental reconhecer os sujeitos da EJA como detentores de saberes – em geral, não reconhecidos pela cultura escolar – e a cultura primeira como suporte didático para condução dos educandos à cultura erudita.

Essas formulações encaminham as diretrizes para as ações docentes no contexto da teoria histórico-cultural e da psicogênese da alfabetização/letramento, procurando compreender a forma como o educando adulto constrói seu saber sobre o que são a leitura e a escrita. Embora seja um processo permeado por avanços e recuos, exigindo paciência e perseverança para a obtenção de resultados, constitui uma trajetória intelectual muito rica para todo o grupo envolvido, tanto para os educandos da EJA quanto para os professores em formação inicial ou em processo de formação contínua.

As Diretrizes Curriculares Nacionais para a Educação de Jovens e Adultos (Resolução CNE/CEB n.1/2000) reconhecem a EJA como modalidade da educação básica e como direito do cidadão, o que estabelece distanciamento da ideia de suprimento e compensação. Ao assumir as perspectivas de reparação de direito, equidade e qualificação, as diretrizes representam um avanço, defendendo a necessidade de consideração do perfil dos alunos e de sua faixa etária com vistas à proposição de um modelo pedagógico que possa assegurar:

> equidade: distribuição específica dos componentes curriculares, a fim de propiciar um patamar igualitário de formação e restabelecer a igualdade de direitos e de oportunidades em face do direito à educação;
> diferença: identificação e reconhecimento da alteridade própria e inseparável dos jovens e dos adultos em seu processo formativo, da valorização do mérito de cada um e do desenvolvimento de seus conhecimentos e valores. (Brasil, 2002, p.17-8.)

É no contexto de responsabilização do Estado pela oferta de EJA e da formação de um professor sintonizado com as necessidades e aspirações populares que se coloca a radicalidade do desenvolvimento de uma proposta de educação de jovens e adultos. Isso, por conseguinte, não deve excluir as contribuições para a formação docente e discente e para a reorganização curricular que se estabelecem no bojo de movimentos sociais e populares e de ações acadêmicas cujo objetivo é a articulação entre teoria e prática desenvolvidas no âmbito de todo o território nacional.

Sobre as diretrizes didático-pedagógicas

O trabalho com a EJA insere-se em um momento histórico no qual se busca concretizar na prática um processo de educação básica de jovens e adultos voltado para a consolidação da cidadania, o qual não se resolve apenas garantindo vagas, mas buscando ensino de qualidade sustentado pelos avanços das pesquisas em diferentes áreas do conhecimento e pelas dinâmicas sociais e suas implicações no âmbito escolar.

Com base na tese de que aprendemos resolvendo problemas, trata-se de encaminhar o trabalho pedagógico no sentido de possibilitar amplo processo de interação entre os sujeitos na busca de compreensão desses problemas que são levantados no contexto cultural deles e discutir a sequência de sugestões consideradas aceitáveis (as quais podem dar origem a novos problemas), procedimento salutar para a construção de um processo gradativo de intervenção adequado à natureza do processo de aprendizagem vislumbrado. Impõe-se pensar o trabalho pedagógico na EJA que tem como pressuposto a ideia de que a

> qualidade da pesquisa-ação consiste no fato de que as populações não são consideradas como ignorantes e desinteressadas. Levando a sério o saber espontâneo e cotejando-o com as "explicações" dos pesquisadores, um conhecimento descritivo e crítico é gerado acerca da situação, com todas as sutilezas e nuanças que em geral escapam aos procedimentos padronizados. (Thiollent, 2008, p.26.)

Consideramos que a ação desejável passa pelo desenvolvimento de projetos de trabalho, o que se revela uma forma adequada de abordagem dos conceitos no sentido de lograr maior envolvimento dos alunos. Nessa direção, cumpre registrar que a preocupação de se considerar o contexto social e cultural no qual o aluno está inserido envolve, acima de tudo, o desejo de construção de uma proposta pedagógica em que as hipóteses incompletas que os sujeitos formulam, bem como seus saberes parciais, exercem papel preponderante de envolvimento pessoal. Parece ser esse o fator condicionante da permanência efetiva, e com sucesso, do educando adulto na escola.

Por isso, opta-se pelo encaminhamento das ações pedagógicas no sentido de contemplar procedimentos capazes de mobilizar o interesse dos alunos, tais como a leitura, interpretação e escrita de uma receita, a elaboração de orçamentos diversos, a redação de um ofício para uma autoridade e o trabalho permanente com as diversas medidas, com noções de saúde, com temas sobre saneamento básico, de reconhecimento da comunidade local, com as questões de gênero, com noções de direitos humanos etc.

Acreditar na capacidade de aprender de cada aluno mostra-se fundamental para o resgate da autoconfiança, indispensável na aprendizagem, permitindo a todos os envolvidos (educandos, bolsistas, estagiários, professores etc.) construírem hipóteses para melhor compreensão acerca das bases teóricas da aprendizagem dos adultos. Esta talvez seja a maior dificuldade encontrada em processos de EJA: em geral, os sujeitos desenvolvem uma autoestima muito baixa, um sentimento de incapacidade para a aprendizagem, o que geralmente inviabiliza o trabalho pedagógico pretendido.

Assim, cumpre destacar os princípios que devem nortear as diretrizes da ação pedagógica a ser desenvolvida:

- Exercício de uma prática escolar comprometida com a interdependência escola/sociedade, tendo como objetivo situar os educandos como cidadãos, a partir do resgate de sua identidade cultural;
- Inserção de jovens e adultos em processo de problematização para a apropriação de conceitos científicos relevantes para a vida social;
- Consideração das diferenças culturais como aportes da formação de conceitos, particularmente das relações entre saberes populares e saberes acadêmicos;
- Busca de rompimento com a concepção internalista de organização curricular visando à formulação de uma concepção externalista, pautada por processos intersubjetivos.

Portanto, os programas devem ser compreendidos como uma grande pesquisa empírica para interpretação dos condicionantes histórico-culturais da ação pedagógica em EJA que, muito mais que uma questão técnica, é uma questão política.

Consideramos que uma ação em EJA, comprometida com a construção do pensamento autônomo, não pode, de forma incoerente, como faz a escola tradicional, priorizar, especialmente nas séries iniciais, o trabalho com a reprodução de textos, com cópias, sem compreensão, enfim. Por um lado, perde-se a possibilidade de explorar, no processo de alfabetização, a riqueza simbólica vivenciada pelos sujeitos até mesmo ao sair para as ruas; por outro lado, quando a escola insere o adulto no contexto simbólico da ciência, eventualmente, procede como que partindo do nada e peca novamente pela repetição de símbolos destituídos de significado, desconsiderando a possibilidade de se pensar a produção de textos em qualquer área do conhecimento, ou seja, de pensar a ciência como componente de alfabetização.

É prioritário ter-se em mente que conhecimento científico não se consolida como um rol de ideias prontas a ser memorizado. Além disso, um processo significativo de ensino da ciência deve conduzir os alunos da EJA à exploração de uma variedade de ideias e de estabelecimento de relações entre conceitos de modo a incorporar os contextos do mundo real, as experiências e o modo natural de envolvimento para o desenvolvimento das noções científicas com vistas à aquisição de diferentes formas de percepção da realidade. Mas ainda é preciso avançar no sentido de conduzir os educandos a perceber a evolução das ideias científicas, ampliando a compreensão que delas se tem.

Além das dimensões científica e tecnológica, o conhecimento consolida-se como componente da cultura geral do cidadão, a qual pode ser observada na linguagem corrente, no ambiente de trabalho, na imprensa, nas leis, na propaganda, nos jogos, nas brincadeiras e em muitas outras situações do cotidiano. Resumidamente, a discussão sobre o problema da construção de conhecimento na EJA deve considerar como teses centrais da ação na situação de ensino e de aprendizagem as perspectivas de:

- **Contextualização**: consideração no trabalho pedagógico em EJA dos aportes socioculturais do alunado para situações vivenciadas pelos alunos fora da escola sejam consideradas dentro dela, o que se poderia denominar ciência cultural, isto é, as diversas formas de manifestação do conhecimento científico desenvolvidas pelos diversos grupos sociais, de modo a permitir a interação entre essas duas formas de pensamento científico – o conhecimento difundido no processo escolar e as concepções desenvolvidas no trato cultural.
- **Historicidade**: compreensão de que mostrar aos alunos da EJA a forma como as ideias científicas evoluem e se complementam formando um todo orgânico e flexível é pressuposto básico para se compreender a ciência como um processo de construção.
- **Enredamento**: organização das ideias científicas em articulação com as diversas áreas do conhecimento, uma vez que elas não surgem "do nada"; ao contrário, muitas ideias científicas nem surgiram em contextos exclusivamente científicos.

O desenvolvimento de ações no sentido de mobilizar os grupos constituídos no contexto da EJA se impõe aos envolvidos na ação, encaminhando-os para a reflexão, de forma que as contradições entre o pensamento e a ação, entre o vivido e o concebido, tornem-se explícitas, impulsionando-os para a mudança. Isso exige pensar que:

- As dificuldades e o baixo rendimento dos educandos da EJA, historicamente decorrente da forma tradicional de veiculação do conhecimento produzido, contrastam com o conteúdo lúdico e a beleza formal desses saberes;
- A ênfase exagerada no simbolismo lógico-formal do saber sistematizado reforça a tendência pedagógica de "passar conteúdo", em detrimento de um processo de se construir conhecimento científico;
- A preocupação com operações rotineiras e de memorização prejudica o desenvolvimento cognitivo do educando, determinando, em associação com outros fatores, o fracasso do aluno;
- A inexistência de integração entre os temas em função da organização linear do currículo ("currículo em escada") contrasta com a tendência de organização interdisciplinar, como pretendem as tentativas de reorganizações curriculares mais recentes, além de reforçar a fragmentação dos programas de ensino.

A pesquisa em educação já definiu que, ao organizar as ideias científicas exclusivamente segundo o critério da precedência lógica, o fazer pedagógico tradicional na EJA desconsidera todos os demais aspectos psicológicos, socioeconômicos e culturais envolvidos na difusão de saberes científicos. Por isso, a ampliação dos recursos da comunicação nas aulas dos programas de EJA é fundamental porque, ao comunicar ideias e maneiras de agir, os alunos precisam refletir sobre o que fizeram ou pensaram, construir esquemas mais elaborados de pensamento e organizar pensamentos e ações, para avançar com competência no processo de conhecimento.

O incentivo ao raciocínio criativo, à imaginação, ao cálculo mental e ao desenvolvimento da capacidade de estimativa é que conduzirá a uma situação de aprendizagem escolar duradoura, instigante e prazerosa. Por extensão, a temática da resolução de problemas envolve aportes linguísticos, psicológicos, conceituais e socioculturais dos indivíduos, cabendo ao professor criar um ambiente de descoberta para aprender no qual não hesite experimentar, levantar hipóteses e testá-las, mesmo correndo o risco de cometer enganos.

A pessoa jovem ou adulta insere-se em um contexto social que se encarrega de lhe emitir variadas informações que são geradas e percebidas pela exploração do espaço ao seu redor. Quando aborda a relação espaço-forma na escola, por exemplo, já cumpriu, sem exagero, uma importante etapa do desenvolvimento cognitivo que sempre tem, inicialmente, para elas, caráter essencialmente espacial. De forma contraditória, vivencia um vasto arco de relações que partem de conceitos específicos os quais se mostram um tanto distantes daquilo que já conhece.

Ou seja, para se pensar a difusão da ciência na EJA como um processo de formação de conceitos, é preciso repensar o papel do professor, as condições de viabilização do trabalho pedagógico, a maneira de pensar, sentir e agir em educação, o momento histórico, as características e o interesse da clientela. Trata-se de uma ação pedagógica que vê a aprendizagem escolarizada como um processo que vai além do âmbito escolar e no qual a intervenção do aluno exerce papel determinante. Vale dizer que há um uso social inerente ao conhecimento científico, e que alguns conhecimentos são construídos pelos educandos a partir de sua experiência social.

Considerações finais

Uma prática pedagógica em EJA deve ser marcada pelo desejo de contribuir, por meio da educação, para o processo de transformação de situações injustas, desumanas e de exclusão social. Deve ser caracterizada pela solidariedade e pela dignidade que se busca garantir, no aspecto formal, quando a legislação inclui a educação de jovens e adultos no contexto de um dos direitos humanos fundamentais.

Desse modo, deve-se tratar o problema do analfabetismo como questão humanista, de direito público subjetivo, portanto, como direito social, e não como conceito meramente econômico, já que, embora camuflada, é forte a ideia no contexto de parte da classe dirigente nacional de que o problema social do analfabetismo se resolverá uma vez que se tenha investimento maciço na educação das crianças, ou seja, educando-se as crianças não haveria, no futuro, adultos analfabetos. Resta indagar: o que fazer com os históricos 14 milhões de analfabetos adultos deste país, sem contar os ditos analfabetos funcionais? É na busca de resposta a esse problema sociocultural que toda a sociedade civil organizada deve investir, fazendo a denúncia, ao mesmo tempo que atua para o anúncio de uma nova prática nesse contexto.

Nesse processo, o papel da universidade pública é o de fomentar ações de formação inicial e contínua de educadores de jovens e adultos, de produzir conhecimento e material didático-pedagógico, bem como de contribuir para a elaboração de políticas públicas na área.

As competências exigidas do trabalhador pelas tecnologias de informação e as exigências de uso social do conhecimento impõem-nos pensar em um processo de ensino em EJA no qual o sujeito possa levantar hipóteses e testá-las, desenvolvendo raciocínio argumentativo, de modo a estimular a construção de estratégias para resolução de problemas postos pela ação cotidiana, a discussão dos resultados e uma atitude permanente de busca de autonomia.

Por sua especificidade, as reflexões acerca da proposta de formação de educadores de EJA, fundamentada em uma metodologia que possibilita a investigação e a discussão das dificuldades e das necessidades dos discentes, articulando prática e teoria como movimento e inter-relação, apontam para a possibilidade de ser este um caminho promissor para a introdução de mudanças efetivas em suas práticas pedagógicas, mediadoras de aprendizagens significativas.

Aprendizagens assim concebidas são frutos de um processo de ensino pensado como projetos de trabalho que considerem as necessidades e expectativas do aluno jovem e adulto das classes de EJA, incluindo a discussão de conceitos das diversas áreas de conhecimento, em contextos que possibilitem a interação entre os atores do processo educativo e propiciem a construção de significados importantes para a formação dos sujeitos desse processo.

Por outro lado, mais do que as perspectivas de formação complementar e de enriquecimento curricular, o desenvolvimento de um programa de EJA possibilita à universidade a integração e o diálogo efetivo com a comunidade que a subsidia. Desse modo, o desafio centra-se na conquista da integração de um corpo teórico ao universo da experiência docente de acompanhamento e desenvolvimento de um projeto de educação de jovens e adultos, e a sala de aula se torna amplo laboratório de pesquisas.

21

A educação infantil e o ensino fundamental de nove anos: metodologias de ensino

Lígia Márcia Martins

A ampliação do ensino fundamental para nove anos encerrou, e considero que ainda encerra, uma série de desafios. Embora em suas origens a matrícula de crianças a partir de 6 anos no ensino fundamental possa ter expressado inúmeras demandas, além daquelas especificamente pedagógicas, considero essa medida extremamente pertinente e necessária.

Em um país como o nosso, que apenas muito recentemente atingiu o índice de universalização da educação básica, ainda é premente encararmos o seguinte fato: direito a vaga não é sinônimo de escolarização, muito menos de uma escolarização de qualidade. Nesse sentido, julgo que todas as medidas que possam favorecer o ensino, representando acréscimos de valor para as aprendizagens dos alunos, são bem-vindas.

Não obstante, estamos cientes de que essa medida enseja necessidades de uma profunda revisão tanto no ensino fundamental quanto na educação infantil. Este texto visa fornecer elementos para a referida revisão, colocando sob análise, em primeiro lugar, algumas contradições que se interpõem como obstáculos à integração entre educação infantil e ensino fundamental; na sequência, o pretendemos afirmar o ensino como subsídio metodológico para a superação de tais contradições; por fim, buscaremos promover a articulação entre eles.

Educação infantil e ensino fundamental: integração (im)possível

Conforme considerado no 3º Relatório do Programa "Ampliação do ensino fundamental para nove anos", elaborado pela Secretaria de Educação Básica

(Brasil, 2006b), o que se coloca em debate é a infância na educação básica. Um debate, portanto, que não pode ficar reduzido à mera transição da educação infantil para o ensino fundamental, colocando-se em foco apenas as séries finais de um e iniciais de outro.

Vivemos um momento determinante para uma profunda análise da educação básica, especialmente acerca dos fundamentos sobre os quais se vem edificando a educação infantil desde a Lei de Diretrizes e Bases da Educação Nacional de 1996. Vejamos, rapidamente, o que nos diz a referida Lei.

No Título I, "Da Educação", em seu artigo 1º está disposto o seguinte:

> A educação abrange processos formativos que se desenvolvem na vida familiar, na convivência humana, no trabalho, nas instituições de ensino e pesquisa nos movimentos sociais e organizações da sociedade civil e nas manifestações culturais (Brasil 1996),

Portanto, pela abrangência do processo educativo, urge delimitá-lo no âmbito da Lei, dado presente no inciso 1º – "Esta Lei disciplina a Educação Escolar, que se desenvolve, *preponderantemente por meio do Ensino*, em instituições próprias" (Idem) (grifo nosso).

Ainda diante dos dispositivos legais, é importante destacar que, em seu artigo 21, ao tratar da composição da educação escolar brasileira, a LDB/96 dispõe sobre a educação básica, incluindo a educação infantil. Tais normativas se expressam, também, nos dispositivos para o financiamento da educação escolar. O texto da Lei n.11.494, que institui o Fundo de Manutenção e Desenvolvimento da Educação Básica e de Valorização dos Profissionais da Educação (Fundeb), em seu artigo 1º, parágrafo único, determina as responsabilidades pelos investimentos na "manutenção e no desenvolvimento do *ensino*" (Brasil, 2007c – grifo nosso). Mantendo uma necessária correspondência com a Constituição Federal de 1988, determina as responsabilidades do custeio educacional aos sistemas de "ensino" federal, estadual e municipal.

Recorri à legislação vigente, a fim de destacar duas questões: a primeira, conclusiva diante do exposto, refere-se à dimensão legal da educação infantil na qualidade de educação escolar, isto é, como prática educacional institucionalizada e organizada "predominantemente por meio do ensino". A segunda visa assinalar a contradição sobre a qual se edifica a educação infantil, tal como a temos na atualidade: no "plano estrutural e legal", como demonstrado, ela é educação escolar e, inclusive por isso, contemplada com os recursos do Fundeb. Porém, no "plano funcional" ainda estamos longe de tê-la organizada como educação escolar, em especial no que se refere à educação infantil pública.

Considero premente a superação dessa contradição pela afirmação da "escola" de educação infantil e que, como tal, deve ter o "ensino" como eixo estruturante das atividades que realiza. Mas, com essa afirmação, estou dizendo que não existe ensino na educação infantil tal como ela funciona hoje? De maneira nenhuma! Até porque é impossível pensar educação sem ensino, seja essa educação formal ou informal. Essa assertiva, por sua vez, determina caracterizar a natureza do ensino em cada um desses tipos de educação.

Na "educação informal", o ensino ocorre de modo assistemático, orientando-se pelas demandas elementares ou primárias da vida social, a serem atendidas de modo espontâneo e nos limites das possibilidades imediatamente postas. Nesse modelo, o ensino se processa entre indivíduos "mais" e "menos" experientes, sejam eles adultos ou crianças, independentemente de critérios acerca da qualidade dessas experiências e dos conteúdos e valores que veiculam.

As práticas implementadas ancoram-se nos saberes sincréticos e de senso comum, necessários ao trato da realidade em sua superficialidade e seu imediatismo, embora se subjugam aos contextos nos quais ocorrem. O eixo em torno do qual gravitam é o atendimento de necessidades pragmáticas circunscritas a esses contextos.

A educação informal cumpre uma importante função na vida dos indivíduos uma vez que os prepara para os domínios da vida cotidiana, para aquilo que podemos denominar de sociabilidade primária. Na sociedade moderna, o exercício dessa função centra-se na família, a partir da qual outras instituições podem ser acionadas.

Em síntese, a educação informal tem por objetivos a preparação para a vida cotidiana, seus conteúdos são os saberes necessários aos domínios de si e do entorno imediato, conduzindo-se metodologicamente pela espontaneidade e pelo pragmatismo determinados por dados experienciais. Nela, o adulto opera como cuidador, organizador e facilitador das experiências do educando.

Ocorre, porém, que, por suas próprias características, não é por essa forma de ensino nem pelos conteúdos que veicula que as máximas possibilidades de desenvolvimento dos indivíduos se efetivam, dado que nos conduz ao tratamento da educação formal.

Caracterizada pelo ensino planejado, isto é, pela transmissão organizada e deliberada dos conhecimentos historicamente sistematizados pela humanidade, a "educação formal" é o modelo que deu origem à educação escolar. Visa interferir intencionalmente no desenvolvimento dos indivíduos por meio do ensino dos saberes mais elaborados, científicos, possibilitando a cada nova geração a apropriação dos domínios já conquistados pelas precedentes.

Nessa direção, a escola desponta como polo irradiador de conhecimento e de cultura à medida que promove a socialização do patrimônio cultural historicamente elaborado – o qual, em última instância, representa capacidades humanas objetivadas. Portanto, à educação formal cumpre a função de capacitar os indivíduos para o atendimento de demandas que ultrapassam o âmbito da sociabilidade primária e, assim, tal como proposto por Duarte (1996), mediar as esferas cotidianas e não cotidianas que permeiam a vida de todos os indivíduos, enriquecendo as primeiras pelas conquistas advindas das segundas.

Segundo Saviani (2000), o exercício dessa função apenas pode ocorrer na base da cultura pedagógica, que se consolida na indissociabilidade entre os saberes escolares, isto é, entre os conteúdos dos processos de ensino e aprendizagem, e as formas pelas quais esses processos se realizam. Portanto, apenas um planejamento de ensino que articule forma e conteúdo, ou seja, metodologia de ensino e sistematização de conhecimentos, pode operar favoravelmente na superação de conhecimentos sincréticos e espontâneos, próprios da educação informal, em direção à elaboração do conhecimento objetivo, produzido pela educação formal.

Em síntese, a educação formal visa à elevação além da vida cotidiana, e seus conteúdos são os saberes clássicos, universais, conduzidos por processos de ensino deliberadamente planejados para promover a aprendizagem desses conteúdos. Nela, o adulto é o responsável pela transmissão, entre as gerações, do acervo cultural historicamente produzido.

Tecidas essas considerações, podemos constatar que uma nova contradição emerge da anterior: quais as reais possibilidades de integração entre espaços educativos que adotam modelos de educação cuja natureza se opõe? Ou seja, vemos que a educação infantil ainda não deixou de ser representativa do modelo de educação informal, ao passo que o ensino fundamental, tal como historicamente proposto, se configura como educação formal.

Como, então, promover uma integração real entre esses dois segmentos da educação básica? Considero a existência de duas alternativas: (1) promovendo o esvaziamento do ensino fundamental de sua essencialidade formal ou (2) construindo uma educação infantil que supere sua informalidade pedagógica. Pelas funções precípuas da educação escolar, evidentemente, não podemos compactuar com a primeira possibilidade!

Em suma, considero que a dilação do ensino fundamental para nove anos representa um momento muito oportuno para que se operem transformações em toda a educação básica. Todavia, para tanto, é preciso superar, no âmbito da educação infantil, o medo de qualificá-la como "educação escolar" a serviço da "transmissão" de "conhecimentos científicos". Dessa síntese provisória, destacam-se três palavras-chave sobre as quais discorremos na sequência: escola, conhecimento e ensino.

Por uma escola a serviço da transmissão dos conhecimentos científicos

A tríade "escola – conhecimento – ensino" tem alimentado inúmeros debates no campo educacional, assumindo maior destaque desde o final da década de

1990. Nossas experiências de pesquisa e extensão universitária sobre formação de professores revelam que se por um lado tais debates desqualificam tais processos, por outro lado se revelam pouco propositivos em relação à organização do trabalho pedagógico destinado à infância.

Como resultado, não é pequeno o número de professores que, sabendo a importância de seu papel para o desenvolvimento afetivo-cognitivo das crianças, identificam os riscos atuais de uma maciça desqualificação do trabalho pedagógico e lutam por uma educação escolar que de fato represente acréscimo de valor à vida das pessoas em formação. É a serviço dessa luta que tecemos as próximas considerações.

Primeiro, dediquemo-nos à questão da escola. Quando nos referimos a ela, sabemos que a representação mais imediata que emerge nos reporta à escola de ensino fundamental e médio. Essa escola, por sua vez, tem-se tornado alvo de severas críticas, nem todas injustas, mas todas extremamente perigosas. Mas por que perigosas? Porque a escola vem sendo sistematicamente desqualificada e esvaziada de suas reais funções. Aparece como inoperante, ultrapassada, geradora de sofrimentos, usurpadora da infância e outras adjetivações negativas. Assim, torna-se óbvia a seguinte indagação: por que intencionar a edificação da escola de educação infantil se escola é tão ruim?

Para a superação desse impasse, entendemos que tão urgente quanto as mudanças na escola é a compreensão dela como uma instituição social que reflete os limites e as mazelas do modelo político-econômico vigente, ou seja, como uma instituição que encerra os embates impostos pela sociedade capitalista que, injusta e desigual, orquestra para os indivíduos uma educação escolar com os mesmos atributos.

Portanto, é preciso mudar o foco da desqualificação, superando concepções nas quais a escola aparece como um ente abstrato que gera por si mesmo o seu fracasso. Trata-se de desnaturalizá-la e compreendê-la com síntese de múltiplas determinações. E, nesse sentido, compreender que o verdadeiro problema não reside na instituição escolar. Em vez de se analisar a escola pela via do seu suposto fracasso, o que precisamos analisar é o Estado capitalista, neoliberal, e, então, afirmar seu fracasso diante da consecução dos direitos humanos mais elementares. Ele deve ser nosso adversário, não a escola! Não é ela que converte a educação em mercadoria, que orquestra uma formação superficial e aligeirada para os professores, que superlota salas de aula, que normatiza os baixíssimos salários pagos aos seus trabalhadores, impondo-lhes jornadas de trabalho adversas a qualquer parâmetro de qualidade. Enfim, não é a escola que desqualifica a existência do conhecimento objetivo acerca da realidade, bem como a sua importância para o pleno desenvolvimento dos indivíduos. Desse ponto, caminhemos para a nossa segunda palavra-chave.

Afirmar a escola, seja ela de educação infantil, seja de ensino superior, como lócus privilegiado do conhecimento tem demandado afirmar, primeiro, a existência do próprio conhecimento, haja vista vivermos um momento que relativiza e particulariza a sua existência.[1]

Moraes (1996), em análise do que denomina "agenda pós-moderna", coloca em evidência o esvaziamento pretendido pelo suposto paradigma do século XXI com relação às possibilidades de construção do conhecimento objetivo e universal. A construção do conhecimento como captação inteligível do real pela consciência humana passa a ser negada, e seu lugar, ocupado pelos "consensos de significação" tecidos acerca da realidade, convertida em uma abstração, em linguagem, em interpretações.

E, diante desse quadro, o que resta à escola? Resta-lhe, dentre outras coisas alheias à sua essencialidade, substituir a construção do conhecimento objetivo e universal pela construção de um suposto conhecimento local, particular, empírico e pragmático, emblemático do que chamamos autoconhecimento. Nessa direção, acompanhamos uma supervalorização da experiência pessoal e da prática particularizada, dos saberes de senso comum, dos saberes cotidianos etc., que dotam a educação escolar de um caráter essencialmente circunscrito, superficial e utilitário.

Por isso, a afirmação da escola como polo irradiador de conhecimento e de cultura determina, mais que nunca, a asseveração da existência do conhecimento objetivo e universal que os homens, ao longo dos tempos, construíram acerca da realidade. E esses conhecimentos, por sua vez, precisam ser transmitidos como condição para que os indivíduos se insiram na história, dominem o real e desenvolvam, também, as propriedades psicointelectuais características da humanidade nesse percurso.

Não percamos de vista que a apropriação dos conhecimentos clássicos, historicamente sistematizados, é requisito para a humanização, bem como o direito de acesso de todos aos produtos do trabalho intelectual da humanidade. Mas para que apropriações ocorram, é mister o processo de transmissão, o qual nos conduz à terceira palavra-chave: "ensino".

Afirmar a importância do ensino representa, para nós, mais do que uma simples referência a um elemento pedagógico, mas, outrossim, colocar no centro da análise uma concepção de homem e de sociedade. É na filosofia marxista que encontramos os elementos nucleares dessa análise.

O homem é indiscutivelmente um ser pertencente a uma espécie animal, contando com determinado nível de estruturação biológica que guarda algumas particularidades orgânicas. Porém, ao longo de seu histórico desenvolvimento e graças às formas pelas quais instituiu sua relação com a natureza, isto é, graças ao trabalho social, superou em absoluto o plano biológico; substrato também da vida animal; criando a sua verdadeira e própria natureza: a natureza social.

---

1 Sobre essa ambiência cultural pós-moderna, sugerimos a leitura de Della Fonte (2003) e Moraes (1996).

Por meio de sua atividade vital, isto é, dos modos e meios pelos quais se relaciona com a realidade, tendo em vista produzir e reproduzir as condições necessárias à sua sobrevivência física e psíquica, os homens afirmaram-se no mundo, modificando intencionalmente a realidade e a si mesmos. Para esse percurso, operaram, e continuam operando, de modo decisivo, os processos de apropriação e objetivação. A atividade humana, graças ao desenvolvimento da linguagem e à produção e utilização de instrumentos – isto é, tornando-se *objetivadora*, social e consciente – realiza o processo histórico de constituição da humanidade. Por meio desse processo, apropria-se das forças essenciais da natureza, constrói e significa suas obras, atribuindo-lhes funções sociais, e cria uma nova realidade a ser também apropriada.

No que diz respeito à dinâmica entre apropriação e objetivação, Duarte (1993) destaca que tanto a objetivação quanto a apropriação não são resultados automáticos da atividade humana particular. A relação entre elas demanda sempre a mediação das ações entre os homens. As objetivações trazem consigo toda uma significação social, representam o resultado de ampla prática social, e para que cada indivíduo se aproprie delas, é necessária a mediação de outros indivíduos.

O exposto, ainda que muito resumidamente, possibilita-nos recuperar a clássica afirmação marxista segundo a qual os homens não nascem humanos, mas humanizam-se sob condições de apropriação do patrimônio objetivado pela humanidade e, assim, aprendem a ser homens. É no esteio dessas premissas que Vygotsky elabora a teoria histórico-cultural, segundo a qual o desenvolvimento psíquico do indivíduo ocorre necessariamente no processo de apropriação dos procedimentos e conhecimentos elaborados pela humanidade, isto é, "sob condições de ensino".

Isso quer dizer que os determinantes do desenvolvimento psíquico se encontram "fora" dele, ou seja, na cultura historicamente constituída. Portanto, a qualidades desse desenvolvimento dependerá da qualidade da inserção social do sujeito, das aprendizagens disponibilizadas em suas condições objetivas de existência, dado que nos remete à importância do trabalho docente e do ato de ensinar em todas as etapas da vida.

Segundo Vygotsky (2001, p.113), o

> ensino é, por consequência, o aspecto internamente necessário e universal no processo de desenvolvimento, não de particularidades naturais, mas de particularidades históricas dos homens.

Ao afirmar essas particularidades históricas, ele se refere às funções ou atributos que de fato nos transformam de seres orgânicos em seres sociais.

É graças à aprendizagem que as funções inatas se reconfiguram, isto é, que os processos naturais se reestruturam, cedendo lugar aos processos culturalmente formados. Às funções asseguradas pelo nascimento, Vygotsky (1995) denominou funções psicológicas elementares, e às funções socialmente adquiridas, funções psicológicas superiores.

O desenvolvimento dessas propriedades, em qualquer idade, encontra-se na dependência das condições concretas de vida e das atividades advindas da educação. Assim concebido, o desenvolvimento humano não é outra coisa senão uma metamorfose cultural. Leontiev (1978b), também se referindo à dependência do desenvolvimento diante das condições de aprendizagem, afirma a complexidade desse processo, uma vez que ele não é assegurado pelo simples fato de o indivíduo nascer e viver em sociedade. Diferentemente dos padrões naturais animais de relação com o meio, que também promovem aprendizagens necessárias à sua sobrevivência, reprodução e adaptação, as aprendizagens humanas exigem "comunicação" entre os homens.

Para que cada indivíduo particular adquira as habilidades já alcançadas pela humanidade, não lhe basta o contato externo com os fenômenos físicos e sociais que o rodeiam, tal como já referido com relação à dinâmica apropriação/objetivação, pois tais aquisições são conquistas de um "ato educativo". Portanto, para que haja aprendizagem humana, é preciso que haja um ensino humanizador.

É pelo trabalho educativo que os adultos assumem um papel decisivo e organizado no desenvolvimento das novas gerações, e da qualidade dessa interferência dependerá a qualidade do desenvolvimento. Por tais razões, os processos de educação formal, promotores potenciais das mais complexas aprendizagens humanas, possuem uma importância sem par. Assim, a defesa do ensino sistematizado também no âmbito da educação infantil é reiterativa do princípio vigotskiano segundo o qual a aprendizagem deve anteceder o desenvolvimento para poder, inclusive, orientá-lo. Secundarizar esse princípio significa abandonar o curso do desenvolvimento à sua própria sorte, ou seja, deixar esse princípio em segundo plano significa abrir mão das inúmeras possibilidades para interferir nele e conferir-lhe direção.

Considero, portanto, que uma revisão efetiva da educação básica, o que esperamos que ocorra com sua ampliação para nove anos, exige que se articule educação infantil e ensino fundamental, tendo o ensino como elemento metodológico fundador dessa articulação. Apenas o planejamento de um bom ensino para a educação infantil poderá permitir-lhe que desempenhe, não apenas no plano legal, mas de fato, seu papel como primeiro segmento da educação básica.

Considerações finais

Espero ter demonstrado que a articulação entre os distintos segmentos da educação básica requer unidade metodológica e ter apontado o ensino como eixo central. Considero que o bom ensino é factível em qualquer etapa da vida e não pretere as especificidades histórico-sociais das crianças, não lhes rouba a infância nem precisa impor-se como um ato autoritário dos adultos. Pelo contrário, o bom ensino organiza-se no esteio da "atividade principal" própria aos diferentes períodos do desenvolvimento. O conceito de atividade principal foi proposto por Leontiev (2001) e fundamenta-se na categoria marxista de "atividade", sobre a qual já discorremos neste texto.

O autor caracteriza a atividade do tipo principal ou dominante como aquela que desempenha de maneira mais decisiva as transformações e as aprendizagens fundamentais a cada período evolutivo, à medida que em seu interior surgem e se especializam novos tipos de atividade. Por meio delas, os processos psíquicos específicos vão-se aperfeiçoando e impulsionando os progressos subsequentes.

Especialmente à luz dessas proposições, Elkonin (1987) considera imprescindível para a real explicação do desenvolvimento infantil que se levem em conta os seguintes critérios: reconhecê-lo (primeiro) como transformações qualitativas não lineares e historicamente constituídas, apreender sua periodização à luz da descoberta dos princípios determinantes da transição de um período para o outro, e, acima de tudo, compreender a atividade principal como eixo das transformações evolutivas, identificando não apenas o tipo de atividade realizada, mas, sobretudo, quais são os aspectos da realidade pelos quais se orienta e se estrutura.

A partir desses critérios, o autor sistematiza um modelo de periodização[2] do desenvolvimento que compreende alguns estágios. O primeiro deles é a época da primeira infância, que compreende os três primeiros anos de vida. Esse estágio é constituído por dois períodos: o primeiro é caracterizado pelos doze meses inicias, no qual a atividade principal é a comunicação emocional direta bebê/adulto, e o segundo é aquele que marca o transcurso do segundo e terceiro anos cuja atividade é objetal manipulatória.

A época da infância, que corresponde ao segundo estágio, abarca também dois períodos: o período da infância pré-escolar, do 4º ao 6º anos de vida, período no qual as atividades principais são as brincadeiras de papéis sociais, ou jogos simbólicos, e o período da infância, ou idade escolar, característico do 7º ao 10º anos, no qual o "estudo" representa a atividade principal. Vale lembrar que os referidos períodos se determinam pela qualidade dos vínculos da criança com a realidade social, e, assim, as marcas cronológicas são meramente referências gerais, e não predeterminações estanques e lineares.

---

2 Pelos objetivos deste texto, centramos nossa atenção na periodização proposta pelo autor apenas do nascimento até dez anos, embora esta compreenda também as idades subsequentes; para o aprofundamento dessa questão, sugiro a leitura de Facci (2006).

A periodização em pauta foi citada apenas para apontá-la como substrato possível e necessário ao planejamento pedagógico, ou seja, como via de acesso da criança ao mundo em todas as suas expressões, no que se incluem, também, as conquistas dos saberes científicos. Todavia, devemos estar cientes da conhecida interrogação: como promover esse acesso às crianças, desde a primeira infância, por meio das ações pedagógicas?

Em Martins (2009), essa questão é abordada a partir de algumas reflexões. Primeiro, defere-se que, para a proposição de ações escolares pautadas nos conhecimentos científicos e aptas à superação de práticas espontaneístas, o professor precisa dispor de conhecimentos que interfiram de modo indireto e/ou direto no desenvolvimento da criança.

Note o destaque à qualidade da formação do professor, uma vez que a referida diretividade diz respeito aos conhecimentos que medeiam a atividade por ele planejada com vistas ao ensino, e não a qualquer atividade que, direta ou indiretamente, venha interferir positiva ou negativamente no desenvolvimento da criança.

Os conteúdos de interferência indireta são denominados conteúdos de formação operacional, e compreendem os saberes interdisciplinares que devem estar sob domínio do professor e subjacentes às atividades disponibilizadas aos alunos. Incluem os saberes pedagógicos, sociológicos, psicológicos, de saúde etc. Esses conhecimentos não serão transmitidos às crianças em seu conteúdo conceitual, e é nesse sentido que promoverão nelas o que classificamos como aprendizagem indireta.

Ao serem disponibilizados, incidem na propulsão do desenvolvimento de novos domínios psicofísicos e sociais, expressos em habilidades específicas e constitutivas da criança como ser histórico social, a exemplo de autocuidados, hábitos alimentares saudáveis, destreza psicomotora, acuidade perceptiva e sensorial, habilidades de comunicação significada, identificação de emoções e sentimentos, vivência grupal, dentre outras. À luz desses saberes, a criança desenvolve propriedades e constrói conhecimentos empíricos[3] na centralidade das operações e ações que executa, conquistando, progressivamente, formas culturalmente elaboradas de funcionamento.

Os conteúdos de interferência direta são denominados conteúdos de formação teórica, pois compreendem os domínios das várias áreas do saber científico transpostos sob a forma de saberes escolares. Permearão as atividades propostas às crianças tendo em vista sua socialização como tal; isto é, para que se efetivem

3 O conhecimento empírico deriva diretamente da atividade sensorial prática das pessoas com relação aos objetos e fenômenos da realidade. Compreende o conhecimento construído a partir do imediato e fisicamente presente tal como captado pela percepção.

como objetos de apropriação, devem ser transmitidos de modo direto e sistematizado em seus conteúdos conceituais por meio do ensino. Esses conhecimentos corroboram para aquisições culturais mais complexas, tendo em vista a superação gradual de conhecimentos sincréticos e espontâneos em direção à apropriação teórico-prática do patrimônio intelectual da humanidade.

Os conteúdos de formação operacional interferem diretamente na constituição de novas habilidades na criança, mobilizando as funções inatas, os processos psicológicos elementares, tendo em vista a complexificação de sua estrutura e os modos de funcionamento, a serem expressos sob a forma de funções culturais, de processos psicológicos superiores. Ao atuarem nessa direção, instrumentalizam a criança para dominar e conhecer os objetos e fenômenos do mundo à sua volta, isto é, exercem uma influência indireta na construção de conceitos.

Os conteúdos de formação teórica, por sua vez, operam indiretamente no desenvolvimento das funções psicológicas à medida que promovem a apropriação de conhecimento. Por exemplo, o ensino do conteúdo "formas geométricas" a uma criança não contém apenas a aprendizagem de uma propriedade matemática, pois também incide sobre os processos de percepção, atenção, memória, linguagem etc. Portanto, jamais os conteúdos teóricos a serem ensinados podem ser selecionados da ótica simplista e pragmática circunscrita à sua utilização imediata. Tais conteúdos, atuando diretamente na elaboração de conceitos, operam indiretamente no desenvolvimento das funções afetivo-cognitivas.

A categorização apresentada cumpre uma função essencialmente organizativa do planejamento pedagógico, uma vez que, na experiência escolar do aluno, tais conteúdos operam articuladamente, em uma relação de mútua dependência. Cumpre, também, a função de evidenciar que as ações educativas devem contemplar os conteúdos de formação operacional e teórica em consonância com os períodos de seu desenvolvimento, havendo entre elas uma relação de proporcionalidade inversa, tal como demonstra a representação subsequente.

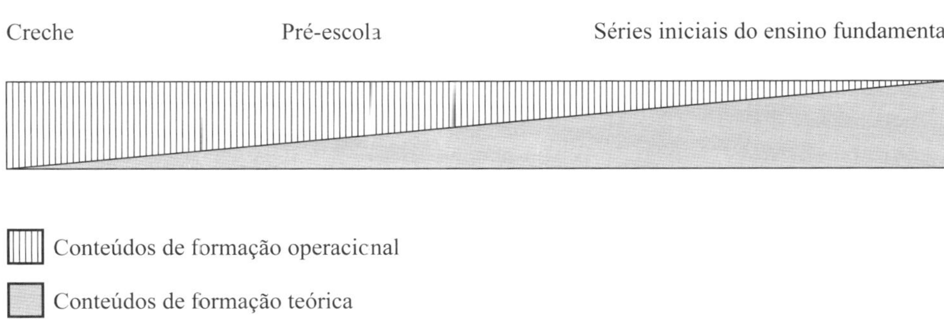

Diante do exposto, é possível afirmar que apenas uma sólida formação de professores, isto é, de professores que disponham de ampla "cultura pedagógica" e que compreendem o "ensino" em educação infantil como expressão do direito de todas as crianças ao seu pleno desenvolvimento (em especial aquelas provenientes das classes populares), bem como a expressão do direito de todos os professores ao pleno exercício de sua profissão, poderá tornar a dilação do ensino fundamental para nove anos um acréscimo de valor real às aprendizagens e ao desenvolvimento das crianças.

22

A democratização do acesso ao saber nas escolas públicas: a problemática da alfabetização, a formação docente e a pedagogia por projetos

Maria Cecília de Oliveira Micotti

Em São Paulo, as fragilidades da alfabetização e da formação docente ganharam visibilidade com a instituição do construtivismo para orientar o ensino. Nesse contexto, a pedagogia por projetos abre novas perspectivas para a educação escolar. Analisar e discutir essas perspectivas constituem os objetivos propostos.

A democratização da educação escolar no Brasil constitui antiga reivindicação de grandes educadores, entre os quais Anísio Teixeira e Paulo Freire. Mas apenas nas últimas décadas o direito à matrícula e à permanência na escola se estendeu para as crianças das classes socialmente menos favorecidas. Como o direito à matrícula e à permanência nas aulas, assegurados por dispositivos legais, apesar de serem medidas necessárias, não são suficientes para garantir o aprendizado, o acesso aos bancos escolares não significa acesso à herança social da humanidade: os saberes construídos e sistematizados pela humanidade ao longo do tempo. O avanço na escolaridade por alunos que não sabem ler nem escrever gera tensões e propõe a necessidade de reformulação do ensino e da formação docente.

Para o sistema educacional, o problema que se coloca é o de realmente promover a democratização do acesso ao conhecimento, eliminando a exclusão gerada dentro das escolas e desenvolvendo o ensino à altura das necessidades e expectativas sociais referentes à educação.

Os problemas que marcam a educação escolar no País – entre eles os baixos desempenhos dos alunos em leitura e em escrita – não são recentes. Eles acompanham a educação escolar nacional, como revela Teixeira, em sua obra

A educação não é privilégio. Para enfrentar esses problemas, políticas públicas têm sido instituídas com ênfase em mudanças dos currículos escolares e na formação continuada de professores.

Mudanças curriculares são justificadas pela necessidade de favorecer o aprendizado de todas as crianças, mas os resultados obtidos não são os esperados. Dificuldades relativas à alfabetização, tais como o não desenvolvimento da leitura com compreensão e a falta de domínio da escrita para expressar e comunicar ideias, mostram-se resistentes às propostas de modificações curriculares.

Em São Paulo, as fragilidades da alfabetização e da formação docente ganharam visibilidade com a instituição do construtivismo para orientar o ensino. As transformações reais na educação escolar proporcionada à população dependem de múltiplos fatores, internos e externos à escola como instituição. Hoje, os insucessos na alfabetização são frequentemente atribuídos à progressão continuada, ao ensino em ciclos e ao construtivismo. Em 2006, novos dispositivos legais ampliaram a duração do ensino fundamental para nove anos, com a antecipação do início da escolaridade obrigatória para os 6 anos, provocando reflexões por parte dos educadores sobre os efeitos dessas e de outras modificações curriculares no sistema de ensino brasileiro.

O enfoque dos processos de mudanças pedagógicas coloca várias indagações sobre o que acontece no ensino no cotidiano escolar, sobre o papel que os docentes desempenham em situações que envolvem mudanças pedagógicas e sobre os saberes docentes – assuntos que remontam à formação dos professores e à integração das teorias com as práticas pedagógicas.

O processo de construção de conhecimentos pelos professores tem sido objeto de pesquisas. Tardif (2002), considerando a diversidade e o pluralismo dos saberes docentes, assinala que os saberes e o saber-fazer dos professores têm origem social; são provenientes das instituições de formação profissional, dos currículos e da prática cotidiana. Em estudo sobre o trabalho docente, Tardif e Lessard (2005, p.280) destacam as peculiaridades do trabalho em sala de aula que sofre as injunções da escola onde é realizado, do espaço onde se desenvolve a docência que comporta uma dimensão instrumental, finalizada, pois o professor não apenas interage com os alunos, mas com eles busca atingir determinados fins.

Charlot (2005, p.89-99), ao focalizar as relações entre teorias e práticas pedagógicas, considera ser a lógica da formação, das práticas, do ensino, diferente da lógica dos saberes constituídos em sistemas e discursos coerentes. Como a formação envolve saberes, nela se estabelecem tensões entre essas lógicas que são heterogêneas, mas não isoladas, pois são mediadas pela prática do saber e pelo saber da prática.

Para transformar a formação inicial de docentes do ensino da língua materna, Jolibert, Cabrera e Inostroza (2004) propõem um novo enfoque para a relação entre teoria e prática. Nessa obra coletiva, são destacadas as práticas pedagógicas realizadas na formação inicial, buscando-se sua articulação mediante as produções de diferentes áreas do conhecimento, isto é, mediante abordagem interdisciplinar, de modo que seja realizada a autossócio-construção de aprendizagens significativas e pertinentes por todos os participantes do processo.

Os estudos realizados por diferentes pesquisadores destacam a docência como trabalho que envolve as dimensões dos conhecimentos práticos e teóricos e as articulações entre esses conhecimentos como assunto relevante para a formação de professores. O assunto é complexo, sobretudo se considerarmos o processo de apropriação dessas articulações ou a elaboração delas por parte dos docentes e, principalmente, se levarmos em conta as peculiaridades dos cursos de licenciatura.

Sobre resultados de pesquisa referente à formação de professores para o ensino fundamental em nosso país, Gatti (2009) destaca, entre outros aspectos, o papel irrelevante atribuído às atividades específicas da docência e aos estudos como os referentes à alfabetização nos cursos de Pedagogia. Dados de pesquisa como estes indicam a relação que se estabelece entre a formação dos professores e o ensino proporcionado à população.

Atualmente, a observação das práticas pedagógicas mais comuns nas escolas públicas suscita reflexões sobre as diversas dimensões da educação escolar como prática social e seu papel na democratização do acesso ao saber, assunto bastante relevante para que a democratização educacional não se reduza à disponibilidade de vagas nas escolas públicas.

Diante da importância e do significado político e social do acesso à leitura e à escrita na atualidade, vários aspectos da alfabetização chamam a atenção do pesquisador, entre eles a relação que o professorado estabelece com as propostas de reformulações curriculares que envolvem diretamente a alfabetização, o que nos remete à questão das diferenças entre as articulações que os docentes estabelecem com as teorias e com as práticas pedagógicas.

Constituem o foco deste trabalho o confronto entre os olhares dos alfabetizadores sobre diferentes propostas de mudanças pedagógicas e as interações que com elas estabelecem, considerando-se suas estratégias para realizá-las, assunto que conflui para as relações que as professoras estabelecem entre as suas próprias práticas e as teorias pedagógicas, uma vez que as propostas de mudanças curriculares e didáticas se vinculam aos saberes produzidos no campo teórico em pesquisas, cabendo à prática sua aplicação no sistema de ensino.

Neste estudo, que faz parte de um projeto de pesquisa mais amplo, são comparados dados obtidos em descrições feitas por alfabetizadores de suas atuações em situações de mudança pedagógica – as interações com o construtivismo – (1984) e as interações com a pedagogia por projetos (proposta de Jolibert et al., 1994a, 1994b, 2006a, 2006b, 2008). Para captar as ligações entre os saberes práticos, os teóricos e a ação docente, são considerados os pontos e os conceitos destacados pelos alfabetizadores como fundamentais na evolução de seus saberes e os procedimentos e as reconceituações que identificam nas transformações de suas práticas e de seus conhecimentos.

O fazer docente e a proposta construtivista

Mediante entrevistas semiestruturadas com 27 alfabetizadoras, realizamos o estudo do processo pelos quais os professores se apropriam e desenvolvem conhecimentos referentes à alfabetização no início do magistério e ao longo do tempo. Nessas entrevistas, acentuamos a mudança do ensino provocada pela introdução da proposta construtivista no ensino do estado de São Paulo.

Os resultados obtidos mostram diferenças entre as participantes do estudo quanto à articulação entre fazeres e saberes docentes. No início do magistério, marcado pela reprodução de práticas alheias, são privilegiados os saberes e a lógica da prática – as professoras mencionam, sobretudo, as atividades realizadas com os alunos. Com o passar do tempo, a reprodução é mesclada com os saberes desenvolvidos pela professora que, aos poucos, introduz variações em sua prática (Micotti, 2004).

Sobre as interações dos alfabetizadores com o construtivismo, as manifestações indicam diferenças nas interações com a proposta e nos aspectos da prática que apontam como relevantes na mudança de sua atuação nas aulas. As professoras que aprofundam mais sua análise e revelam avanços na interação com a proposta pedagógica revelam também que a apropriação de saberes teóricos desempenha papel relevante nesse processo, destacando-se, por exemplo:

- Os fundamentos epistemológicos dos quais resultam mudanças de postura didática, para acolher as interações das crianças com a escrita como objeto de conhecimento;
- Os aspectos da escrita privilegiados no decorrer das aulas;
- Os materiais didáticos que servem de apoio ao ensino.

A mudança dos métodos didáticos tradicionais para a orientação construtivista envolve mais que troca de alguns procedimentos; envolve a compreensão dos fundamentos epistemológicos da didática construtivista em contraste com a didática tradicional, uma vez que esta se embasa em pressupostos empiristas, ao passo que aquela se embasa em pressupostos interacionistas.

Em suas descrições das aplicações da proposta construtivista, as alfabetizadoras revelam diversos graus de elaboração de saberes docentes que vão desde as justaposições fragmentadas de concepções teóricas diferentes até a compreensão, em alguns casos, dos significados e das implicações para a prática docente de diferentes concepções epistemológicas.

Nas justaposições fragmentadas, o ensino é focado mais em sua dimensão técnica. Como as professoras colocam em segundo plano os estudos teóricos, porque inicialmente é mais difícil perceber as relações destes com o trabalho prático, juntam procedimentos correspondentes a concepções pedagógicas diversas. Por exemplo, à silabação são acrescentadas algumas atividades, vistas como vinculadas à nova proposta – "cruzadinhas" e "caça-palavras". Como essas atividades são feitas com palavras compostas por sílabas já estudadas, a leitura e a escrita de textos são restritas. A participação dos alunos no trabalho didático não é mencionada.

É interessante notar que, ao falarem de suas interações iniciais com o construtivismo, algumas professoras revelam o retorno ao recurso às práticas alheias, isto e, às práticas das colegas mais experientes, procedimento que marca as experiências docentes no início do magistério. Nas manifestações das professoras, destacam-se as diferenças sobre as relações que elas estabelecem entre o ensinar e o aprender, entre a correspondência das atividades solicitadas nas aulas com a apropriação do conhecimento pelos alunos. Destaca-se, sobretudo, a questão da percepção das diferenças entre as opções epistemológicas em que se fundamenta o ensino.

Sobre o trabalho inicial com a alfabetização, uma professora faz as seguintes reflexões:

> No 1º e no 2º anos de magistério fiquei mais presa no que tinha segurança. *Não gostava. Não tinha muita saída, muita diferença no que fazer*, ficava muito limitada, muito repetitiva. As crianças também tinham dificuldades – barreira na leitura. Era só no fim do ano que as coisas melhoravam um pouco. Antes do curso de Pedagogia, via exercícios de juntar sílabas, palavras, sem significado para as crianças. Trabalhava com textos, mais preocupada com as sílabas, com os sons que traziam, do que com o eixo temático, com o enredo [...] trabalhava com textos pequenos, achava que (assim) era muito fácil, mas (as crianças) liam picadinho, detestavam ler.

Essas afirmações da professora indicam visão parcial do trabalho a ser feito no ano letivo. A falta de enfoque de um conjunto de alternativas para desenvolver o trabalho com as crianças não permitiu que a professora modificasse o ensino sem receio de "perder o caminho".

Sobre as suas interações iniciais com o construtivismo, essa professora salienta:

> Foi um salto, uma coisa muito nova. No curso de Pedagogia consegui mais base, estudei os trabalhos de Emília Ferreiro. No começo, não posso dizer que apaguei a cartilha, fugia gradualmente. Tentava colocar algumas coisas diferentes. Mas ficava muito presa nos livros.

E acrescenta: "[...] Daí, fui observando na prática como as crianças faziam para aprender. Fui comparando teoria e prática. Então, fui vendo como acontecia o processo".

O "ir e vir" das práticas para a teoria, e vice-versa, marcam a integração entre saberes da experiência e saberes sistematizados, frutos de pesquisas. Cabe assinalar que as diferenças entre os fundamentos epistemológicos da didática tradicional e do construtivismo – que determinam alterações das práticas docentes – são explicitamente apresentadas apenas por uma professora durante a entrevista.

No âmbito dos resultados dessa pesquisa, as mudanças relativas aos materiais utilizados nas aulas para a leitura consistem na introdução de livros de literatura infantil, que servem como material de apoio para a aquisição do código alfabético. A utilização desses livros, por um lado, amplia o horizonte muito além das cartilhas, mas a descrição da utilização desses livros acentua a memorização. Sobre o assunto, a professora já citada diz:

> Procurava acompanhar o trabalho das colegas. Às vezes, a gente se propõe, mas não dá. Desprendi-me, procuro não fazer tudo o que os outros estão fazendo.
>
> Às vezes, chegava com um assunto que não era do interesse da classe, percebi que tenho que sondar os interesses das crianças. A parte da leitura deu muito certo, de uma hora para a outra começavam a entender a escrita. Mas ficava muito presa nos livros
>
> Espero para ver o que motiva a classe. Começar do mesmo jeito, nem pensar. Depende muito de cada turma; guardar um diário, nem pensar. Tenho um diário com a sequência das atividades. Conservo início, começo com os nomes deles. Eles querem conhecer o nome dos colegas, da professora, da escola etc. Inicio com os nomes, jogos, letras, alfabeto.

Solicitada a comparar os conhecimentos da professora experiente com os da principiante, essa professora afirma:

> Acho que é conhecer mais as reações das crianças. A professora aprende muito com as crianças; aprende que você tem que respeitar. No início baseava mais na experiência da professora, depois, aprendi a considerar as crianças.

Essas afirmações revelam que a inserção, na ação docente, das interações dos alunos com o objeto de estudo escrita é indicada como um saber elaborado ao longo de sucessivas experiências e estudos. Em suma, os resultados revelam que as práticas em situações de mudança variam, e os saberes que as professoras colocam em ação se vinculam aos conhecimentos de que dispõem e das suas realizações de estudos teóricos.

Pedagogia mediante projetos

Os projetos

Minha surpresa era que os alunos realmente percebiam os indícios textuais, antecipavam a leitura, e isso me intrigava. Quanto mais eu estudava e trabalhava com a proposta, mais eu aprendia, ou seja, enquanto aprendiam, os alunos me ensinavam. Observava alunos interessados em aprender, que se sentiam responsáveis pela aprendizagem, engajados nos projetos que no início do ano havíamos decidido trabalhar. Comecei a perceber que essa pedagogia realmente dava resultado. Os alunos podiam participar, colocar seus pensamentos, ideias, opiniões, dúvidas e ansiedades. Podiam falar, e quanto mais falavam, mais aprendiam. Este era o grande diferencial.O fato de os alunos escolherem, sugerirem os projetos, não me impedia de cumprir o planejamento.

A ideia de realização de projetos no ensino, apesar de ter sido muito preconizada nos últimos anos, não é recente na história da Pedagogia. Mas os projetos distinguem-se por serem interpretados como aglutinação dos estudos, de modo a formar unidades mais amplas e significativas dos saberes. Nesse caso, a ênfase é dada à organização do ensino por temas ou unidades didáticas ou como trabalho pedagógico de cunho emancipacionista.

Huber (1999, p.42-3), recorrendo à raiz etimológica da palavra "projeto", assinala a sua origem latina – *projectum*, particípio passado do verbo *projicere* – "projetar". Nessa acepção, a palavra envolve as noções de desejo, intenção de fazer ou realizar (algo) no futuro, plano, ideia mais ou menos elaborada de uma coisa que o sujeito se propõe a realizar. Sobre o projeto como prática pedagógica, destaca a contribuição, a partir de 1970, de educadores como Paulo Freire, que adotam o enfoque dos projetos com ênfase em seu aspecto socioemancipacionista, educadores que preconizam uma prática que permite o reencontro do ato pedagógico com o real. Segundo Huber, a realização de um projeto, ao ser regida por um esquema de ação, ativa os esquemas de pensamento de que o indivíduo já dispõe e propicia a construção de novos esquemas, por isso envolve a autossócio-construção.

Segundo Jolibert (1994a, p.11-42), ensinar é ajudar alguém em seus próprios processos de aprendizado com a participação de todos nas várias escolhas que afetam a vida dentro da instituição escolar, com ênfase na busca da cooperação em sala de aula para a organização do tempo, do espaço, das regras de convivência, das atividades e projetos nos quais se inserem as situações reais diversificadas de leitura e escrita. A criança é a protagonista de sua formação e da construção de seus conhecimentos, e o professor é o mediador das interações dos alunos com os saberes sistematizados.

Uma das ideias básicas dessa proposta é a de que as crianças aprendam a ler e a escrever em suas interações com a escrita em situações prenhes de significado para elas, ou seja, cada criança realiza essas atividades em situações reais de comunicação, recorrendo aos conhecimentos que construiu em seu percurso de vida. Aprender a ler é aprender a procurar o significado de textos completos em situações reais; aprender a escrever constitui um processo dinâmico de produção textual, e aprender a produzir textos é aprender a elaborá-los para um ou mais destinatários, considerando o significado da comunicação.

As interações das professoras com a Pedagogia mediante projetos diferenciam-se do processo de aplicação inicial da proposta construtivista por incluir a participação dos alunos nas decisões relativas à vida na sala se aula, o que torna essa situação muito instigante e sugere aos pesquisadores questões como:

- O que desencadeia entre os docentes o movimento de deixar um modelo de ensino para construir outro, ou seja, quais são os fatores desse movimento?
- Em que consistem as interações iniciais das professoras com a proposta?
- Como se colocam, na prática, os aspectos da pedagogia por projetos que mais se distanciam das práticas habituais dos professores?

Na busca por respostas para essas questões, examinamos os depoimentos por escrito de dez professoras do ensino fundamental, participantes do Projeto Raios de Sol, que optaram por atuar de acordo com essa pedagogia (Micotti, 2009).

No Projeto "Raios de Sol", que visa ao êxito do aprendizado por parte de todas as crianças, as professoras interagem com a teoria e as práticas da proposta da Pedagogia por projetos, segundo a proposta de Jolibert et al. (1994a, 1994b, 2006a, 2006b, 2008).

O enfoque de leitura como busca do significado de textos mediante diversos indícios, além das letras, propõe o desenvolvimento do comportamento de leitor, como construção do significado de textos completos em situações reais de comunicação. Fundamentando-se nessa conceituação de leitura como compreensão e na da escrita como produção textual, cuja apropriação envolve a vivência da produção de textos para destinatários reais, a proposta em pauta prevê o aprendizado da escrita mediante a prática real do aprender a ler, lendo, e a escrever, escrevendo; também aprender a ler, escrevendo, e escrever, lendo. O texto é considerado a unidade de funcionamento da linguagem escrita. A utilização dos textos autênticos, completos e inseridos em situações reais de comunicação contrapõe-se ao trabalho com textos escolares descontextualizados, sem sentido para os alunos.

Vale lembrar que a aplicação da proposta envolve mudanças complexas; envolve reconceituação do ensino com:

- Novo enfoque da leitura e da escrita realizadas na escola;
- Mudança do papel da avaliação;
- A prática da leitura e da escrita antes do domínio do código alfabético;
- A inserção da leitura e da escrita em situações reais de comunicação;
- A participação das crianças nas decisões referentes às vivências em sala de aula.

Ao descreverem sua interação com essa proposta, as professoras participantes do Projeto "Raios de Sol" e desta investigação apontam como fatores do movimento de substituição de antigas práticas para assumir essa pedagogia os estudos realizados em cursos, as reflexões feitas no decorrer de reuniões de grupos de pesquisa, a participação em projetos etc.

Ao tratarem da geração de vínculos com a proposta, apresentam um quadro geral das ações e problemas que compõem o cotidiano em sala de aula e destacam as concepções de leitura e escrita, de ensino e aprendizado etc., que a fundamentam. Além disso, a prática dessas concepções colabora para o desenvolvimento da autoestima das crianças. Nas interações iniciais com a proposta, destacam a percepção de terem se equivocado sobre a pedagogia por projetos, confundindo com as unidades didáticas que recebem prontas, também chamadas projetos, que vêm estruturadas para serem aplicadas. As professoras, ao compreenderem que os projetos são estruturados por elas juntamente com as crianças, desfazem a confusão e começam a aderir à pedagogia por projetos. Desse modo, é o conhecimento da proposta que desencadeia o processo de adesão. Os depoimentos das professoras mostram que elas se encaminham do conhecimento teórico para a prática em sala de aula. Enfim, a apropriação da teoria constitui um elemento desencadeador do desenvolvimento da capacidade de renovação e reconstrução de uma nova prática, adequada à realidade em que atua.

O conhecimento teórico é visto pela professora como elemento que viabiliza a revisão de seus saberes da prática, revisão essa que ocorre mediante a prática de saberes teóricos integrados aos conhecimentos da prática pedagógica. As professoras acentuam bastante as interligações que estabelecem entre suas reflexões e suas ações, bem como o papel dos conhecimentos teóricos na atuação docente e na formação continuada de professores.

É interessante notar que, na pedagogia por projetos, segundo os depoimentos de professoras que iniciaram o magistério com o ensino oficial orientado pelo construtivismo, o enfoque das mudanças pedagógicas deixa de ser um processo de adequação das práticas à proposta para transformar-se na busca de alternativas entre as propostas teóricas para solucionar problemas da prática vivenciados em sala de aula.

Uma professora, ao encontrar uma classe de terceira série bastante difícil, cujos alunos ainda não liam nem escreviam de modo convencional, assinala:

> [...] Tratava-se, pois, de buscar meios que possibilitassem o desenvolvimento da leitura e da escrita de modo que as crianças se tornassem sujeitos de suas aprendizagens. Nesse processo, seria necessário, portanto, considerar as reais necessidades dos alunos na escolha das atividades, o envolvimento dos pais e da comunidade escolar no aprendizado, de modo a favorecer o autoconhecimento e o desenvolvimento da autoestima dos alunos. [...] Os estudos me impulsionaram a trabalhar as ferramentas da pedagogia por projetos com alunos do ensino fundamental. Isso me deixou muito feliz, pois percebi que é possível inovar e revolucionar o ensino, proporcionando meios para que os alunos, individual e coletivamente, cooperem uns com os outros, gerenciem e construam conhecimentos.

As manifestações das professoras em seus depoimentos mostram que o movimento de deixar um modelo de atuação docente para construir outro se deve a fatores como a busca de novos modos de ensinar para resolver problemas vivenciados em sala de aula, registrando-se também casos em que a professora analisa a própria experiência tomando como referencial os estudos teóricos e, depois, decide aplicar a proposta.

As interações iniciais das professoras com os projetos são bastante variáveis. Geralmente, elas começam apropriando-se dos aspectos dessa proposta que mais correspondam aos problemas que estão vivenciando no ensino. Na prática, os aspectos da pedagogia por projetos que mais se distanciam do ensino tradicional – a exploração de textos logo no início da alfabetização, a própria ideia de projeto e o acolhimento da participação dos alunos no trabalho em sala de aula – são os aspectos que desafiam as iniciativas e os quais são acentuados no trabalho docente.

Uma professora diz:

> Minha surpresa era que os alunos realmente percebiam os indícios textuais, antecipavam a leitura, e isso me intrigava. Quanto mais eu estudava e trabalhava com a proposta, mais eu aprendia, ou seja, enquanto os alunos aprendiam, me ensinavam. Observava alunos interessados em aprender, que se sentiam responsáveis pela aprendizagem, engajados nos projetos que no início do ano havíamos decidido trabalhar.

Enfim, os resultados deste estudo revelam a complexidade das mudanças pedagógicas que, no construtivismo e na pedagogia por projetos, requerem dos professores reflexões sobre as relações que os alunos podem estabelecer com o objeto de conhecimento (a escrita) em diferentes orientações teóricas. Trata-se de um processo que implica situar uma opção epistemológica em relação às demais, considerando suas decorrências didáticas. Tal assunto é muito importante para se compreender a evolução dos conhecimentos docentes em um contexto ainda hoje marcado pela influência dos professores mais antigos (apegados aos métodos tradicionais) na prática dos principiantes.

Os saberes docentes são decisivos nos processos de mudanças do ensino que são importantes em um contexto social em que as camadas populares recentemente passaram a ter acesso à matricula escolar, mas nem sempre têm acesso à leitura e à escrita e, por consequência, aos saberes sistematizados. A articulação entre os conhecimentos docentes provenientes da prática e os provenientes de estudos teóricos, os produzidos em pesquisas sistematizadas, por exemplo, é tema que merece mais atenção nos cursos de formação de professores e deve ser mais investigado, uma vez que o processo de integração entre esses saberes atua diretamente no ensino e nos processos de aprendizagem dos alunos.

23

As práticas da Pedagogia por projetos no curso de Pedagogia e no ensino fundamental

Maria Augusta Hermengarda Wurthmann Ribeiro
Bruna Bernardes

É preciso repensar a leitura em sala de aula, uma vez que, de modo geral, os professores apontam o trabalho para visualizar a aquisição de outros conhecimentos por meio da leitura como dificuldade em sua prática docente. Enfocada nas séries iniciais do ensino fundamental, a leitura adquire, na prática, diferentes formas de apresentação, sendo uma delas a narrativa oral de histórias para os alunos dessa faixa etária, realizada pelo professor, e pode contribuir para a formação de indivíduos leitores e produtores de texto, além de críticos da própria realidade na qual estão inseridos. Embora não possamos pensar em leitores críticos por causa do estágio de desenvolvimento dos alunos, podemos preparar o terreno para o plantio dessa semente, um pouco mais tarde.

Nas escolas, a prática docente, de maneira geral, não se volta para a leitura sob esse enfoque, trabalhando-a de forma sistematizada. Os resultados desse descaso são visíveis, uma vez que a escola não propicia aos alunos a realização de um trabalho ativo de construção do significado do texto, tal como proposto pelos Parâmetros Curriculares Nacionais,

> A leitura é um processo no qual o leitor realiza um trabalho ativo de construção do significado do texto, a partir de seus objetivos, do seu conhecimento sobre o assunto, sobre o autor, de tudo o que se sabe sobre a língua: características do gênero, do portador, do sistema de escrita etc. (Brasil, 1997, p.53.)

No entanto, embora os Parâmetros Curriculares Nacionais destaquem a importância da leitura, na prática ela não se apresenta como tal, sendo, por isso, apontada como um dos grandes entraves para a perfeita articulação entre a teoria e a prática, um desafio permanente do ensino público oficial do Brasil.

Em busca de alternativas para solucionar o problema, participamos, desde 2007, do Projeto Raios de Sol, que congrega professores universitários, de educação infantil e do ensino fundamental, além de estudantes universitários, com o objetivo de desenvolver, mediante processos de formação autônoma, atividades de leitura com compreensão, embasadas pela pedagogia por projetos.

A professora Maria Augusta, responsável pela disciplina "Conteúdo, Metodologia e Prática do Ensino de Língua Portuguesa" no curso de graduação e licenciatura plena em Pedagogia da Universidade Estadual Paulista (Unesp) de Rio Claro, tinha sempre como propósito trazer para o curso as diversas possibilidades de desenvolvimento de atividades com leitura, para que os alunos entrassem em contato com diferentes caminhos investigativos, sendo um deles o da pedagogia por projetos.

Esse propósito foi alcançado em 2008, quando, pela reestruturação do curso (Lei de Diretrizes e Bases da Educação Nacional n.9.394/96), foram implantados os Projetos Integradores (PI). Com duração mínima de um semestre letivo, sua finalidade era favorecer o envolvimento gradativo do estudante em temáticas específicas do campo educacional por meio de atividades obrigatórias desenvolvidas pelo próprio aluno do curso e vinculadas a disciplinas predefinidas, contribuindo, assim, para a articulação entre diferentes campos teóricos como fundamento para a compreensão das práticas que consubstanciam o universo dos diferentes espaços educacionais em estudo. Em 2008, duas das disciplinas que compunham o PI da grade curricular do último semestre do segundo ano de Pedagogia visaram integrar os enfoques linguístico e didático do texto narrativo.

Os alunos da graduação já haviam lido e discutido em aula de uma das disciplinas três textos teóricos sobre leitura, como preparo para a nova atividade: ler juntos uma obra infantil para, em seguida, repetir a mesma ação com os alunos do ensino fundamental. Nesse contexto – sala de aula da Pedagogia e salas de aula do ensino fundamental – foi desenvolvido o presente projeto.

Dois textos foram selecionados, de acordo com o gênero mais adequado à faixa etária dos alunos do ensino fundamental: a narrativa de contos infantis. Foram escolhidos um conto de fadas do século XVIII – Cinderela – e um conto infantil do século XXI, *O gato e o escuro* (2008), do escritor Mia Couto, no qual a fada é substituída pelo sonho. Nas duas obras, o maravilhoso é componente essencial do relato.

As atividades aqui privilegiadas – que tiveram como base o livro de Mia Couto, escrito com a grafia do português de Moçambique – foram as realizadas, primeiro, com os alunos da graduação em Pedagogia, e, em seguida, as que eles realizaram com alunos do ensino fundamental.

O objetivo principal foi a leitura de uma obra escrita na língua que as crianças já falam, mas com vocabulário diferente. Para a realização – não abordar a leitura como simples decodificação –, adotou-se como prática social, nas aulas da graduação e do ensino fundamental, o manuseio do livro pelos leitores, com a finalidade de sensibilizá-los para as atividades com o texto.

Vale lembrar que o escrito, para Jolibert (1994a), "é um mundo econômico, individual, comercial, cujo próprio funcionamento determina a natureza, a apresentação e o conteúdo dos escritos produzidos", e por isso é preciso que as crianças (e os graduandos também) "adquiram saberes a serem tornados operatórios para o próprio ato de ler."

Concomitante à teoria discutida em aula – os sete níveis de indícios de leitura (Jolibert, 1994a) –, a aluna da graduação Bruna Bernardes colocava essa teoria em prática em seu projeto quinzenal, inserido no projeto anual da classe, "Queremos aprender a ler", realizado em uma classe com trinta crianças de 6 a 7 anos, alunos de uma escola pública do município de Cordeirópolis, em São Paulo.

Inicialmente, os alunos fizeram a exploração do livro apresentado a eles pela professora; em seguida, expuseram suas impressões sobre o portador de texto e sua organização interna. Os alunos teceram comentários como: "O desenho é estranho, mas é bonito" e "As cores são muito fortes, eu gosto".

Na graduação, foi comentado que o mundo da escrita coloca à disposição dos leitores escritos complexos, característicos de uma sociedade e de uma época determinadas. A obra escolhida privilegia o mundo da escrita, e é por ele que nós, falantes da língua portuguesa, nos sentimos irmanados. As possíveis mensagens mediatizadas pelo escrito foram elencadas com a ajuda dos alunos, tanto na graduação como no ensino fundamental.

Com os alunos do 2º ano, foi ressaltada a procura dos moçambicanos por uma linguagem mais arrojada, mais renovada, que correspondesse à situação em que vivem em seu país, ou seja, a construção de uma cultura que não era portuguesa, mas que usava a língua portuguesa, tal como relatou o escritor Mia Couto em uma entrevista à *Revista E*, em agosto de 2006. Nesse sentido, pode-se traçar um paralelo com o Brasil, que vive essa mesma situação, no sentido de também ser uma cultura que usa a língua portuguesa.

É evidente que só esse tópico espelha um problema nosso que já perpassou, historicamente, pelo romantismo e pelo modernismo, sem solução, e que mesmo nos dias atuais ainda gera muita polêmica. No entanto, havia mais: a escolha da língua como forma de expressão para o conteúdo. O próprio escritor fala dessa escolha:

> Eu procurava resolver um problema, que era como o português literário poderia ser permeado por outras realidades quase mágicas que viviam nas zonas rurais de Moçambique. Queria contar histórias desse universo, mas o português-padrão de Portugal não

> autorizava. Portanto, no encontro com a literatura de Guimarães Rosa houve um convite que me dizia que não só era possível, como também havia uma beleza vinculada profundamente a essa reinvenção da língua portuguesa. (Couto, 2006.)

Foi destacada a preocupação com a língua, que aparece já na página de abertura:

> O que me encanta no ato da escrita é surpreender tanto a escrita como a língua em estado de infância. E lidar com o idioma como se ele estivesse ainda em fase de construção, do mesmo modo que uma criança converte o mundo inteiro num brinquedo.

O diálogo com a obra foi iniciado pela criação de um espaço social para a experiência de leitura, com a aplicação dos sete níveis de indícios de leitura propostos por Jolibert, para quem "a atividade da leitura é um vaivém entre esses sete níveis" (Jolibert, 1994a).

O primeiro nível, "Por quais vias concretas um texto chegou aos olhos do leitor?", aborda o contexto. Vários foram os leitores, e a cada um deles o livro chegou de modo diferente. De maneira simplificada, podemos dizer que, no caso dos nossos leitores, as vias de acesso para que os livros chegassem até eles foram uma instituição de ensino e um docente.

O segundo, "Principais parâmetros da situação de comunicação", refere-se ao emissor – Mia Couto –, ao destinatário – docentes das disciplinas, alunos da graduação, alunos do ensino fundamental – e ao objeto – o livro de histórias.

Quanto à meta proposta, foi privilegiado, na graduação, o diálogo com o escrito, ressaltando-se, aos graduandos, a importância do conhecimento da língua na qual o texto está escrito para a global apropriação dele, já que a compreensão plena da semântica do texto estudado só seria possível ao leitor que possuísse o domínio da língua portuguesa. Um exemplo é o da expressão lágrimas de enxofrinhas, criada por Mia Couto. Já no ensino fundamental, a aluna optou pela obra em questão por conta da literariedade do texto. As crianças leriam uma obra em seu original, em vez de uma tradução, como seria o caso da *Cinderela*, e dialogariam com um texto formado por ricas construções linguísticas.

No terceiro nível, "Tipos de texto", o texto foi caracterizado, na graduação, como narrativo. Com as crianças, a professora fez a leitura silenciosa do texto. Alguns alunos liam convencionalmente, outros liam por indícios, criando, assim, estratégias para construírem o significado do texto. Após a leitura, a professora perguntou aos alunos sobre o que versava o conteúdo do livro. Entre as respostas, destacamos:

> É uma história. O gato e o escuro. O gato ficou em cima do livro. O gato estava sonhando. Ele sonhou que ficou escuro. Ele fica amarelo, quando ele acorda. Ele foi num lugar que a mãe dele não deixou. O gato passou para o lado de lá do sol...

Em seguida, foi feita a leitura em voz alta, para que houvesse a confrontação entre as várias hipóteses levantadas por eles.

O quarto nível, "Superestrutura que se manifesta sob a forma", abrange três diferentes tópicos, dos quais foi priorizado o trabalho com a dinâmica interna do texto, composta pela abertura, pelo encerramento e pela progressão. Na atividade com os alunos do curso de Pedagogia, foi indicada a abertura do livro – "O escritor traria, assim, o planeta ao colo" – e o encerramento do mesmo – quando o Pintalgato espreitou na fenda escura dos olhos de sua mãe e detrás dela viu um gato preto, enroscado do outro lado do mundo. Foi indagado aos alunos como essas partes se ligavam. E eles responderam – "Por meio do sonho". Assim, a conclusão é de que a progressão do desejo de saber o que existe além do horizonte tem lugar no plano onírico, onde a trespassagem não tem punição.

No quinto nível, "Linguística textual", Jolibert (1994) aponta para as escolhas que o autor faz em relação a pessoas, tempo e lugares, e as marcas pelo texto dos substitutos e conectores de modo a desvelar o jogo linguístico da história. Nesse nível, também estão presentes os campos semânticos, com a rede de significados – no caso do livro, relativos ao escuro. Por último, merece destaque a pontuação do texto, enfatizada no trabalho com o ensino fundamental, em particular o emprego de dois pontos e travessão.

Na escolha das pessoas, o narrador ora aparece em primeira pessoa, no estilo direto – "Vou aqui contar como aconteceu essa trespassagem de claro para escuro" – ora na terceira pessoa, em estilo indireto livre – "Conta a mãe dele que, antes, tinha sido amarelo, às malhas e às pintas" –, e mantendo o mesmo estilo, em uma narração impessoal. Esse jogo narrativo amplia a trama da história, contada por mais de um narrador.

No campo semântico, percebe-se a seleção de palavras relacionadas ao escuro, não apenas na grafia, mas também no significado. Esse debruçar-se sobre as palavras é muito interessante porque revela a composição artesanal do texto e o estilo do autor, como podemos perceber em "como se engravidasse de breu" ou "para o lado de além da claridade".

Nesse jogo linguístico, foram trabalhados com os alunos da graduação os substitutos da história no texto, para que eles percebessem como as substituições vão compondo a narrativa. Com as crianças, esse trabalho constituiu uma etapa inicial: descobrir que os substitutos podem ser tanto substantivos ou pronomes pessoais, tão comuns a eles, como outros, ainda, os pronomes oblíquos, mais desconhecidos.

Foram trabalhados, coletivamente, os substitutos do personagem principal da história, o Pintalgato. Enquanto a leitura do texto era feita pela professora, os alunos a interrompiam para indicar os substitutos, sendo esses registrados no *flip shart*, para futuras consultas. Por meio dessa atividade, os alunos concluíram que os substitutos servem para o texto não ficar repetitivo.

Essa conclusão foi decorrente das atividades contextualizadas, propostas pela pedagogia por projetos. O vaivém entre os níveis, ao qual se refere Jolibert, é uma metáfora para o trabalho intelectual desenvolvido pelas crianças e orientado pelos professores, o qual lhes permite apropriarem-se, significativamente, dos conhecimentos.

No sexto nível, "Linguística da frase", o destaque ficou para o vocabulário: primeiro, por se tratar de grafia do português de Moçambique; segundo, por ser um texto literário, no qual as palavras pulsam de significado; e, terceiro, pelas brincadeiras com a linguagem, apresentadas de três maneiras pelo autor: palavras inventadas – "pirilampiscavam", "arco-iriscando", "ataratonto", "estremolhado"; expressões poéticas que envolvem algumas delas – "namoriscando o proibido", "seus olhos pirilampiscavam", "ele ousou despersianar os olhos"; e as diversas formas de se referir metaforicamente ao escuro – "onde a noite se enrosca a dormir", "flagrante escuridão", "andou, andou, atravessando a imensa noitidão", e passou mesmo todo inteiro para o lado de além da claridade.

No último nível, "Palavras e microestruturas que as constituem", merecem destaque as microestruturas semânticas pelo uso de prefixos e sufixos que deram origem a novas palavras, como na composição de "despersianar", "enxofrinhas" e as microestruturas sintáticas com suas marcas verbais de pessoas e tempos – "pirilampiscavam", "tiquetaqueava" –, também nas criações de novas palavras.

A experiência vivenciada pelos graduandos, percorrendo cada um dos diferentes níveis, possibilitou um diálogo amplo com o texto, pois este foi revisitado no seu todo e em cada uma das partes que o constituem, ou seja, nas frases que o compõem, nas palavras que compõem as frases, resultando em um aprofundamento da compreensão do livro. No ensino fundamental, as crianças foram iniciadas em uma atividade enriquecedora de leitura que não esbarra em perguntas óbvias – como a cor da roupa da personagem – ou simplórias demais em alguns casos – como o seu nome, mas indagam o próprio texto para descobrir, pelas e nas palavras ali tecidas, entretecidas e que merecem destaque em cada nível estudado, o sentido que lhes dá vida. Captada essa vida, texto e leitor resultam em um só.

O Projeto Integrador atingiu seus objetivos ao escolher a prática da leitura enfocada pela teoria da pedagogia por projetos. As atividades com a leitura foram ministradas nas disciplinas "Conteúdo, Metodologia e Prática do Ensino de Língua Portuguesa" e "Metodologia do Ensino: Alfabetização" e orientadas pelas respectivas professoras. Ocorreram em dois espaços educacionais: o da sala de aula da graduação e o das escolas do ensino fundamental. E integraram os enfoques linguístico e didático do texto narrativo.

O projeto desenvolvido na graduação viabilizou a compreensão da prática de leitura, o que resultou na formação de um educador mais bem capacitado para a docência. E, no ensino fundamental, possibilitou a esses educadores a prática da teoria estudada, a experiência do aprendizado da graduação em situações reais de leitura e escrita, proporcionando aos alunos momentos de leitura e reflexão sobre o texto e um estudo linguístico contextualizado por meio da proposta da pedagogia por projetos.

Assim, as práticas da pedagogia por projetos no curso de Pedagogia e no ensino fundamental, resultante do Projeto Integrador, revelaram a possibilidade de construção, por graduando, de um caminho investigativo que alia conteúdo e prática e é embasado por reflexões e discussões em sala de aula sobre a teoria e as ações delas decorrentes, enriquecendo sobremaneira a formação docente de cada um dos licenciandos, o que atende ao objetivo maior do curso: o da docência.

24

Gêneros textuais: o desenvolvimento de competências leitora e produtora de textos numa pedagogia por projetos

Fabiana Rosa Vilela de Oliveira Guilherme
Bruna Bernardes
Karin Casarin

A aprendizagem da leitura e da escrita é focalizada segundo diferentes concepções de ensino e de aprendizagem por diversos autores de pesquisas acadêmicas. A concepção interacionista tende a aproximar o aluno do desenvolvimento das competências leitora e produtora de texto proporcionando interação mais ativa com a escrita por parte dos aprendizes, como temos estudado em nosso Grupo de Estudos e Pesquisa em Alfabetização e no Projeto "Raios de Sol".[1]

A criança é peculiar nessa época de informação em tempo real – seu meio social, sua estimulação externa, sua bagagem ao adentrar a escola, suas expectativas, tudo isso gera conflito no modo de agir e pensar do educador, causando-lhe insegurança, resistência, discursos que buscam culpados no sistema educacional, no educando, em núcleos familiares de estruturas diferenciadas daquela tradicional, com a figura do pai, da mãe e dos filhos etc. O que é esquecido, muitas vezes, é que o aluno está ali, diante de nós, e que precisamos ajudá-lo a construir o seu conhecimento, mediando saberes.

Mediante as propostas curriculares atuais no País, assim como os estudos de diversos autores socioconstrutivistas, desmonta-se o perfil do professor como me-

---

1 O Projeto "Raios de Sol" no Grupo de Alfabetização na Universidade Estadual Paulista (Unesp) de Rio Claro, sob a coordenação da Profa. Dra. Maria Cecília de Oliveira Micotti, é ligado a Red Latinoamericana para la transformación de la formación docente en lenguaje e tem proporcionado oportunidades de reunir um grupo de pesquisadores, os quais também estão vinculados às redes públicas de ensino desta cidade e de cidades vizinhas na qualidade de professores, coordenadores e diretores, para discutir sobre as práticas pedagógicas embasadas nesta proposta socioconstrutivista.

ro transmissor de conhecimentos. A formação docente faz-se precisa, e Micotti (2007, p.17) enfoca que a falta de articulação entre a lógica do saber e do saber da prática constitui um dos fatores que explicam por que o enfoque construtivista raramente chegou à sala de aula.

Esta proposta de pedagogia por projetos remete a uma nova postura de professor, pois o retira do centro das decisões, das discussões e ações, e o coloca como intermediário nas relações do aluno com seu objeto de estudo e parte das situações reais de comunicação. Objetiva formar crianças que leem e produzem, autonomamente, diversos gêneros textuais coerentes, socializáveis, com domínio da sintaxe, léxico e ortografia, a partir da sistematização metalinguística e metacognitiva (Jolibert, 1994a) com elaboração de ferramentas.

Este capítulo focaliza a construção de dois diferentes gêneros textuais, a fábula e o poema, o primeiro por uma turma de 4ª série e o segundo, por uma turma de 1º ano do ensino fundamental.[2] Apesar de constituírem gêneros com características próprias e a aplicação didática ser em salas diferentes, objetivou-se compartilhar reflexões sobre os caminhos pelo qual o professor percorre, no contexto da pedagogia por projetos, algumas vezes peculiares, outras vezes semelhantes, para desenvolver a prática de leitores e escritores competentes.

Sujeitos

A experiência didática foi realizada em duas escolas municipais de uma cidade no interior paulista, sendo uma sala de 4ª série, composta por trinta alunos de 9 a 11 anos, e outra de 1º ano, composta por 24 alunos com idade entre 7 e 8 anos. As professoras participantes do estudo são efetivas; a primeira experiência a ser relatada ocorreu no ano de 2009, e a segunda, em 2006.

Descrição dos procedimentos metodológicos

Serão relatadas duas experiências sobre a interação de alunos, de diferentes classes, com diferentes gêneros textuais, tendo como apoio teórico a proposta de pedagogia por projetos, de Josette Jolibert. São descritos os procedimentos de uma professora e sua estagiária, na turma de 4ª série, no desenvolvimento de um projeto anual que envolve leitura e escrita de fábulas para dramatização. Será enfatizado o processo de construção do significado do texto, os indícios cria-

2 Como o município está em processo de adaptação gradativa ao novo sistema de Ensino de Nove Anos, Lei n.11.274, em 2009 são utilizados a palavra série para designar a 3ª e 4ª séries e a palavra quando se trata da primeira série.

dos pelos discentes com o apoio dos professores, para atingir a compreensão do texto, bem como as ferramentas de sistematização metacognitiva e metalinguística (Jolibert, 1994a) utilizadas para estudos e consultas no momento de leituras ou escritas posteriores.

Em seguida, é descrito o trabalho realizado com a classe de 1º ano, a partir de um projeto de produção de textos poéticos para a realização de um sarau, envolvendo a comunicação entre essa classe e outra de pré-III da mesma escola. A partir das diferentes vivências do 1º ano com a interação de textos poéticos, como ateliês de poesias e explorações periódicas de poemas, a classe sentiu a necessidade de produzir poemas e divulgá-los. Foi combinado que, após a escrita, enviariam uma carta ao pré-III, classe com a qual frequentemente se comunicavam e se encontravam, para a realização do sarau. Descreveremos a interação das crianças no momento de leitura e compreensão de um poema de Elias José, sucedida da produção de poema à maneira desse autor, como sugere Jolibert (1994). Essa produção à maneira do autor significa a apropriação da estrutura do poema original para a produção de um novo poema.

Conjuntamente, busca-se demonstrar a tentativa de apropriação dos saberes referentes ao apoio pedagógico que foi sendo adquirido pelas professoras e pela estagiária durante as reuniões do grupo, em congressos e em leituras, a fim de repensar o discurso empírico de que a prática é dissociada da teoria. Para isso, foram traçadas algumas diretrizes de trabalho a desenvolver:

- O aprendizado de noções relevantes e de estratégias para a leitura e a produção dos textos referidos;
- A leitura e a escrita em situações reais de comunicação;
- A concretização de intenções em ações.

Experiência com a 4ª série

Os alunos foram questionados, primeiro, sobre o que queriam realizar na escola durante o ano de 2009, para que pudéssemos saber quais eram os seus interesses e para que pudessem participar do planejamento. Entre as sugestões dadas pelos alunos, elencadas uma lista de intenções, decidiram iniciar por: queremos fazer teatro. A sugestão foi acolhida pela professora e sua estagiária e o primeiro passo foi discutir como seria o processo. Após, acaloradas discussões, ocorridas em outro dia, sobre os procedimentos, as professoras sugeriram o trabalho com textos narrativos para criar um enredo para as peças de teatro. As crianças optaram por trabalhar com fábulas, dentre as várias sugestões apresentadas pelas professoras: contos, fábulas, contos de fada, e outros. Combinamos que todos trariam algumas fábulas.

Contato com as fábulas

Para a realização do trabalho com a 4ª série foram selecionadas dez fábulas diferentes. Pelo fato de a sala ser composta por trinta alunos, conforme mencionado anteriormente, optou-se por dividir os alunos em trios, e cada trio recebeu uma fábula, sendo uma cópia para cada aluno. O próximo passo foi propor aos alunos que realizassem uma leitura silenciosa e, em seguida, os componentes dos trios deveriam discutir o texto entre eles e confrontar suas ideias. A proposta era que cada trio contasse aos outros o enredo de seu texto, tendo liberdade para escolher a forma (a única exigência era que não se podia ler o texto) e o local para apresentar. Alguns sugeriram que a apresentação fosse realizada na quadra da escola, e assim o fizemos.

Durante as apresentações, algumas questões foram norteando nossas observações: o grupo decorou o texto? O grupo leu o texto? Contaram a fábula sem recorrer ao texto? Citaram o título e o nome do autor? Reportaram-se à moral? Dos dez grupos, constatamos que um decorou o texto, cinco recorreram à leitura, quatro explicaram aos colegas com suas palavras, três citaram o título, cinco citaram o autor, e oito apresentaram a moral.

Nessa atividade, buscou-se uma estratégia de trabalho que contemplasse a interpretação de texto, a oralidade e o recontar as fábulas utilizando seus pontos principais. Percebemos, contudo, que a maioria dos grupos citou a moral da fábula, mas não percebeu a importância dela em seu contexto. Em geral, os alunos também não demonstraram conhecer o gênero.

Tendo em vista que os alunos tiveram dificuldades para recontar as histórias, decidimos recontar-lhes as fábulas "A formiga boa" e "A formiga má", de Monteiro Lobato, e compartilhamos com eles as dificuldades que enfrentamos ao ler o texto, como o vocabulário, o que fez surgir a necessidade de recorrermos ao dicionário e, assim, sugerimos aos alunos que grifassem as palavras que desconheciam nesse texto. Em seguida, solicitamos que fizessem o vocabulário das fábulas, como estudo do léxico.

Primeira ferramenta

A partir das escolhas, fizemos uma sessão de questionamento para elaboração do vocabulário, o que constituiu a primeira ferramenta. Para facilitar o entendimento, criamos as seguintes legendas:

(A) = aluno.
(P) = professora ou estagiária.

(P) — Como faremos para encontrar o significado dessas palavras?
(A) — No dicionário.

(P) — Se não tivéssemos nenhum recurso para consultar, como poderíamos compreender o significado?
(A) — Ler várias vezes para entender.
(P) — Então, devemos nos reportar ao texto, várias vezes?
(A) — Às vezes, não entendemos mesmo assim.
(P) — Eu busco entender a palavra, lendo a frase toda.
(A) — É por dedução.
(P) — E quando eu preciso confirmar o significado, consulto o dicionário.
(P) — *Friorenta*. Se a formiga estava com um xale é por quê?
(A) — Estava com muito frio.

Registramos no vocabulário: *friorenta: que sente muito frio* (*contexto*).

(P) — E entanguida?
(A) — Acho que morreu congelada.
(A) — Encolhida.
(A) — Dura.
(P) — Por que você acha que ela ficou dura?
(A) — Quando morre a pessoa endurece.
(A) — Eu acho que é como um desenho animado, o bicho morre, endurece e cai com as patinhas para cima.

Um dos alunos leu o significado da palavra e nós registramos: *Entanguida: transpassada de frio* (*dicionário*), *congelada* (*contexto*). Em seguida, pedimos que os grupos continuassem, sozinhos, o processo de construção do vocabulário.

Da avaliação formativa

A fim de fazer a avaliação da dinâmica interna (Jolibert, 2006) da fábula "A formiga boa" de Monteiro Lobato, as seguintes etapas foram necessárias:

Situação inicial: apresentação das duas personagens (a formiga e a cigarra). *A formiga tinha abrigo, e a cigarra não. Chegando o inverno, aquela tinha construído sua casa, mas esta não.*

(P) — Depois que o autor apresenta as personagens e nos dá um parecer sobre suas condições, o que acontece?
(A) — As personagens conversam.
(A) — Sobre o que tinham feito.
(P) — Quando?
(A) — No verão.
(A) — Não, no "bom tempo".

Acontecimentos: *as personagens conversaram sobre o que tinha acontecido no bom tempo.*

(P) — Situação-problema ou objeto de busca: esses elementos precisam existir no texto, pois são essenciais para o desenvolvimento da história. Busquem, nesta fábula, um fator determinante para sua continuação.
(A) — A cigarra precisava de abrigo.
(P) — Mas, por que ela precisava de abrigo?
(A) — Porque estava frio.
(P) — Se não estivesse frio, faria algum sentido ela querer abrigar-se?
(A) — Não.

Situação-problema ou objeto de busca: *a cigarra precisava de ajuda para acomodar-se durante o mau tempo.*

(P) — Agora, vamos ver como o autor solucionou essa situação. O problema da cigarra foi resolvido?
(A) — Acho que sim, porque ela conseguiu um lugar para ficar.
(A) — Ela melhorou da tosse, porque ficou no quentinho, depois voltou a cantar.

Situação final: *a formiga deu abrigo à cigarra, pois queria contribuir para a cantoria dela. Tendo abrigo, a cigarra sarou da tosse e voltou a cantar nos dias de sol.*

Depois disso, os alunos fizeram novas avaliações formativas nos trios, agora com suas respectivas fábulas. Alguns grupos precisaram de auxílio. Ao colocarmos na lousa uma ilustração da "Formiga má", de La Fontaine, feita pelo ilustrador Gustave Doré, ocorreu o seguinte:

(A) — Nossa, são pessoas!
(P) — Por que o ilustrador desenhou pessoas e não animais?
(A) — Ele queria retratar pessoas.
(A) — Eu acho que ele queria representar a vida humana.
Escrevemos na lousa:

"Sirvo-me de animais para instruir os homens".
(La Fontaine)

(P) — O que é instruir?
(A) — Os animais explicam os homens.
(A) — Os animais podem ter uma ideia e ele ter a mesma.
(P) — Os animais têm ideias?
(A) — Sim. (unânimes)
(P) — Mas eles raciocinam como o homem?
(A) — Não. O homem é um animal que raciocina.

(A) — Eu acho que o que acontece nesta gravura não dá para perdoar, porque ela é uma pessoa.
(A) — Professora, ele usa os animais!
(P) — Para quê?
(A) — Ele coloca animais para atrair a atenção das pessoas. Se fossem pessoas, não iam se importar.
(A) — A formiga come outros animais.
(A) — Ele usa animais para ensinar os homens.
(P) — Quem La Fontaine quis atingir com esta fábula?
(A) — Pessoas más, que têm atitudes como as da formiga.
(P) — Mas quem ele quis valorizar?
(A) — Quem ajuda os mendigos.
(P) — E ao ler a moral?
(A) — Ah! "Os artistas são cigarras da humanidade".
(A) — A fábula quer valorizar os músicos e outros artistas.
(P) — Qual era a diferença das versões de Monteiro Lobato e La Fontaine?
(A) — O modo de escrever é diferente.
(P) — Mas tem algo no decorrer da fábula que é diferente da primeira versão que lemos. Qual é?
(A) — Na do Monteiro Lobato a formiga vai buscar comida.
(P) — Certeza?
(A) — Não, isto na de La Fontaine. Na do Monteiro Lobato ela "procura abrigo".
(P) — Então podemos dizer que existem versões diferentes para as fábulas?
(A) — É, depende do autor.

A próxima sessão pedia a cada grupo que encontrasse em suas fábulas as personagens e suas características, para assim iniciarmos o trabalho com um dos aspectos linguísticos: os adjetivos. Alguns trios descreviam as personagens por meio de características físicas que conheciam sobre os animais, demonstrando certa dificuldade em identificar as características psicológicas utilizadas.

Fizemos, então, uma lista dos substantivos e de seus respectivos adjetivos, a qual fixamos na parede da sala como ferramentas para futuras consultas. Eis alguns exemplos:

Substantivo	**Adjetivo**
Galo	Sabido
Raposa	Esperta
Lebre	Rápida
Tartaruga	Persistente

Na elaboração da segunda ferramenta, houve discussão sobre os gêneros textuais:

(P) — Qual a característica da fábula que a difere de outros tipos de texto?
(A) — Não começa com "Era uma vez..."
(P) — O que mais tem a fábula?
(A) — Tem animais que falam.
(P) — Mas nos *contos* os animais não falam?
(A) — Mas nas fábulas os animais têm características humanas.
(P) — Da frase de La Fontaine, "Sirvo-me dos animais para instruir os homens".
(A) — Parece que a fábula sempre está trazendo uma moral.
(P) — Os contos trazem uma moral?
(A) — Sim.
(P) — Mas como é a estrutura do texto da fábula?
(A) — Tem um título.
(A) — Depois do título tem o assunto.
(A) — É um texto curto.
(A) — Depende. Minha fábula é comprida!
(P) — Em relação a um conto?
(A) — É, se for ver, as fábulas são curtas.
(P) — Registremos: a maioria é curta.
(P) — Vamos pensar no porquê não é interessante que a fábula seja longa?
(A) — Porque ela serve para ensinar e isso deve ser feito o mais rápido possível.
(P) — E quando caracterizamos as personagens, foi fácil?
(A) — Não. Porque tem palavras antigas.
(P) — Mas os autores procuram palavras difíceis para escrever?
(A) — Não. É difícil para a gente, porque foi escrito antigamente, com palavras que não usamos hoje em dia.
(A) — Professora, as fábulas não terminam com "fim".
(P) — Se as fábulas terminassem com finais felizes, o que aconteceria?
(A) — Ela não ensinaria.
(P) — Mas, e a fábula da formiga boa?
(A) — Ela se dá bem.
(P) — Registremos: a maioria não termina com final feliz.
(P) — Vimos que as fábulas têm poucos personagens, todos são animais?
(A) — Não, do "homem e da cobra" tem um ser humano.
(P) — Tem outra que não tem nenhum animal...
(A) — É, da "menina e o leite"!
(P) — Agora vamos pensar, autores utilizam animais para suavizar...?
(A) — Para suavizar o impacto causado pela lição de moral.

Segunda ferramenta

As fábulas:

– Não começam com era uma vez;
– Têm animais com características humanas;
– Foram feita para instruir os homens;
– Trazem uma moral;
– A maioria tem um texto curto;
– São textos que foram escrito antigamente;
– Não terminam com "... e foram felizes para sempre".
– A utilização de animais suaviza o impacto causado pela lição de moral.

Após esse questionamento sobre o texto, demos início à próxima etapa do projeto: "Fazer teatro".

(A) — Como vai ser o teatro?
(P) — O que faremos para sabermos mais sobre teatro?
(A) — Pesquisando na internet e livros.
(P) — Pensem em outro modo.
(A) — Falando com uma atriz ou um ator, vocês entram em contato e ele vem aqui.
(P) — Como faremos para falar com estas pessoas?
(A) — Uma carta.
(P) — Ótimo! E aqui, como falaremos com ela?
(A) — Fazendo entrevista!
(P) — Temos de pensar quais são nossas dúvidas, para elaborarmos questões pertinentes.
(A) — Vamos ter de planejar, né, professora?
(P) — Sim. A entrevista vai servir como apoio ao nosso projeto. E depois?
(A) — Ensaiar, fazer cenário...

Percebemos que os alunos haviam se apropriado desse gênero textual, então propusemos uma nova recontagem das fábulas trabalhadas.

Os grupos se organizaram, mas preferiram dramatizar. Durante as apresentações, notamos que os alunos estavam mais interessados e comprometidos com a atividade, atraindo a atenção dos ouvintes e recebendo destes o respeito que compete a uma apresentação. Assim, decidimos que era o momento de realizar o trabalho de reflexão: a metacognição.

No fim da sessão:

O que os ajudou melhorar?

— Nos soltamos mais.
— Sabíamos sobre o texto.

— Ficamos mais seguros.
— Estudamos as palavras que não conhecíamos.
— Estudamos as fábulas.

Fizemos um comparativo da primeira recontagem com a segunda.

Dos dez grupos, todos citaram o título, autor e moral; somente um se apoiou na leitura do texto porque esses alunas haviam criado elementos "a mais" na fábula sem mudar sua essência, enquanto nove grupos recontaram utilizando o próprio vocabulário. Atingiram os objetivos propostos.

Outro aspecto: não viam mais a moral como acessório, mas como parte essencial em seu contexto.

Em seguida, propusemos aos alunos que fizessem um relatório individualmente, respondendo às seguintes questões:

- O que aprendemos neste projeto?
- Como o projeto me ajudou a melhorar minha prática de leitura?
- Quais foram as minhas dificuldades?
- Como foi a minha participação no grupo?

Essas questões fazem parte de um conceito que Josette Jolibert (1994) chama de sistematização metacognitiva, que significa um trabalho de reflexão sobre o próprio aprendizado. Os relatórios serviram como um instrumento de avaliação dessa etapa do projeto. Propusemos, então, que os alunos revisassem o texto de seus relatórios, preocupando-se em corrigir alguns aspectos da microestrutura, como ortografia, pontuação, parágrafo etc.

Para a atividade seguinte, propusemos que os alunos trabalhassem outro aspecto linguístico: os substitutos. Retomamos a fábula da "formiga má", de Monteiro Lobato, e solicitamos que fossem interrompendo toda vez que a formiga aparecesse no texto, e eles assim o fizeram. Alguns alunos interrompiam quando aparecia a cigarra, mas dissemos que discutiríamos item por item. Alguns substitutos encontrados para a formiga foram: "usuária", "invejosa", "ela", "lhe", "avarenta" e "dela"; já para a cigarra, alguns substitutos encontrados foram: "la", "eu" e "daquela".

Em seguida, cada grupo aplicou o mesmo recurso às suas fábulas. Fizeram uma lista, tal como a que foi feita coletivamente, e depois a colocamos no *flip chart*. A partir da lista dos substitutos, pudemos fazer, juntamente com os alunos, um longo processo de classificação das palavras em substantivos, adjetivos e, principalmente, "pronomes". Além disso, o trabalho desta vez foi realizado com a microestrutura verbal e com os tempos e modos verbais dos textos. Contudo, para a ocasião deste texto, trouxemos apenas este recorte. Com relação à dramatização das fábulas, ela ocorreu em um evento no fim do ano letivo de 2009.

Experiência com a sala de 1º ano

Com o intuito de produzir poemas para fazer um sarau com a classe do pré-III, a professora escolheu o poema "Perguntas e respostas cretinas", de Elias José, para estudo e a realização de uma produção a partir dele, pelos alunos. Vale destacar que a pedagogia por projetos possibilita a constante prática da produção de poemas a partir de um modelo, tanto individual quanto coletivamente. As produções geralmente eram socializadas com o grupo escolar por meio de exposições em murais ou dramatizações orais para diversas classes. Desta vez, aconteceria uma atividade diferente: a classe deveria produzir e ensaiar o próprio poema para a realização de um sarau.

A professora levou à classe as cópias impressas do poema. Inicialmente, houve apropriação do poema pelas crianças por meio de leitura individual e silenciosa. Em seguida, ocorreram trocas de comunicação e percepção do entendimento delas e, por fim, a discussão oral sobre o entendimento com o grupo todo. Segue o poema e a interação dos alunos no momento do questionamento de texto.

Perguntas e respostas cretinas

Elias José

— Você conhece o João?
— Aquele que lhe deu um bofetão?

— Você conhece o Zé?
— Aquele que pegou no seu pé?

— Você conhece a Mara?
— Aquela que tirou sarro da sua cara?

— Você conhece a Esmeralda?
— Aquela que trocou sua fralda?

— Você conhece a Marieta?
— Aquela que lhe fez careta?

— Você conhece o Vieira?
— Aquele que fez sua caveira?

— Você conhece o Chico?
— Aquele que lhe deu um penico?

—Você conhece o Joaquim?
— Conheço, mas chega... e fim!...

Colheita oral sobre o entendimento do texto

Novamente, a voz da professora será representada pela letra P, e a dos alunos, pela letra A.

(P) — O que vocês entenderam do que leram?
(A) — Tem o nome do João.

Após essa fala, os alunos riem. João é o nome de um aluno da classe, e ele, quando vê relacionado o seu nome àquela poesia, sente-se chateado por pensar que escreveram "aquilo" direcionado a ele. Ao perceber esse fato, a professora interrompe, fazendo-o refletir sobre a brincadeira feita pelo autor com as palavras para um João imaginário. Em seguida, continua a exploração do texto.

(A) — Tem muito nome.
(A) — É uma poesia. Não vai até o final da linha.
(A) — Tem espaço.
(A) — Tem rimas!
(A) — O autor é Elias José! Diz levantando o seu texto e apontando para o nome do autor.
(A) — Alguém tá falando com outra pessoa, tá perguntando... Olha o ponto de pergunta.
(A) — De interrogação! O aluno aproxima-se do cartaz e mostra-o.
(P) — Vocês encontraram esse sinal em seus textos?
Todos procuram atentamente. Alguns alunos contornam o sinal. Outros repetem o significado.
(A) — Olha: "Perguntas e respostas cretinas".
(A) — Este é o nome da poesia.
(A) — O que é cretina?
(P) — Alguém sabe?... Vamos procurar no dicionário?...

Depois de conversarem sobre o significado, as crianças deduziram que, por meio das perguntas e respostas descritas, alguém estava fazendo uma brincadeira "não de bom gosto" a outra pessoa, mas isso tornava o poema engraçado. Após a discussão, um dos alunos se propõe a ler toda a poesia. Então, a professora lembra aos alunos de que, especificamente nesse poema, há um diálogo, em que uma pessoa faz uma pergunta e a outra responde. Dessa forma, duas crianças realizaram a leitura em voz alta. Todos se divertem com a sonoridade do poema.

Uma vez que todos estavam empolgados com a sonoridade, foi proposta uma reescrita do poema, e as crianças concordaram, considerando os combinados do projeto de realização de um sarau. Após a decisão de escrever um poema à maneira de Elias José para a apresentação no sarau, os alunos colocaram-se a estudar o poema com detalhes, afinal, seria muito útil para a escrita. Primeiro, o significado do ponto de interrogação foi novamente discutido com base nesse poema e sistematizado, ou seja, seu significado foi escrito em um cartaz para posteriores consultas. Tal sinal de pontuação já havia sido discutido em outras aulas, mas não sistematizado.

O Quadro 24.1, a seguir, descreve a preparação da professora para o trabalho com a utilização do poema citado, por meio de uma trama baseada na proposta de Jolibert (1994).

Quadro 24.1 Trama de preparação do professor

Poema de referência	• Perguntas e respostas cretinas de Elias José. • Extraído do livro: *Segredinhos de Amor*.
Motivo da escolha	• Poema com estrofes e versos irregulares, com remate percebido facilmente. • Presença de rimas e de diálogos.
Gestão do tempo	**Aproximadamente quatro sequências de uma hora:** • Descoberta; • Construção de instrumentos; • Primeira escrita; • Autoavaliação, reescrita.
Modalidade de encontro do poema com as crianças	• Escrito em papel pardo e fotocópia. • Leitura em silêncio, colheita oral e leitura por um ou mais alunos. • Troca de impressões, sentido do poema.
Características linguísticas do poema	**Superestrutura:** • Um título. • Oito estrofes irregulares, num total de 16 versos de comprimento irregular, sendo 14 terminados com o sinal de interrogação; • Finaliza com ponto de exclamação e reticências. **Dinâmica do texto:** • Progressão por contrastes; • Oitava estrofe: remate, em oposição à todas as estrofes. **Enunciação:** • Nenhuma marca do autor, mas o poema é endereçado a alguém. **Estruturas:** • Estrutura semântica: palavra a ser explicada: cretina; • Estrutura sintática: uso sucessivo de um único tempo verbal (presente do indicativo).
Pontos de aprendizado significativos para esse texto ou objetivos pedagógicos dominantes	• Trabalho sobre as rimas; • Trabalho sobre os ritmos; • Sinais de pontuação: travessão e ponto de interrogação.

Continua

Continuação

Obrigações de produção definidas	**Serão conservados:** • "Perguntas e respostas" • "Você conhece o (a)" • "Aquele que" • O último verso: "Conheço, mas chega... e fim!..."
Instrumentos a serem construídos	**Para produzir:** • Elaboração de um cartaz de rimas e outro da silhueta. **Para avaliar:** • Será levado em consideração o respeito às obrigações de produção.
Ajudas complementares ou atividades de reimpulsão	• Marcar as rimas e produzir novas rimas.
Modalidade de socialização e valorização das produções finais	• Leitura do poema em classe e apresentação em sarau.

Foram elaborados, com ajuda das crianças, vários instrumentos que as auxiliariam na escrita do próprio poema, como se pode ver no Quadro 24.1, os quais serão detalhados no decorrer deste texto. Inicialmente, houve discussão sobre as características linguísticas do poema as quais foram apontadas no Quadro 24.1. Em seguida, com base neste estudo sobre as características linguísticas do poema, foi realizada a silhueta do poema. Cada aluno contornou a silhueta do seu poema, e a professora também o fez em seu cartaz. A Figura 24.1 apresenta a silhueta de acordo com as características linguísticas já descritas na trama do professor, no que diz respeito à superestrutura.

Para que a divisão espacial do poema fosse compreendida e automatizada, a poesia foi fatiada, ficando a remontagem por conta dos alunos. As crianças também deveriam encontrar as rimas do poema e sua localização e grifá-las. Outras rimas foram feitas oralmente e listadas em cartaz pelo professor. A partir desse estudo das palavras foi possível sistematizar algumas sílabas, como o MA, de Marieta e Mara e, também, de Maria Eduarda, que era uma das alunas da classe. Além disso, foram realizados jogos de palavras, como jogo da memória, utilizando palavras do poema.

Depois do estudo das características do texto e de algumas microestruturas, foram combinadas as palavras que seriam conservadas no momento da primeira escrita, e tais palavras, além de estarem grifadas no cartaz do *flip chart*, foram também escritas na lousa. O importante nessa escrita seria manter a progressão por contraste e fazer o encerramento, não importando o número de estrofes inventadas.

Figura 24.1 Silhuetc produzida pela professora

Com a maioria das crianças que frequentavam essa sala desde o início do ano, não houve problema em arriscar-se a escrever. Das quatro crianças que haviam chegado recentemente, uma precisou do auxílio da professora; as outras realizaram a primeira escrita com muita dificuldade e, mesmo com o auxílio dos envolvidos no trabalho e dos instrumentos, a primeira escrita ficou confusa. Mesmo assim, não desanimaram.

Em outro momento, foi proposta a autoavaliação que considerava os combinados da escrita, como mostra o Quadro 24.2.

Quadro 24.2 Autoavalização da poesia

Na minha poesia eu...	Resposta
1) Coloquei travessões?	
2) Coloquei sinais de interrogação?	
3) Inventei outro título?	
4) Fiz rimas?	
5) Pulei linha no momento certo?	
6) Fiz o encerramento?	
7) Fiz com capricho?	

Com base na autoavaliação e nos instrumentos de referência, cada aluno fez sua reescrita, e até mesmo os alunos que não dominavam a leitura e a escrita convencionalmente participaram de todo o processo. A professora exerceu a função de escriba no processo de reescrita das crianças. Esses alunos diziam com desenvoltura o que e onde a professora deveria escrever, com base nos combinados e nos estudos realizados.

Os instrumentos elaborados nesta atividade, depois de utilizados, foram guardados para possíveis consultas no momento de escritas de outros textos, os quais também são denominados de ferramentas.

Com as poesias prontas e bem ensaiadas, havia chegado a hora de escrever a carta para o encontro com o pré-III. Por fim, cada aluno fez uma cópia do seu poema, acompanhado de uma gravura, para a formação de um livro de poesias, o qual foi entregue para a classe de pré-III no momento do sarau. A professora desta classe de educação infantil propôs às crianças que um aluno por vez poderia levar o livro para casa, para socialização e apreciação dos poemas pelos familiares.

Considerações sobre os resultados

A partir das diferentes experiências relatadas neste texto, as quais expressaram a dedicação e mobilização dos alunos para a realização dos estudos propostos, confirma-se a relevância da inserção da pedagogia por projetos no contexto escolar, pois, por intermédio desta, as crianças puderam agir como leitores e escritores. Percebeu-se que, à medida que a interação com os materiais escritos e a mediação de outros leitores e escritores se ampliaram, mais seguras e motivadas as crianças se sentiram, o que as ajuda na construção gradual de seu conhecimento acerca da língua materna.

Em ambas as experiências pedagógicas, procurou-se trabalhar vários aspectos do texto, como contexto, situações de comunicação, obras originais com autores conceituados, superestrutura (organização espacial) e dinâmica interna do texto, linguística textual – principalmente quando se trabalhou com substitutos, adjetivos e com a linguística da frase no processo de elaboração do vocabulário na 4ª série – e microestruturas – utilizadas na atividade com o 1º ano.

Estes são alguns itens que fazem parte do que a autora Josette Jolibert chama de "Competências linguísticas em sete níveis" (Jolibert, 1994a, p.143). Em meio a esse processo de construção do significado do texto dentro dos níveis, outro fator foi a construção de algumas ferramentas (Jolibert, 2006, p.128), que mais tarde poderão servir como instrumento de apoio para novas leituras e/ou produções.

Com relação ao trabalho com fábulas na 4ª série, notou-se que, embora ele seja algo relativamente comum nas salas de aula, houve um trabalho diferenciado que contou com uma prática totalmente vinculada a uma teoria, fato que possibilitou a reflexão, o diálogo, o planejamento, o replanejamento e a avaliação de todo processo pelas educadoras e pelas crianças. Embora esse trabalho com fábulas não esteja concluído, buscou-se, nessa etapa, propiciar aos alunos situações reais de comunicação escrita e oral, bem como a interrogação de diversos termos dentro do gênero, tais como "fábulas", além de recontar, criar, planejar e refletir sobre a escrita.

O envolvimento desses alunos, quando passaram a construir um diálogo entre essa literatura e sua vida cotidiana, na busca de se apropriarem desse gênero, foi marcado como ponto-chave para nós, educadoras. Isso nos faz crer que eles conseguiram, além de compreender o tipo de texto, aprender a buscar alternativas para obter o significado dessas leituras, que ultrapassou, a nosso ver, os limites da sala de aula.

Vale destacar que mesmo os alunos do 1º ano que não liam e não escreviam de forma convencional se propuseram a participar das diferentes etapas do projeto, sobretudo daquela em que deveriam produzir os próprios textos. Esse fato indica a importância da construção das ferramentas de apoio e da autoavaliação que permeiam o projeto, as quais envolvem os alunos em uma rede de segurança e confiança em suas capacidades, em que o erro é considerado parte do processo, e não um entrave para as aprendizagens.

De maneira geral, considera-se que não basta trabalhar esses ou quaisquer tipos de texto sem que seja feita uma sistematização do que foi aprendido. Essa sistematização torna-se fundamental para que os alunos compreendam toda a complexidade que envolve um só texto e que, a partir desse estudo, consigam chegar, por meio das regularidades, às regras que envolvem todos os aspectos linguísticos sem que tenhamos de estabelecê-las previamente (Jolibert, 2006), o que pode impossibilitar o aluno de fazer tais descobertas, deixando uma lacuna a ser preenchida.

A relevância educacional desses resultados diz respeito não apenas à melhoria da qualidade do processo de alfabetização, mas também à importância do investimento na formação continuada de professores.

Referências

AÇÃO EDUCATIVA, UNICEF, PNUD, INEP-MEC. (Coords.). *Indicadores de qualidade na educação*. São Paulo: Ação Educativa, 2004.

ADRIÃO, T. Considerações sobre a privatização da educação pública paulista: notas sobre o aumento das parecerias entre governos municipais e iniciativa privada. In: II ENCONTRO IBEROAMERICANO DE EDUCAÇÃO, 2007, Unesp, Araraquara.

ADRIÃO, T.; PERONI, V. (Orgs). *O público e o privado na educação*: interfaces entre Estado e Sociedade. São Paulo: Xamã, 2005.

_________. (Orgs). *Público e o privado na educação*: novos elementos para o debate. São Paulo: Xamã, 2008.

ADRIÃO, T. Políticas descentralizadoras para a educação escolar: dimensões da confluência entre a esfera pública e privada. In: VIEIRA, M. (Coord.). *Dimensões Políticas da Educação Contemporânea*. Campinas: Átomo-alínea, 2009.

_________. Uma modalidade peculiar de privatização da educação pública: a aquisição de "sistemas de ensino" por municípios paulistas. *Educação e Sociedade*, Campinas, v.30, n.108, p.799-818, out. 2009a.

_________. Sistemas apostilados e gestão privada da educação pública em São Paulo. *Educação e Sociedade*, Cedes, Campinas, v.30, n.108, 2009b.

AGUIAR, M. A.; SCHEIBE, L. Formação de profissionais da educação no Brasil: o curso de pedagogia em questão. *Educação & Sociedade*, ano XX, n.68, p.221-38, dez. 1999.

ALBANO MOREIRA, A. A. *O espaço do desenho*: a educação do educador. 9.ed. São Paulo: Loyola, 2009.

ALONSO, C. et al. De las propuestas de la Administración a las prácticas del aula. *Revista de Educación*, n.352, p.53-76, maio/ago. 2010. Disponível em: <http://www.revistaeducacion.educacion.es/re352/re352_03.pdf>. Acesso em: 7 set. 2010.

ANDRADE, C. D. de. A educação do ser poético. *Revista Brasileira de Estudos Pedagógicos*, Rio de Janeiro, v.61, n.140, p.593-4, out./dez. 1976.

ANDRÉ, M. et al. Estado da arte da formação de professores no Brasil. *Educação e Sociedade*, Campinas, n.68, p.301-9, 1999. Número especial.

ANFOPE et al. *Considerações das entidades nacionais de educação* – ANPEd, CEDES, ANFOPE E FORUMDIR – sobre a proposta de resolução do CNE que institui diretrizes curriculares nacionais para o Curso de Pedagogia. Brasília, 14 abr. 2005. [Mimeo.]

ANTUNES, C. *Escola pública, gestão particular*: uma parceria que melhorou o ensino público em 190 cidades brasileiras. Disponível em: <http://veja.abril.com.br/140207/p_094.shtml>.

APPLE COMPUTER. *Apple Education Changing the Conversation about Teaching Learning and Technology*. A Report on 10 Years of ACOT Research. Cupertino, California: Apple Computer, Inc., 1995. Disponível em: <http://imet.csus.edu/imet1/baeza/PDF%20Files/Upload/10yr.pdf>. Acesso em: 7 set. 2010.

ARCE, A.; MARTINS, L. M. *Ensinando aos pequenos*. Campinas: Alínea, 2009.

________. *Quem tem medo de ensinar na Educação Infantil?* Em defesa do Ato de Ensinar. Campinas: Alínea, 2007.

AREA, M. El proceso de integración y uso pedagógico de las TIC en los centros educativos. Un estudio de casos. *Revista de Educación*, n.352, p.77-97, maio-ago. 2010. Disponível em: <http://www.revistaeducacion.educacion.es/re352/re352_04.pdf>. Acesso em: 7 set. 2010.

________. La integración escolar de las nuevas tecnologías. Entre el deseo y la realidad. *Organización y Gestión Educativa*, n.6, p.14-8, 2003. Disponível em: <http://webpages.ull.es/users/manarea/Documentos/integracion.pdf>. Acesso em: 7 set. 2010.

________. Las tecnologías de la información y comunicación en el sistema escolar. Una revisión de las líneas de investigación. *Revista Electrónica de Investigación y Evaluación Educativa-RELIEVE*, v.11, n.1, 2005. Disponível em: <http://www.uv.es/RELIEVE/v11n1/RELIEVEv11n1_1.pdf>. Acesso em: 7 set. 2010.

________. Una breve historia de las políticas de incorporación de las tecnologías digitales al sistema escolar en España. *Quaderns Digitals*, 2008. Disponível em: <http://www.quadernsdigitals.net/index.php?accionMenu=hemeroteca.VisualizaArticuloIU.visualiza&articulo_id=10454>. Acesso em: 7 set. 2010.

ARELARO, L. R. G. O ensino fundamental no Brasil: avanços, perplexidades e tendências. *Educ. Soc.*, Campinas, v.26, n.92, out. 2005, p.1039-66.

ARROYO, M. G. A educação de jovens e adultos em tempos de exclusão. *Alfabetização e Cidadania* – Revista de Alfabetização de Jovens e Adultos, São Paulo, RAAAB (Rede de Apoio à Ação Alfabetizadora do Brasil), n.11, p.9-20, abr. 2001.

________. Quem de-forma o profissional do ensino? *Revista de Educação AEC*, Brasília, ano 14, n.58, p.7-15, out./dez.1985.

BACHELARD, G. *A formação do espírito científico*: contribuição para uma psicanálise do conhecimento. Rio de janeiro: Contraponto, 1996.

________. *La Formation de l'Esprit Scientifique*. 13.ed. Paris: PUF, 1986.

BALANSKAT, A.; BLAMIRE, R.; KEFALA, S. *The ICT Impact Report*. A review of studies of ICT impact on schools in Europe. European Schoolnet, European Communities, 2006. Disponível em: <http://ec.europa.eu/education/pdf/doc254_en.pdf>. Acesso em: 7 set. 2010.

BALCELLS, M. *Propuesta de indicadores de integración curricular de las TIC en los centros educativos*. Barcelona: Universitat de Barcelona, 2006. [Tesis doctoral no publicada.]

BALZAN, N. C. Ensino e pesquisa no ensino superior: uma relação mal resolvida? In: ENDIPE, 7, Goiânia, jun. 1994. *Anais*. Goiânia: UFG/UCG, 1994

________. Hei de vencer, mesmo sendo professor ou a introjeção da ética do dominador. *Revista de Educação AEC*, Brasília, ano 14, n.58, p.16-21, out./dez., 1985.

________.; PAOLI, N. J. Licenciaturas – o discurso e a realidade. *Ciência e Cultura*, São Paulo, v.40, n.2, p.147-51, 1988.

BARRETO, E. S. de S.; ARELARO, L. A polêmica da municipalização do ensino. *Revista ANDE*, n.10, 1986

BARRETTO, E. S. de S. *Onde se quer chegar com a municipalização do ensino fundamental*. Cadernos de Pesquisa da Fundação Carlos Chagas, São Paulo, n. 80, p. 51-55, 1992.

BARROS, M. de. *Exercícios de ser criança*. Rio de Janeiro: Salamandra, 1999.

BARROSO, J. O caso de Portugal. In: BARROSO, J. (Org.). *A Escola entre o Local e o Global* – Perspectivas para o século XXI. Lisboa: Educa, 1999. p.129-42.

________. *Os liceus*: organização pedagógica e administração (1836-1960). Lisboa: JNICT e Fundação Gulbenkian, 1995.

BATISTA, R. *A rotina no dia a dia da creche*: entre o proposto e o vivido. 1998. Dissertação (Mestrado em Educação). Universidade Federal de Santa Catarina (UFSC). Florianópolis, 1998.

BERNSTEIN, B. *Clases, códigos y control*. Hacia una teoria de las transmisiones educativas. Madri: Ediciones Akal, 1988.

BIRDSALL, N.; SABOT, R. *Opportunity foregone*: education in Brazil. Washington, D.C: Inter-American Development Bank/John Hopkins University Press, 1996.

BOSCO, Z. R. *No jogo dos significantes, a infância da letra*. Campinas: Pontes, 2002.

BOURDONCLE, R.; LESSARD, C. Qu'est-ce qu'une formation profissionelle universitaire? Conceptions de l'université et formation profissionnelle. *Revue Française de Pédagogie*, n.39, p.131-54.

BRASIL. Lei n.4.024, de 20 de dezembro de 1961. Fixa as diretrizes e bases da educação nacional. *Diário Oficial da União*, Brasília, p.11409, 27 dez. 1961.

________. Lei n.8.666, de 21 de junho de 1993. Brasília, 1993. Disponível em: <http://www.planalto.gov.br/ccivil_03/LEIS/L9424.htm>. Acesso em: 19 dez. 2006d.

________. Lei n.8.948, de 8 de dezembro de 1994. Dispõe sobre a instituição do Sistema Nacional de Educação Tecnológica e dá outras providências. *Diário Oficial da União*, Brasília, 9 dez. 1994. Disponível em: <http://www.planalto.gov.br/ccivil_03/Leis/L8948.htm>. Acesso em 29 abr. 2011.

________. Lei n.9.394, de 20 de dezembro de 1996. Estabelece as Diretrizes e Bases da Educação Nacional. *Diário Oficial da União*, Brasília, ano CXXXIV, n.248, p.27833-41, 23 dez. 1996. Seção 1.

________. CNE/CP. Resolução n.2 de 26 jun. 1997. Dispõe sobre os programas especiais de formação pedagógica de docentes para as disciplinas do currículo do ensino fundamental, do ensino Fundamental e do Ensino Médio e da Educação Profissional em Nível Médio. Diário Oficial da União. Brasília, 15 jul. 1997, n.133, Seção I, p.14926

________. *Constituição da República Federativa do Brasil*, com as modificações introduzidas pela EC n.14. São Paulo: Revista dos Tribunais, 1997b.

________. Decreto n.2.208, de 17 de abril de 1997. Regulamenta o § 2º do artigo 36 e os artigos 39 a 42 da Lei Federal n.9.394, de 20 de dezembro de 1996, que estabelece as diretrizes e bases da educação nacional. *Diário Oficial da União*, Brasília, 18 abr. 1997, n.74, Seção 1, p.7760.

________. Decreto n.2.406, de 27 de novembro de 1997. Regulamenta a Lei n.8.948, de 8 de dezembro de 1994, e dá outras providências *Diário Oficial da União*, Brasília, 28 nov. 1997, n.231, Seção 1, p.27937.

________. Secretaria de Educação Fundamental. *Parâmetros Curriculares Nacionais*: língua portuguesa. Secretaria de Educação Fundamental: Brasília, v.2, 144p., 1997e. Disponível em: <http://portal.mec.gov.br/seb/arquivos/pdf/livro02.pdf>.

________. Resolução n.2, de 7 abril de 1998. Institui as Diretrizes Curriculares Nacionais para o Ensino Fundamental. Ministério da Educação e do Desporto. Conselho Nacional de Educação. Câmara da Educação Básica. *Diário Oficial da União*. Brasília, 15 abr. 1998, n.71, Seção 1, p.31.

________. Ministério de Educação e do Desporto. *Referencial curricular Nacional para Educação Infantil*. Brasília: MEC, 1998b.

________. Ministério da Educação e do Desporto. *Educação de Jovens e Adultos*/Proposta Curricular/1º segmento do ensino fundamental. Brasília: MEC/Ação Educativa, 1999.

________. Ministério da Educação e do Desporto. *Educação de Jovens e Adultos*/Proposta Curricular/2º segmento do ensino fundamental. Brasília: MEC, 2002a.

________. Resolução CNE/CP n.1, de 18 de fevereiro de 2002. Institui Diretrizes Curriculares Nacionais para a Formação de Professores da Educação Básica, em nível superior, curso de Licenciatura, de graduação plena. Ministério de Educação e Cultura, Conselho Nacional de Educação. Brasília: MEC/CNE, 2002b.

________. Resolução CNE/CP n.2, de 19 de fevereiro de 2002. Institui a duração e a carga horária dos cursos de licenciatura, de graduação plena, de Formação de Professores da Educação Básica, em nível superior, curso de Licenciatura, de graduação plena. Ministério de Educação e Cultura, Conselho Nacional de Educação. Brasília: MEC/CNE, 2002c.

________. Ministério da Educação e Cultura, Secretaria de Educação profissional e tecnológica. *Políticas públicas para a educação profissional e tecnológica*: proposta em discussão. Brasília: MEC/SETEC, 2004a.

________. Decreto n.5.154, de 23 de julho de 2004. Regulamenta o § 2º do artigo 36 e os artigos 39 a 41 da Lei n.9.394, de 20 de dezembro de 1996, que estabelece as diretrizes e bases da educação nacional, e dá outras providências. *Diário Oficial da União*, Brasília, 26 jul. 2004b. n.142, Seção 1, p.18.

________. Decreto n.5.224, de 1º de outubro de 2004. Dispõe sobre a organização dos Centros Federais de Educação Tecnológica e dá outras providências. *Diário Oficial da União*, Brasília, 04 out. 2004c, n.191, Seção 1, p. 3

________. Ministério da Educação. *Ensino fundamental de nove anos*: orientações gerais. Brasília: Secretaria de Educação Básica, 2004d.

________. Parecer CNE/CP n.05/2005. Institui Diretrizes Curriculares Nacionais para o curso de graduação em Pedagogia. Encaminhado para homologação do

MEC, 13 de dezembro de 2005. Conselho Nacional de Educação, Conselho Pleno. Brasília: CNE, 2005a.

________. Lei n.11.114, de 16 de maio de 2005. Altera os artigos 6º, 30, 32 e 87 da Lei n.9.394, de 20 de dezembro de 1996, com o objetivo de tornar obrigatório o início do ensino fundamental aos seis anos de idade. *Diário Oficial da União*, Brasília, 17 maio 2005b, n.93, Seção 1, p. 1.

________. Resolução n.1, de 15 de maio de 2006. Institui Diretrizes Curriculares Nacionais para o Curso de Graduação em Pedagogia, licenciatura. Conselho Nacional de Educação. *Diário Oficial da União*, Brasília, 16 maio 2006a., n.92, Seção 1, p.11.

________. Ministério da Educação, Secretaria da Educação Básica. *Ampliação do Ensino Fundamental para Nove Anos* – 3º Relatório, 2006b. Disponível em: <http//portal.mec.gov.br/seb/arquivos/pdf/relatório_internet.pdf>. Acesso em 17 fev. 2007.

________. Resolução CNE/CP n.1, de 15 de maio de 2006. Institui Diretrizes Curriculares Nacionais para o Curso de Graduação em Pedagogia, licenciatura. Ministério de Educação e Cultura, Conselho Nacional de Educação. Brasília: MEC/CNE, 2006c.

________. *Constituição da República Federativa do Brasil*. Brasília: Senado Federal, Subsecretaria de Edições Técnicas, 2006d.

________. Lei n.11.274, de 6 de fevereiro de 2006. Altera a redação dos artigos 29, 30, 32 e 87 da Lei n.9.394, de 20 de dezembro de 1996, que estabelece as diretrizes e bases da educação nacional, dispondo sobre a duração de 9 (nove) anos para o ensino fundamental, com matrícula obrigatória a partir dos 6 (seis) anos de idade. *Diário Oficial da União*, Brasília, 7 fev. 2006e, n.27, Seção 1, p.1.

________. Ministério da Educação. *Ampliação do ensino fundamental para nove anos* – 3º relatório do programa. Brasília: Secretaria de Educação Básica, 2006f.

________. Ministério da Educação. *Ensino fundamental de nove anos*: orientações para a inclusão da criança de seis anos de idade. Brasília: FNDE, Estação Gráfica, 2006g.

________. Ministério da educação. Secretaria de Educação Básica. *Ensino Fundamental de Nove Anos*: orientações para a inclusão da criança de seis anos na escola. 2. ed. Brasília: MEC, 2007a.

________. Decreto n.6.095, de 24 de abril de 2007. Estabelece diretrizes para o processo de integração de instituições federais de educação tecnológica, para fins de constituição dos Institutos Federais de Educação, Ciência e Tecnologia – IFET, no âmbito da Rede Federal de Educação Tecnológica, *Diário Oficial da União*, Brasília, 25 abr. 2007b. n.79, Seção 1, p.6.

________. Lei n.11.494, de 20 de junho de 2007. Regulamenta o Fundo de Manutenção e Desenvolvimento da Educação Básica e de Valorização dos Profissionais da Educação – FUNDEB, de que trata o art. 60 do Ato das Disposições Constitucionais Transitórias; altera a Lei n.10.195, de 14 de fevereiro de 2001; revoga dispositivos das Leis n.9.424, de 24 de dezembro de 1996, 10.880, de 9 de junho de 2004, e 10.845, de 5 de março de 2004; e dá outras providências, *Diário Oficial da União*, Brasília, 21 jun 2007c, n. 118, Seção 1, p. 7

________. Ministério da Educação e Cultura, Secretaria de Educação Profissional e Tecnológica. *Revista Brasileira da Educação Profissional e Tecnológica*, Brasília, v.1, n.1, jun. 2008a.

________. Lei n.11.741, de 16 de julho de 2008. Altera dispositivos da Lei no 9.394, de 20 de dezembro de 1996, que estabelece as diretrizes e bases da educação nacional, para redimensionar, institucionalizar e integrar as ações da educação profissional técnica de nível médio, da educação de jovens e adultos e da educação profissional e tecnológica. *Diário Oficial da União*, Brasília, 17 jul. 2008b, n.136, Seção 1, p.5.

________. Lei Ordinária n.11.892, de 29 de dezembro de 2008. Institui a Rede Federal de Educação Profissional, Científica e Tecnológica, Cria os Institutos Federais de Educação, Ciência e Tecnologia, e dá outras providências. Diário Oficial da União, Brasília, 30 dez. 2008c, n.253, Seção 1, p1.

BREZINSKI, I. Embates na definição da política de formação de professores para a atuação multidisciplinar nos anos iniciais do ensino fundamental: respeito à cidadania ou disputa pelo poder? *Educação & Sociedade*, Cedes, Campinas, n.69, p.80-108, dez. 1999.

________. *Formação de profissionais da educação* (1997-2002). Brasília: MEC/INEP, 2006.

BROOKE, N.; SOARES, J. F. (Orgs.). *Pesquisa em eficácia escolar*: origem e trajetórias. Belo Horizonte: UFMG, 2008.

BRUNER, J. *Cultura da Educação*. Lisboa: Edições 70, 1996.

CAIN, A. A. *O atendimento ao ensino fundamental*: análise de parcerias de dois municípios paulistas e o setor privado na aquisição de "sistemas de ensino. 2008. Dissertação (Mestrado em Educação). Universidade Estadual Paulista (Unesp), Rio Claro, 2008. [Mimeografado.]

CALDWELL, B. J. A "public good" test to guide the transformation of public education. *Journal of Educational Change*, v.1, n.4, p.307-29, 2000.

CAMBI, F. *História da Pedagogia*. São Paulo: Unesp, 1999.

CAMPBELL, D. T. *Assessing the Impact of Planned Social Change*. New Hampshire: The Public Affairs Center, Dartmouth College, Hanover, 1976.

CAMPOS, N. M.; TOMOE, E.; SCHLÜNZEN, K. (Orgs.). *Inclusão Digital*. Tecendo redes Afetivas/Cognitivas. Rio de Janeiro: DP&A, 2005.

CAMPOS, R. F. Do professor reflexivo ao professor competente. In: MORAES, M. C. M. de; PACHECO, J. A.; EVANGELISTA, O. *Formação de Professores*: perspectivas educacionais e curriculares. Porto: Porto Editora, 2003.

CANDAU, V. M. F. (Coord.). *Novos rumos da licenciatura*. Brasília: Inep, 1987.

CARNOY, M. Professores brasileiros precisam aprender a ensinar. *Folha de S.Paulo*, primeiro caderno, p.A-16, 10 ago. 2009. Disponível em: <http://acervo.folha.com.br/fsp/2009/8/10/2/5558528>. Acesso em: 27 abr. 2011.

CARREIRA, D.; PINTO, J. M. de. *Custo-Aluno qualidade inicial*: rumo à educação pública de qualidade no Brasil. São Paulo: Campanha Nacional pelo Direito à Educação, 2007.

CARREIRAS, M. et al. An anatomical signature for Literacy. *Nature*, n.461, p.983-6, 2009.

CASTAÑEDA, L. J. Las universidades apostando por las TIC: modelos y paradojas de cambio institucional. *EDUTEC, Revista Electrónica de Tecnología Educativa*. n.28, mar. 2009. Disponível em: <http://edutec.rediris.es/Revelec2/revelec28/articulos_n28_pdf/Edutec-E_Castaneda_n28.pdf>. Acesso em: 7 set. 2010.

CHARLOT, B. *Relação com o saber, formação dos professores e globalização*: questões para a educação hoje. Porto Alegre: Artmed, 2005.

CHERVELL, A. História das disciplinas escolares. *Revista Teoria e Prática*, Porto Alegre, n.1, 1990.

COIMBRA, C. L. O Curso de Pedagogia: histórias e debates pós-DCNs. In: IV SIMPÓSIO INTERNACIONAL O ESTADO E AS POLÍTICAS EDUCACIONAIS NO TEMPO PRESENTE, Faculdade de Educação, Universidade Federal de Uberlândia: 2008, Uberlândia. *Anais*., p.220.

COLÁS, P.; CASANOVA, J. Variables docentes y de centro que generan buenas prácticas con TICs. *Teoría de la Educación. Educación y Cultura en la Sociedad de la Información*, v.11, n.1, p.121-47, 2010. Disponível em: <http://www.uh.cu/static/documents/TD/Variables%20docentes%20y%20de%20centro.pdf>. Acesso em: 7 set. 2010.

COLL, C. Psicología de la educación y prácticas educativas mediadas por las tecnologías de la información y la comunicación. Una mirada constructivista. *Sinéctica*, n.25, p.1-24, 2004. Disponível em: <http://portal.iteso.mx/portal/page/portal/Sinectica/Historico/Numeros_anteriores05/025/25%20Cesar%20Coll-Separata.pdf>. Acesso em: 7 set. 2010.

________; MAURI, T.; ONRUBIA, J. Análisis de los usos reales de las TIC en contextos educativos formales: una aproximación sociocultural. *Revista Elec-*

trónica de Investigación Educativa. v.10, n.1, 2008. Disponível em <http://redie.uabc.mx/vol10no1/contenido-coll2.html>. Acesso em: 7 set. 2010.

CONTRERA, J. *La autonomia del profesorado*. Madri: Motada, 2002.

CORREIA, J. A.; MATOS, M. *Solidões e solidariedades nos quotidianos dos professores*. Porto: ASA, 2001.

COUTO, M. Reinvenção da Literatura. *Revista E*, n.111, 2006.

________. *O gato e o escuro*. São Paulo: Companhia das Letrinhas, 2008.

CRUZ, R. E. *Pacto Federativo e financiamento da educação*: a função supletiva e redistributiva da União – o FNDE em destaque. São Paulo, 2009. Tese (Doutorado), Faculdade de Educação, Universidade de São Paulo (USP). São Paulo, 2009.

CRUZ, S. H. V. (Org.). *A criança fala*: a escuta de crianças em pesquisas. São Paulo: Cortez, 2008.

CUNHA, L. A. O desenvolvimento meandroso da educação brasileira entre o estado e o mercado. *Educação e Sociedade*, v.28, n.100, p.809-29, 2007.

CUNHA, M. I. da. Saberes docentes. In: MOROSINI, M. (Org.). *Enciclopédia da Pedagogia Universitária*. Verbete, V.2. Brasília: MEC/INEP/RIES, 2006, p.354.

CURY, C. R. J. A desoficialização do ensino no Brasil: a Reforma Rivadávia. In: *Educação e Sociedade*, v.30, n.108, p.717-38, 2009.

________. O público e o privado na educação brasileira contemporânea: posições e tendências. *Cadernos de Pesquisa*, São Paulo, n.81, p.33-44, maio 1992.

DALE, R. Globalização e educação: demonstrando a existência de uma "cultura educacional mundial comum" ou localizando uma "agenda globalmente estruturada para a educação"? *Educação, Sociedade & Culturas*, Porto, n.16, p.133-69, 2001.

DARLING-HAMMOND, L. Futures of teaching in American Education. *Journal of Educational Change*, v.1, n.4, p.353-73, dez. 2000.

DAY, C. *Desenvolvimento profissional permanente*. Porto: Porto Editora, 2001.

DELLA FONTE, S. Filosofia da Educação e agenda pós-moderna. In: *Reunião Anual da Associação dos Pesquisadores em Educação* (ANPED), n.26.

De PABLOS, J.; AREA, M.; VALVERDE, J.; CORREA, J. M. Autonomic educational policies and the integration of ICT in school centers". In: MÉNDEZ-VILAS, A.; SOLANO, A.; MESA, J.A.; MESA, J. (Eds.). *Research, Reflections and Innovations in Integrating ICT in Education*. v.1. Badajoz: FORMATEX, 2009. (Actas del Congreso m-ICTE2009 "Research, Reflections and Innovations in Integrating ICT in Education", Lisboa, 2009.) Disponível em: <http://www.formatex.org/micte2009/book/1275-1279.pdf>. Acesso em: 7 set. 2010.

DE PABLOS, J.; COLÁS, P.; GONZÁLEZ, T. Factores facilitadores de la innovación con TIC en los centros escolares. Un análisis comparativo entre diferentes. Políticas educativas autonómicas. *Revista de Educación*, n.352, p.23-51, maio/ago. 2010. Disponível em: <http://www.revistaeducacion.educacion.es/re352/re352_02.pdf>. Acesso em: 7 set. 2010.

DI PIETRO, M. *Parcerias na administração pública*: concessão, permissão, franquia, terceirização, parceria público-privada e outras. São Paulo: Atlas, 2005.

DIAS, R. E.; LOPES, A. C. Competências na formação de professores no Brasil: o que (não) há de novo. *Educação e Sociedade* [on-line], v.24, n.85, p.1155-77, set. 2003.

DINIZ-PEREIRA, J. E. *Formação de professores nas licenciaturas*: um estudo de caso sobre o curso de Ciências Biológicas da UFMG. 1996. Dissertação (Mestrado em Educação). Faculdade de Educação, Universidade Federal de Minas Gerais (UFMG), Belo Horizonte, 1996.

________. *Formação de professores*: pesquisas, representações e poder. Belo Horizonte: Autêntica, 2000.

DOCKSTADER, J. Teachers of the 21st century Know the What, Why, and How of Technology Integration. *Technological Horizons in Education Journal (THE Journal),* v.26, n.3, p.73-4, 1999. Disponível em: <http://www.thejournal.com/articles/14141/>. Acesso em: 7 set. 2010.

DOURADO, L. F.; BUENO, M. S. S. O público e o privado em educação. In: GRACINDO, R.V; WITTMAN, L. C. (Orgs.). *O Estado da Arte em Política e Gestão da Educação no Brasil*: 1991 a 1997. v.1. Campinas: Autores Associados, 2001. p.89-108.

DUARTE, N. *A individualidade para-si.* Campinas: Autores Associados, 1993.

________. A pesquisa e a formação de intelectuais críticos na pós-graduação em Educação. In: *Perspectiva*, Florianópolis, v.23, n.2. jul./dez., 2005. Disponível em: <http://www.perspectiva.ufsc.br/perspectiva_2006_01/a_pesquisa.pdf>. Acesso em: 13 jan. 2011.

________. *Educação escolar, teoria do cotidiano e escola de Vygotsky*. Campinas: Autores Associados, 1996.

EDUCAÇÃO implanta Sistema COC em Cedral. *Folha de Rio Preto*. São José do Rio Preto, p.B8, 11 fev. 2004.

EDUCAÇÃO implanta Sistema Positivo em toda rede. *Educação e Ação*. Tabapuã-SP, p.4, abr. 2003.

ELKONIN, D. Sobre El problema de La periodización del desarrollo psíquico en la infância. In: DAVÍDOV, V; SHUARE, M. (Orgs.). *La psicologia evolutiva y pedagógica en la URSS* (Antologia). Moscou: Editorial Progresso, 1987.

ESTEVES, M.; RODRIGUES, A. Tornar-se professor: estudos portugueses recentes. *Investigar em educação* – revista da sociedade portuguesa de ciências da educação, n.2, p.15-68, jun. 2003.

EVANGELISTA, O. et al. *Política educacional*. Rio de Janeiro: D&PA, 2000.

FÀBREGUES, S.; ION, G.; MENESES, J.; MOMINÓ, J. M.; SIGALÉS, C. Usos de las TIC en los centros educativos españoles. *Didáctica, Innovación y Multimedia*. n.17, 2010. Disponível em: <http://dim.pangea.org/revistaDIM17/docs/georgetaion.doc>. Acesso em: 7 set. 2010.

FACCI, M. G. D. Os estágios do desenvolvimento psicológico segundo a psicologia sócio-histórica. In: ARCE, A.; DUARTE, N. (Orgs.). *Brincadeiras de papéis sociais na educação infantil*. São Paulo: Xamã, 2006.

FARIA, A. L. G. de; MELLO, S. A. (Orgs.). *Territórios da infância*: linguagens, tempos e relações para uma pedagogia para as crianças pequenas. Araraquara: Junqueira e Marin, 2007.

FERRARO, A. R. História quantitativa da alfabetização no Brasil. In: RIBEIRO, V. M. (Org.). *Letramento no Brasil*. São Paulo: Global/Ação Educativa, 2004. p.195-207.

FERREIRO, E.; TEBEROSKY, A. *Psicogênese da língua escrita*. Porto Alegre: Artes Médicas, 1986.

FOLHA DE S.PAULO. Cursos de formação de professores têm alunos de menor renda. 13 dez. 2001.

FREIRE, P. *Pedagogia da Autonomia*. São Paulo: Cortez, 2000.

FREITAS, H. *Sobre diretrizes e pedagogia*. São Paulo, 2005. [Artigo não publicado. Texto restrito para estudo da entidade.] Disponível em: <http://lite.fae.unicamp.br/anfope>. Acesso em: 13 ago. 2005.

FRIGOTTO, G. A polissemia da categoria trabalho e a batalha das ideias nas sociedades de classe. *Revista Brasileira de Educação*, v.14, n.40, p.168-94, jan./abr. 2009.

FUNDACIÓ JAUME BOFILL; UOC. *Els informes del Projecte Astrolabi sobre la implantació i l'ús de les TIC pels centres d'ensenyament no universitàri*. 2000-2001 Disponível em: <http://astrolabi.edulab.net/int_inf_index.htm>. Acesso em: 7 set. 2010.

FURLANETTO, E. *Como nasce um professor?* São Paulo: Paulus, 2003.

GARGALLO, B. et al. *Modelos de integración de las TIC en los centros educativos. Un estudio de casos*. Valencia: Virtual Educa, 2002. Disponível em: <http://www.virtualeduca.org/encuentros/valencia2002/actas2002/actas02/248.pdf>. Acesso em: 7 set. 2010.

GATTI, B. A. Testes e avaliações do ensino no Brasil. *Educação e Seleção*. São Paulo, n.16, p.33-42, 1987.

______. et al. *Formação de professores para o ensino fundamental*: instituições formadoras e seus currículos. (Relatório de pesquisa). 2v. São Paulo: Fundação Carlos Chagas: Fundação Victor Civita, 2008.

______, BARRETTO, E. S. S. *Professores*: aspectos de sua profissionalização, formação e valorização social. Relatório de pesquisa. Distrito Federal: Unesco, 2009.

______.; NUNES, M. M. R. (Org.). *Formação de professores para o ensino fundamental*: estudo de currículos das licenciaturas em pedagogia, língua portuguesa, matemática e ciências biológicas. v.29. São Paulo: FCC/DPE, 2009.

GÓMEZ DEL CASTILLO, M. T. Evolución de la informática en el ámbito educativo español. *EA, Escuela abierta*: revista de Investigación Educativa, n.4, p.143-56, 2001. Disponível em: <http://dialnet.unirioja.es/servlet/fichero_articulo?codigo=195871&orden=73679>. Acesso em: 7 set. 2010.

GONZÁLEZ, P. F. *O Movimento da escola Moderna*. Um percurso cooperativo na construção da profissão docente e no desenvolvimento da pedagogia escolar. v.9. Porto: Porto Editora, 2002.

GOODLAD, J. *A Place Called School*. Londres: McGraw, 1984.

GOODSON, I. *Conhecimento e Vida Profissional* – estudos sobre educação e mudança. Porto: Porto Editora. 2008.

GROS, B. *El ordenador invisible. Hacia la apropiación del ordenador en la enseñanza*. Barcelona: Gedisa, 2000.

GUIMARÃES, E. R. A formação integral do discurso pedagógico oficial dos anos 2000. In: *Reunião Anual da Anped*, Caxambu, 31 2008.

GUIMARÃES, J. L. *Desigualdades regionais na educação*: a municipalização do ensino em São Paulo. São Paulo: Unesp, 1995.

GUTIÉRREZ, A.; PALACIOS, A.; TORREGO, L. La formación de los futuros maestros y la integración de las TIC en la educación: anatomía de un desencuentro. *Revista de Educación*, n.352, p.217-33, maio/ago. 2010. Disponível em: <http://www.revistaeducacion.educacion.es/re352/re352_TIC.pdf>. Acesso em: 7 set. 2010.

HAGUETTE, A. Educação: bico, vocação ou profissão? *Educação & Sociedade*, n.38, São Paulo, p.109-21, abr.1991.

HOBSBAWM, E. *A crise do capitalismo e a importância atual de Marx*. Entrevista a Marcello Musto. Disponível em: <http://www.cartamaior.com.br/templates/materiaMostrar.cfm?materia_id=15253&alterarHomeAtual=1>. Acesso em: 18 nov. 2008.

HOBSBAWM, E. Em defesa da História. *Princípios*, Revista teórica, política, de informação, n.82, p.22-3, dez. 2005-jan. 2006. Disponível em: <http://www.

vermelho.org.br/museu/principios/anteriores.asp?edicao=82&cod_not=955>. Acesso em: 1 ago. 2008.

HOYLE, E. Profissionalization and de-profissionalization in education. In: HOYLE, E. MEGARY, J. (Eds.). *World Yearbook of education 1980*: the professional development of teachers. Londres: Kogan Page, 1980.

HUBER, M. *Apprendre en projets*. Lyon: Chronique Social, 1999.

HYPOLITO, A. M. Processo de trabalho na escola: algumas categorias para análise. *Teoria & Educação*, Porto Alegre, n.4, p.3-21,1991.

IALEI – THE INTERNATIONAL ALLIANCE OF LEADING EDUCATION INSTITUTES. Transforming Teacher Education. – Redefined Professionals for 21st Century Schools. *Report prepared no behalf of the IALEI by S. Gopinathan et al*. Singapore: National Institute of Education; Nanyang Technological University, 2008.

IDEA; NETURITY; FUNDACIÓN GERMÁN SÁNCHEZ RUIPÉREZ. *Informe sobre la implantación y el uso de las TIC en los centros docentes de educación primaria y secundaria (CURSO 2005-2006)*. 2007. Disponível em: <http://www.ontsi.red.es/educacion/articles/1332>. Acesso em: 7 set. 2010.

IMEN, P. Política educativa, trabajo docente y lucha de clases: la cuestión de la autonomía laboral y la democratización de la cultura escolar. *Anales del VII Seminário Redestrado* – nuevas regulaciones en América Latina. Buenos Aires, 2008.

INSTITUTO NACIONAL DE ESTUDOS E PESQUISAS EDUCACIONAIS “ANÍSIO TEIXEIRA” – INEP. *O que é o Ideb?* Brasília, 2009. Disponível em: <http://portalideb.inep.gov.br>. Acesso em: 20 jan. 2009.

________. Dados do PISA disponíveis em: <http://www.inep.gov.br/internacional/novo/PISA/oquee.htm>.

JOHNSON, D. W.; JOHNSON, R. T.; HOLUBEC, E. J. *El aprendizaje cooperativo en el aula*. Barcelona: Paidós, 1999. [*Cooperative Learning in Classroom*. Virginia: ASCD, 1994.]

JOLIBERT, J. *Além dos muros da escola*: a escrita como ponte entre alunos e comunidade. Trad. Ana Maria Netto Machado. Porto Alegre: Artes Médicas, 2006.

JOLIBERT, J. *Além dos muros da escola: a escrita como ponte entre alunos e comunidade*. Porto Alegre: Artmed, 2006a .

________. *Formando crianças leitoras*. Trad. Bruno C. Magne. Porto Alegre: Artes Médicas, 1994a.

________. *Formando crianças produtoras de textos*. Porto Alegre: Artes Médicas, 1994b.

________; CABRERA, A. I.; INOSTROZA, G. *Transformar la formación docente inicial*: propuesta en didáctica de lengua materna. Bogotá: Magistério, 2004.

________; SRÏKI, C. *Des enfants lecteurs et producteurs de textes*. Paris: Hachette, 2006.b

________; SRÏKI, C. *Caminhos para aprender a ler e a escrever*. São Paulo: Contexto, 2008

________. et al. *Transformando a formação docente*: uma proposta didática em pesquisa-ação. Porto Alegre: Artmed, 2007.

JONASSEN, D. H. El diseño de entornos constructivistas de aprendizaje. In: REIGELUTH, C. M. (Ed.). *Diseño de la instrucción*: Teorías y modelos. Un nuevo paradigma de la teoría de la instrucción. Madri: Santillana, 2000, p.225-49. Disponível em: <http://files.procesos.webnode.com/200001307-56d1f57cbc/Dise%C3%B1o%20de%20entornos%20constructivista%20de%20aprendizaje%20U%20III.pdf>. Acesso em: 7 set. 2010.

________. *Modeling with technology*: Mindtools for conceptual change. Columbus, OH: Pearson-Prentice Hall, 2006.

________; CARR, Chad S. Mindtools: affording multiple knowledge representations for learning. In: LAJOIE, S. P. (Ed.). *Computers as cognitive tools*: No more walls. v.2. Mahwah NJ: Lawrence Erlbaum Associates, 2000, p.165-95. Disponível em: <http://web.missouri.edu/jonassend/Mindtoolschapter.pdf>. Acesso em: 7 set. 2009.

JUNG, C. G. *A dinâmica do inconsciente.* Petrópolis: Vozes, 1984.

________. *O desenvolvimento da personalidade*. Petrópolis: Vozes, 1998.

KOZMA, R. B. Comparative analysis of policies for ICT in Education. In: VOOGT, J.; KNEZEK, G. (Eds.). *International Handbook of Information Technology in Primary and Secondary Education.* Nova York: Springer, 2008, p.1083-96. Disponível em: <http://robertkozma.com/images/kozma_comparative_ict_policies_chapter.pdf>. Acesso em: 7 set. 2010.

KOZOL, J. *Savage inequalities*: children in America's schools. Nova York: Harper Collins, 1992.

KREÜTZ, Lúcio. Magistério: vocação ou profissão? *Educação em Revista*, Belo Horizonte, n.3, p.12-6, jun. 1986.

KÜENZER, A. Z.; RODRIGUES, M. de F. As diretrizes curriculares para o curso de Pedagogia: uma expressão da epistemologia da prática. In: *Novas subjetividades, currículos, docência e questões pedagógicas na perspectiva da inclusão social*/Encontro Nacional de Didática e Prática de Ensino. Recife: ENDIPE, 2006. p.185-212.

LARA, S. Preparing Teachers and Schools for the 21st Century in the Integration of Information and Communication Technologies. Review of Recent Report in the U.S. *Interactive Educational Multimedia*, n.12, p.44-61, 2006. Disponível em: <http://greav.ub.edu/iem/index.php?journal=iem&page=article&op=viewFile&path[]=100&path[]=123>. Acesso em: 7 set. 2010.

LARROSA, J. *Pedagogia profana*. 4.ed. Belo Horizonte: Autêntica, 2003.

LAW, N. Polítiques i pràctiques sobre l'ús de les TIC com a suport en l'aprenentatge: lliçons extretes d'estudis comparatius internacionals. *Quaderns d'avaluació*, n.12, p.52-74, 2008. Disponível em: <http://www.raco.cat/index.php/QuadernsAvaluacio/article/view/122702/169842>. Acesso em: 7 set. 2010.

LAW, N.; PELGRUM, W. J. *ICT in education around the world: trends, problems and prospects*. Paris: Unesco, International Institute for Educational Planning, 2003. Disponível em: <http://unesdoc.unesco.org/images/0013/001362/136281e.pdf>. Acesso em: 7 set. 2010.

LAW, N.; PELGRUM, W. J.; PLOMP, T. (Eds.) *Pedagogy and ICT use in schools around the world*: Findings from the IEA SITES 2006 study. Hong Kong: CERC-Springer, 2008. Fragmentos disponíveis em: <http://books.google.es/books?id=urCHH10HK_0C&hl=ca&source=gbs_navlinks_s>. Acesso em: 7 set. 2010.

LEONTIEV, A. N. Actividad, Conciencia y Personalidad. Buenos Aires, Ediciones Ciências del Hombre, 1978a. p.234.

________. *Desenvolvimento do psiquismo*. Lisboa: Livros Horizonte, 1978b.

________. Uma contribuição à teoria do desenvolvimento da psique infantil. In: VYGOTSKY, L. S.; LURIA, A. R.; LEONTIEV, A. N. *Linguagem, desenvolvimento e aprendizagem*. São Paulo: Ícone, 2001.

LIBÂNEO, J. C. *Diretrizes curriculares da Pedagogia* – um adeus à pedagogia e aos pedagogos? [s.d.] [mimeo.]

LOMBARDI, J. C.; JACOMELI, M. R. M.; SILVA, T. M. T da (Orgs.). *O Público e o Privado na historia da educação brasileira – concepções e praticas educativas*. 1.ed. v.1. Campinas: Autores Associados: HISTEDBR, 2005. p.185

LOPES, A. M. Os parâmetros curriculares nacionais para o ensino médio e a submissão ao mundo produtivo: o caso do conceito de contextualização. *Educação & Sociedade*, São Paulo, v.23, n.80, 2002, p.389-404.

LUCARELLI, E. *El asesor pedagógico em la universidad*. De la teoria pedagógica a la práctica en la formación. Buenos Aires: Paidos, 2000.

LÜDKE, M. *Formação de docentes para o ensino fundamental e médio* – as licenciaturas. Rio de Janeiro: CRUB, maio 1994.

MACEDO, E. A imagem da Ciência folheando um livro didático. *Educação e Sociedade*, Campinas, v.25, n.86, p.103-29, 2004.

MACHADO, L. R. S. Diferenciais inovadores na formação de professores para a educação profissional e tecnológica. *Revista Brasileira de Educação Profissional e Tecnológica.* Brasília, n.1, p.8-22, 2008.

MALAGUZZI, L. História, ideias e filosofia básica. In: EDWARDS, C.; GANDINNI, L.; FORMAM, G. *As cem linguagens da criança.* Porto Alegre: Artmed, 1999. p.59-104.

MARCELINO, F. Escola Moderna – um produto cultural na construção de uma Cultura Pedagógica Democrática. *Escola Moderna*, v.35, 5ª série, p.52-63, 2009.

MARCELO GARCIA, C. *Formação de professores*. Para uma mudança educativa. Porto: Porto Editora, 1999.

MARQUES, C. A.; DINIZ-PEREIRA, J. E. Fóruns das Licenciaturas em universidades brasileiras: construindo alternativas para a formação inicial de professores. *Educação & Sociedade*, v.23, n.78, p.117-42, 2002.

MARTINELLI, T. *Organizações da Sociedade Civil de Interesse Público (Oscip): Organizações da Sociedade Civil de Interesse Público (OSCIP) do Município de Porto Alegre*: Espaços Sócio-ocupacionais dos Assistentes Sociais? Rio Grande do Sul, 2007. Tese (Mestrado) Serviço Social. Pontifícia Universidade Católica do Rio Grande do Sul.

MARTINS, L. M. O ensino e o desenvolvimento da criança de zero a três anos. In: ARCE, A.; MARTINS, L. M. *Ensinando aos pequenos*. Campinas: Alínea, 2009.

MARTINS, M. C. et al. *Didática do ensino de arte* – a língua do mundo: poetizar, fruir e conhecer arte. São Paulo: FTD, 1998.

MARX, K. *Onze teses sobre Feuerbach*. Fundação Lauro Campos. Socialismo e liberdade. Rio de Janeiro – RJ. Disponível em: <http://www.socialismo.org.br/portal/filosofia/152-documento/319-onze-teses-sobre-feuerbach>. Acesso em: 22 fev. 2011.

MAUSS, M. Fait social et formation du caractère. *Sociologie et sociétés*, Montréal, Les Presses de l'Université de Montréal, v.36, n.2, p.135-40, 2004.

MELLO, S. A. O processo de aquisição da escrita na educação infantil: contribuições de Vygotsky. In: GOULART, A. L; MELLO, S. A. (Orgs.). *Linguagens Infantis*: outras formas de leitura. Campinas: Autores Associados, 2005.

MÉSZÁROS, I. *A crise em desdobramento e a relevância de Marx*. [Palestra escrita para uma reunião em Conway Hall, Londres, 21 out. 2008.] Disponível em: <http://resistir.info/>. Original publicado em: <www.herramienta.com.ar/>

e <http://mrzine.monthlyreview.org/meszaros041108.html>. Acesso em: 18 nov. 2008.

________. *A educação para além do capital*. São Paulo: Boitempo, 2005.

MICOTTI, M. C. O. A formação continuada de professores. In: ________. (Org.) *Leitura e escrita*: como aprender com êxito por meio da pedagogia por projetos. São Paulo: Contexto, 2009.

________. Alfabetização: o aprendizado do ensino. In: ________. *Alfabetização*: os caminhos da prática e a formação de professores. Rio Claro: Instituto de Biociências, 2004.

________. O trabalho do professor em sala de aula: ensinando a ler e a escrever. *Educação: teoria e prática*. Revista do Departamento de Educação. Instituto de Biociências, Unesp, Rio Claro, v.16, n.28, jan./jul. 2007.

MIGUEL, J. C. Tendências emergentes na formação do educador de jovens e adultos: especificidade e profissionalização. In: BARBOSA, R. L. L. (Org.). *Formação de educadores*: artes e técnicas – ciências e políticas. São Paulo, Unesp; Cultura Acadêmica, 2006, p.257-69.

MINGUILI, M. G.. O desejo de futuro como articulador das atividades de um curso. In: CIRCUITO PROGRAD, 5. *As atividades de seu curso atendem ao perfil do profissional a ser formado?* São Paulo: Pró-Reitoria de Graduação/ Unesp, 1996. p.27-40.

MINGUILI, M. da G. *O sentido da totalidade, como se dá o conhecimento e o papel do professor.* Bauru, 2000. Material didático de apoio ao curso de Pós-Graduação (Engenharia Industrial) – Faculdade de Engenharia, Universidade Estadual Paulista (Unesp).

MOERSCH, C. Assessing Instructional Technology. In: MOERSCH, C. *Beyond Hardware*: Using Existing Technology to Promote Higher-Level Thinking. Eugene, OR: International Society for Technology in Education-ISTE, 1995, p.45-54. Disponível em: <http://www.iste.org/source/orders/excerpts/beyond.pdf>. Acesso em: 7 set. 2010.

________. Levels of Technology Implementation (LoTi): A Framework for Measuring Classroom Technology Use. *Learning and Leading With Technology*, v.23, n.3, p.40-2, nov. 1995. Disponível em: <http://itls.saisd.net/km/uploads/Main/LOTIFrameworkNov95.pdf>. Acesso em: 7 set. 2010.

MORAES, M. C. M. de. Incertezas nas práticas de formação e no conhecimento docente. In: III CONGRESSO LUSO-BRASILEIRO DE ESTUDOS CURRICULARES. 17 a 20 ago. 2004, Rio de Janeiro. [Mimeo.]

________. Recuo da teoria: dilemas na pesquisa em educação. *Revista Portuguesa de Educação*, ano 14, n.1, p.7-25, 2001.

________. *O 'pós-ismos' e outras querelas ideológicas*. *Perspectiva*, Florianópolis, ano 14, n.25, p. 45-60, jan./jun. 1996.

MOURA, D. H. A formação de docentes para a educação profissional e tecnológica. *Revista Brasileira de Educação Profissional e Tecnológica*, Brasília, n.1, p.23-38, 2008.

MP arquiva denúncia contra sistema apostilado sem licitação em Bocaina. *Jornal da Cidade de Bauru*. Bauru-SP, dez. 2006. Disponível em: <http.//www.licitacao.net/noticias_mostra.asp?p_notc=4568>. Acesso em: 10 jun. 2008.

NICOLETI, J. E. *Ensino Apostilado na Escola Pública*: Tendência Crescente nos Município da Região de São José do Rio Preto- SP. Araraquara, 2009. Tese (Mestrado) Educação Escolar. Faculdade de Ciências e Letras, campus de Araraquara, Universidade Estadual Paulista

NIZA, S. Contextos Cooperativos e Aprendizagem Profissional: A Formação no Movimento da Escola Moderna. In: FORMOSINHO, J. (Ed.). *Formação de Professores*: aprendizagem profissional e acção docente. v.32. Porto: Porto Editora, 2009. p.345-62.

________. Editorial. *Escola Moderna*, v.18, 5ª série, p.3-4, 2003.

________. Editorial. *Escola Moderna*, v.5, 5ª série, p.3, 1999.

________. Em comum assumimos uma educação democrática. In: MEM (Ed.). *Cadernos de Formação Cooperada*. v.1. Lisboa: MEM, 1992. p.39-47.

________. O modelo curricular de educação pré-escolar da Escola Moderna Portuguesa. In: OLIVEIRA-FORMOSINHO, J. (Ed.). *Modelos Curriculares para a Educação de Infância*. Porto: Porto Editora, 1996. p.138-59.

NÓVOA, A. *Evidentemente* – Histórias da Educação. Porto: Edições ASA, 2005.

________. *Os Professores*: Quem são? Donde vêm? Para onde vão? Lisboa: ISEF, 1989.

________. (Org). *Profissão Professor*. Porto: Porto Editora, 1991.

O ESTADO DE SÃO PAULO. Nota mais alta não é educação melhor. 2 ago. 2010. Disponível em: <http://www.estadao.com.br/estadaodehoje/20100802/not_imp589143,0.php>. Acesso em 24 ago. 2010.

OLIVAS, M. A. Information Access Inequities: a Fatal Flaw in Educational Voucher Plans. *Journal of Law and Education*, v.10, n.4, p. 441-65, out. 1981.

OLIVEIRA, D. A. A reestruturação do trabalho docente: precarização e flexibilização. *Educ. Soc.*, Campinas, v.25, n.89, p.1127-44, set./dez. 2004. Disponível em: <http://www.cedes.unicamp.br>.

OLIVEIRA, M. R .N. S. Mudanças no mundo do trabalho: acertos e desacertos na proposta curricular para o ensino médio (Resolução CNE 03/98). Diferenças entre formação técnica e formação tecnológica. *Educação & Sociedade*, São Paulo, n.70, p.40-62, 2000b.

________. 20 anos de ENDIPE. In: CANDAU, V. M. *Didática, currículo e saberes escolares*. Rio de Janeiro: DP&A, 2000a. p.161-76.

________. A formação de professores para a educação profissional. In: DALBEN, A. I. L. F. et al. (Orgs.). *Convergências e tensões no campo da formação e do trabalho docente*: avaliação educacional, educação a distância e tecnologias da informação e comunicação, educação profissional e tecnológica, ensino superior, políticas educacionais. Livro 3. Belo Horizonte: Autêntica, 2010. p.454-78.

________. Desafios na área da didática. In: ANDRÉ, M. E. D. A.; OLIVEIRA, M. R. N. S. (Orgs.). *Alternativas do ensino de didática*. 10.ed. Campinas: Papirus, 2009. p.129-43.

________. *Formação de professores para o ensino técnico*: relatório técnico (Relatório para CNPq). Belo Horizonte: PETMET, 2008.

________. Formação e profissionalização dos professores do ensino técnico. In: ARANHA, A. V. S.; CUNHA, D. M.; LAUDARES, J. B. (Orgs.). *Diálogos sobre trabalho; perspectivas multidisciplinares*. Campinas: Papirus, 2005. p.15-35.

________ et al. *Formação de professores para o ensino técnico*: relatório técnico (Relatório para FAPEMIG). Belo Horizonte: PETMET, 2008.

OLIVEIRA, M. V. de; RESENDE, V. A. D. L. de. *Fragmentos da formação e identidade do pedagogo dos anos 60 aos nossos dias*. Anais do VI Congresso Luso-Brasileiro de História da Educação. 2006. Disponível em: <http://www.faced.ufu.br/colubhe06/anais/arquivos/577MariliaVilela_e_Valeria.pdf>. Acesso em: 23 jul. 2008.

OLIVEIRA, R. P. Avaliações externas podem auxiliar o trabalho pedagógico da escola? In: Secretaria Municipal de Educação/São Paulo – Diretoria de Orientação Técnica. (Org.). *Educação*: fazer e aprender na cidade de São Paulo. v.1. São Paulo: Fundação Padre Anchieta/SME-SP, 2008. p.230-7.

________. Da universalização do ensino fundamental ao desafio da qualidade: uma análise histórica. *Educação e Sociedade*, Campinas, v.28, n.100, p.661-90, 2007.

________. *Estado e Política Educacional*: Desafios do Século XXI. 2006. Tese (Livre-docência). Faculdade de Educação, Universidade de São Paulo (USP). São Paulo, 2006.

________.; ARAÚJO, G. C. Qualidade do ensino: uma nova dimensão da luta pelo direito à educação. *Revista Brasileira de Educação*, n.28, jan./fev./mar./abr., p.5-23, 2005.

________; CAMARGO, R. B.; MANSANO FILHO, R. Tendências da matrícula no ensino fundamental regular no Brasil. In: OLIVEIRA, C. et al. *Municipalização do ensino no Brasil*. Belo Horizonte: Autêntica, 1999.

OREALC/UNESCO Santiago – CEPAL. *Invertir mejor para invertir más*. Financiamiento y gestión de la educación en América Latina y el Caribe. Santiago, [s.n.], 2005.

ORLANDI, E. P. *Discurso e leitura*. 3.ed. Campinas: Unicamp, 1996.

OSTETTO, L. E. Do cinzento ao multicolorido: linguagem oral, linguagem escrita e prática pedagógica na educação infantil. In: OSTETTO, L. E.; LEITE, M. I. *Arte, infância e formação de professores*. Campinas: Papirus, 2004a. p.41-60.

_______. Educação infantil: tempo e lugar de *se fazer* criança. No mistério e na magia da experiência partilhada. In: DELGADO, A. C. et al. (Orgs.). *Tempos e lugares das infâncias*: educação infantil em debate. Porto Alegre: IPPOA 2004b. p.11-21.

_______. *Educadores na roda da dança: formação-transformação*. Campinas, 2006. Tese (Doutorado) Educação. Faculdade de Educação – PPGE, Universidade Estadual de Campinas (Unicamp).

_______. Entre a prosa e a poesia: fazeres, saberes e conhecimento na educação infantil. In: PILLOTTO, S. (Org.). *Linguagens da arte na infância*. Joinville: Univille, 2007. p.30-45.

_______. O estágio curricular no processo de *tornar-se professor*. In: OSTETTO, L. E. (Org.). *Educação infantil*: saberes e fazeres da formação de professores. Campinas: Papirus, 2008. p.127-38.

_______ et al. *Deixando marcas*: a prática do registro no cotidiano da educação infantil. Florianópolis: Cidade Futura, 2001.

PACHECO, E. M. Introdução. In: CONFERÊNCIA NACIONAL DE EDUCAÇÃO PROFISSIONAL E TECNOLÓGICA, 1, 2006, Brasília. *Anais e deliberações*: I Conferência nacional de Educação Profissional e Tecnológica. Brasília: MEC/SETEC, 2006a.

_______. Prefácio. In: JORNADA NACIONAL DA PRODUÇÃO CIENTÍFICA EM EDUCAÇÃO PROFISSIONAL E TECNOLÓGICA, 1, 2006, Brasília. *Jornada Nacional da Produção Científica em Educação Profissional e Tecnológica*: livro de resumos. 2.ed. rev. Brasília: MEC/SETEC, 2006b.

PAGOTTO, M. D. S. *Formação e atuação*: um estudo sobre representações de professores. Dissertação (Mestrado em Educação). São Carlos, 1988. Centro de Educação e Ciências Humanas, Universidade Federal de São Carlos (UFSCar).

PAIVA, C. A questão da municipalização do ensino. *Em aberto*, Brasília, ano 5, n.29, p.15-8, jan./mar. 1986.

PAIXÃO, K. de M. G. *A educação infantil e as práticas escolarizadas de educação*. Assis, 2004. Dissertação (Mestrado) Psicologia e Sociedade. Faculdade de Ciências e Letras, campus de Assis, Universidade Estadual Paulista (Unesp).

PATTO, M. H. S. *A produção do fracasso escolar*: histórias de submissão e rebeldia. São Paulo: TA Queiroz, 1990.

PEÇAS, A. Sérgio Niza: A construção de uma democracia na acção educativa. *Educação* – Temas e Problemas, ano 1, n.1, p.147-67, 2006.

PELGRUM, W. J. Obstacles to the integration of ICT in education: results from a worldwide educational assessment. *Computers & Education*, v.37, n.2, p.163-78, 2001.

PEREGRINO, M. D. *Desigualdade numa escola em mudança*: trajetórias e embates na escolarização pública de jovens pobres. Rio de Janeiro, 2006. Tese (Doutorado). Universidade Federal Fluminense (UFF).

PERONI, V. *A redefinição do papel do Estado e a política educacional no Brasil dos anos 90*. São Paulo, 1999. Tese (Doutorado em Educação). Faculdade de Educação, Pontifícia Universidade Católica de São Paulo (PUC-SP).

PERONI, V. M. V., OLIVEIRA, R. T. C., FERNANDES, M. D. E. Estado e terceiro setor: as novas regulações entre o público e o privado na gestão da educação básica brasileira. *Educação e Sociedade*, Campinas, v.30, n.108, p.761-78, out. 2009.

PIMENTA, S. G. (Org.). *Pedagogia e pedagogos*: caminhos e perspectivas. São Paulo: Cortez, 2002.

________. A pesquisa em didática – 1996 a 1999. In: CANDAU, V. M. *Didática, currículo e saberes escolares*. Rio de Janeiro: DP&A, 2000. p.78-99.

PINHO, S. Z. de. Mensagem da Pró-Reitora de Graduação. In: PROGRAD/NEPP – Núcleo de Estudos e Práticas Pedagógicas. 2009. <http://www.ibb.unesp.br/nepp/mensagem_prograd.php>. Acesso em: 28 ago. 2009.

PINHO, S. Z. de (Coord.). *Oficinas de estudos pedagógicos*: reflexão sobre a prática do Ensino Superior. São Paulo: Cultura Acadêmica: Universidade Estadual Paulista, Pró-reitoria de Graduação, 2008.

PINTO, J. M. R. O potencial de controle social dos conselhos do Fundef e o que se pode esperar dos conselhos do Fundeb. In: SOUZA, D. B. de. (Org.). *Conselhos municipais e controle social da educação*: descentralização, participação e cidadania. São Paulo: Xamã, 2008. p.153-68.

PNTIC. *Las nuevas tecnologías de la información en la educación*. Madri: Ministerio de Educación y Ciencia, 1991.

PRATS, J.; AMORÓS, C.; RUIZ, F. *Les TIC a l'ESO*: resultats i conclusions de l'estudi SITES 2006 a Catalunya: avaluació de l'educació secundària obligatòria 2006. Barcelona: Generalitat de Catalunya, Departament d'Educació,

Consell Superior d'Avaluació del Sistema Educatiu/International Association for the Evaluation of Educational Achievement, 2009. Disponível em: <http://www20.gencat.cat/docs/Educacio/Home/Consell%20superior%20d%27avalua/Pdf%20i%20altres/Static%20file/SITES2006.pdf>. Acesso em: 7 set. 2010.

PRIVATIZAÇÃO das Políticas Sociais. *Serviço Social em Revista* (on-line), v.9, p1/4-12, 2

QUINTANA, J. Competencias en tecnologías de la información del profesorado de educación infantil y primaria. *Revista Interuniversitaria de Tecnología Educativa*, n.0, p.166-76, 2000. Disponível em: <http://www.ub.es/ntae/jquintana/articles/competeTIC_2000.pdf>. Acesso em: 7 set. 2010.

________. La dulce tecnología. *Novática*, n.117, p.3-5, 1995. Disponível em: <http://www.ub.es/ntae/jquintana/articles/dulce.htm>. Acesso em: 7 set. 2010.

________. La integración de las tecnologías de la información y la comunicación en la educación primaria. *Aula de Innovación Educativa*, n.135, p.25-9, 2004. Disponível em: <http://www.ub.es/ntae/jquintana/articles/aula136integra.htm>. Acesso: 7 set. 2010.

QUINTANA, J.; GUIOTI, E. *Algunes reflexions sobre les TIC a l'educació des de la perspectiva de Paulo Freire i, una actuació concreta*. Tarragona: URV/Edutec, 2006. Disponível em: <http://www.sre.urv.es/web/edutec/CDedutec/comun-pdf/poster_pdf/Jordi%20Quintana.pdf>. Acesso em: 7 set. 2010.

QUINTANA, J.; RUIZ, F. Interpreting internal school factors on the educational integration of IT. In: WATSON, D.; TINSLEY, D. (Eds.). *Integrating Information Technology into Education*. London: Chapman & Hall/IFIP, 1995, p.159-67. Disponível em: <http://www.ub.es/ntae/jquintana/articles/ifip_1995.pdf>. Acesso em: 7 set. 2010.

QUINTANA, J.; VIVANCOS, J. *Teacher Training and Information and Communication Technologies in Spain* [En línea]. SETT, 2000. Disponível em: <http://www.ub.edu/ntae/jquintana/articles/teacher_training.pdf>. Acesso em: 7 set. 2010.

RAMOS, M. N. A Educação profissional pela pedagogia das competências: para além da superfície dos documentos oficiais. *Educação & Sociedade*: Revista de Ciências da Educação, v.23, n.80, p.405-27, set. 2002.

REIS MONTEIRO, A. Ser professor. *Inovação*, v.3, n.2-3, p.11-37, 2000.

RESENDE, O. L. *Vista cansada*. Disponível em: <http://www.releituras.com/olresende_vista.asp>.

REVISTA MUNICÍPIOS DE SÃO PAULO. São Paulo: Segmento, ano 4, n.27, p.10-1, ago. 2006.

RIBEIRO, S. C. A pedagogia da repetência. *Estudos Avançados*, São Paulo, v.5, n.12, p.7-21, maio/ago. 1991,.

RODRIGUES, M. L. *Sociologia das profissões*. Oeiras: Celta, 1997.

ROLDÃO, M. do C. Formação de professores na investigação portuguesa – um olhar sobre a função do professor e o conhecimento profissional. *Revista de Formação Docente*, n.1, 2009.

________. Função docente – natureza e construção do conhecimento profissional. *Revista Brasileira de Educação*, v.12, n.34, p.94-103, jan./abr. 2007.

________. *Profissionalidade docente em análise* – especificidades dos ensinos superior e não superior. *Revista NUANCES, Unesp, ano XI, n.13, p.108-26, jan./dez. 2005.*

________ et al. O conhecimento profissional dos professores – especificidade, construção e uso. Da formação ao reconhecimento social. *Revista Brasileira de Formação de Professores*, n.3, 2009.

________ et al. Organização do trabalho docente: uma década em análise (1996-2005). *Investigar em Educação* Revista da Sociedade Portuguesa de Ciências da Educação, n.5, 2006, p.17-148.

ROSSI, L. *Oferta educacional e parceria com o setor privado*: um perfil dos municípios paulistas com até 10.000 habitantes. 2009. Dissertação (Mestrado em Educação). Universidade Estadual Paulista (Unesp). São Paulo, 2009

RUIZ, F. Vint-i-cinc anys de polítiques d'integració de les TIC als centres docents de Catalunya. In: SIGALÉS, C.; MOMINÓ, J. M.; MENESES, J. *Projecte Internet Catalunya (PIC)*. L'escola a la societat xarxa: Internet a l'educació primària i secundària. UOC-IN3; Generalitat de Catalunya, p.29-180, 2007. Disponível em: <http://www.uoc.edu/in3/pic/cat/pdf/pic_escola_capitol2.pdf>. Acesso em: 7 set. 2010.

SADER, E. Prefácio. In: MÉSZÁROS, I. *A educação para além do capital*. São Paulo: Boitempo, 2005.

SAES, D. A. M. de. Obstáculos políticos à concretização do direito à educação no Brasil. *Linhas Críticas*. Revista da Faculdade de Educação, Brasília, UnB. [s.d.]

SALOMON, G.; PERKINS, D. N.; GLOBERSON, T. Coparticipando en el conocimiento: la ampliación de la inteligencia humana con las tecnologías inteligentes. *Comunicación, Lenguaje y Educación*, n.13, p.6-22, 1992. Disponível em: <http://dialnet.unirioja.es/servlet/fichero_articulo?codigo=126248&orden=0>.

SÁNCHEZ, J. Integración Curricular de las TIC. Concepto y Modelos. *Revista Enfoques Educacionales*, v.5, n.1, p.51-65, 2003. Disponível em: <http://www.csociales.uchile.cl/publicaciones/enfoques/07/Sanchez_IntegracionCurricularTICs.pdf>. Acesso em: 7 set. 2010.

SANCHO, J. M. De TIC a TAC, el difícil tránsito de una vocal. *Investigación en la escuela*, n.64, p.19-30, 2008a. Disponível em: <http://cursos.cepcastilleja.org/uploaddata/1/tic/tic_a_tac.pdf>. Acesso em: 7 set. 2010.

________. *De Tecnologías de la Información y la Comunicación a Tecnologías de la Educación: componentes de un camino incierto*. [en línea.] VIII Congresso Nacional de Educação da Pontifícia Universidade Católica do Paraná (PUC-PR). EDUCERE, Curitiba, Brasil, 6-9 de octubre de 2008b. Disponível em: <http://fint.doe.d5.ub.es/fint2005/docs/Sancho_Curitiba.pdf>. Acesso em: 7 set. 2009.

SANFELICE, J. L. A problemática do público e do privado na história da educação no Brasil. In: LOMBARDI, J. C.; JACOMELI, M. R. M.; SILVA, T. M. T. (Orgs.). *O público e o privado na história da educação brasileira*: concepções e práticas educativas. Campinas: Autores associados, 2005. p.177-85.

SANTOS, L. L. de C. P. Formação do(a) professor(a) e pedagogia crítica. In: FAZENDA, I. (Org.). *A pesquisa em educação e as transformações do conhecimento*. Campinas: Papirus, 1995. p.17-27.

SÃO PAULO. Deliberação TC-A-21176/026/06. Tribunal de Contas do Estado de São Paulo. São Paulo, 22 ago. 2007. Disponível em: <http://www.tce.sp.gov.br/legislacao/deliberacoes/delibera-2007-08-23.pdf>. Acesso em: 13 jan. 2008.

SARAMAGO, J. *O conto da ilha desconhecida*. São Paulo: Companhia das Letras, 1998.

SAVIANI, D. *Educação brasileira*: estrutura e sistema. Campinas: Autores Associados, 2000.

________. Formação de professores: aspectos históricos e teóricos do problema no contexto brasileiro. *Revista Brasileira de Educação*, Campinas, v.14, n. 40, p.143-55, jan./abr. 2009.

________. O espaço acadêmico da pedagogia no Brasil. Perspectiva histórica. In: *Revista Paidéia*, v.14, n.28, 2004. Disponível em: <http://sites.ffclrp.usp.br/paideia/artigos/28.htm>. Acesso em: 25 maio 2008.

________. Sistemas de Ensino e Plano de Educação: o âmbito dos municípios. *Educação e sociedade*, São Paulo, CEDES, ano XX, v.69, p.119-36, 1997.

SCHOEPP, K. Barriers to Technology Integration in a Technology-Rich Environment. *Learning and Teaching in Higher Education*: Gulf Perspectives. v.2, n.1, 2005. Disponível em: <http://www.zu.ac.ae/lthe/vol2no1/lthe02_05.pdf>. Acesso em: 7 set. 2010.

SÉRGIO, A. *Educação Cívica*. Lisboa: Ministério da Educação, 1984.

SERRA, E. D. Políticas de promoção da leitura. In: RIBEIRO, V. M. (Org.). *Letramento no Brasil*. São Paulo: Global; Ação Educativa, 2004. p.65-85.

SERRALHA, F. Caracterização do Movimento da Escola Moderna. *Escola Moderna*, v.35, 5ª série, p.5-50, 2009.

SIGALÉS, C.; MOMINÓ, J. M.; MENESES, J. *Projecte Internet Catalunya (PIC)*. L'escola a la societat xarxa: Internet a l'educació primària i secundària. UOC-IN3; Generalitat de Catalunya, 2007. Disponível em: <http://www.uoc.edu/in3/pic/cat/escola_xarxa/informe.html>. Acesso em: 7 set. 2010.

SIGALÉS, C.; MOMINÓ, J. M.; MENESES, J.; BADIA, A. *La integración de Internet en la educación escolar española*: situación actual y perspectivas de futuro. Barcelona: UOC/Fundación Telefónica, 2008. Disponível em: <http://www.fundacion.telefonica.com/debateyconocimiento/publicaciones/informe_escuelas/esp/informe.html>. Acesso em: 7 set. 2010.

SHIROMA, E. O.; EVANGELISTA, O. A colonização da utopia nos discursos sobre profissionalização docente. *Perspectiva*, Florianópolis, v.22, n.2, p.525-45, jul./dez. 2004.

________. Um fantasma ronda o professor: a mística da competência. In: MORAES, M. C. M. (Org.). *Iluminismo às avessas*: produção de conhecimento e políticas de formação docente. Rio de Janeiro: [s.n.], 2003. p.81-98.

SHULMAN, L. Knowledge and teaching: foundations of the new reform. *Harvard Educational Review*, n.57, p.4-14, 1987.

SILVA, C. S. B.. Diretrizes curriculares para o curso de Pedagogia no Brasil: um tema vulnerável às investidas ideológicas. In: Anais da 24ª Reunião da ANPEd, Caxambu, 2001. p. 1-17. Disponível em: <www2.uerj.br/~anped11/24/Silva.doc.>. Acesso em: 20 jun. 2008.

SILVA, M. V.; SOUZA, S. A. de. Educação e responsabilidade empresarial: "novas" modalidades de atuação da esfera privada na oferta educacional. *Educ. Soc.* [on-line], v.30, n.108, p.779-98, 2009.

SILVEIRA, A. A. D. *Algumas considerações sobre as normas do processo de licitação pública, contratos e convênios*. In: I SEMINÁRIO TEÓRICO "INTERFACES ENTRE O PÚBLICO E O PRIVADO PARA OFERTA EDUCACIONAL PAULISTA". Unesp, 2 de agosto de 2008. Disponível em: <http://www.rc.unesp.br/ib/educacao/greppe/>. Acesso em: 13 out. 2008.

SOUSA SANTOS, B. de. *A crítica da razão indolente*. Contra o desperdício da experiência. São Paulo: Cortez, 2002.

________. *Pela mão de Alice*. O social e o político na pós-modernidade. Porto: Afrontamento, 1994.

SOUSA, A. C.; WEISS, V. Aprendendo a ser professora de bebês. In: OSTETTO, L. E. (Org.). *Educação infantil*: saberes e fazeres da formação de professores. Campinas: Papirus, 2008. p.33-48.

SOUSA, F. *Diferenciação curricular e Deliberação Docente*. Porto: Porto Editora, 2010.

SOUZA, S. A. de. *Gestão escolar compartilhada*: democracia ou descompromisso? São Paulo: Xamã, 2001.

________. Formas Renovadas de Privatização da Educação no Brasil: o trabalho voluntário e a responsabilidade social da empresa (RSE). In: *Educação teoria e Prática*, Rio Claro, Departamento de Educação da Unesp, v.19, n.32, p.73-88, 2009.

SOUSA, S. M. Z. Escola e Empresa: iniciativas de parceria no Estado de São Paulo. In: FERREIRA, N.; AGUIAR, M. A. (Orgs.). *Gestão da Educação*: impasses, perspectivas e compromissos. São Paulo: Cortez, p.255-80, 2000.

SILVA, M. V.; SOUZA, S. A. de. *Educação e responsabilidade empresarial*: "novas" modalidades de atuação da esfera privada na oferta educacional. Educ. Soc., out 2009, v.30, n.108, p.779-8. ISSN 0101-731

STAKE, R. Pesquisa qualitativa/naturalista: problemas epistemológicos. *Educação e Seleção*, São Paulo, n.7, p.19-27, jan/jun. 1983.

STENHOUSE, L. *An introduction to curriculum research and development*. Londres: Heinemamnn Educational Books, 1975.

TANCREDI. R. M. S. P. *A formação do professor nos cursos de licenciatura da área de ciências na UFSCar*: uma análise da questão sob a ótica dos licenciandos. 1995. 470p. Tese (Doutorado em Educação). Centro de Educação e Ciências Humanas, Universidade Federal de São Carlos (UFSCar). São Carlos, 1995.

TARDIF, M. C. *Saberes docente e formação profissional*. Petrópolis: Vozes, 2002.

________; LESSARD, C. *O trabalho docente*: elementos para uma teoria da docência como profissão de interações humanas. Rio de Janeiro: Vozes, 2005.

TAVARES, J. Prefeituras fazem parcerias com sistemas privados de ensino para diminuir evasão escolar e melhorar a capacitação de professores. *Municípios de São Paulo*. São Paulo: Segmento, ano 4, n.27, p.10-3, ago. 2006.

TEXEIRA, A. *Educação não é privilégio*. Rio de Janeiro: José Olympio, 1957.

THIOLLENT, M. *Metodologia da pesquisa-ação*. São Paulo, Cortez, 2008.

TÓFOLI, D. Prefeituras de São Paulo terceirizam a educação. *Folha de S.Paulo*, São Paulo, p.C3, 30 jan. 2006.

TRICHES, J. *Curso de Pedagogia*: projetos em disputa. Relatório Parcial de Pesquisa. PIBIC/CNPq – BIP/UFSC 2005/2006. Florianópolis: UFSC, 2006.

TRISTÃO, F. A sutil complexidade das práticas com os bebês. In: MARTINS FILHO, A. J. et al. *Infância plural*: crianças do nosso tempo. Porto Alegre: Mediação, 2006. p.39-58.

UNESCO. *EFA Global Monitoring Report* – 2010: reaching the marginalized. Paris: Unesco; Oxford University Press, 2010.

________. *Unesco's ICT Competency Standards for Teachers*. Towards ICT Skills for Teachers. [en línea.] Paris, 2008. Disponível em: <http://cst.unesco-ci.org/sites/projects/cst/default.aspx>. (Versión en español: <http://cst.unesco-ci.org/sites/projects/cst/The%20Standards%20SP/Forms/AllItems.aspx)>. Acesso em: 7 set. 2010.

UNESP. *Projeto de Reestruturação do Curso de Licenciatura em Pedagogia*, 2006.

UNESP. Resolução UNESP n.45, de 3 de outubro de 2008, que dispõe sobre a criação do Núcleo de Estudos e Práticas Pedagógicas da Unesp – Nepp-Unesp junto à Pró-Reitoria de Graduação da Unesp. Pub. DOE n.188, de 4/10/2008, p.4.

UNGER, N. M. *Da foz à nascente*: o recado do rio. São Paulo: Cortez; Campinas: Unicamp, 2001.

UNIVERSIDADE DE SÃO PAULO, Pró-Reitoria de Graduação, Comissão permanente de Licenciatura. Programa de Formação de Professores, São Paulo: USP, 2004. Disponível em: <http://www.usp.br/prg/site/images/stories/arquivos/pfp.pdf>. Acesso em 3 maio 2011.

URKIJO, M. (Coord.). *Investigación*: Integración de las TIC en centros de ESO. Gobierno Basco, Departamento de Educación, Universidades e Investigación, Instituto Vasco de Evaluación e Investigación Educativa (ISEI-IVEI), 2004. Disponível em: <http://www.isei-ivei.net/CAST/pub/INTEGRATICESO.pdf>. Acesso em: 7 set. 2010.

VALENTE, J. A. *A formação de educadores e a integração das tecnologias no currículo, caminhos que não se cruzam*. Conferencia dictada en el X Congresso Estadual Paulista sobre Formação de Educadores. Formação de Professores e a Prática Docente: os dilemas contemporâneos. Águas de Lindoia, 30 de agosto/2 de setembro de 2009.

________. (Org). *O computador na sociedade do conhecimiento*. Campinas, São Paulo: Unicamp, Nied, 1999. Disponível em: <http://www.nied.unicamp.br/oea/pub/livro1/>. Acesso em: 7 set. 2010.

VALVERDE, J.; LÓPEZ, E.; MONTERO, J. Regional educational policy and their effects on pedagogical innovation supported by ICT integration in schools. In: MÉNDEZ-VILAS, A.; SOLANO, A.; MESA, J.A.; MESA, J. (Eds.). *Research, Reflections and Innovations in Integrating ICT in Education*. v.1. Badajoz: FORMATEX, 2009. (Actas del Congreso m-ICTE2009 "Research, Reflections and Innovations in Integrating ICT in Education", Lisboa, 2009.) Disponível em: <http://www.formatex.org/micte2009/book/113-117.pdf>. Acesso em: 7 set. 2010.

VIEIRA, S. da R. *Diretrizes curriculares para o Curso de Pedagogia*: pedagogo, docente ou professor? 2007. Dissertação (Mestrado). Programa de Pós-graduação em Educação, Universidade Federal de Santa Catarina (UFSC). Florianópolis, 2007. Disponível em: <www.ced.ufsc.br>.

________. Obras Escogidas. Tomo III. Madri: Visor, 1995.

VIVANCOS, J. *De les TIC..., a les TAC.* [en línea.] 2002... Disponível em: <http://ticotac.blogspot.com/>. Acesso em: 7 set. 2010.

VIVANCOS, Jordi. *Tratamiento de la información y competencia digital.* Madrid: Alianza, 2008.

VOCABULÁRIO Fundamental de Pedagogia, Heinz-Jurgen Ipfling, Lexis. São Paulo: Edições 70, 1974.

VYGOTSKY, L. S. Aprendizagem e desenvolvimento intelectual na idade escolar. In: VYGOTSKY, L. S.; LURIA, A. R.; LEONTIEV, A. N. *Linguagem, desenvolvimento e aprendizagem.* São Paulo: Ícone, 2001.

WARDE, M. J. Pesquisa em educação: entre o Estado e a ciência. In: BRANDÃO, Z. et. al. *Universidade e educação*. Coletânea CBE. Campinas: Papirus, 1992.

WARSCHAUER, C. *A roda e o registro.* Rio de Janeiro: Paz e Terra, 1993.

________. *Rodas em rede*: oportunidades formativas na escola e fora dela. Rio de Janeiro: Paz e Terra, 2001.

WHITAKER, D. C. A. *Unesp* – diferentes perfis de candidatos para diferentes cursos (estudo de variáveis de capital cultural). *Série Pesquisas VUNESP*, n.2, São Paulo: Fundação Vunesp, 1989.

ZAPOROZHETS, A. Importância dos períodos iniciais da vida na formação da personalidade infantil. In: DAVÍDOV, V.; SHUARE, M. (Orgs.). *La psicología evolutiva* y *pedagógica en la URSS* (Antologia), Moscou: Editorial Progresso, 1987.

Sobre os autores

Ana Maria Lombardi Daibem – Professora aposentada da Faculdade de Ciências, Unesp/Bauru. Presidente do Grupo Gestor do Núcleo de Estudos e Práticas Pedagógicas – NEPP/Unesp. É graduada em Pedagogia pela Faculdade de Filosofia Ciências e Letras Sagrado Coração de Jesus (1970), mestrado em Educação pela Universidade Metodista de Piracicaba (1991) e doutorado em Educação pela Faculdade de Filosofia e Ciências, Unesp/Marília (1998).

Antônio Joaquim Severino – Integrante do corpo docente do Programa de Pós-Graduação em Educação da Uninove, Universidade Nove de Julho, de São Paulo. Professor Titular, aposentado, de Filosofia da Educação na Faculdade de Educação da Universidade de São Paulo-USP, ora atuando como docente colaborador. Licenciou-se em Filosofia na Universidade Católica de Louvain, Bélgica, em 1964.

Aureluce Demonte – Professora Assistente Doutora da Faculdade de Ciências Farmacêuticas da Unesp/Araraquara, atuando no Curso de Graduação em Farmácia-Bioquímica e no Programa de Pós-Graduação do Curso Alimentos e Nutrição. Graduada em Licenciatura Plena e Bacharelado em Ciências Biológicas pela Universidade Federal de São Carlos (UFSCar) no ano de 1980 e com os títulos de Mestrado (1986) e Doutorado (1992) na Área de Ciências (Bioquímica) no Depto. de Bioquímica da Faculdade de Medicina de Ribeirão Preto (USP).

Bernardete Angelina Gatti – Superintendente de Educação e Pesquisa da Fundação Carlos Chagas e Consultora da Unesco. Membro do Conselho Consultivo do Inep/MEC e do Conselho Administrativo do Cenpec. Docente aposentada da USP e ex-professora do Programa de Pós-Graduação em Educação: Psicologia da Educação da PUC-SP. Possui graduação em Pedagogia pela Universidade de São Paulo (1962) e doutorado em Psicologia – Université de Paris VII – Université Denis Diderot (1972), com Pós-Doutorados na Université de Montréal e na Pennsylvania State University.

Bianca Cristina Correa – Professora Doutora da FFCLRP - Universidade São Paulo – USP/Ribeirão Preto onde, desde 2008, exerce a docência na área de Fundamentos da Educação Infantil. Entre 2002 e 2007 atuou como supervisora de estágio no curso de Pedagogia da Universidade de São Paulo, campus de Ribeirão Preto. Graduada em Pedagogia pela Universidade de São Paulo (1996), obtendo os títulos no mestrado (2001) e doutorado (2006) em Educação nessa mesma instituição.

Bruna Bernardes – Graduanda em Licenciatura Plena em Pedagogia, Instituto de Biociências, Unesp, Campus de Rio Claro.

Fabiana Rosa Vilela de Oliveira Guilherme – Professora do Ensino Fundamental do município de Rio Claro e integrante do Grupo de Estudos Projeto "Raios de Sol" – RED Latinoamericana para la transformación Docente em Lenguaje. Licenciada em Pedagogia pelo, Instituto de Biociências UNESP/Rio Claro. Especialização *Lato-sensu* em Psicopedagogia (2008). Mestranda no Programa de Pós-Graduação em Educação do Instituto de Biociências, Unesp/Rio Claro.

João Ernesto Nicoleti – Chefe do Departamento de Educação de Jovens e Adultos da Secretaria Municipal de Educação de São José do Rio Preto – SP; Professor de Educação Básica II – Matemática – SEE – SP e Professor da disciplina de Conhecimentos Históricos da Educação na Faculdade Dom Bosco de Monte Aprazível. Mestre em Educação Escolar pela Faculdade de Ciências e Letras, Unesp/Araraquara, Doutorando do Programa de Educação Escolar dessa mesma instituição.

Jordi Quintana Albalat – Profesor Titular de la Universitad de Barcelona, Departamento de Didáctica y Organización Educativa. Doctor en Filosofía y Ciencias de la Educación. Universitad de Barcelona (1997). Licenciado en Filosofía y Ciencias de la Educación. Opción Organización y Tecnología Educativa. Universitad de Barcelona (1990). Diplomado en Profesorado de Educación General Básica. Especialidad: Ciencias. Ministerio de Universidades e Investigación (1979). Miembro del Grupo de Investigación Consolidado "Enseñanza y Aprendizaje Multimedia-GREAM", reconocido por el gobierno de la Generalitat de Catalunya desde 1996.

José Carlos Miguel – Professor Assistente Doutor no Departamento de Didática e docente do Programa de Pós-Graduação em Educação da Faculdade de Filosofia e Ciências, UNESP/Marília. Graduado em Matemática – Licenciatura Plena - pelas Faculdades Integradas de Marília (1979), mestrado em Educação pela UNESP (1993) e doutorado em Educação, também, pela Unesp (1999).

José Marcelino de Rezende Pinto – Professor associado da Universidade de São Paulo. Licenciado em Física pela Universidade de São Paulo (1982), bacharel em Direito pela Universidade de São Paulo (1985), com mestrado em Educação (1989) e doutorado em Educação (1994), ambos pela Universidade Estadual de Campinas

Júlio Emílio Diniz Pereira – Professor em Dedicação Exclusiva da Universidade Federal de Minas Gerais (UFMG), desde 1997, atuando, também, no Programa de Pós-graduação em Educação dessa instituição. Graduado em Ciências Biológicas pela UFMG (1992), Mestre em Educação pela UFMG (1996) e Doutor (Ph.D.) em Educação (mais especificamente, em Sociologia do Currículo e da Formação de Professores) pela Universidade do Estado de Wisconsin, em Madison, nos Estados Unidos (2004).

Karin Casarin – Professora Coordenadora de Escola de Educação Infantil Municipal e integrante do Projeto "Raios de Sol" – RED Latinoamericana para la transformación Docente em Lenguaje. Graduada em Pedagogia (2004) e Mestrado em Educação (2008) pelo Instituto de Biociências, Unesp/Rio Claro.

Lígia Márcia Martins – Professora Assistente Doutora do Departamento de Psicologia da Faculdade de Ciências, Unesp/Bauru e docente do Programa de Pós-Graduação em Educação Escolar da Faculdade de Ciências e Letras, Unesp/Araraquara. Graduada em Licenciatura em Psicologia (1979) e em Formação de Psicólogo (1980) pela Fundação Educacional de Bauru. Mestrado em Programa de Psicologia Clínica pela Pontifícia Universidade Católica de São Paulo (1990) e doutorado em Educação Brasileira pela Universidade Estadual Paulista Júlio de Mesquita Filho (2001).

Luciana Esmeralda Ostetto – Professora Adjunto do Centro de Educação da Universidade Federal de Santa Catarina. Graduada em Pedagogia pela Universidade Federal de Santa Catarina (1985). Mestre em Educação pela Universidade Federal de São Carlos (1992). Doutora em Educação pela Universidade Estadual de Campinas (2006). No âmbito das atividades acadêmicas articula ensino, pesquisa e extensão na área de Educação, com ênfase em Formação de professores e Educação Infantil.

Maria Assunção da Cunha Folque Mendonça – Professora Assistente no Departamento de Pedagogia e Educação da Universidade de Évora, Portugal. Bacharelato pela Escola Superior de Educadores de Infância Maria Ulric (1981), Mestrado pelo Institute of Education – University of London (1995), Doutoramento pela Universidade de Évora (2008).

Maria Augusta Hermengarda Wurthmann Ribeiro – Professora Assistente Doutora no Departamento de Educação e docente do Programa de Pós-graduação em Educação, Instituto de Biociências, Unesp/Rio Claro. É Coordenadora do Curso de Pedagogia. Graduada em Letras

Neo Latinas pela PUC-SP (1965). Concluiu o mestrado em Artes (1981) e o doutorado em Ciências da Comunicação (1989), ambos pela Universidade de São Paulo (ECA/USP).

Maria Cecília de Oliveira Micotti – Professora Titular do Departamento de Educação, Instituto de Biociências, Unesp/Rio Claro. Coordenadora do Projeto "Raios de Sol" e do Grupo de pesquisa Alfabetização. Possui graduação em Pedagogia pela Universidade Estadual Paulista Júlio de Mesquita Filho (1962) e doutorado em Ciências pela Universidade Estadual Paulista Júlio de Mesquita Filho (1969).

Maria da Glória Minguili – Professora aposentada da Faculdade de Ciências, Unesp/Bauru. Membro do Grupo Gestor do Núcleo de Estudos e Práticas Pedagógicas-NEPP, Unesp. É graduada em Pedagogia pela Unesp (1962), especialização em História e Filosofia da Educação (1970) e Administração Escolar (1974) pela Universidade do Sagrado Coração (1970). Possui mestrado em Educação (1984) e doutorado em Educação (1995) ambos pela Universidade Estadual de Campinas.

Maria do Céu Neves Roldão – Professora e Investigadora convidada da Universidade Católica Portuguesa e aposentada da Escola Superior de Educação de Santarém, Portugal. Investigadora do Centro de Estudos da Criança, Universidade do Minho. Possui mestrado em Ensino das Ciências Sociais pela Boston University, USA (1985) e doutorado em Teoria e Desenvolvimento Curricular pela Simon Fraser University, Vancouver, Canadá (1992).

Maria Isabel da Cunha – Professora Titular aposentada da Faculdade de Educação da Universidade Federal de Pelotas (RS). Atualmente é docente titular do Programa de Pós-Graduação em Educação da Universidade do Vale do Rio dos Sinos (RS) e integra o Comitê Assessor de Educação do CNPq. Graduada em Ciências Sociais (1968) e Pedagogia (1974) pela Universidade Católica de Pelotas, mestrado em Educação pela Pontifícia Universidade Católica do Rio Grande do Sul (1979) e doutorado em Educação pela Universidade Estadual de Campinas (1988).

Maria Rita Neto Sales Oliveira – Professora Doutora Associada do Centro Federal de Educação Tecnológica de Minas Gerais e Titular aposentada da Faculdade de Educação da Universidade Federal de Minas Gerais. É graduada em Pedagogia (Bacharelado e Licenciatura) pela Universidade Federal de Minas Gerais (1970) e Comunicação Social pela Faculdade de Filosofia da Fundação Cultural de Belo Horizonte (1990). Possui mestrado em Educação – Metodologia de Ensino pela Universidade Federal de Minas Gerais (1980) e doutorado em Instructional Design, com área de domínio conexo em International Intercultural Development Education – Florida State University (1985).

Olinda Evangelista – Professora Titular Associada II e docente do Programa de Pós-Graduação em Educação da Universidade Federal de Santa Catarina. Coordena o Grupo de Estudos sobre Política Educacional e Trabalho Gepeto/CED/UFSC. Graduada em Filosofia pela Universidade Federal do Paraná (1980), mestrado (1988) e doutorado (1997) em Educação pela Pontifícia Universidade Católica de São Paulo (1988) e pós-doutorado em Política da Educação (2004) na Universidade do Minho, Portugal.

Romualdo Luiz Portela de Oliveira – Professor Titular no Departamento de Administração Escolar e Economia da Educação da Faculdade de Educação da Universidade de São Paulo. É graduado em Matemática-Licenciatura (1982), possui mestrado em Educação (1990), doutorado em Educação (1995) e Livre-Docência, em 2006, todos realizados na Universidade de São Paulo. Realizou estágio de pós-doutoramento na Universidade de Cornell (1996-7).

Sonia Teresinha de Sousa Penin – Professora Titular do Departamento de Metodologia do Ensino e Educação Comparada da Universidade de São Paulo. Designada a partir de maio de 2010 para exercer a função de Assessor Sênior do Reitor da USP. Graduada em Pedagogia pela Universidade de São Paulo (1967); Mestrado em Educação (Psicologia da Educação) pela Pontifícia Universidade Católica de São Paulo (1980) e Doutorado em Educação pela Universidade de São Paulo (1988).

Suely Amaral Mello – Professora Assistente Doutora aposentada da Faculdade de Filosofia e Ciências, Unesp/Marília e, atualmente, docente do Programa de Pós-Graduação em Educação dessa instituição. Graduada em Letras Modernas pela Unesp (1975), mestrado (1981) e doutorado (1996) em Educação pela Universidade Federal de São Carlos. É vice-líder do grupo de pesquisa "Implicações Pedagógicas da Teoria Histórico-Cultural" e coordenadora do Grupo de Estudos em Educação Infantil da Faculdade de Filosofia e Ciências, Unesp/Marília.

Theresa Adrião – Professora-Assistente Doutora da Faculdade de Educação da Unicamp. Coordena o Grupo de Estudos e Pesquisas em Política Educacional (Greppe)/Unicamp. É graduada em Pedagogia pela Universidade de São Paulo (1988). Possui mestrado (1995) e doutorado (2001) em Educação pela Universidade de São Paulo.

SOBRE O LIVRO

Formato: 16 x 23 cm
Mancha: 29,6 x 49 paicas
Tipologia: Times New Roman 11/15
Papel: Offset 75 g/m² (miolo)
Cartão Supremo 250 g/m² (capa)

1ª edição: 2011

EQUIPE DE REALIZAÇÃO

Assistência Editorial
Olivia Frade Zambone

Edição de Texto
Jean Xavier (Copidesque)
Renata Gonçalves (Preparação de original)
Maria Alice da Costa (Revisão)

Capa
Andrea Yanaguita

Editoração Eletrônica
Eduardo Seiji Seki

Impressão e Acabamento
FARBE DRUCK
gráfica e editora ltda.